AF742690

TUER OU DÉSOBÉIR

Questions contemporaines

Collection dirigée par Jean-Paul Chagnollaud, Bruno Péquignot et Denis Rolland

Chômage, exclusion, globalisation… Jamais les « questions contemporaines » n'ont été aussi nombreuses et aussi complexes à appréhender. Le pari de la collection « Questions contemporaines » est d'offrir un espace de réflexion et de débat à tous ceux, chercheurs, militants ou praticiens, qui osent penser autrement, exprimer des idées neuves et ouvrir de nouvelles pistes à la réflexion collective.

Dernières parutions

Stéphane SIGNORET, *Sobriété, notre alliée. Dire non à la démesure,* 2024.
David FOREST, *La société algorithmique : Droit, technique, imaginaire, Abécédaire indiscipliné*, 2024.
Jean-Denis DUPUY, *Apprendre à croire. Quatre études*, 2024.
Cédric TANT, *La critique publique, Une pratique de légitimation démocratique des journalistes et des politiques*, 2024.
COPAF, *La transformation des foyers de travailleurs immigrés en résidences sociales*, 2024.
Christophe SCHNITZLER et Iris TRINKLER (coord.), P*ratiques en plein air pour une éducation à la soutenabilité, Philosophies et enquêtes de terrain*, 2024.
Fred BRULE, *Prédations et coopération entre les êtres vivants. État des lieux des relations planétaires*, 2024.
Gérard BORVON, *Les Tartuffes et le climat*, 2024.
Chantal BOURRY, *Militer avec force et raison*, 2024.
Daniel DUCHER, *Quand le train cherche sa voie. Plongée au cœur du système ferroviaire français*, 2024.
Amine ISSA, *Les deux Imams, Le Coran contre l'obscurantisme*, 2024.
Pierre MORLANNE, *L'État, la nation et le peuple, La république au service des citoyens*, 2024.
Sous la direction de Mohamed EL MOUBARAKI et Émile-Henri RIARD, *Regards sur les violences envers les femmes d'ici et d'ailleurs*, 2024.
Zehira HOUFANI BERFAS, *Françafrique, la matrice du chaos africain. Stratégie coloniale d'échec des indépendances*, 2024.
Jean-Marc ESNAULT, *L'Homme face aux défis du monde contemporain. Une réflexion sur notre avenir*, 2024.
Ahamed Youssouf HASSANI MZE HAMADI, *Le droit et la dramathérapie en psychiatrie et en ergothérapie*, 2024.
Jacques LANGLOIS, *Les liens sociaux en univers néolibéral*, 2024.

Éric Burgaud

TUER OU DÉSOBÉIR

Le dilemme d'un soldat

Préface de Bruno Cotte

L'Harmattan

5-7, rue de l'École-Polytechnique – 75005 Paris
www.editions-harmattan.fr
ISBN : 978-2-336-48922-3
EAN : 9782336489223

PRÉFACE

DE BRUNO COTTE

Président de l'académie des sciences morales et politiques

Le 27 novembre 2012 s'ouvrait devant la Cour d'assises de Paris le procès de quatre militaires français.

Membres de l'opération Licorne au sein de laquelle des forces françaises étaient engagées en Côte d'Ivoire, ils étaient accusés, pour l'un, Éric Burgaud, colonel et chef de corps du 13ème bataillon de chasseurs alpins, de complicité d'homicide volontaire par instructions données, pour un autre, adjudant-chef, d'homicide volontaire, pour le troisième, brigadier, de complicité d'homicide volontaire par aide et assistance et, pour le quatrième, brigadier-chef, de non-empêchement d'homicide.

Il leur était reproché d'avoir le 13 mai 2005, soit comme auteur soit comme complices, volontairement causé la mort d'un « coupeur de route », Firmin Mahé. Celui-ci semait la terreur dans la « zone de confiance » séparant loyalistes au Sud et rébellion au Nord qu'avec des moyens limités leur unité était chargée de contrôler afin d'y restaurer la paix.

Les débats, échelonnés entre le 27 novembre et le 7 décembre 2012, devaient notamment démontrer que, dans ce territoire grand comme plusieurs départements français, assurer la sécurité constituait un défi relevant dans une large mesure de l'impossible.

L'attitude adoptée par les forces de l'ONU déployées sur le même terrain comme par les forces loyalistes ivoiriennes ne permettaient en effet pas de maintenir sous-main de justice les personnes interpellées par les militaires français. Les contraintes légales que devaient respecter ces derniers, en particulier s'agissant de l'usage des armes, s'avéraient inadaptées, voire d'une extrême lourdeur, et ne répondant pas aux exigences de décisions à prendre en urgence dans une zone s'apparentant à une zone de guerre.

C'est dans ce contexte que, le 13 mai 2005, Firmin Mahé, recherché depuis des semaines et enfin localisé, fut blessé par balles à la jambe, interpellé puis étouffé durant son transfert vers un centre de soins. La question de savoir si l'ordre : « roulez doucement ... » (pour lui faire donner des soins ...) suivi de : « vous m'avez compris ... » donné à Éric Burgaud par le général commandant l'opération Licorne puis retransmis par ce dernier à l'adjudant-chef et auquel deux capitaines ne se sont pas opposés, demeure, même à l'issue du procès, au centre du débat.

Tout au long des audiences, le colonel commandant le 13ème BCA n'a en effet cessé d'affirmer qu'il s'était borné à transmettre les instructions qu'il avait reçues de son général et qu'il les assumait tout en admettant ne pas avoir défini la manière exacte de les mettre en œuvre. Mais le commandant de l'opération Licorne, mis en examen au cours de la procédure d'instruction, a en définitive bénéficié d'une ordonnance de non-lieu. Entendu par la Cour d'assises en qualité de témoin, il a maintenu ses dénégations.

Au terme de son délibéré, la Cour d'assises de Paris a prononcé des décisions de condamnation et une décision d'acquittement. Elle l'a fait par un arrêt dont la motivation montre qu'elle avait parfaitement intégré et compris la singularité de ce dossier, qualifié « d'extraordinaire » par l'avocate générale, ce qui l'a conduite à retenir les circonstances atténuantes.

Près de huit années se sont écoulées depuis cette décision intervenue au terme de débats dont la qualité a été unanimement saluée.

Dès lors, s'imposait-il d'ouvrir à nouveau ce dossier et d'en reparler ?

C'est ce qu'a pensé Éric Burgaud qui se vit donc contraint de quitter l'armée au sein de laquelle il était destiné à poursuivre une brillante carrière : tous les témoins qui ont déposé, certains, simples soldats ou sous-officiers s'étant spontanément manifestés pour dire l'estime qu'ils portaient à leur chef, ont tenu à saluer ses qualités humaines et professionnelles, tout spécialement sa proximité avec « ses hommes » et son charisme.

Mais bien au-delà de ce seul aspect, si important qu'il soit, il faut avoir conscience que cette affaire l'a dévasté, comme elle a ravagé les trois autres militaires poursuivis, et qu'elle ne l'a depuis jamais laissé en repos. Aussi a-t-il souhaité, à travers l'expérience qu'il a vécue, non pas tant dire à nouveau « sa » vérité, qu'inciter le lecteur à s'interroger sur les grandes questions qu'ont, à ses yeux, soulevé ce procès et les sept longues années d'instruction qui l'a précédé.

Pour ce faire, il a choisi de relater minutieusement les neuf jours d'audience, de retranscrire une grande partie des débats et des témoignages, tellement différents, qui se sont succédé en assortissant ce récit de commentaires et de réflexions personnelles, de rappels de ce que fut sa vie militaire sur d'autres théâtres d'opérations notamment au Liban, au Tchad et au Kosovo, ce qui rend cet ouvrage, pourtant d'une rare densité, particulièrement vivant.

Je ne sais pas ce qu'un militaire pensera de ces réflexions : selon son grade, selon qu'il a été ou non engagé en opérations extérieures, selon qu'il sert en Etat-major ou sur des zones où règne la violence, les réactions seront sans doute diverses même si tous admettront bien sûr que la solution retenue pour « neutraliser » Firmin Mahé était totalement contraire aux exigences légales.

Je sais en revanche ce que penseront nombre de civils lorsqu'ils achèveront la lecture d'un récit qui les place brutalement face aux conditions dans lesquelles sont appelées à intervenir des forces agissant au nom de la France et dont, il faut l'avouer on se soucie généralement bien peu ! Et c'est en cela que ce livre s'avère passionnant et surtout utile.

Mais alors pourquoi avoir demandé à un civil, ancien magistrat de surcroit, de rédiger la préface d'un ouvrage qui implique de connaître l'armée, ses grandeurs, ses servitudes, ses règles ?

Sans doute, précisément, pour mettre ce civil en présence des réalités d'un terrain dont l'immense majorité de nos compatriotes se désintéresse sauf, et encore, lorsqu'il s'agit d'honorer un militaire tué lors d'une cérémonie aux Invalides.

Sans doute aussi parce que l'auteur de cette préface a été conduit à présider durant plusieurs années à la Cour pénale internationale (« la CPI ») une chambre de jugement appelée à connaître de faits qualifiés de crimes de guerre et de crimes contre l'humanité commis au Nord Est de la République démocratique du Congo. Par leur atrocité et l'usage combiné d'armes primaires telles que les machettes mais aussi d'armes à feu beaucoup plus sophistiquées, ces faits s'apparentent en effet tellement à ceux que constataient quotidiennement les forces que commandait Éric Burgaud. Mais un tel choix n'était pas sans risques car l'ancien juge international, dont la mission à la CPI était précisément de faire respecter le droit de la guerre et l'indispensable protection due aux prisonniers, quels qu'ils soient, serait-il en mesure de comprendre le comportement adopté le 13 mai 2005 et, aujourd'hui, le sens de la démarche que constitue ce livre ?

Sans doute enfin parce qu'un magistrat doit être apte à se pencher sur les situations les plus diverses et à s'efforcer de les comprendre pour être en mesure de les bien juger. C'est le défi qu'a d'ailleurs si bien su relever la Cour d'assises de Paris qui, pour la première fois et avec des jurés populaires tirés au sort, se voyait tenue de s'immerger dans un monde qui n'était pas le sien et de comprendre des comportements si différents de ceux qu'elle juge d'ordinaire.

En définitive, à ces différents titres, un « civil » était donc peut-être assez bien placé pour émettre une opinion sur les constats faits par l'auteur de ce livre et sur les réflexions auxquelles il nous invite.

La première de ces réflexions, elle est fondamentale et au cœur de cette affaire, nous renvoie à la possibilité de délivrer un ordre manifestement illégal, de le transmettre et de l'exécuter. Pourquoi des militaires, au parcours impeccable, les témoignages vont tous en ce sens, ont-ils été conduits à transgresser des règles fondamentales qu'ils avaient jusqu'ici toujours respectées ?

Était-il possible de s'y opposer ? Jusqu'où va le devoir d'obéissance ? Existait-il une marge de manœuvre permettant de mettre en balance des intérêts aussi contradictoires que, d'une part, le respect des dispositions du code pénal et du code de défense qui prohibent des exécutions telles que celle qui a conduit à la condamnation de certains des acteurs de cette affaire (mais, étonnamment, pas de tous) par une Cour d'assises et, d'autre part, le besoin, devenu obsessionnel, pour des militaires, transformés en policiers dépourvus de réels moyens opérationnels et constatant leur impuissance, de mettre un terme à des meurtres de vieillards, d'hommes, de femmes, d'enfants et à des viols qui se multipliaient ?

Éric Burgaud entend pleinement assumer la transmission d'un ordre qu'il savait illégal et dont il savait qu'il serait exécuté mais sans connaître les conditions exactes dans lesquelles il le serait. Mais, pour lui, ce pas pouvait être franchi parce qu'il n'était plus possible de laisser sans protection une population terrorisée qu'il s'imposait de protéger.

Juridiquement, il sait qu'il avait tort et il avait effectivement tort car ces instructions étaient manifestement illégales. Il le reconnaît. Au regard des valeurs qu'à ses yeux lui imposait la mission impossible qui lui était confiée, il pense toutefois avoir, ce jour-là, choisi la moins mauvaise des solutions et il a fait pencher la balance du côté des populations persécutées. Ce qui le conduit à rappeler que, bien souvent, les militaires « de terrain » sont malheureusement contraints de choisir entre « le mal et le pire » !

Chacun se fera sa propre opinion sur ce débat si complexe mais, pour ce faire, il est indispensable de disposer de toutes les données du problème pour tenter de comprendre les raisons qui ont conduit à s'affranchir de repères qui paraissaient infranchissables.

Et c'est précisément ce que fait cet ouvrage. Il présente aux lecteurs peu au fait de ce qu'est la réalité d'une opération extérieure des éléments d'appréciation inestimables.

Il permet, cela vient d'être rappelé, de souligner le dramatique sentiment d'impuissance que ressentent des militaires transformés en policiers dépourvus de moyens d'action matériels et juridiques. On leur demande de rétablir le droit dans des zones où il a disparu mais en recourant le moins possible à la force qui est pourtant l'un des attributs des soldats qu'ils sont.

Il met aussi en évidence le sentiment d'incompréhension que peuvent ressentir des militaires investis d'une mission dont les objectifs et les modalités de mise à exécution sont soumis à de larges marges d'appréciation ainsi que la distance qui sépare le militaire opérant dans un contexte en constante évolution des décideurs politiques et militaires. Les propos tenus, en audience, lors des dépositions d'un ancien ministre de la Défense et de certains hauts gradés sont à cet égard très significatifs et montrent à quel point ce fossé doit être comblé.

Il est également intéressant pour le lecteur de voir qu'une chaine de commandement n'est pas obligatoirement réglée avec la précision d'un mécanisme d'horlogerie. Et il lui est ainsi permis de réaliser que des instructions données et transmises dans une profession où la stricte obéissance est la règle, ne doivent laisser aucune place à l'implicite sous peine de voir l'un des maillons refuser *in fine* d'assumer l'ordre qu'il a donné, l'acte qu'il a commis et donc sa part de responsabilité.

Sur un tout autre plan, et c'est l'un des autres intérêts majeurs de ce livre, l'auteur nous montre que la justice civile, appelée depuis le 1er janvier 2012, à se substituer au tribunal aux armées de Paris, a su relever ce défi. Jusqu'à ce procès, les militaires se jugeaient entre eux. La Cour d'assises de Paris et ses jurés populaires, répétons-le, seraient-ils en mesure de percer et, plus encore, de comprendre un monde qui leur était inconnu, de juger des faits commis à des milliers de kilomètres et dans un cadre si particulier ?

La relation des débats montre que tel fut le cas, que les audiences furent remarquablement présidées, que la capacité d'attention était intense, que le souci de comprendre était constant et répondait pleinement à la formule du serment prêté par chaque juré. Et les peines prononcées montrent que, sans rien excuser, la Cour a su prendre en compte les spécificités de ce dossier.

Il était donc important que l'un des accusés et non des moindres donne cet éclairage et, au lecteur, l'occasion de voir que l'institution judiciaire sait s'adapter à des contentieux nouveaux et aussi délicats que celui qu'il lui était demandé de traiter en ces mois de novembre et de décembre 2012.

Autant de questions que, depuis les procès ayant suivi le putsch des généraux d'avril 1961, la justice civile n'avait pas eu à connaître à un tel niveau. Nos armées font partie de celles auxquelles on a souvent recours et qui, depuis des années, sont engagées dans des conditions singulièrement difficiles. Elles paient d'ailleurs un lourd tribut.

Sans excuser un comportement dont on peut comprendre les raisons mais qui est condamnable et qui a été condamné, il était bon de pouvoir se forger une opinion. A cet égard, le livre d'Éric Burgaud, il faut le souligner à nouveau, ouvre un nécessaire et vaste espace de réflexion et de discussion.

Mais on ne sort pas indemne d'une telle lecture qui lève le voile sur les conditions dans lesquelles interviennent « nos » soldats lorsqu'ils participent à des opérations extérieures, sur les difficultés qu'ils rencontrent, sur les cas de conscience auxquels ils sont confrontés.

Si, au-delà du cas du seul colonel Éric Burgaud, cet ouvrage permet de rapprocher la France de son armée, de la faire mieux connaître et mieux comprendre, alors il a sans nul doute rempli son objectif.

Pour l'homme âgé qu'est aujourd'hui l'auteur de cette préface, qui a connu, à travers l'engagement de certains de ses proches, ce que fut la fin de la guerre d'Indochine, le déroulement de la guerre d'Algérie, les réflexions auxquelles nous invite cet ouvrage ont un prix particulier.

Et il en va de même pour le juge, notamment international, qu'il fut car il montre à quel point les comportements apparemment les plus irrationnels et les plus a priori condamnables, méritent d'être examinés avec infiniment d'attention pour, non point excuser, mais pour comprendre l'enchainement des causes qui peuvent conduire des hommes de bien, des militaires jusque-là irréprochables sur le banc des accusés.

Je suis certain que ce sentiment sera partagé par tout lecteur soucieux de mieux connaître son pays et ceux qui le servent, souvent au péril de leur vie.

Bruno Cotte

Membre de l'Institut.
Président de l'académie des sciences morales et politiques
Président honoraire de la chambre criminelle de la Cour de cassation.
Ancien président de chambre de première instance à la Cour pénale internationale.

AVANT-PROPOS

Je m'autorise à retarder le moment de la lecture pour évoquer deux personnages qui m'ont incité à écrire.

Le premier, c'est le général qui commandait la brigade française au Kosovo en 2000. J'étais son chef planification et c'est à ce titre que j'ai planifié l'opération Vulcain. Nous devions fermer par la force des armes une fonderie de plomb serbe devenue ultrapolluante. Il m'a incité à raconter cette opération atypique et hors normes, écologique et multinationale, industrielle, militaire et technico-diplomatique, risquée et sans précédent. Cette incitation trouve ici une réalité. Il est l'un des intervenants de ce livre. Sa présence me permet de répondre à son exhortation pour faire connaître et partager toute la complexité de conception et d'exécution d'opérations qu'on pourrait aujourd'hui qualifier d'hybrides sans trop savoir ce qui se cache derrière ce mot devenu valise.

Le second m'est très cher ou plus exactement, je lui suis très reconnaissant : c'est le commandant Hélie Denoix de Saint Marc. Quoique très différentes, nos vies ont une trajectoire semblable faite d'engagement, d'enthousiasmes et de désillusions, et d'une expérience véritablement partagée à quelques années d'écart ; un moment douloureux, grave, assumé en conscience, de ce regard sans concession qu'on porte sur soi-même. Un regard qui se doit d'embrasser et d'accepter avec la même rigueur son profil le plus présentable qu'on s'acharne à exposer aux autres, et sa mocheté qui en constitue toujours la symétrie. D'accepter « l'autre côté de la pièce[1] » que l'on ne veut pas vraiment regarder, que l'on ne veut surtout pas dévoiler, le camouflant avec ingéniosité. Il traduisait ainsi merveilleusement notre affinité de situation : « Ceux qui ont vécu un drame dans leur vie ont une ombre et cette ombre fait leur épaisseur ».

Le commandant de Saint Marc, en m'enjoignant délicatement de savoir m'accepter dans mes contradictions pour aborder le drame similaire qu'il avait affronté lui-même quelques années plus tôt, m'a ainsi ouvert ce droit à l'épaisseur et je lui en sais gré. Il a interrogé ma conscience en me tendant une main attentionnée, en m'accordant une oreille compréhensive, en m'apportant par ses livres et nos discussions des paroles autorisées à un

---

[1] Vieux proverbe africain : « une pièce a toujours deux côtés ».

moment où cela m'était très précieux. Il m'invitait à parcourir cette part d'ombre et à l'accepter.

Nos rencontres et nos échanges ont amorcé la rédaction de cet ouvrage. Il m'en a inspiré le ton général : un ton dépassionné qui permet aux humeurs de retomber au profit des réflexions ; un regard aussi franc et objectif qu'il est honnête sur soi ; une présentation sans artifice des dilemmes moraux que nous avons connus tous les deux et qui nous ont rapprochés ; un désir de faire partager nos bons et mauvais souvenirs de soldats, que nous avons vécus en hommes que nous étions, avec nos sentiments et nos fragilités. En partageant, avec le commandant de Saint Marc ces mêmes endroits singuliers et complexes : un prétoire et des champs de bataille, qui confrontent des situations militaro-politiques, le droit, la conscience et la morale, nous avons tous les deux sacrifié une partie de nous pour sauver l'essentiel : pouvoir exister vis-à-vis de nous-même plutôt que vouloir exister vis-à-vis des autres ; pouvoir nous regarder avec sérénité et vérité plutôt que renvoyer une image fausse et photoshopée qui travestit notre profil moins présentable, nos contradictions pourtant humaines, nos petitesses et notre complétude.

Ce livre ouvre une porte singulière. Le soldat ne choisit pas ses batailles. Le commandant de Saint Marc et moi avons dû mener notre dernier engagement militaire devant la justice. Comme sur les théâtres d'opérations, comme dans les situations extrêmes et absolues de la guerre, des interrogations éthiques, des équilibres fragiles, des décisions difficiles s'imposent ou s'affrontent. Chacun décide alors, par ses paroles, ses comportements et sa défense, qui il veut être. Les choix personnels engagent. Ils sont les mêmes pour tous les individus. Ils grandissent ou rabaissent. Ils apportent aux hommes de l'épaisseur ou dégradent leur dignité.

Note de lecture

L'une des principales différences entre la justice et l'armée, c'est que la première est individualiste en ce qu'elle juge des responsabilités individuelles, et que l'autre est fondamentalement et essentiellement collective.

C'est ainsi que dans ce livre, le « je » du justiciable s'oppose au « nous » et au « on » des militaires qui ne sont pas réductibles à l'individu. Que le lecteur m'excuse ces « on » disgracieux en terme littéraire, mais réalistes pour parler des soldats en opération.

CARTOGRAPHIE

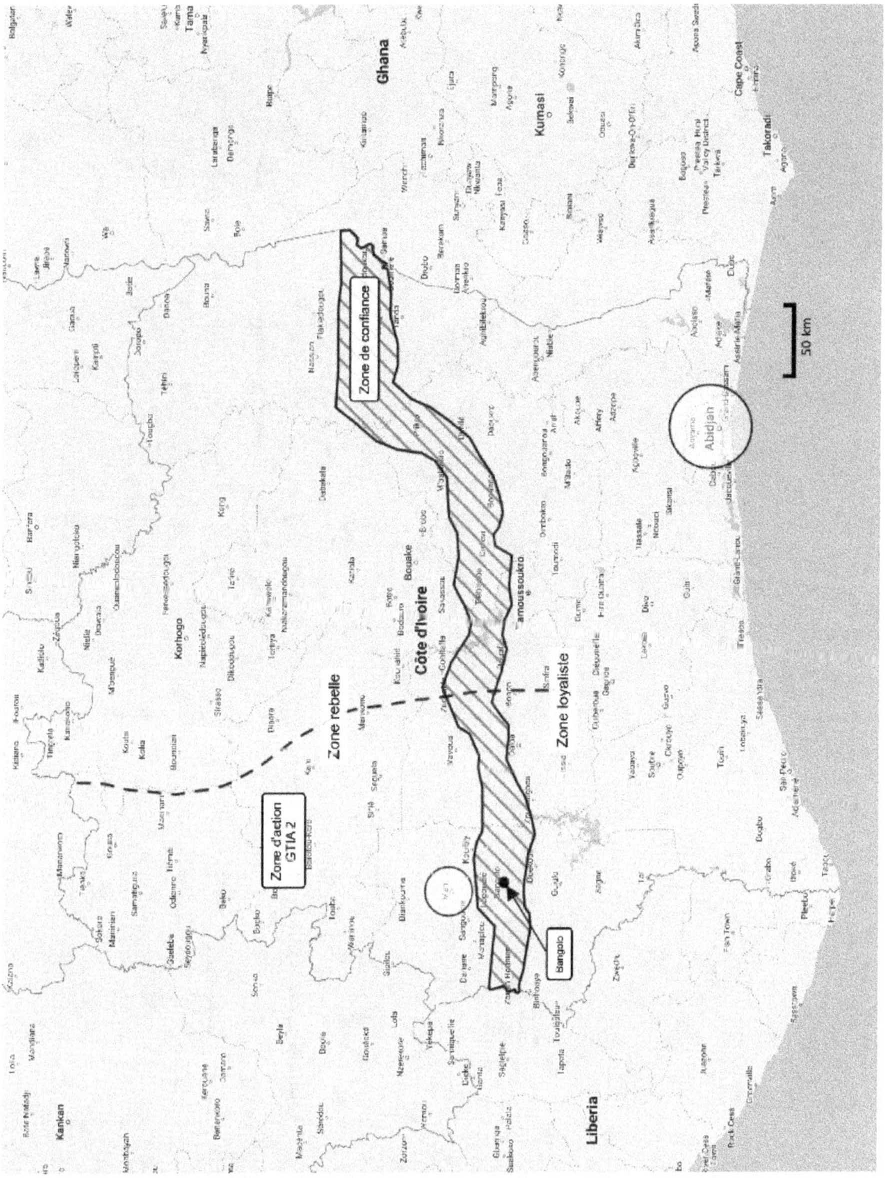

Figure 1 : théâtre de la force Licorne et du GTIA 2 en Côte d'Ivoire

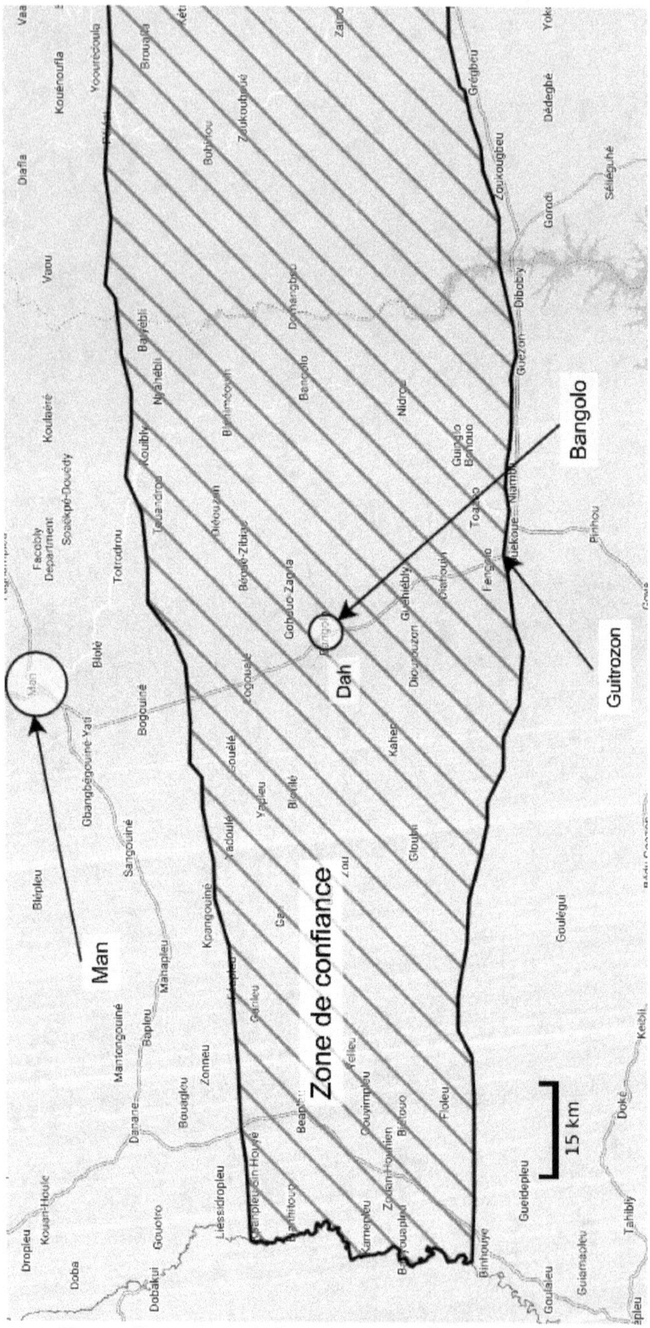

Figure 2 : secteur de la zone de confiance du GTIA 2

1°/ le réquisitoire

Lorsque Annie Grenier se met debout, ce 6 décembre 2012, il n'y a en cela rien d'exceptionnel. Elle est là dans l'exercice de son métier de magistrate, plus exactement de sa fonction d'avocate générale. L'endroit est pour elle ordinaire : la grande salle d'assises du Palais de justice de Paris, sur l'île de la Cité. Sa tenue, quelque peu désuète, est celle de sa fonction : une robe rouge aux revers satinés bordée d'hermine, complétée d'une ceinture à franges et d'une simarre de soie noire. Une épitoge rouge finit d'indiquer l'importance de sa charge. Son rôle de représentante du ministère public et des intérêts de la société et de l'État n'est pas tant révélé par sa tenue que par sa place sur l'estrade. Pour la plupart des personnes présentes, étrangères aux codes vestimentaires de la justice, cette fonction vient d'être rappelée par le président de la cour d'assises qui lui donne par là même la parole pour son réquisitoire.

Il n'y a donc là rien d'insolite, et pourtant ses premiers mots, ses tout premiers mots viennent contredire l'apparence d'ordinaire : « *Cette affaire est extraordinaire, au sens premier du terme* ».

Comme chaque jour, comme d'habitude, le Palais de justice est rempli et parcouru de juges et de jurés tirés au sort, d'accusés libres ou escortés, d'avocats en robe noire et rabat blanc, de public aussi divers dans les motivations de chacun que dans ses accoutrements, et de quelques gendarmes pour en garantir la quiétude. Comme chaque jour, les vingt-six salles d'audience bruissent de drames, de querelles, de délits et de crimes, qu'il faudra délier et juger. Depuis des siècles, jour après jour, ces murs pourtant muets se sont tellement chargés d'histoires qu'ils en suintent aujourd'hui. Toutes les turpitudes, toute la canaillerie, toutes les abominations y ont tenu séance. Quelques pages de l'Histoire s'y sont écrites : Ravaillac, le procès de Pétain et Laval, ceux de Flaubert pour *Madame Bovary* et de Baudelaire pour les *Fleurs du mal*. Dans cette salle tout particulièrement, les meurtres, les viols et les attentats les plus médiatisés connaissent leur épilogue judiciaire.

Pour la justice, c'est un meurtre qui est jugé depuis huit jours, et que l'avocate générale qualifie d'extraordinaire. Pour la première fois depuis la guerre d'Algérie, des militaires dans l'exercice de leur fonction et de leur mission, celle de faire la guerre, de donner la mort et symétriquement de pouvoir perdre leur vie au nom de la Nation, sans que cela soit anormal, répréhensible et judiciarisé, quatre militaires sont là, devant Annie Grenier, sur le banc des accusés et vont entendre son réquisitoire. Ils vont écouter la voix de l'État qu'ils ont servi au prix de leur vie, de l'État qui les juge aujourd'hui. Ils vont entendre la voix de l'accusation, celle violente et sourde, anonyme et froide du Code pénal.

La salle, comme la tenue de l'avocate générale, dit la majesté de la justice. Les deux affirment cette convention sociale vouée à définir et sanctionner les écarts avec tout ce qui contrevient au vivre ensemble. Et si Annie Grenier se met à l'instant debout, c'est pour ajouter encore à cette solennité. Tout ici, dans les dispositions de la grande salle d'assises, vise à impressionner, intimider, imposer la domination et la souveraineté du droit : un jury surplombant de l'altitude d'une estrade les accusés et le public, une hauteur de plafond qui vous fait paraître encore plus petit, comme la galerie des Glaces visait à rapetisser les visiteurs de Louis XIV, la cage en verre où se tiennent habituellement les accusés – pas ici – une décoration aussi sobre que parfaitement lisible et compréhensible : des boiseries sombres en partie basse pour indiquer la fange dans laquelle se débattent les justiciables, au-dessus des murs jaune et or décorés de rares mais lumineux symboles de la justice ou de l'État, et un plafond à caissons colorés, signe d'une justice rendue et d'une société purgée de ses contrevenants. La symbolique des édifices religieux se rappelle à nos bons souvenirs : l'enfer, le purgatoire et le paradis dans une semblable verticalité. Le tribunal des hommes et celui des dieux se retrouvent dans les mêmes allégories. Le laïc et le sacré se donnent la main.

Le lieu est aussi majestueux qu'il est délibérément retiré du monde, pour souligner son indépendance et apporter à cette justice toute la sérénité et tout le pouvoir qui conviennent à ce pilier de la société. Dans son architecture même, le Palais de justice marque avec netteté un dehors et un dedans, et désigne un lieu d'autorité. Il s'isole du dehors, le droit est dit et jugé en son palais. Dans le cas présent, la distance qui est mise avec le lieu du crime (pour utiliser le vocabulaire de la justice) est extravagante – extraordinaire pour reprendre les tout premiers mots d'Annie Grenier. Ce n'est pas tant une question de kilomètres que d'ambiance. Dans cette salle ouatée, entre ces murs aphones mais tellement chargés de symboles et d'histoire qu'ils parlent silencieusement, la guerre, d'habitude elle aussi silencieuse, allait s'asseoir et faire entendre son bruit, « celui de la mort » comme le disait Malraux ; d'une mort convenue et ordinaire pourrait-on préciser. Le crime jugé s'est déroulé là où les accusés avaient été envoyés pour exercer leur métier, sur ces lieux qui portent tellement plus de noirceur qu'on peut en entendre dans un Palais de justice : les théâtres d'opérations, d'intervention et de crise, dit-on aujourd'hui dans notre vocabulaire anesthésié ; les théâtres de guerre plus crûment. C'est dans ce palais et devant la justice civile que l'on juge de la mort provoquée de Firmin Mahé en Côte d'Ivoire, en 2005.

Je suis le plus gradé des quatre accusés. J'ai le grade de colonel. Nous assumons tous les quatre les faits qui ont valu notre mise en cause et qui se traduisent pour la justice par les qualifications d'homicide volontaire et de complicité d'homicide. On m'attribue de surcroît la falsification de comptes-rendus, comme si j'avais voulu cacher ou arranger les faits. Le réquisitoire d'Annie Grenier est l'exercice attendu de sa fonction. Il est en cela « banal ». Il ne l'est pas du tout en termes de procédure : pour la toute première fois depuis la suppression quelques mois plus tôt du Tribunal aux armées[2], ce procès mettant en cause des militaires sur un théâtre d'opération a lieu devant une juridiction de droit commun. Alors que de nombreuses règles et le vocabulaire dissocient le civil et le militaire, la justice civile s'apprête singulièrement à juger des soldats. Alors que la guerre, par le seul recours à la force (à la violence légitime), se veut un dépassement de la diplomatie et du droit ordinaire, une atténuation voire une négation des règles communes – le soldat est un criminel en puissance – c'est devant cette justice ordinaire que ce fait de guerre est paradoxalement jugé. Cette justice commune qui interdit que la fin justifie les moyens, quand la guerre prescrit des moyens singuliers au profit d'une fin : vaincre ou gagner, survivre, conserver sa liberté ou imposer une force, la négociation et la paix. Ce n'est pas là le seul questionnement que soulève l'audience qui se déroule en ce mois de décembre 2012, sept ans et demi après les faits, et que s'apprête à éclairer de sa voix d'accusatrice, en ce huitième jour du procès, Annie Grenier.

Cette affaire est extraordinaire, au sens premier du terme. Pour la première fois, un crime procédant de l'illégalité d'un ordre militaire est jugé par un tribunal ordinaire. Dans cette salle, on a vu des violeurs, des assassins, des terroristes poseurs de bombes. C'est la première fois depuis bien longtemps qu'on voit quatre anciens militaires.

Pour ce tribunal qui prend le relais du Tribunal aux armées de Paris fermé fin 2011 par la loi, juger, c'est d'abord comprendre.

Selon la loi et le code de procédure pénale, l'adjudant-chef Raugel et le colonel Burgaud encourent trente ans de prison, plus un an pour faux en écriture pour le colonel Burgaud ; le brigadier Schnier et le brigadier-chef Ben Youssouf encourent quant à eux cinq ans.

---

[2] Le Tribunal aux armées de Paris [TAAP] a été dissous le 1er janvier 2012 par décision de la garde des Sceaux, ex-ministre de la Défense, Michèle Alliot-Marie.

Mais laissez-moi d'abord répondre aux parties civiles qui viennent de s'exprimer par la voix de leur avocat, maître N'Doumou, que je ne suivrai pas dans sa plaidoirie. Je ne crois pas qu'il y ait eu erreur sur la personne. Maître N'Doumou nous dit que le Mahé qui a été tué n'est pas le coupeur de route, qu'il y a eu confusion. Je n'en crois rien. Firmin Mahé était bien un individu dangereux. Le terme fleuri de coupeur de route, dans notre vocabulaire historique de bandit de grand chemin, ne rend pas compte de sa sauvagerie. La liste de ses exactions est précisément décrite dans une succession de comptes-rendus rédigés à l'époque par l'armée française et versés au dossier. Entre le 12 et le 19 mai 2005, ce ne sont pas moins d'une dizaine de meurtres et d'autant de viols, tous à caractère ethnique, qui lui sont attribués. Des témoins en ont attesté. Firmin Mahé arrêtait les véhicules, laissait partir les hommes et femmes de son ethnie du Sud, et s'acharnait sur ceux des groupes ethniques proches de la rébellion. De même, il est responsable de l'assassinat d'une famille en pleine brousse – deux enfants tués à la machette devant leur mère enceinte, elle-même tuée ensuite à coups de chevrotine dans le ventre. Les photos de cet acte barbare nous ont été montrées. Je le redis ici, Firmin Mahé était un individu dangereux, un coupeur de route criminel. Sa spirale assassine s'accélérait. Il était incontrôlable. Il n'y a pas de doute pour moi. Le Firmin Mahé arrêté est bien le responsable des exactions sanguinaires qui lui étaient attribuées. La meilleure des preuves est que tout s'est immédiatement arrêté après sa mort.

Mais revenons sur cette arrestation et sur les faits qui se sont succédé cette journée du 13 mai 2005. Firmin Mahé, traqué depuis plusieurs jours, est aperçu dans la matinée ; il est accompagné par sa femme et un jeune homme. Sommé de s'arrêter par une patrouille de l'unité commandée par l'adjudant-chef Raugel, il s'enfuit dans la forêt qui borde la route. Il ne répond ni aux injonctions de s'arrêter, ni aux premiers tirs en l'air d'avertissement. Un tir de sommation est fait à côté de lui, qui le blesse par ricochet. Il parvient néanmoins à disparaître dans la forêt. Je note ici un premier dysfonctionnement : personne ne rend compte de ce tir. Ce tir ne figure dans aucun rapport. Je vous demande de retenir ce point.

Quelques heures plus tard, une autre patrouille le retrouve agonisant au bord d'une piste. Prévenu, le colonel Burgaud, qui commande le groupement tactique de la force Licorne dans la région, donne l'ordre de le remonter au poste de Bangolo, à une quinzaine de kilomètres de là, pour que des premiers soins lui soient donnés, avant de l'évacuer vers la ville de Man.

Et c'est une fois le blessé à Bangolo que l'adjudant-chef Raugel reçoit l'appel du colonel non pas par radio, mais sur son téléphone portable, lui indiquant "de rouler doucement", autrement dit que Mahé ne devait pas arriver à Man vivant. Je relève ici un second dysfonctionnement : le colonel Burgaud qui s'adresse directement à l'adjudant-chef Raugel, court-circuite la chaîne hiérarchique en ne passant pas par le capitaine sous les ordres duquel est placé le peloton de reconnaissance et d'intervention antichar (PRIAC) de Raugel.

Ce coup de téléphone déstabilise l'adjudant-chef Raugel qui demande au colonel confirmation – à quoi lui est répondu "vous m'avez compris". L'adjudant-chef Raugel s'interroge sur cet ordre et sur sa façon de l'appliquer.

C'est ce même adjudant-chef qui désigne l'équipage de l'engin blindé qui se rendra avec lui à Man, escorté par d'autres véhicules : le brigadier-chef Ben Youssouf comme conducteur et le brigadier Schnier à l'arrière. Le véhicule blindé commence à rouler doucement conformément à la lettre des ordres. Raugel s'aperçoit rapidement que simuler une évasion pour tuer Mahé dans sa fuite – première solution qu'il avait imaginée ou que le colonel Burgaud lui avait suggérée – n'est pas réaliste. Il distingue alors un sac plastique et du scotch, toujours présents dans le véhicule, qui vont lui permettre d'étouffer Firmin Mahé, alors inconscient, tandis que Schnier lui tient les jambes. Ben Youssouf n'a rien fait pour contrevenir à ce geste.

À l'arrivée du blindé léger à Man, au PC du groupement commandé par le colonel Burgaud, vers 19 heures, celui-ci est présent. La mort de Firmin Mahé est constatée par un médecin. Le colonel Burgaud félicite Raugel pour cette arrestation et la mise hors d'état de nuire de Firmin Mahé. Il apprend à cette occasion les faits du matin : l'interception de Firmin Mahé et les tirs de sommation, ce qui le disculpe de l'accusation de falsification de comptes-rendus. Il n'a fait remonter dans ses deux rapports que ce qu'il savait. Il apprend en même temps que Mahé est mort étouffé. Il informe par ailleurs des faits exacts, le soir même, les deux généraux qui étaient ses supérieurs hiérarchiques. Le colonel Burgaud n'a rien caché à ses supérieurs.

Vers 20 heures, le colonel Burgaud partage avec son adjoint, le lieutenant-colonel Neviaski, l'ensemble des actions de la journée. Un silence couvre désormais cet enchaînement, cette journée et cette mort de Firmin Mahé. Encore un dysfonctionnement. Mais plusieurs militaires, plus ou moins au courant – des rumeurs courent – s'en indignent, jusqu'à, pour l'un d'entre eux, demander et s'en entretenir avec le colonel Burgaud. Des rivalités d'hommes, dans l'armée comme dans la police, entraîneront le lieutenant-colonel Neviaski à dénoncer les faits dans une conversation qu'il savait pouvoir remonter assez haut dans la hiérarchie. À son plus haut niveau même, la ministre saisit la justice.

Le ton d'Annie Grenier est grave, sa voix est posée. Il n'y a dans ce début de réquisitoire et le rappel des faits aucun des effets de manche ou d'envolées qui ponctuent les interventions d'un procureur ou d'un avocat général dans l'imagerie populaire. Au contraire, une certaine mesure accompagne ses propos. Elle-même ne retient pas les doutes soulevés par les parties civiles sur l'identité de Mahé. Elle m'innocente aussi du motif de falsification de compte-rendu, autant dire de fourberie. Pour autant, elle n'a pas encore plaqué sur sa relecture des faits le cadre juridique, le regard scrupuleux du droit, l'examen qui s'attache à peser les responsabilités, les circonstances et les mobiles. Elle ne peut pas s'appuyer sur la jurisprudence qui, en l'espèce, n'existe pas. Cette carence ouvre dangereusement tout le champ des possibles. L'homicide est bien là. Il a été décrit de manière factuelle, rappelé, détaillé, autant qu'il est assumé. Il va maintenant être commenté, analysé, jusqu'à ce que le ministère public par la voix d'Annie Grenier, indique les peines qu'il estime légitimes. Toute la salle d'audience attend ses réquisitions. Je suis particulièrement anxieux de les entendre, comme d'écouter les qualificatifs et les commentaires évidemment sévères qui sortiront de sa bouche. J'échange régulièrement un regard avec mon avocat pour tenter d'y trouver du réconfort. Il est, depuis un peu plus de sept ans, l'homme le plus précieux pour moi. Avec ma femme, il m'a permis de résister aux tourments qui ont occupé chaque instant et chaque espace de mon cerveau et de ma mémoire, dont j'ai essayé d'extraire des souvenirs, des explications, des excuses... des moyens de me défendre.

Comment a-t-on pu en arriver là ? Comment des hommes dont tout dit le plus grand bien, dont les notations sont élogieuses, envers qui les témoignages sont unanimement positifs, comment le PRIAC, l'unité de Guy Raugel qui n'a rien d'une unité de cow-boys comme on a pu l'entendre, qui faisait preuve chaque jour de la plus grande humanité, comment ont-ils pu en arriver là ?

Le général Poncet, de qui le colonel Burgaud dit avoir reçu l'ordre, a bénéficié d'un non-lieu. Un non-lieu n'est pas définitif. La justice pourra revenir dessus si un fait nouveau apparaissait. Mais aujourd'hui, aucune preuve n'a été relevée contre lui et le juge d'instruction comme le procureur n'ont pas retenu sa culpabilité. Donc en l'état, pour la justice, l'ordre vient du colonel Burgaud ; la chaîne de commandement s'arrête au colonel Burgaud.

Le colonel s'impliquait beaucoup au service de sa mission, notamment vis-à-vis du PRIAC qui constituait pour lui le centre de gravité de son dispositif, en plein cœur de la "zone de confiance[3]". De l'avis de tous, Raugel et Burgaud s'entendaient parfaitement, il y avait comme un effet miroir entre eux.

[3] Zone démilitarisée d'une vingtaine de kilomètres de large qui séparait les deux belligérants et dont la sécurité relevait de la communauté internationale, parmi lesquelles des troupes de l'opération Licorne.

Comment un colonel, dont tout le monde reconnaît la grande intelligence, si attentif à ses hommes, a pu donner un tel ordre ?

Revenons sur l'environnement, sur la Côte d'Ivoire et sur le conflit qui s'y déroulait en 2005. Revenons sur la zone de confiance en particulier. L'étanchéité qu'elle instaurait entre les forces loyalistes, fidèles à Laurent Gbagbo au sud et la rébellion au nord devait être garantie par les forces de l'ONU d'une part, et par l'opération Licorne d'autre part. Les accords de Linéas-Marcoussis[4] *en avaient décidé ainsi. La sécurité des populations au sein de la zone de confiance relevait des mêmes acteurs. Mais, l'ONUCI*[5] *et les CIVPOL*[6] *qui devaient participer à cette sécurité générale ne le faisaient pas. L'ONUCI n'en avait pas les capacités et la CIVPOL avait déserté la zone au titre qu'elle était trop dangereuse. La force Licorne et, tout particulièrement, le PRIAC assuraient ainsi quasiment seuls la mission de garantir la sécurité de la population. Cette mission donnée par un mandat de l'ONU*[7]*, déjà extrêmement difficile à remplir, devenait quasiment impossible à assurer. Pour autant, la responsabilité du colonel Burgaud est pleine et entière, devant tant de difficultés quotidiennes, de ne pas avoir fait relever le PRIAC, de n'avoir pas fait tourner ses unités sur le poste de Bangolo. Il n'aurait pas dû laisser ces hommes-là pendant quatre mois dans ces conditions-là. Il porte en cela une lourde responsabilité.*

L'ordre était de toute évidence illégal et tous les acteurs de ce drame le savaient. Était-il pour autant légitime ? La légalité d'un ordre relève du droit positif, sa légitimité fait référence à son caractère juste. Or, cet ordre n'est pas plus légitime, donc juste, qu'il n'est légal. Il y avait d'autres solutions plus justes : remettre Mahé aux autorités du Nord – à la rébellion. Le remettre au dispensaire tenu par Médecins Sans Frontières, même si cela faisait porter à MSF le risque de voir les complices de Mahé venir le chercher, avec la violence dont ils étaient coutumiers. Sans doute pour le PRIAC y avait-il aussi le risque de faire le jour sur la légalité des conditions d'ouverture du feu et des sommations ayant conduit à la blessure à la jambe de Mahé le matin du 13 mai.

---

4 Signés en janvier 2003 sous l'égide de Dominique de Villepin, destinés à mettre un terme à la guerre civile qui se déroulait en Côte d'Ivoire depuis 2002.

5 Opération des Nations unies en Côte d'Ivoire ; troupes sous casque bleu et sous autorité de l'ONU – dans la zone du PRIAC, un bataillon bangladeshi privé de moyens et ne parlant ni le français, langue vernaculaire de la Côte d'Ivoire, ni les dialectes locaux.

6 Civilian Police – contingent de police de l'ONU.

7 Résolution 1528 du 27 février 2004 – en annexe.

Il n'y avait donc pas de contrainte irrésistible. Aucun des acteurs n'a agi sous l'emprise d'une contrainte insurmontable.

Il y avait toute possibilité pour chacun des accusés de refuser cet ordre, illégal et illégitime.

J'ai entendu qu'il relevait d'un mal pour éviter le pire. Je n'en crois rien. Des villageois ivoiriens ont acclamé l'adjudant-chef Raugel pour avoir mis hors d'état de nuire Mahé. Ça n'en fait pas un acte positif, ni un acte juste.

Il s'agit donc bien d'un meurtre de sang-froid commis par des militaires qui étaient là pour protéger les populations. Ce meurtre ne relève cependant pas de la mission qu'avaient reçue le colonel Burgaud et l'adjudant-chef Raugel.

Il n'est pas question ici de juger l'armée, mais bien un meurtre, un acte illégal commis par ceux qui sont devant nous dans le box des accusés. La hiérarchie porte une lourde responsabilité. Le devoir d'un militaire, c'est aussi de refuser d'exécuter un ordre illégal. Chacun d'eux avait la possibilité d'exercer ce devoir.

Il n'y a pas, je n'ai pas de référence ni de jurisprudence pour définir une peine pour chacun des accusés. Je dirai d'abord qu'il n'y a pas, pour moi, de risque de récidive. Je dirai ensuite qu'une sanction revêt une double finalité : punir l'acte et servir d'exemple, dans le cas d'espèce, à toute la communauté militaire : il est important que tous les militaires comprennent que ces faits sont inadmissibles, inacceptables.

Ainsi, je considère ces quatre militaires comme coupables et je demande :

- *Pour le brigadier-chef Ben Youssouf, pour non-empêchement d'homicide, six mois avec sursis,*
- *Pour le brigadier Schnier, pour complicité d'homicide, deux à trois ans avec sursis,*
- *Pour l'adjudant-chef Raugel, pour homicide volontaire, cinq ans de prison dont deux avec sursis,*
- *Pour le colonel Burgaud, sans qui rien de tout cela ne se serait produit et pour complicité d'homicide, cinq ans d'emprisonnement. Je ne retiens pas la falsification des comptes-rendus.*

Je fais confiance au jury dans ses délibérés. Le ministère public ne prévoit pas de faire appel, quelles que soient les peines qui seront prononcées.

Sur ces derniers mots, la magistrate se rassied. Le président reprend la parole : *merci madame l'avocate générale. L'audience est levée. Reprise à 14 heures pour les plaidoiries de la défense.*

Je suis assommé. Je ne savais pas à quoi m'attendre – personne ne pouvait vraiment imaginer ce que l'avocate générale pouvait requérir. Je savais, et il était logique à mes yeux, que mon grade ferait de moi le plus responsable, en l'absence sur le banc des accusés du général Poncet. Dès le début, il a nié avoir donné l'ordre implicite de tuer Mahé. Il s'est défendu en récusant sa responsabilité et son implication, en mentant, en se défaussant. La justice est violente. Même nuancé, le réquisitoire d'Annie Grenier est à mes yeux violent. Il est certes la suite logique des sept premiers jours du procès. Il ponctue rationnellement le fait que nous assumons nos responsabilités, que j'assume avoir transmis (pour la justice donné) l'ordre implicite que Mahé n'arrive pas vivant à Man. Je le prends néanmoins comme un coup de poing.

Alexis Gublin, mon avocat, n'a pas tant l'air abattu, ou ne le montre pas. Il a les mots pour tenter de me rassurer : « Mon colonel, c'est le mieux qu'on puisse entendre. L'avocate générale ne répond pas à la question fondamentale qu'elle pose : comment en est-on arrivé là ? Comment ces hommes ont-ils pu faire ça ? Elle ouvre tous les espaces aux avocats de la défense. Elle ne donne pas de motif crapuleux, elle insiste sur une mission impossible à remplir, elle ne parle pas de cette guerre civile, du contexte, elle survole le problème de la zone de confiance, elle souligne vos qualités et votre implication à tous. Ne vous inquiétez pas. Ses réquisitions ne sont pas si sévères, même si elle requiert la plus lourde peine pour vous : ce sont les instructions du ministère de la Défense. Rien n'est perdu. » Il n'est pas ou plus « mon conseil » comme on l'entend parfois. Il est, une fois encore, la bouée qu'on lance à quelqu'un qui se noie.

Si rien n'est perdu, comme il veut bien le dire, rien n'est gagné non plus : la peine requise contre moi, cinq ans de prison ferme, possiblement alourdie par le jury, exigera que demain matin, je fasse un sac d'effets. Je l'apporterai au tribunal. Il m'accompagnera en prison si j'étais écroué dans la foulée de l'énoncé du verdict. Cette hypothèse engendre une frayeur légitime. Cette perspective me rappelle un très mauvais souvenir vieux de sept ans. C'était le temps de l'emballement médiatique. Le début de la procédure judiciaire m'amenait en garde à vue au 36 quai des Orfèvres. Au bout de quarante-huit heures, le procureur et la magistrate instructeur demandaient contre moi une incarcération préventive. Un très, très mauvais souvenir. Au moins cette fois-ci suis-je plus en paix avec moi-même : j'assume pleinement ma part de responsabilités.

Rejoindre ma femme Florence dans le public n'est pas aussi facile que je l'aurais pensé. Elle a tout entendu, comme moi, comme depuis le début du procès. Son optimisme inébranlable a-t-il été fragilisé par ce réquisitoire ? Allons-nous devenir deux épaves, elle injustement entraînée par moi, comme un montagnard qui fait un mauvais pas ou une faute technique chute en emportant son compagnon de cordée ? Pourra-t-elle être aussi sereine qu'il y a une heure et continuer d'irradier cette sérénité ?

Un sourire, un baiser effacent cette interrogation. Elle n'y répond pas – elle m'aime. Elle s'inquiète, certes, sûrement, mais elle a confiance. En la voyant, je repense à la dédicace qu'Hélie de Saint Marc m'a écrite sur l'un de ses livres : « Même si on ne nous laisse qu'une ruelle exiguë, au-dessus, il y aura toujours le ciel tout entier ». Elle est ce ciel tout entier.

Restent ces questions que l'avocate générale a gravées au burin, que je vais ruminer, sans doute autant que les jurés : « comment a-t-on pu en arriver là ? » Celle-là ne s'adresse pas uniquement à moi et soulève de multiples questionnements. « Comment un colonel, dont tout le monde reconnaît la grande intelligence, si attentif à ses hommes, a pu donner un tel ordre ? » Mon avocat dans quelques heures au cours de sa plaidoirie, les jurés à travers leur intime conviction, ma femme et mes amis, auront leur réponse. Au terme de ce procès, je pense quant à moi être maintenant parfaitement clair et sincère. C'est la seule façon de pouvoir accepter le jugement qui sera prononcé. C'est aussi l'unique moyen de pouvoir m'accepter. Ma défense n'a pas toujours été aussi franche, ce qui s'est révélé difficilement supportable. Ces derniers jours ont été rédempteurs. Le procès a joué son rôle.

2°/ premier jour d'audience

Juste avant le procès

Mardi 27 novembre. Il ne fait pas très beau à Paris. Le ciel est gris, les arbres ont perdu leurs feuilles et l'ambiance est franchement hivernale. La place Dauphine sur l'île de la Cité est déserte et froide. Face à nous, la grande façade pourtant blanche du Palais de justice ferme toute perspective. L'escalier est massif et monumental. Son encadrement par deux sculptures de lions couchés, les colonnes grecques et les bas-reliefs qui rythment le bâtiment, comme les deux aigles napoléoniens aux deux extrémités de la corniche du bâtiment central, prescrivent plus qu'ils ne suggèrent la solennité et l'autorité de l'édifice. C'est là qu'avec mon avocat nous avons rendez-vous. Je l'attends avec Florence. Le célèbre 36 quai des Orfèvres, au sein duquel j'ai été interrogé pendant quarante-huit heures, n'est qu'à quelques dizaines de mètres. Cette proximité pourrait répondre à la logique du circuit court s'il ne s'était passé sept ans. Le militaire que j'étais alors et qui va être jugé est désormais civil. Costume foncé, cravate bleu marine à pois, chemise bleu ciel et surveste noire en témoignent, et permettront aux photographes de presse de renvoyer de moi l'image du citoyen ordinaire que je suis désormais. Il convient aussi de ne pas rappeler les derniers procès de militaires[8], dans les années soixante, à la suite des événements d'Algérie. La plaie n'est toujours pas refermée, l'histoire n'a pas encore été purgée. Quelques journalistes et photographes sont là devant la grille au pied de l'escalier. Ils fument ou discutent. Ils sont des habitués du lieu. Pas moi.

Avec Florence, nous avons laissé nos deux garçons à la garde de mes beaux-parents chez nous à Chantilly. Nous occuperons symétriquement leur appartement parisien toute la durée du procès. Nos enfants sont au collège, et comme toujours depuis sept ans, nous cherchons à les tenir éloignés de cette affaire et de tout bruit médiatique, intrusif, binaire ou mensonger. La diète de télévision, de radio et de presse écrite se poursuivra encore quelques jours, pour interdire toute immixtion d'un reportage, quel qu'il soit, dans notre cellule familiale. Leur école et leurs professeurs sont prévenus. Ils feront très attention, notamment aux conversations dans leurs classes.

Mon employeur a été particulièrement obligeant. À ma demande d'un congé sans solde, il a répondu en m'octroyant le temps nécessaire pour régler cette affaire qu'il connaît. Ce geste de grande attention l'honore. Il est

[8] Grégoire Finidori, *Un formidable système répressif. Les juridictions d'exception à la fin de la guerre d'Algérie (1961-1963)*.

le fait de quelques hommes et femmes, de cadres et de directeurs qui m'accordent par là leur plus grande confiance et toute leur sympathie. Ils m'enlèvent ainsi un poids et m'apportent surtout leur soutien.

Je viens de passer la semaine précédente au sein du cabinet de mon avocat à relire, seul dans un petit bureau, tout le dossier d'instruction, un peu plus d'un mètre cinquante de papiers, d'auditions, d'actes de procédure, d'expertises, le tout classé par ordre chronologique et soigneusement repéré de post-it et de surlignages : en vert, les points favorables, en rouge, ce qui m'est préjudiciable. S'ajoutent une ou deux couleurs qui marquent pour maître Gublin les cotes qui lui seront utiles pour ma défense. Sept ans d'enquête reparcourus en quatre journées pénibles. J'y vais chaque jour avec des pieds de plomb. La relecture me pèse du poids des années d'enquête et de la procédure judiciaire dont la pile de papiers témoigne. Des contradictions et des divergences m'apparaissent au fil de cette lecture. Elles seront autant de sujets sensibles lors du procès. Les points de désaccord entre les protagonistes me déstabilisent. Mes déclarations n'ont pas la netteté d'une responsabilité entièrement assumée. Le réflexe autoprotecteur de ma défense fait plus que transparaître. Je continue de me convaincre qu'il ressort du refus, sitôt l'enquête ouverte, du général Poncet à endosser la responsabilité de l'ordre qu'il avait donné. Ce refus fait de moi le premier responsable. J'en assume encore difficilement le risque. Je m'accroche au vert, survole et écarte mentalement le rouge. Le contraire de ce qu'il eut fallu faire. Cette relecture projette de moi une image qui me met mal à l'aise ; je ne me reconnais pas. La peur m'envahit de nouveau, comme au début de l'instruction. La justice m'est inconnue. Elle m'apparait crue et intransigeante. Je ne sais pas la décoder ; elle m'effraie à en oublier que j'étais officier. La confrontation avec la justice m'a réellement dégradé.

Durant cette semaine, entre deux cartons de pièces de procédures, j'ai répondu à une invitation « protocolaire ». J'ai été convoqué pour partager quelques minutes avec celui qui sera le président de la cour d'assises. Je rencontre le juge Leurent, au Palais de justice, dans un minuscule bureau impossible à trouver au milieu d'un dédale d'escaliers et de couloirs. Je le perçois comme un homme affable, poli, délicat. Il est précédé d'une belle réputation. De part et d'autre d'une petite table, nous menons une double prise de contact. Pour lui, après avoir lu tout le dossier d'instruction, il s'agit de passer d'une représentation à une incarnation d'un des accusés qu'il devra juger. Pour moi, il m'est donné de discerner le magistrat qui aura la charge de conduire les débats et de me juger. L'échange est millimétré, comme codifié. Il relève du *speed dating*. La rencontre est courtoise – je suis « mon colonel », il devient « monsieur le président ». Derrière cette bienséance m'apparaît pourtant la confrontation d'un condamné avec son bourreau. C'est oublier que je suis en partie, par l'angoisse qui m'étreint et par ma défense hésitante, mon propre tourmenteur. À partir de maintenant, c'est lui qui représente la justice. Elle a un nouveau visage, après ceux des différents enquêteurs.

La semaine se termine par une réunion du groupe de soutien constitué à l'initiative de nos meilleurs amis et de nos familles. C'est un briefing comme ceux qui précèdent une opération. Il s'agit de délimiter avec précision les fonctions de chacun, de prévoir des présences à côté de Florence pour l'accompagner chaque jour au procès. Elle assistera à toutes les audiences, ne me laissant pas seul une unique seconde. Chaque jour, entre cinq et quinze de nos amis seront ainsi à nos côtés. La mission des lecteurs de la presse quotidienne est ensuite rappelée. Chaque soir, ils parcourront les journaux et balaieront les réseaux sociaux en quête d'articles ou de commentaires sur le procès, pour y répondre s'il le faut. Une procédure actualisée de mise en ligne les messages de soutien, déjà nombreux et qui pourraient encore arriver, est reprécisée aux administrateurs du site Internet. Un ami particulièrement cher a monté ce site qui fédère toute cette bande et l'immense soutien qu'elle nous apporte. Cette réunion exprime avant tout une somme d'amitiés et d'attentions.

Le week-end précédant cette échéance du mardi 27 novembre s'est passé en famille, le plus normalement possible, pour ne pas se montrer les uns aux autres une inquiétude qui grandit pourtant en chacun. Florence est depuis le début de l'affaire le centre de gravité d'une sérénité de circonstance. En imposant une vie familiale normale, elle cherche à chasser l'anormal de ma situation, à tout le moins de lui laisser la plus petite place possible. Son espérance naturelle renverse ma morosité, mes craintes et un pessimisme qui, quelques jours avant le procès, reprend tout le terrain perdu avec difficulté en sept ans. J'ai refait ma vie professionnelle en me reconvertissant dans le privé. L'officier que j'étais a été mortellement blessé. Pendant neuf jours de procès on le déterrera. Il sera passé à la question, blâmé et chahuté. Vingt-cinq années à servir seront sans doute annihilées, peut-être souillées et selon toute vraisemblance sanctionnées. Florence exprime l'espoir et moi plutôt l'accablement. Si je dois aller en prison, ce week-end sera l'avant-dernier à revoir la petite famille que nous formons, hors d'un parloir.

Nous n'attendons pas longtemps. À peine dix minutes après notre arrivée, maître Gublin gare son scooter. Il enlève son casque, nous salue, prend de nos nouvelles, s'adresse plus particulièrement à Florence pour la rassurer. Son timbre est clair, chaleureux, naturellement apaisant. Sa voix rythmée, sage et réfléchie inspire le réconfort. Elle traduit un grand niveau de maîtrise de la situation. Nous montons ensemble les marches du Palais de justice et passons les portiques de sécurité. Une fois sa robe d'avocat enfilée, nous traversons, lui et moi, le grand vestibule pour rejoindre la salle d'audience : les photographes ont sorti leurs appareils ; Florence n'a pas sa place sur les clichés. Maître Gublin lui a recommandé de s'écarter. Le public est nombreux. Beaucoup d'amis sont déjà là. Je retrouve dans la salle d'audience mes trois co-inculpés. Nous ne nous sommes pas vus depuis une reconstitution des faits quatre ans auparavant. Ces retrouvailles sont tièdes : nous n'allons pas exactement être ensemble face à la justice comme nous avons été ensemble en Côte d'Ivoire au beau milieu d'une guerre civile : nos explications ne sont pas alignées et nous serons confrontés à ces contradictions. J'aurais à devoir m'expliquer sur la nature de l'ordre qui a conduit à la mort de Firmin Mahé. Mes déclarations sur le sujet ne correspondent pas aux leurs. Je les salue comme leurs avocats, maître Trémolet de Villers pour l'adjudant-chef Raugel, maître Morain pour le brigadier-chef Ben Youssouf et maître Balan pour le brigadier-chef Schnier. Nous serons assis les uns derrière les autres, chacun avec son avocat à côté de lui, devant la « boîte en verre » qui préserve d'habitude la salle des inculpés plus dangereux. Chacun de nous comparaît libre. Nous sommes tous plutôt tendus.

Une sonnerie met fin au brouhaha général des discussions. Elles allaient bon train. « Mesdames, messieurs, la cour. » Comme on sonne la fin d'une récréation, l'annonce de l'huissier invite chacun à prendre sa place en même temps qu'une attitude déférente. La porte au fond à droite de la salle d'audience s'ouvre sur quatre magistrats : le président Leurent et ses deux assesseurs – deux femmes – et Annie Grenier, l'avocate générale. Chacun s'assied. « L'audience est ouverte » sont les premiers mots du président.

Mise en route du procès par le président

Cette première matinée est celle de la mise en route. Elle répond à un agenda procédural précis que le président Leurent déroule. On croirait à un jeu de construction : il constitue le cadre du procès en établissant puis emboîtant ses grandes composantes.

Il appelle d'abord les quatre accusés pour confirmer et vérifier leur état civil.

Le jury populaire est ensuite composé : six jurés titulaires et quatre jurés remplaçants sont tirés au sort parmi une trentaine de candidats présélectionnés. Ils assisteront les trois juges professionnels et formeront avec eux le jury chargé de se prononcer sur notre culpabilité. Les candidats jurés sont appelés un par un. Avant de s'asseoir sur les bancs face aux accusés, ils déposent un carton portant leur nom dans une urne, en bout de la table centrale derrière laquelle sont assis les trois magistrats. Je crois assister à l'une de ces chorégraphies modernes, dépouillées, sombres, presque impersonnelles : un juré se lève à l'appel de son nom, dépose sa fiche, s'assoit en silence, sans un regard pour les accusés assis en face de lui. Puis un autre, et un autre encore. Une fois l'ensemble des jurés potentiels assis, le président effectue le tirage au sort. Nos avocats récusent quatre jurés, l'avocate générale un. Ces récusations sont assez rapides, sans que j'arrive à en comprendre les critères. Visiblement, les avocats cherchent à retenir une majorité de femmes, puisque les récusés sont surtout des hommes. À moins que les jeunes soient préférés aux plus âgés, puisque les récusés semblent avoir plus de quarante ans. Quatre femmes et deux hommes deviennent ainsi nos jurés titulaires. Ils et elles sont en majorité jeunes et en apparence aussi tendus que les accusés que nous sommes. Quatre suppléants les complètent.

Le président Leurent fait ensuite la lecture de la formule du serment : « Vous jurez et promettez d'examiner avec l'attention la plus scrupuleuse les charges qui seront portées contre les accusés, de ne trahir ni les intérêts des accusés, ni ceux de la société qui les accuse, ni ceux de la victime ; de ne communiquer avec personne jusqu'après votre déclaration ; de n'écouter ni la haine ou la méchanceté, ni la crainte ou l'affection ; de vous rappeler que les accusés sont présumés innocents et que le doute doit leur profiter ; de vous décider d'après les charges et les moyens de défense, suivant votre conscience et votre intime conviction, avec l'impartialité et la fermeté qui conviennent à un homme probe et libre, et de conserver le secret des délibérations, même après la cessation de vos fonctions. »

Après que chaque juré retenu a dit « je le jure », il prend place de part et d'autre des trois juges pour les titulaires, derrière eux pour les quatre suppléants. Les jurés qui ne sont pas retenus quittent la salle.

Le président Leurent s'intéresse maintenant aux parties civiles, pour déplorer leur absence. La famille et des proches de Firmin Mahé n'ont pas pu venir à Paris faute de visas. Ils sont huit à être attendus, représentés par maître N'Doumou. Beaucoup plus ont postulé, que des contrôles génétiques, administratifs et judiciaires ont réduit à ces huit représentants. Le banc qui leur est dédié est donc vide, sauf leur conseil. Une association[9] s'est donné pour mission de les représenter. Ses membres sont dans le public.

Vient le tour des témoins, qu'ils soient désignés par la cour, par les avocats de la défense ou par les parties civiles. Le président Leurent les cite tous. Ils sont une bonne trentaine. Quatre ressortent de la liste du fait de leur notoriété : Michèle Alliot-Marie – ministre de la Défense au moment des faits – le général gouverneur de Paris, le général Poncet qui commandait l'opération Licorne et son adjoint au moment des faits, le général de Malaussène. Il est rappelé à tous qu'ils ne peuvent assister aux débats avant d'avoir été entendus à la barre. Les experts, appelés eux aussi à être entendus, sont nommés à leur suite par le président.

Ensuite, le juge Leurent indique le planning des neuf jours d'audience. Après cette demi-journée destinée à mettre en route le procès, viendront un peu plus de quatre jours à revenir sur la personnalité des accusés et sur les faits, puis deux à entendre des témoins plus périphériques, soit extérieurs aux faits, soit convoqués pour attester de la moralité des accusés. Le réquisitoire de l'avocate générale puis les plaidoiries des avocats précéderont le délibéré du jury et la lecture du jugement, vendredi 7 décembre.

Le cadre est ainsi construit. Les ingrédients sont réunis. J'assiste depuis ce matin et de ma chaise, au premier rang des accusés, à l'acte d'ouverture de la pièce qui va se jouer désormais. J'en suis un acteur, déjà sur la scène, quoique encore silencieux. J'en connais l'intrigue, mais non pas le développement, encore moins le dénouement. Elle semble devoir ressembler à une tragédie, ne serait-ce parce que la mort d'un homme est jugée. Et parce que dans un tribunal, « les pièces qui s'y déroulent sont toujours des tragédies ».

Synthèse de l'acte d'accusation par le président

Dans ce premier acte, la scène deux prend la forme d'un monologue. Il revient au président, dans cet agenda précis d'un procès d'assises, de lire son rapport de synthèse de l'acte d'accusation. Il est le seul membre du jury à avoir lu le dossier d'instruction. « Pourquoi sommes-nous là ? » et « de quoi les accusés sont-ils accusés ? » constitue la raison d'être de cette intervention. L'intrigue du procès y est décrite et partagée. Depuis son siège,

---

[9] Association de défense des intérêts des Ivoiriens, ADI.

appuyé par des notes, le président Leurent résume donc quelques minutes en Côte d'Ivoire, quelques années d'instruction et les grands traits de personnalité des accusés.

En octobre 2005, le chef d'état-major des armées informait le procureur aux armées de la mort suspecte d'un coupeur de route en République de Côte d'Ivoire. Elle serait le fait de soldats de la force Licorne. Cette mort a été dénoncée à de hautes autorités militaires par un officier. L'enquête interne menée par les armées confirmait cette mort provoquée. Elle est intervenue dans un contexte de guerre civile. Les troupes françaises de l'opération Licorne ont reçu pour mission d'être en appui des troupes de l'ONU pour rétablir la paix dans ce pays. L'ONUCI, si l'on se réfère à la résolution 1528 de l'ONU, devait notamment assurer la protection des populations en concentrant son action sur la zone de confiance qui séparait les belligérants, au nord les FAFN[10] *rebelles, au sud les FACI*[11] *fidèles au président Gbagbo.*

Le général Poncet commandait la force Licorne. Il était à six cents kilomètres de la zone de responsabilité du groupement tactique interarmes[12] *numéro deux commandé par le colonel Burgaud. Sauf cas de légitime défense, le général Poncet était celui qui donnait l'autorisation d'ouverture du feu. Le lieutenant-colonel Neviaski, qui a dénoncé les faits, était l'adjoint du colonel Burgaud. L'adjudant-chef Raugel commandait une des unités du GTIA 2, en l'espèce le Peloton de Reconnaissance et d'Intervention AntiChar*[13]*. Il était la seule unité du GTIA 2 de la force Licorne stationnée au cœur de la zone de confiance. Le capitaine de Larminat partageait les locaux du PRIAC. Il était l'officier de liaison auprès des forces de l'ONU, en l'occurrence de deux bataillons bangladeshis. Lui et le capitaine commandant hiérarchiquement l'adjudant-chef Raugel ressentaient mal le lien de proximité qui s'était instauré entre le colonel Burgaud et le PRIAC de Raugel. Ils considéraient être régulièrement court-circuités.*

Firmin Mahé était un coupeur de route. Il était un criminel et un criminel ethnique : ses victimes, volées, violées ou tuées appartenaient toutes aux ethnies du nord, celles de la rébellion. Il opérait dans la zone de confiance au sein de laquelle la situation était complexe. Les policiers de l'ONU, qui avaient peu de prérogatives et de moyens, ne remplissaient pas leur mission. La tâche

---

[10] Forces Armées des Forces Nouvelles.

[11] Forces Armées de Côte d'Ivoire.

[12] GTIA 2.

[13] PRIAC.

des Bangladeshis était très difficile faute de parler la langue et de partager la culture des habitants. Ils pouvaient d'autant moins agir que leurs capacités de mobilité étaient réduites et que leur armement était limité. Pour minimiser les nuisances des coupeurs de route dont Mahé et sur les ordres du colonel Burgaud, le PRIAC en était arrivé à organiser et escorter des convois de véhicules ivoiriens. L'objectif était de rétablir la liberté de circulation qui avait disparu dans la zone de confiance. Au-delà d'une liberté de circulation entravée, de nombreuses exactions étaient commises. Régulièrement, les militaires dont nous parlons ont été confrontés à des massacres épouvantables.

Venons-en à la journée du 13 mai 2005. Philippe Bonnot a intercepté et reconnu Firmin Mahé lors d'une patrouille. Il a effectué un tir de neutralisation. Le lieutenant-colonel Neviaski, qui commandait alors le poste de commandement du groupement tactique en l'absence du colonel Burgaud, dit ne pas avoir ordonné cette ouverture du feu. Une enquête préliminaire a été ouverte sur ce tir – elle a été classée sans suite. La légitime défense a été retenue. Retrouvé blessé en fin d'après-midi après s'être enfui dans la végétation, Mahé a été transporté à Bangolo où il a été formellement identifié. C'est à Bangolo que l'adjudant-chef Raugel a reçu l'ordre implicite du colonel Burgaud : "Ramenez Mahé à Man. Roulez doucement." Le capitaine de Larminat, présent à la réception de cet ordre, n'est pas intervenu pas plus qu'il ne s'y est opposé. L'adjudant-chef Raugel aurait eu une seconde conversation avec le colonel Burgaud qui lui aurait dit de laisser Mahé s'enfuir pour lui tirer dessus. Il était clair pour Raugel, comme pour le capitaine de Larminat, que Mahé ne devait pas arriver vivant à Man. Raugel a rendu compte de ces ordres à son capitaine – le capitaine Le Segrétain – qui ne s'y est pas non plus opposé. Pour l'adjudant-chef Raugel, si l'ordre qu'il recevait était illégal, il lui accordait cependant une part de légitimité : deux capitaines ne s'y opposaient pas et les exactions criminelles de Mahé ainsi que la libération systématique des criminels remis à la police de l'ONU, aux autorités du Nord, ou à celles du Sud, validaient cette légitimité. Sur les ordres du colonel Burgaud, un convoi était organisé pour rejoindre Man. Il roulait d'abord doucement, conformément aux ordres, puis accélérait quelques minutes après le départ : Firmin Mahé venait d'être étouffé avec un sac en plastique dans le véhicule de Raugel. Il arrivera effectivement mort à Man où l'attend le colonel qui félicite Raugel pour cette mise hors d'état de nuire du coupeur de route. Dans les dépositions des différents témoins, il est question, quelques jours après cette arrestation, d'une mise en scène évoquée par le colonel Burgaud pour pouvoir attribuer aux protagonistes de la capture de Firmin Mahé une décoration sans faire état de celle-ci. Revenons à la journée du 13 mai : deux comptes-rendus ne rapportant pas la réalité des faits tels qu'ils sont aujourd'hui connus sont attribués au colonel Burgaud.

Le soir même, le colonel Burgaud rendait compte à l'un des deux généraux de la totalité des faits. Le général Poncet déclare avoir décidé de couvrir. Un rapport de synthèse reprenant la position que ses supérieurs ont arrêtée – qui édulcorait la réalité – était adressé à l'état-major d'Abidjan par le colonel Burgaud.

La famille de Firmin Mahé, à qui le corps était restitué n'a pas voulu le récupérer. Il représentait le Mal. Il était maudit. Il a été enterré par les hommes du GTIA 2 dans le cimetière de Man, en respectant les usages de sa religion. La juge d'instruction, s'étant transportée en Côte d'Ivoire pour les besoins de l'enquête, a fait procéder à l'exhumation du corps. Des prélèvements d'ADN ont été réalisés, notamment pour s'assurer que l'homme tué par la force Licorne était bien le coupeur de route – un doute a longtemps persisté – et pour déterminer la réalité de parentalité de ceux, nombreux, qui se portaient partie civile.

Les quatre inculpés sont des soldats exemplaires, chacun d'eux a eu un avancement rapide sur la base de notations élogieuses. Tous étaient promis à de belles carrières. Le général Poncet a bénéficié d'un non-lieu : son éventuelle culpabilité était essentiellement liée aux affirmations du colonel Burgaud, qui n'ont pas été prouvées. Le colonel Burgaud est accusé de complicité par instigation du meurtre de Firmin Mahé et présumé auteur de deux fausses attestations. L'adjudant-chef Raugel est poursuivi pour homicide volontaire. Le brigadier-chef Schnier de complicité d'homicide et le brigadier-chef Ben Youssouf de non-empêchement de crime.

Les milliers de feuillets du dossier sont ainsi synthétisés et partagés avec l'ensemble du jury. La suite des débats déterminera les responsabilités, validera le déroulement, précisera les zones d'ombre, rentrera dans les détails nécessaires et s'attachera à dénouer les points litigieux. Une seconde instruction s'ouvre maintenant. Les fondations en sont établies : j'ai donné un ordre auquel personne ne s'est opposé. Il a été exécuté. Mahé a été tué conformément à cet ordre implicite manifestement illégal. Tous les post-it et surlignements rouges du dossier d'instruction sont ici alignés. Ils convergent pour pointer mon implication que je conteste pour certains points. La raison d'être d'un procès est posée : confirmer ou non et peser les responsabilités personnelles, les assortir éventuellement de circonstances aggravantes ou atténuantes, pour *in fine* les sanctionner.

Les conditionnels utilisés par le président Leurent témoignent de divergences entre mes dépositions et celles d'autres témoins ou acteurs.

Quelques points qu'il conviendra d'instruire sont identifiés. Si l'illégalité de l'ordre est affirmée, le juge avance en contrepoint l'hypothèse de sa légitimité. Dans le même registre, le président parle d'ordre implicite. Il insiste en creux sur l'aptitude à contester un ordre. Pour les troupes de l'ONU, le président oppose fin et moyens en évoquant le manque de moyens pour remplir leur mission. Ordre et mission semblent venir en arrière-plan de sa synthèse ; il ne parle qu'une seule fois, au début, du contexte de guerre civile – sans s'appesantir.

J'ai bien compris de ce résumé que je suis la pierre angulaire de cette synthèse, donc du procès. Sur mon cahier, je note : « pas d'ordre donné par le général Poncet », « c'est moi qui constitue le convoi », « second appel téléphonique à Raugel ; lui suggérer de laisser s'enfuir Mahé pour pouvoir le tuer » et « aucune mention des crimes de F. Mahé ». Je ne sais pas ce que notent les jurés, mais j'observe un fait étonnant : tandis que les femmes écrivent beaucoup, les hommes observent beaucoup. Ils observent les réactions des quatre accusés qui sont devant eux depuis quelques minutes et pour encore neuf longues journées.

L'exposé du président du jury n'appelle aucune question complémentaire. En conséquence, Olivier Leurent lève cette première séance pour le temps du déjeuner, fixant la reprise à 14 heures. Je rejoins Florence et nos amis. Nous faisons tout pour parler d'autre chose pendant deux heures.

Interrogatoires sur la personnalité des accusés

14 heures : « Messieurs, mesdames, la cour » puis, après l'entrée des magistrats et des jurés, « l'audience est ouverte ». L'après-midi est consacré à interroger les accusés sur leur personnalité. Le public paraît plus clairsemé que ce matin. Sauf Nathalie Guibert du journal *Le Monde* qui sera présente durant tout le procès, les autres journalistes ont décroché. Ils ne faisaient que l'ouverture. Pour ceux qui ne sont pas restés et pour le grand public, Nathalie Guibert publie ce 27 novembre à 22 h 34 un article qui résume les premiers interrogatoires de personnalité des trois co-accusés qui m'accompagnent.

***Le brigadier-chef Lianrifou Ben Youssouf** : chômeur de trente-deux ans aujourd'hui, s'est engagé début 2001 au 4e régiment de chasseurs de Gap. "J'avais tout misé sur l'armée. Ma famille comptait beaucoup sur ça. Je passe de brigadier-chef à voyou", a-t-il confié dans un sanglot à la barre de la cour d'assises de Paris, mardi 27 novembre. Né à Mayotte d'un père inconnu dont* *il s'est mis en quête une fois devenu militaire, le jeune homme a suivi au début des années 1990 sa mère, un beau-père, et sept demi-frères et sœurs depuis l'île de La Réunion jusqu'à Marseille où il est arrivé à quatorze ans. Deux petits frères se sont engagés dans l'armée derrière lui, l'un à Carpiagne, l'autre à Clermont-Ferrand. L'image d'un oncle maternel, brigadier-chef avant eux, a dû compter.*

Lui avait passé un CAP de carrosserie suivi d'un BEP. Mais quand sa petite amie est tombée enceinte, il s'est dit "l'armée, ce sera un emploi sûr. C'était pour subvenir aux besoins de ma copine et de ma mère". Le 1re classe Ben Youssouf a vite gravi les échelons, devenant pilote de blindé en six mois, brigadier en 2004, et même chef en 2006, après le meurtre de Mahé pour lequel il comparait pour le délit d'omission de prévenir un crime ; il était le pilote du blindé à l'arrière duquel ses camarades ont achevé Firmin Mahé.

Il a servi au Kosovo, en Afghanistan, en Côte d'Ivoire deux fois. Au retour de la première opération extérieure, il avait mûri, le garçon des quartiers nord de Marseille avait changé. "J'avais un soldat, s'est réjoui son capitaine, comme tout le monde aimerait en avoir tous les jours." Il a été décoré. Ses bulletins de notation étaient élogieux : "sûr, débrouillard, consciencieux". Il avait acheté une maison avec sa compagne, pour ses trois enfants. Mais après la Côte d'Ivoire, il n'est plus parti en opération extérieure, la solde sans les primes n'y a plus suffi et la famille s'est trouvée surendettée. Le couple s'est séparé.

Un camarade entendu dans l'enquête judiciaire sur le meurtre de Mahé a témoigné : "je connais la vie militaire et je sais que les principaux responsables ne seront pas touchés, il n'a pas pu faire ça sans ordre, de par son comportement de tous les jours". Ce n'est officiellement pas l'affaire Mahé qui l'a fait exclure de l'armée, mais une banale altercation au régiment en 2009. Il aime le football et encadre bénévolement des jeunes sans emploi. "J'aimerais bien retourner chez moi à Mayotte. Je m'étais beaucoup investi dans l'armée. J'ai envie de voir autre chose."

***Le brigadier-chef Johannes Schnier** : trente-cinq ans, a passé son enfance dans le Nord, à Quiévrechain. Un garçon "calme et sage" selon sa mère, agent d'entretien. Son père, un agent de maîtrise dans la sidérurgie, était "strict", mais dit-il "pour les valeurs". Il a choisi l'armée après son service militaire. Trois tentatives pour passer le bac, une année de fac de sociologie à Lille : finalement, a indiqué son beau-frère ambulancier au cours de l'enquête judiciaire, "il se sentait bien dans l'armée. Il ne parlait pas du travail, mais plus des gens qu'il rencontrait". L'armée l'a attiré, car "c'est l'esprit de camaraderie", a-t-il répondu devant la cour d'assises mardi. "Le sport me* *plaisait, et aussi le fait de partir en mission." Accusé d'avoir tenu Firmin Mahé dans le blindé pendant que l'adjudant-chef Raugel lui mettait un sac en plastique sur la tête, le brigadier a eu un "sentiment de trahison".*

Ses rapports d'évaluation étaient excellents, il a été décoré. "Un petit gradé enjoué et jovial" dit une notation de 2003. "Un moteur essentiel pour le peloton, un exemple pour ses camarades", lit-on dans celle de 2005, à la veille du départ en Côte d'Ivoire. "Il a sa place parmi les meilleurs" ont encore noté les chefs après l'affaire, en 2006. Au président de la cour d'assises qui lui demandait d'expliquer ces éloges même après sa détention provisoire pour complicité de crime, il a répondu : "j'ai toujours fait mon travail de militaire. Je n'ai pas changé dans mon comportement".

***L'adjudant-chef Guy Raugel** : quarante-huit ans, coupe militaire et allure sportive, est un sous-officier meneur de terrain charismatique et loyal : "il est carré, ce qui veut tout dire pour un militaire" a résumé un de ses amis. Lui a grandi dans la région de Perpignan avec ses deux frères, élevé par une mère courage qui était le pilier de la maison. Il a senti la vocation militaire "tout petit", arrêté l'école en classe de première, adoré les scouts d'Europe et les pompiers volontaires. "Je me sentais mieux dehors." Un terrain familial ? Le grand-père maternel fut capitaine dans un régiment du train, l'oncle était parti "pour l'Indo" à dix-huit ans, le père s'était engagé en 1943.*

L'adjudant-chef a rencontré sa femme, militaire elle aussi, en Allemagne, au 1er régiment de cuirassiers. Ils ont eu deux enfants : l'aînée s'apprête à entrer dans la police ; le cadet va s'engager dans l'armée.

Dans l'armée, il a, de l'avis de tous, trouvé son harmonie. Il comparait pour homicide volontaire, pour avoir été celui qui a étouffé le coupeur de route Firmin Mahé sous un sac en plastique sur ordre de la hiérarchie. Comme ses camarades du 4e régiment de chasseurs de Gap, lui aussi aligne les rapports de notation élogieux, les opérations extérieures, les décorations. En décembre 2005, alors qu'il est en détention provisoire pour le meurtre, son colonel écrit : "il a donné entière satisfaction. Il est animé du meilleur esprit. C'est un sous-officier qu'on apprécie tout particulièrement d'avoir sous ses ordres."

Dans son job, Raugel était "au top", il faisait l'unanimité, ont dit ses camarades. Comme les autres militaires accusés devant la cour d'assises de Paris, il n'a pas fait l'objet de sanctions disciplinaires.

L'adjudant-chef Raugel a livré à la cour d'assises la clé pour comprendre l'attitude de l'armée : "je n'ai pas été sanctionné, c'est un choix des chefs. Ce qui a fait de nous des mauvais soldats, ce n'est pas d'avoir rempli notre mission, c'est juste que cette affaire soit sortie. On n'est pas dans le monde civil. Dans le monde militaire, ça ne marche pas pareil. Si on ne m'a pas sanctionné, c'est que je n'étais pas un mauvais soldat." Fin 2010, il a demandé sa retraite de l'armée. Il a depuis travaillé comme livreur. Il attend le verdict pour la suite.

Cet article dresse le portrait de trois militaires impeccables, exemplaires, loyaux, prêts à servir et à mourir pour leur pays, pour les causes, les intérêts ou les valeurs qu'on leur demandait de défendre et pour les missions qu'ils devaient remplir. L'affaire les a souillés, déconsidérés, dénigrés. Ils ont été emprisonnés préventivement pour deux d'entre eux. Les tirs fratricides, pour quelque raison qu'ils aient lieu, sont les plus tragiques. La dénonciation de cette affaire et leur incarcération relèvent d'un tir fratricide. Ce sont trois « blessés de guerre » qui ont répondu aux questions du président. Elles étaient bienveillantes et compréhensives, empreintes du profond désir de relever leur qualité, de mieux connaître et comprendre ceux qui, aux yeux de la loi, comparaissent devant lui comme criminels. Pour aimables qu'elles soient, elles rouvraient pour chacun des trois soldats autant de blessures que d'amertume.

Interrogatoire de personnalité du colonel Burgaud

C'est maintenant à mon tour d'être appelé et de me lever pour rejoindre la barre. Je ressemble à mes trois prédécesseurs : bloqué d'une part, et mal à l'aise de devoir et d'entendre parler de moi, d'écouter d'éventuels éloges alors que je suis jugé pour un crime. Ce grand écart est cruel. J'ai le temps, en posant mes mains sur cette fameuse barre, de la voir polie par endroits et d'imaginer, dans ces éclaircissements du bois, toute la somme d'émotions qui n'a causé que cette légère décoloration. Les traces de l'histoire sont souvent invisibles lorsqu'il s'agit d'émotions. Le juge Leurent a sous les yeux l'ensemble des dépositions qui me décrivent. Vient sa première question :

« *Vous avez eu une vie gâtée, familiale, dans l'Ouest parisien. Pouvez-vous nous en parler ?*

R : *Vers l'âge de huit ans, mes parents ont quitté Paris où nous étions pour aller habiter à Marly-le-Roi, dans la banlieue ouest. Mon papa était cadre supérieur, ingénieur de formation, il est maintenant retraité. Maman était mère au foyer. Elle a élevé ses quatre enfants. J'ai deux sœurs dont une sœur jumelle, et un frère. Avec ma jumelle, nous sommes les aînés. J'ai fait mes études à Saint-Germain-en-Laye, dans un collège privé. J'ai été attiré par le métier des armes au cours de mon adolescence. Une ascendance familiale a peut-être joué : je compte plusieurs généraux dans la branche maternelle de ma famille. Plus sûrement, mon côté sportif et l'attachement à quelques valeurs qui sont aussi celles de l'armée, m'ont naturellement guidé vers ce choix. J'ai fait Saint-Cyr.*

Q : *Justement, parlez-nous de ces valeurs et de votre formation intellectuelle d'officier.*

R : *Je dois d'abord dire que la religion catholique tient une place dans ma vie. Ce n'est certes pas une valeur, mais une dimension qui me structure. Le désir de commander humainement et de respecter ceux qui sont placés sous mes ordres en était une traduction. Dans les valeurs, je parlerai d'abord d'exemplarité, essentiellement envers mes subordonnés. Le sens du service m'importe aussi. Je n'ai pas tant été militaire pour faire carrière que pour servir mon pays. Ma formation militaire est simple : j'ai fait Saint-Cyr dans une option littéraire. En parallèle de ma scolarité à Coëtquidan, j'ai passé une licence de géographie et une maîtrise d'histoire. En 1995, j'ai préparé et réussi le concours de l'École de guerre.*

Q : *Vous nous avez parlé de religion catholique – en quoi est-elle compatible avec le métier de soldat ?*

R : *Elle promeut une dimension de l'homme et suggère des comportements qui me semblent vertueux. L'armée est avant tout une affaire d'hommes, pas de machines. Le soldat n'est pas un numéro, une marionnette, ou un soldat inconnu lorsqu'il est mort. Il est une personne et une volonté, un libre arbitre et un engagement. La religion, catholique, pour celle que je connais, apporte cette structure, une exigence vis-à-vis de moi-même et des autres. Pour moi, chacun des hommes qu'il m'est donné de commander mérite d'être considéré pour ce qu'il est. Ce n'est pas tant à nous de le juger. C'est une belle inspiration lorsqu'on commande des hommes.*

En disant cela, je prends conscience que je m'adresse à un jury qui justement, allait devoir nous juger. Ils veulent mon âme, je la leur donne. Le président a voulu se décaler du droit. C'est lui qui a choisi le terrain. Il veut le labourer ; il insiste.

Q : *Mais la religion catholique s'oppose au fait de tuer. N'est-ce pas contradictoire avec l'état de militaire ?*

R : *Je ne le crois pas. Elle s'y oppose certes dans l'absolu. Pour autant, on peut lire et comprendre que certaines situations l'autorisent. Tout dépend des conditions. Je ne suis pas théologien, mais certains passages de la Bible décrivent des batailles sans les blâmer ; certains soldats romains sont cités en exemple, alors qu'ils sont bien soldats, qu'ils ont fait la guerre et sans doute tué. Saint Augustin a ensuite défini le concept de guerre juste, en légitimant une guerre qui permettait d'amener la paix. On n'est pas très loin de ce que nous faisions. Je ne crois pas qu'il y ait d'antinomie. J'étais un soldat de la paix, en mesure de pouvoir tuer pour un bien estimé supérieur et juste par mon pays et par une majorité de personnes.*

Q : *J'ai lu dans vos dépositions que vous adjoignez souvent le terme de sacré à celui de mission. Encore un vocabulaire religieux.*

R : *Je ne l'invente pas. C'est ce qu'on nous apprend dans les écoles militaires, dans toutes les formations militaires même : la mission est sacrée ; elle est au-dessus de tout, de nos vies en particulier, c'est le sens républicain du mot sacré. Le sacré n'est pas forcément religieux. Il est aussi civil. Vous-même, vous défendez le sacré de la vie ; nul n'est censé l'enlever sans paraitre devant la justice. Cette lecture civile définit la mission comme étant au-dessus de la propre vie du soldat. Pour un soldat, la mission est plus sacrée que sa propre vie, que la vie. Je vais vous donner la meilleure définition que j'ai pu entendre : "le sacré, c'est ce qui légitime le sacrifice et interdit le sacrilège". Je précise que cette définition vient je crois d'un athée, d'un révolutionnaire même puisqu'il s'agit de Régis Debray. Tout est dit dans cette formule : le sacrifice consenti (le mot est fort) du militaire, et l'identification de sacrilèges – ceux-là mêmes qui s'opposent à la mission qui nous a été donnée, et qui deviennent ainsi nos adversaires. Je vous laisse imaginer un militaire qui, risquant sa vie, dirait "pouce – là je n'y vais pas, ma vie est en danger". Dans la vie normale, la vôtre, vous avez le droit de retrait. Il n'existe pas pour le militaire. Ou plutôt, il s'appelle désertion qui peut être punie de la peine de mort. Comme l'insubordination qui constitue le second péché capital pour les soldats. Pourquoi ? Parce que la mission est sacrée. C'est ce qui fait la spécificité et la grandeur du soldat : il remplit sa mission en sachant qu'il peut y laisser sa vie. Il peut tuer autant qu'il peut être tué. Il peut tuer parce qu'il peut être tué. Il peut autant se sacrifier qu'il peut tuer l'adversaire de sa mission qui commet un sacrilège – définit par son employeur, le pouvoir politique. On est tous dans ce même cadre en opérations. Oui, la mission est sacrée, supérieure à tout. Elle relève du devoir. Je rajoute que ce sacré a une autre dimension : il nous dépasse, et ce qui nous dépasse nous unit. Le sacré de la mission est un formidable ferment collectif. S'il disparaît, avec lui disparaît symétriquement une part de l'homme. Le sacré est un substrat de l'homme et non pas un résidu de l'histoire. Lorsque le sacré disparaît, derrière une rationalisation outrancière par exemple (je pense aux deux porteuses de notre époque : l'économisme et l'hygiénisme), la morale des hommes s'en trouve désarmée. Je ne sais plus qui a dit : "chassez le sacré par la porte de l'esprit, il revient par la fenêtre du cœur".*

Cette série de questions sur la religion me semble anachronique : à la fois intime et éloignée du Code pénal, par définition laïc. Dans ma réponse, je cherche à relier le religieux sur lequel le président semble vouloir me découvrir et le civil. Les deux concourent à définir une supra-norme dans laquelle je m'inscris doublement : comme croyant et comme militaire. Il est intéressant que le président, en homme de droit, m'interroge sur ce qui dépasse l'homme, éventuellement aussi le droit rationnel. Il est évident qu'aucun mobile religieux, encore moins qu'aucun ressort religieux n'est intervenu dans cette affaire.

Plus que durant l'enquête, je vois là le niveau d'intimité que la justice est capable de rechercher et de rendre public. La mise à nu est de rigueur. Elle se confirmera par la suite. Le président « sonde mon âme », avec tact certes, mais de façon résolue. Il veut m'entendre sur cet élément constitutif de ma personnalité. Peut-être a-t-il lui aussi des références religieuses ou des convictions supérieures. Peut-être s'estime-t-il en conflit avec la même culture spirituelle que moi : le juge et le soldat se retrouvent sur certains terrains. Julia Minkowski[14] l'écrit en substance au sujet de la peine de mort : « Le médecin et l'aumônier croyaient-ils respecter leur serment en apportant leur soutien au condamné, en cette ultime étape de son existence ? leur présence [à son exécution] ressemblait plutôt à un alibi que l'appareil judiciaire assassin s'était donné pour faire croire à un semblant d'humanité.

« Quant aux magistrats – procureur et juge d'instruction – comment s'arrangeaient-ils avec leur conscience ? Eux qui combattaient le crime, ils s'apprêtaient à y participer. Eux qui croyaient en Dieu, ils allaient commettre un péché mortel devant un homme d'Église. Estimaient-ils endurer là un mal nécessaire, indissociable de la haute mission que la justice leur avait confiée ? » Parfois l'autre permet aussi de s'expliquer soi-même.

Q : *Pouvez-vous justement nous parler de votre carrière militaire ?*

R : *J'ai choisi les chasseurs alpins pour deux raisons : on y commande des hommes. Et dans un milieu difficile, la montagne, qui appelle à la plus grande modestie. Personne ne triche avec la montagne. J'ai été affecté pendant onze ans dans des bataillons de chasseurs alpins, pour commander trente puis cent quatre-vingt, puis plus de mille hommes. Lorsque je n'étais pas dans des unités opérationnelles, j'ai servi dans des états-majors parisiens sur des fonctions d'organisation et de ressources humaines. Si vous voulez parler des opérations auxquelles j'ai participé : dans l'ordre le Liban comme Casque*

[14] *Par-delà l'attente*, JC Lattès.

bleu, la Nouvelle-Calédonie après les événements, le Tchad, le Kosovo avec l'OTAN et la Côte d'Ivoire.

Q : *Vous ne nous dites pas ce que je lis dans votre dossier que le ministère de la Défense nous a communiqué : vos appréciations, de la part de tous vos chefs, sont extrêmement élogieuses. Tous les militaires qui ont été interrogés vous promettaient un avenir brillant. Que s'est-il passé après 2005 ?*

R : *J'ai été relevé de mon temps de commandement de chef de corps du 13e bataillon de chasseurs alpins. J'étais brisé. Je commandais le bataillon dans lequel j'avais été lieutenant et capitaine, les plus beaux commandements. Après trois mois d'inactivité, le gouverneur militaire de Lyon m'a confié une mission : étudier la sous-traitance à des entreprises civiles de certaines fonctions non directement militaires. Puis j'ai été affecté à l'état-major de la région Île-de-France où j'ai été chargé de conduire le dossier de l'interarmisation de cet état-major, un mot noble pour dire aussi son amaigrissement. Et j'ai quitté l'uniforme pour rejoindre le privé : je savais que mon avenir n'était plus dans l'armée.*

Q : *Là encore, vos notations font état d'une grande loyauté à l'égard de vos chefs dans les circonstances que vous avez décrites. Pourquoi avoir continué de travailler plus que correctement après ces événements ?*

R : *Je ne sais pas faire autrement. Je ne me refais pas. L'engagement est une de mes composantes. C'est comme ça.*

Q : *Parlez-nous de votre vie familiale.*

R : *Je me suis marié assez tard : j'avais trente-quatre ans. L'année 1996 a été dense : ma priorité était l'École de guerre et j'avais rencontré celle qui allait devenir ma femme à l'occasion d'un week-end de voile organisé par la paroisse de Saint-Germain-des-Prés. Accorder aux deux ce qu'ils demandaient était compliqué. Nous avons donc attendu, avec Florence, que je sois reçu pour nous marier. Nous avons deux garçons, nés en 1999 et 2000. Ils font tout notre bonheur.*

Q : *Merci mon colonel, s'il n'y a pas de question* – le président regarde les membres du jury, l'avocate générale et l'avocat des parties civiles – *nous allons entendre l'expert psychiatre au sujet du colonel Burgaud.*

Rapport de l'expert psychiatre

Bonjour Monsieur le président. Il m'a été donné de recevoir pendant deux heures environ dans mon cabinet Éric Burgaud, en 2006, aux fins d'une expertise psychiatrique dans le cadre de l'affaire jugée aujourd'hui. Je dirais que si Éric Burgaud apparaît comme étant un peu raide dans sa présentation, il s'avère très rapidement intelligent, réactif et non dénué d'humour. Il ne souffre d'aucune addiction ou pathologie et possède un caractère ferme et tenace. Il s'exprime sans faux-fuyant sur la base de rapports directs et sincères. Un dernier point me semble essentiel. L'affaire jugée s'est déroulée dans un état de guerre qui n'est pas un état normal, et qui est susceptible de produire des comportements qui ne relèvent pas plus de la normalité. Ces comportements peuvent apparaître comme adaptés à cet état.

Rapport de l'expert psychologue

Sans question particulière, le président invite l'expert psychologue à prendre la suite pour venir parler de moi. Cette conjonction d'expertises renforce mon inquiétude. Je suis comme un malade sur lequel une cohorte de médecins chercherait à poser un diagnostic. Chacune de mes paroles d'il y a sept ans serait un symptôme pour la médecine et une charge pour la justice. Chacune sera rappelée et analysée. J'étais alors plus enclin à la franchise qu'à la prudence ; c'est là mon caractère et j'étais loin d'imaginer sur un théâtre de guerre devoir rendre des comptes à la justice. L'horreur des crimes de Mahé m'avait fait plusieurs fois dire ce que je ressentais. J'exprimais le dégoût de le voir poursuivre en toute impunité son circuit criminel tandis que nous ne pouvions rien faire. Le psychiatre a doublement raison : l'état de guerre n'est pas un état ordinaire ; il impose aux soldats des conduites qui ne répondent pas au corpus commun et familier des comportements voire du droit. La vision de ce juge entouré de jurés et assisté d'une avocate générale dissuaderait le plus téméraire des soldats de prendre le moindre risque.

Je ressens aussi de ce troisième regard à mon sujet que la justice juge autant des faits que des personnes, de faits délictueux que des auteurs qui les ont commis. Il lui faut comprendre à la fois les actes et les acteurs : les actes expliquent les acteurs, sauf à ce que ce ne soit l'inverse. Le président a décidé de commencer par les personnes, par une personne, par moi en l'occurrence. Je suis sinon sa cible principale, au moins la clé qui ouvre la porte du crime commis. Je me dis qu'il cherche d'abord à déterminer l'initiateur avant de redescendre la chaîne des acteurs qu'il estime plus secondaires. Mes « compères » verront leur personnalité expertisée plus tard, en deuxième semaine. Je repense à ce que Camus fait dire à son personnage Meursault dans *L'Étranger :* « Même sur un banc d'accusé, il est toujours intéressant d'entendre parler de soi... je peux dire qu'on a beaucoup parlé de moi et peut-être plus de moi que de mon crime. » C'est totalement d'actualité.

J'ai reçu le colonel Burgaud pour son expertise psychologique dans mon cabinet en 2006, sur demande de la juge d'instruction. De cette expertise menée pendant trois heures environ, il ressort que le colonel Burgaud est le fruit d'une famille. Il est autant un mélange de sol et de sang. À la fois une tradition militaire familiale, un catalogue de valeurs personnelles et une aspiration à servir son pays. Il a choisi l'armée et plus particulièrement les chasseurs alpins par souci de cohérence et pour faire coïncider ses valeurs personnelles et professionnelles, ses principes humains et moraux. Ses valeurs, autant que la religion, le structurent et sont une véritable force au service de sa réussite comme elles peuvent expliquer cette affaire : il s'est identifié à la population qu'il devait – au sens devoir – protéger, notamment des coupeurs de route. Ses valeurs ont été susceptibles d'induire une rigidité et d'atténuer sa capacité de discernement.

Le statut de force de la paix qui était celui de l'opération Licorne en Côte d'Ivoire construit une situation paradoxale : le paradoxe tient au fait que cette guerre est une guerre sans ennemi désigné – alors que les ennemis sont nombreux et multiformes – et avec un but fort : celui de rétablir la paix, elle aussi aux traductions concrètes multiformes. L'identité du soldat s'en trouve impactée : pour la population qui est l'objet premier de cette paix recherchée, le soldat devient un "héros". La population attend beaucoup de lui. Il peut facilement s'identifier à cette attente. A contrario, *Mahé a sans doute incarné le phénomène des coupeurs de route : il en était le "héros". Il tuait des femmes enceintes, découpait des enfants. Il personnifiait l'insupportable et la pression sur la population ; l'attente de la population aussi. Il était devenu l'ennemi de la paix. Rétablir la paix nécessitait de défendre la population locale contre cet ennemi.*

Avec son référentiel de principes, de valeurs et avec sa conscience, le colonel Burgaud ne veut ni ne peut tuer Firmin Mahé de sang-froid. Mahé tué autrement que légalement, il ne l'envisageait pas, mais Mahé mort ne le perturbait pas. Il dit que s'il avait reçu l'ordre clair de tuer Mahé, il aurait réfléchi. Là, l'ordre n'était pas clair et la blessure de Mahé lui permettait d'imaginer qu'il pouvait en mourir, juste par le fait d'une non-assistance. Ça pouvait lui aller. Moins un ordre est clair, plus il faut être à la hauteur et le colonel Burgaud a toujours voulu être à la hauteur. Il est possible dans ce cadre qu'il ait interprété les propos du général Poncet, comme un enfant interprète, souvent à son avantage, une consigne de ses parents qui manque de clarté. C'est le manque de clarté qui est le déclencheur. Il avait le sentiment que tout le monde validait un Mahé mort, possiblement tué.

Les circonstances de la guerre en Côte d'Ivoire ont contribué et peuvent expliquer la responsabilité du colonel Burgaud. L'urgence, la gravité des exactions et l'enjeu ont fait passer le droit au second plan. Les limites du droit n'étaient plus de circonstance. Elles n'étaient plus adaptées à la situation. Les valeurs légalistes et humanistes du colonel Burgaud se sont arrêtées au seuil des ordres qu'il a reçus. Il a transigé avec sa conscience. Pour faire cesser un mal absolu, un petit mal paraissait acceptable. Cela pose bien sûr la question des limites : lesquelles sont infranchissables quelles que soient les circonstances ? Quelles circonstances peuvent faire bouger quelles limites ? Que fait-on des valeurs humanistes en situation de guerre ?

Le colonel Burgaud, sa carrière le montre, était quelqu'un d'engagé. Ne rien faire n'était pas concevable. Pour certains, c'est une solution envisageable. Privilégiée pour d'autres. Pas pour lui. Il a vécu un conflit interne que le cadre militaire et la situation de guerre ont résolu. Il a répercuté l'ordre qu'il avait reçu, peut-être l'a-t-il interprété parce qu'il n'était pas clair.

Comment ce psychologue, d'un entretien de trois heures, a-t-il si bien pu formaliser ce qu'il m'est encore aujourd'hui impossible d'énoncer moi-même ? Sa synthèse me paraît à la fois juste, précise, équilibrée et contextualisée. Il ne m'exonère pas, mais il explique des ressorts que je ne suis pas parvenu à assembler jusqu'ici dans un mécanisme cohérent. Il n'est certes pas mon avocat, mais il m'apporte une vision plus claire de ce que peuvent être les éléments d'une défense sincère. Je cherche encore des excuses et des prétextes susceptibles de réduire ma responsabilité. Lui expose plutôt des motifs, présente des raisons, avance des justifications. Je n'étais pas jusqu'alors un adepte de ces sciences « molles » qui décodent et font parler la tête de leurs clients. Il me fait changer d'avis. Je ne suis pas conquis par le rapport du psychiatre que je trouve assez superficiel et banalement comportemental. Celui du psychologue est d'un autre niveau. Au fur et à mesure de son intervention, j'écoute plus attentivement, jusqu'à noter avec application les éléments de ses constatations et de son raisonnement. Ils m'interrogent.

Il introduit une problématique qui m'intrigue autant qu'elle doit questionner les jurés : celle des limites, de leur imperméabilité ou de leur porosité. Je ne peux qu'apprécier son approche relativiste des limites, moi qui ai été éduqué dans une vision plus absolue – celle de l'interdit. Ce faisant, sans que je le sache encore, ce psychologue se moule dans la démarche compréhensive de la justice, celle qui cherche à comprendre, sait excuser autant qu'elle peut aggraver une peine. Familialement, je suis le produit d'une morale qui fixe ces limites intangibles : en deçà, on a le droit, au-delà, on n'a pas le droit, c'est l'interdit. C'est là presque la définition du droit. Sauf que je commence à découvrir que la justice est aussi une compréhension, et pas seulement une discrimination entre le bien et la mal.

Là, le psychologue parle du domaine de la norme admise, imposée, partagée, sociale, collective. Il parle des principes fondamentaux, du « tu ne tueras point ». La morale de l'absolu peut constituer le cadre de l'immense majorité des situations auxquelles nous sommes ordinairement confrontés. Chaque pièce de cette morale, chaque valeur s'impose naturellement. Chaque interdit est compréhensible en soi et justement normatif. Mais pris par couple ou en situation d'interdépendance, ils peuvent perdre de leur autorité. Je repense, en entendant les paroles de l'expert, au cas du voile il y a quelques années à Creil. Ce foulard islamique porté par des jeunes lycéennes faisait entrer en résonance deux grandes normes sociales, deux absolus de notre démocratie : la laïcité eut voulu qu'on l'interdise, la liberté individuelle plaidait pour qu'on l'autorise. Favoriser l'une par rapport à l'autre, c'était affaiblir un principe fondamental pour en renforcer un autre, établir une hiérarchie que notre corpus de valeurs n'instaure pas. Le législateur a mis plus de dix ans pour statuer. La conscience collective a pris son temps ; il n'y avait pas mort d'homme. La liberté individuelle s'est inclinée devant le collectif de la laïcité. Le soldat confronté à une situation « hors norme » qui engage la vie d'hommes et de femmes n'a pas ce temps. Il doit faire confiance à une conscience de l'urgence. Il peut être amené à décider de franchir une limite posée, au nom d'un bien considéré comme supérieur. Fondamentalement, n'est-ce pas ce qui le conduit à pouvoir tuer d'autres hommes ? Ses commanditaires politiques ne lui en donnent-ils pas « le droit », qu'ils essayent par ailleurs de restreindre par tous les moyens ?

L'intervention de l'expert psychologue explique, légitime peut-être, cet arbitrage personnel. Elle suggère la moindre place du droit et de la justice dans la situation qui était la nôtre, la mienne. Elle hiérarchise les référentiels de valeur comme la liberté individuelle a cédé le pas à la laïcité pour le foulard islamique. C'est pourtant en droit que je dois maintenant répondre de ma conscience. Plusieurs questions m'assaillent. Quelle est la légitimité d'une conscience qui brave les interdits ? Que vaut collectivement ce juge individuel – la conscience – dans le cas présent devant la justice ? N'est-ce pas elle que je dois défendre, expliquer, faire comprendre ?

« Merci monsieur l'expert. » Le président reprend les commandes. Un rapide coup d'œil à ses assesseurs et aux jurés lui suffit pour voir qu'il n'y a pas de question. Pas plus du côté de l'avocate générale ni des parties civiles. Il est 20 heures et cette première journée, sans tension particulière, a néanmoins été longue. Dans la foulée le président Leurent suspend les débats, pour nous donner rendez-vous demain, mercredi, à 9 heures.

La fin de l'audience ouvre la porte aux discussions, pour ma part avec mon avocat. Le ressort se détend. Je me tourne vers lui pour entendre ses impressions. « Je crois n'avoir jamais entendu de telles descriptions des accusés. Je regardais les jurés qui vous regardaient sans comprendre. Ils devront juger des types bien. C'est bon pour nous. C'est plus dur d'être sévère envers des gens bien. Les deux experts ont mis en avant le contexte de guerre. C'est bien aussi de faire comprendre ici, loin des théâtres d'opérations, que c'est un monde à l'écart. C'est un bon point qu'ils énoncent que les règles d'ici ne sont pas les règles de là-bas. Bonne première journée mon colonel. Demain sera encore une journée sans trop d'enjeux. »

Je rejoins Florence. Elle m'attend de l'autre côté de la balustrade qui sépare le public des acteurs du procès. Un léger sourire barre son visage : ce qu'elle a entendu conforte plutôt son optimisme. Son avis m'est précieux. Je connais son esprit critique et sa franchise ; elle saura me dire, d'une façon ou d'une autre si les débats tournent en ma défaveur. À ce moment-là, son impression est positive. Comme maître Gublin, elle retient un portrait élogieux des quatre accusés. Ça devra peser. Pour ce qui me concerne, les expertises lui semblent justes. Elles ne dessinent pas le portrait d'un criminel. Il fallait un facteur bien particulier pour qu'on en soit tous arrivé là. La guerre en est un. Pas assez correctement décrit pour elle. Le président ne m'a posé aucune question là-dessus. Ça viendra sans doute. Elle revêt son pardessus et c'est bras dessus, bras dessous que nous quittons le Palais de justice pour nous engouffrer dans la station de métro Cité. Sur le quai, chose sans doute peu commune, nous voyons de loin trois de nos jurés. Nous montons dans des wagons séparés. Avec Florence, nous les imaginons se demander dans quel bateau ils sont embarqués : les portraits de chacun de nous quatre les ont nécessairement troublés : ils devaient s'attendre à devoir juger des crapules. Ils ont devant eux des hommes décrits comme exemplaires. Ce ne doit pas être le moindre de leur questionnement d'appréhender qu'ils sont les jurés d'un tribunal ordinaire chargé de juger d'un fait de guerre.

De retour dans l'appartement de mes beaux-parents, nous appelons tout de suite nos enfants pour prendre des nouvelles de leur journée d'école et banaliser ainsi notre éloignement. Les parents croient souvent qu'en ne disant rien ou des lieux communs, les enfants ne savent ni ne comprennent. C'est tellement faux ! Ils sont inquiets. Le ton de nos voix se doit d'être rassurant. Ils ne posent pas trop de questions. Florence ou moi y répondons strictement, factuellement, sans plus. Ils savent, par intuition au moins, que je vis une situation grave et risquée. Mais leurs mots pas plus que les nôtres ne savent en rendre compte. C'est comme pour les situations que connaissent les militaires en opération. D'où leur silence sans doute.

De bons amis qui habitent dans l'immeuble nous apportent un petit dîner qu'ils ont préparé. Ils feront de même chaque jour, sans s'appesantir, discrètement, pour ne pas nous gêner. Ces amitiés silencieuses, dévouées et pudiques m'impressionnent le plus.

Durant cette soirée nous partageons nos impressions. Le président nous apparaît à tous les deux comme tempéré : tout en faisant état des faits criminels dans sa synthèse, il a cherché à faire ressortir le meilleur jour des quatre accusés. Nous ne savons quoi dire des jurés. Ils seront peut-être plus compréhensifs et moins purement juristes que les magistrats professionnels. Florence est un peu ma première jurée, sans doute bienveillante et rassurante, mais au moins lucide et avec qui je peux parler. Je n'ai pas partagé grand-chose de l'instruction avec elle. C'était trop difficile. Comme ma vie de soldat que je gardais pour moi, j'étais resté réservé sur ma vie d'inculpé. C'était là sans doute pour moi une façon de survivre et de nous préserver. Elle ne sait rien du dossier d'instruction. Rien d'autre que ce qu'elle a pu lire dans la presse et que ce qu'elle vient d'entendre de la bouche du juge Laurent. Son avis m'est d'autant plus précieux que ses réflexions sont pertinentes. Je fais confiance à ses impressions. De mon côté, depuis la relecture du dossier chez mon avocat, j'ai voulu réduire à zéro ma capacité d'émotion : je ne veux pas céder à des sentiments trop antagonistes. J'imagine que ces deux semaines de procès seront de vraies montagnes russes, allant d'un optimisme exacerbé à des abysses d'angoisse. Je ne veux pas de ces douches écossaises. J'ai décidé de déléguer à Florence mes émotions. Elle le sait.

Elle a de l'expertise du psychologue le même avis que moi. Il embrasse plusieurs champs. Il ne reste pas dans le cadre étriqué du droit. Il introduit subtilement la complexité des situations qui répondent à plusieurs référentiels. Les isoler n'est pas rigoureux. Par ses commentaires, il relie bien l'acteur que je suis aux actes commis. Il en arrive à les justifier positivement en s'appuyant sur des valeurs. Il définit le potentiel conflit moral qui a conduit aux faits.

On s'endort assez vite.

3°/ deuxième jour d'audience

Le temps n'a pas changé. L'hiver est en avance. Ce mercredi 28 novembre, la météo s'est mise au diapason. Du gris et du froid enveloppent Paris. L'extérieur et l'intérieur se confondent dans une totale cohérence. J'ai bien dormi. Ce n'était pas gagné. J'ai la chance d'avoir le sommeil, comme le réveil, automatiques. Toute ma vie, sauf quelques rares exceptions, le besoin de récupération l'a emporté sur mes pensées ou mes émotions. J'ai réussi hier soir à tirer le rideau sur la journée passée et sur celle qui m'attend. Je vis au jour le jour, même heure par heure. C'est là le meilleur réflexe de survie quand le danger est à la porte : ne pas ruminer, ne pas se faire peur. Anticiper et prévoir deviennent un luxe, sinon un risque ; ni les pays en guerre ni les Africains ne vivent dans le futur : leur survie se vit au présent.

Ce n'est pas encore une routine, mais sitôt notre petit déjeuner avalé, je prends le métro avec Florence pour ressortir de sous la terre à la station Cité. Un peu de marche à pied, de calme et de fraîcheur, les escaliers, les portiques de sécurité, la dépose de nos téléphones portables à l'entrée de la salle d'audience et nous voici de nouveau dans cette grande salle des assises. C'est, et ça restera durant ces deux longues semaines un grand trouble de me retrouver là. Je sais ce que j'y fais : je réponds de mes actes, mais un ressentiment enveloppe cette responsabilité : pourquoi ici ? Pourquoi moi alors que tant d'autres militaires ont connu des situations similaires qui ont été cachées ou seulement tues ? Il nous arrive de nous en parler entre officiers et certains m'ont adressé des témoignages dans ce sens. Jusqu'à présent, la justice militaire instruisait et jugeait les rares infractions qui n'avaient pas été filtrées et qui impliquaient des militaires dans l'exercice de leur fonction – particulière. La justice militaire était aussi discrète qu'adaptée aux spécificités des militaires. Le monde entier, pas plus que la justice de droit commun, n'a besoin de connaître les turpitudes de la guerre. Il n'en a sans doute pas envie non plus. Devant cette justice spécifique – qui n'existe donc plus – nous aurions légitimement pu être accusés de n'avoir pas respecté le droit des prisonniers. C'eut été entendable. Ce n'est pas ce chef d'inculpation qui, curieusement, a prévalu.

Devant la justice ordinaire, tout ordre porte en lui la mise en danger de la vie d'autrui, l'incitation au meurtre voire à l'assassinat puisque l'usage des armes est prévu, écrit, documenté. Nos propres adversaires ont là l'opportunité de nous défaire par le seul droit. Les familles de nos propres soldats tués ou blessés ont tout loisir de se retourner contre le supérieur qui a décidé de l'action funeste. Les commanditaires, politiques et militaires, deviennent des infanticides qui tuent leurs propres enfants et des meurtriers pour leurs ennemis. Que seraient devant la justice qui me juge aujourd'hui les aviateurs qui lâchent leurs bombes et les artilleurs qui tirent des obus et provoquent des victimes innocentes, pudiquement qualifiées de « collatérales » - communément admises ? À mes yeux, encore peut être embrumés, Mahé n'est ni innocent, ni une victime. La France n'a jamais connu un tel criminel qui, en une semaine, a pu tuer dix personnes et violer autant de femmes. J'ai au moins ça pour ma conscience. Je sais aujourd'hui la réalité d'une parole du commandant de Saint Marc : « les militaires n'ont pas le luxe de pouvoir choisir entre le Bien et le Mal. Leur choix s'opère souvent entre le mal et le pire. »

« Mesdames, messieurs, la cour », puis une fois le président et les jurés entrés et assis « l'audience est ouverte ». Avant de dérouler l'agenda, le président Leurent fait part d'une décision prise en marge du procès : contrairement à la demande formulée la veille par maître N'Doumou, l'Association de défense des Ivoiriens n'est pas retenue comme partie civile. Brouhaha, vitupérations. Les membres de l'association manifestent bruyamment leur colère dans le public avant de se calmer sur l'insistance du président et sur sa menace de les faire évacuer de la salle.

Audition du commandant V, directeur de l'enquête judiciaire

Le premier témoin à être appelé à la barre est le responsable de l'enquête judiciaire. Singulièrement, alors qu'il revient de fait et de droit[15] à la gendarmerie d'enquêter sur tout ce qui touche à l'armée, particulièrement sur les théâtres d'opérations, c'est la brigade criminelle qui a été désignée pour l'affaire Mahé. Une décision surprenante. C'est là l'une des nombreuses bizarreries de ce dossier. Le commandant V, du fameux 36 quai des Orfèvres, s'avance vers la barre avec ses papiers. Il est celui qui a dirigé ma garde à vue, sept ans plus tôt. Je l'ai déjà dit, ce n'est pas le meilleur souvenir de ma vie.

L'enquête de commandement[16] a permis à la brigade criminelle de mieux comprendre l'univers militaire et celui des opérations extérieures. Les cent seize auditions que nous avons conduites vont toutes dans le même sens : la mission du GTIA 2 et du PRIAC était doublement délicate. Les troupes de l'ONU étaient absentes du terrain, et les coupeurs de route, dont Firmin Mahé était un chef de bande, faisaient régner la terreur dans la zone de confiance.

---

[15] Les gendarmes sont des militaires. Ils sont souvent intégrés aux opérations extérieures. Ils ont la compétence pour enquêter au sein des emprises militaires et hors de France durant les opérations de l'armée. J'avais ainsi deux gendarmes prévôtaux au sein du GTIA 2.

[16] Que le témoin suivant présentera.

L'adjudant-chef Raugel a écrit, dès l'enquête de commandement, donc avant même notre enquête judiciaire, une lettre manuscrite reconnaissant les faits. Il indique dans cette lettre et dans ses auditions que le colonel Burgaud lui a donné l'ordre de rouler doucement, qui signifiait que Mahé ne devait pas arriver vivant à Man. Raugel a voulu être sûr qu'il avait bien entendu et bien compris. Il a demandé au capitaine de Larminat qui avait écouté cette instruction de la lui confirmer. De Larminat en a attesté. Avant de partir de Bangolo pour Man, un autre capitaine présent à Bangolo a empêché le départ du convoi jusqu'à ce qu'une confirmation formelle lui soit adressée. Le colonel Burgaud, auditionné cinq fois durant sa garde à vue, a répété que l'ordre venait du général Poncet et que rouler doucement ne signifiait pas de tuer Mahé. Le général de Malaussène, supérieur hiérarchique du colonel Burgaud, a assuré que Burgaud lui avait dit le soir même tenir cet ordre de "rouler doucement, vous m'avez compris" du général Poncet. En garde à vue, le général Poncet a nié avoir donné cet ordre implicite. Il se souvient n'avoir été appelé par le colonel Burgaud que lorsque celui-ci lui a annoncé la mort de Mahé. Devant la juge d'instruction, il a envisagé que s'il avait pu donner une consigne de rouler doucement – sans en avoir de souvenir précis – ça aurait été dans une logique de sécurité routière et de soins. Plusieurs officiers supérieurs sauf un ont par ailleurs témoigné que le général Poncet donnait habituellement des ordres clairs et explicites, mais souvent avec impulsivité.

Un sous-officier nous a déclaré que le 23 avril 2005, une dizaine de jours avant les faits reprochés, le colonel Burgaud lui avait dit qu'il fallait "buter" Mahé. Personne n'a confirmé cette déposition. Plusieurs autres ont entendu le colonel Burgaud exprimer en public et devant des Ivoiriens que tant qu'un coupeur de route n'aurait pas été mis hors d'état de nuire, leurs crimes continueraient. Durant l'enquête préliminaire, plusieurs officiers et sous-officiers nous ont dit qu'il s'agissait là d'un vœu et non pas d'un ordre de tuer un coupeur de route : les ordres ne s'expriment pas comme ça, en public.

Raugel nous indique avoir reçu un second appel téléphonique du colonel Burgaud pour simuler une tentative d'évasion afin d'abattre Mahé à cette occasion. Le colonel Burgaud ne le confirme pas. À la fin de sa garde à vue, il s'en tient à ses précédentes auditions : "l'idéal était que Mahé arrive mort" sans que ce soit un ordre de tuer Mahé. Roulez doucement signifiait d'abord pour lui de ne pas prendre de risque routier. Il a fini par admettre que cela pouvait contribuer à ce que Mahé meure de ses blessures. Ses déclarations ont été moins claires, constantes et franches que celles de l'adjudant-chef Raugel.

Notre enquête a mis en lumière des rivalités internes au sein du GTIA. Le lieutenant-colonel Neviaski, adjoint direct et chef du poste de commandement (PC) du colonel Burgaud, nous a expressément indiqué qu'il ne s'entendait pas avec son supérieur, ce qui a amené des dissensions au sein du PC du GTIA 2. Il confesse avoir souffert de la notation faite par le colonel Burgaud. Cette notation lui interdisait clairement le commandement d'un régiment et bloquait sa carrière. Le capitaine Le Segrétain, supérieur hiérarchique de Raugel, s'est plaint que le colonel Burgaud le court-circuite fréquemment dans ses relations avec Raugel. Il n'était pas dans la boucle des ordres pour ce qui concerne la mort de Mahé.

Lors d'une audition, un sergent d'une unité voisine du PRIAC de l'adjudant-chef Raugel a dénoncé et désapprouvé les méthodes de cow-boy du PRIAC.

Deux dépositions éclairent indirectement les faits. L'une fait mention que le colonel Burgaud avait préalablement demandé au PC de la force Licorne à Abidjan de pouvoir bénéficier d'un détachement de forces spéciales pour traiter le problème des coupeurs de route. Cette demande lui a été refusée. Je vous rappelle que les forces spéciales étaient sous le commandement direct du général Poncet. Le colonel Burgaud et l'adjudant-chef Raugel ont pu penser que les forces spéciales n'étant pas en mesure d'intervenir, eux le feraient. L'autre fait état d'une manipulation ou d'une mise en scène imaginée postérieurement aux faits par le colonel Burgaud : il s'agissait de monter une patrouille au cours de laquelle une ouverture du feu fictive serait déclarée afin de pouvoir décorer ceux qui avaient participé à la mort de Firmin Mahé sans faire mention de cette mort. Cette patrouille n'a pas eu lieu, mais plusieurs auditionnés en ont parlé. Comme pour l'ordre de "roulez doucement", le colonel Burgaud affirme que le général Poncet a été à l'origine de cette idée de mascarade.

Voilà en substance la synthèse de notre enquête qui recouvre une enquête préliminaire et une commission rogatoire. Nous n'avons pas été chargés de vérifier que le Firmin Mahé mort était effectivement le coupeur de route. Un doute existait. Néanmoins, à l'infirmerie de Bangolo, plusieurs témoins ivoiriens, sollicités par l'adjudant-chef Raugel, l'ont reconnu. À Man plus tard, la mère de Mahé a refusé de récupérer le cadavre de son fils par peur de représailles de la population qu'il avait terrorisée.

Le président le premier demande une précision, une fois l'exposé du commandant V terminé.

Q : *Pouvez-vous nous repréciser qui se plaignait d'être court-circuité par le colonel Burgaud ?*

R : *Le capitaine commandant le PRIAC de Raugel nous a déclaré être souvent mis devant le fait accompli par des ordres donnés directement à Raugel.*

C'est au tour de l'avocate générale, Annie Grenier, de questionner l'enquêteur.

Q : *Je souhaite que vous reveniez sur un point : qui a décidé du convoi chargé de ramener Mahé de Bangolo à Man ?*

R : *Le colonel Burgaud a demandé que le PRIAC assure le transport de Firmin Mahé. Il a prescrit qu'une autre unité présente dans la zone de confiance pour participer à la lutte contre les coupeurs de route remonte vers Man dans le même convoi. Notre enquête indique que le colonel Burgaud a décidé de l'équipage du véhicule transportant Mahé.*

Q : *J'ai une autre question à vous poser : pouvez-vous nous préciser la différence qu'il y a entre un ordre donné à la radio et un ordre donné au téléphone ?*

R : *La radio est le mode militaire normal. Comme plusieurs détachements sont sur la même fréquence, ce qui s'échange est entendu par tous. Avec le téléphone, comme vous le savez, ce n'est qu'une seule personne qui est appelée et qui entend la discussion. C'est évidemment plus discret.*

Q : *Je vous remercie, je n'ai pas d'autre question.*

Après l'avocate générale, le président Leurent donne la parole aux avocats de la défense. Maître Gublin est le premier à l'interroger.

Q : *Comment comprenez-vous la demande d'intervention des forces spéciales et le refus du général Poncet ?*

R : *Les forces spéciales, de ce que j'en sais, remplissent des missions non conventionnelles. Il faut comprendre par là qu'elles n'ont pas les mêmes savoir-faire ni les mêmes règles d'engagement que les soldats des forces classiques. Il était logique que le colonel Burgaud en fasse la demande face à une menace – avérée – elle aussi non conventionnelle pour des soldats. En France, elle relèverait du GIGN ou de la BRI pour la police. Pour ce qui est du refus, ce n'est pas une question que nous avons posée au général Poncet. Sans doute estimait-il que les forces spéciales avaient d'autres missions plus importantes à remplir. Peut-être pensait-il que le problème des coupeurs de route devait être réglé par le GTIA 2.*

Le président : *Le général Poncet témoignera à la barre mardi 4 décembre. Maître, vous pourrez lui poser directement la question.*

Maître Trémolet de Villers : *Est-ce que les déclarations de l'adjudant-chef Raugel ont varié durant l'instruction ?*

R : *Non, absolument pas. Il a reconnu les faits dès sa première audition, même avant puisque sa lettre reconnaissant les faits a été écrite dans le cadre de l'enquête de commandement qui précédait notre saisie.*

Q : *Quelle était l'attitude des soldats de Raugel vis-à-vis de leur adjudant-chef ?*

R : *Une attitude de grand respect. L'adjudant-chef Raugel est un chef très respecté pour sa rigueur et son exemplarité, aussi par son attention à ses subordonnés et à la population.*

J'écoute cette synthèse de plusieurs années d'enquête avec une très désagréable impression : comme pour le général Poncet, le commissaire met en cause ma dignité par différence avec celle de Raugel. Subtilement, il ne tarit pas d'éloges pour l'adjudant-chef Raugel. Il est dans sa logique d'enquêteur. Raugel a coopéré. J'arrive derrière : je me défends au sens premier du terme. Cette impression me blesse, et me met sous les yeux l'image que je renvoie. Durant l'enquête, ma défense avait plus tendance à démentir, contester ou limiter ma responsabilité qu'à l'expliquer. Cette déposition m'éprouve. Elle contribue, après celle de l'expert psychologue la veille, à ébranler la défense que je suivais plus instinctivement que par stratégie pendant l'instruction.

Sans plus aucune question, le président remercie l'enquêteur de la brigade criminelle et appelle à la barre le général Cuche[17], responsable de l'enquête de commandement au moment où les faits ont été connus, en novembre 2005.

<u>Audition du général Cuche, rapporteur de l'enquête de commandement</u>

Le général Cuche décline son identité et ses qualités et commence l'exposé de son rapport d'enquête après avoir prêté serment de dire toute la vérité.

Je rappelle à la cour ce qu'est une enquête de commandement. Il s'agit d'une enquête interne à l'armée destinée à examiner un événement grave pour le comprendre, en estimer les causes et les responsabilités et permettre d'éviter qu'il se reproduise. Le chef d'état-major des armées m'a désigné pour mener cette enquête de commandement à propos de la mort de Firmin Mahé. Elle s'est déroulée entre le 13 et le 25 octobre 2005, en métropole, une fois tous les acteurs de cette affaire rentrés en France (certains étaient en

[17] Le général Cuche était alors inspecteur général, l'un des plus hauts postes de l'armée de terre.

opération et ont été rapatriés ou relevés de leur commandement). J'ai entendu vingt et un acteurs et témoins.

En Côte d'Ivoire, le volume des forces de l'opération Licorne était particulièrement contraint. Les militaires mis en cause étaient sur le terrain depuis plusieurs mois. Ils étaient fatigués par une mission difficile. La zone de confiance était en réalité une zone de non-droit. Seule la force Licorne, par défaut des troupes de l'ONU, y était active. Les exactions étaient fréquentes, nombreuses et graves. Souvent horribles. Les conditions de vie du PRIAC de l'adjudant-chef Raugel au cœur de cette zone de confiance étaient spartiates et rustiques.

Les faits. L'ordre qu'a reçu l'adjudant-chef Raugel du colonel Burgaud était d'abord de ramener Mahé blessé sur le poste du PRIAC de Bangolo, puis de là, de transporter le coupeur de route vers Man en "roulant doucement". Cet ordre de rouler doucement, il en a demandé confirmation au colonel Burgaud, qui lui dit qu'il avait bien compris. Appréhendant que Mahé ne devait pas arriver vivant à Man, l'adjudant-chef Raugel l'étouffe d'un sac plastique durant le trajet. À l'arrivée dans l'emprise qu'occupait le GTIA 2 à Man, Raugel rend d'abord compte à son capitaine (le capitaine Le Segrétain) de la mort de Mahé et des circonstances de cette mort. Il retrouve ensuite le colonel Burgaud à qui il fait les mêmes rapports : d'abord la mort de Mahé, ensuite les circonstances de cette mort. Le colonel Burgaud en rend lui-même compte au général de Malaussène et au général Poncet.

L'adjudant-chef Raugel a reconnu avoir achevé Mahé. Le brigadier-chef Schnier a reconnu avoir aidé l'adjudant-chef Raugel. Le capitaine Le Segrétain, le colonel Burgaud et le général Poncet ont tous dit ne pas avoir donné l'ordre de tuer Firmin Mahé.

Sur place, le général Poncet a immédiatement décidé de garder secrète cette affaire pour protéger l'institution et couvrir ses subordonnés. Lors d'une visite du chef d'état-major des armées quelques jours après les faits, le 17 mai, il ne lui en a pas parlé, alors que le sujet des coupeurs de route était abordé. Pendant cinq mois, le silence a été gardé sur cette affaire. Le chef d'état-major des armées prend connaissance des faits le 11 octobre 2005. Il estime qu'ils révèlent deux ruptures importantes. La première concerne notre code d'honneur. Le fait que des soldats aient pu oublier les règles fondamentales du traitement de l'adversaire, des prisonniers, de la vie humaine, est inadmissible. Ensuite, il a fallu plusieurs mois pour que la vérité éclate. Le défaut de compte-rendu vaut rupture de confiance. C'est cette rupture de confiance qui a été sanctionnée. Il pouvait à la limite entendre ce qui s'était passé, mais pas excuser qu'on ne lui en parle pas. Il a ainsi sanctionné les chefs en relevant de leur temps de commandement les généraux Poncet et Malaussène et le colonel Burgaud. Leurs subordonnés n'ont pas été punis militairement.

La déposition du général Cuche est d'abord positive. Cet officier général replace le crime judiciaire dans son contexte militaire et opérationnel. Il insiste sur les difficultés que nous connaissions pour remplir notre mission. Il parle militaire. Maître Gublin me glisse : « il fait un gros travail de déminage ». Son grade et l'unique opération qu'il a commandée légitiment l'écoute attentive du jury. Il est un témoin utile pour la défense. Il éclaire la cour en contextualisant les faits. C'est là le plus important. Le revers de cette pièce est plus personnel. Sur plusieurs points concernant l'implication du général Poncet, il présente des conclusions que le général de Malaussène et moi lui avions demandé de rectifier à la suite de la relecture de son projet de rapport. Sa retranscription de nos paroles était incomplète, inexacte et donc fausse. Il s'était engagé à faire ces corrections. Il ne l'a pas fait. Par ses paroles, le général Poncet passe de donneur d'ordre à chef soucieux de protéger et de couvrir ses subordonnés. Il est présenté comme extérieur à la chaîne des ordres et même des comptes-rendus. Je regrette d'entendre ce général respecté omettre certaines de nos paroles et travestir ainsi la vérité. Il parle de rupture du code d'honneur. Se rend-il seulement compte qu'il le rompt lui-même ? Il ne dit pas la vérité pour laquelle il vient de s'engager. Le code d'honneur n'est pas uniquement l'apanage des chefs qui en seraient les gardiens et les juges ; les subordonnés en sont similairement dépositaires. La loyauté et la trahison s'entendent dans les deux sens.

J'apprendrai plus tard que ce même général Cuche avait dirigé quelques mois auparavant une enquête de commandement sur le comportement du général Poncet, suspecté de n'avoir pas été adapté. Interrogeant le général de Malaussène - qui à l'époque avait plutôt tendance à défendre le général Poncet - il lui avait dit en préalable : « je vous préviens tout de suite, Henri Poncet est un ami ». Autrement dit : « ne dites pas de mal de lui ».

C'est encore le président qui pose les premières questions.

Q : *Pouvez-vous nous dire comment les faits ont été connus ?*

R : *Le lieutenant-colonel Neviaski en a été informé dans les heures qui ont suivi par le colonel Burgaud. Ainsi que deux médecins et l'aumônier du groupement tactique. C'est Neviaski qui a dénoncé les faits plusieurs mois plus tard lors d'une conversation avec un autre officier. Il savait que cet officier était très proche d'un officier général occupant un poste important. Effectivement, l'officier en a parlé au général, qui en a rendu compte au chef d'état-major. La ministre en a pris connaissance très rapidement, demandant qu'une enquête soit ouverte.*

Q : *Comment menez-vous les enquêtes de commandement ?*

R : *Le temps est souvent limité, de l'ordre de la semaine. Nous procédons à des auditions qui ne sont pas des interrogatoires. Nous écoutons les témoins, posons des questions sans forcément chercher à recouper les dires des uns et des autres. Nous ne cherchons pas une vérité judiciaire, mais à établir et expliquer des dysfonctionnements internes. Il n'y a pas de procès-verbal de ces auditions, ce n'est pas prévu, juste un rapport final.*

Cette question reflète toute la rigueur et l'impartialité du président de la cour d'assises. Il ne pose pas là une question anodine. Il semble vouloir mesurer la crédibilité des enquêtes de commandement en comparaison des enquêtes judiciaires. En posant cette question, le juge Leurent interroge la fiabilité d'une enquête qui n'exige ni preuve, ni procès-verbal. Il mesure la probité de son auteur à travers la méthode d'investigation. Peut-être a-t-il perçu que l'institution militaire cherchait autant à se protéger qu'à protéger le général Poncet.

Q : *Selon votre enquête, quand le général Poncet a-t-il été au courant de l'intervention des hommes du GTIA 2 contre Mahé ?*

R : *Le 13 mai au matin : une demande de survol par un hélicoptère de la zone où Firmin Mahé s'était enfui après avoir été blessé lui a été adressée. Il l'a acceptée.*

Le juge Leurent demande après avoir relevé la tête en entendant cette réponse :

L'enquête de la brigade criminelle spécifie que le général Poncet dit n'avoir été prévenu de la mort de Mahé que le soir du 13 mai. Je retiens que pour vous, il était informé dès le matin du 13 mai, c'est-à-dire dès le début.

Pouvez-vous nous préciser les responsabilités que votre enquête attribue au colonel Burgaud ?

R : *Le colonel Burgaud a affirmé ne pas avoir donné l'ordre explicite de tuer Firmin Mahé. Il nous dit avoir transmis l'ordre de "rouler doucement" qu'il a reçu du général Poncet. Il a ensuite demandé au capitaine de Larminat d'organiser le transfert de Mahé vers Man. Concernant les comptes-rendus, ceux faits sur le moment sont* a posteriori *faux. Mais ils semblent s'appuyer sur les renseignements qu'il avait en sa possession à ce moment-là. Le compte-rendu de synthèse, rédigé le soir, l'a été après qu'il a eu téléphoné aux deux généraux. Ils se sont mis d'accord sur les éléments de langage, puisque ce compte-rendu pouvait être lu par un grand nombre d'officiers.*

Q : *Madame l'avocate générale, avez-vous une question à poser au général Cuche ?*

Elle répond par un signe de tête négatif, le juge Leurent donne la parole aux avocats de la défense.

Maître Gublin : *La force Licorne découle d'une décision politique. Comment se fait l'articulation entre les deux, entre le politique et le militaire ?*

R : *La réalité de cette articulation est complexe. Le parallélisme des hiérarchies ne simplifie pas les choses. Pour faire court : le pouvoir politique décide et donne le cadre. Il peut être conseillé par des militaires, mais ce n'est pas une règle. Ensuite le militaire conduit les opérations et fait ce que le politique lui ordonne de faire. Les militaires choisissent leur métier, pas leur mission. Ils la remplissent. Les militaires sont préparés à ça. Le pilotage de l'action des militaires reste politique. Pour prendre un exemple, une opération et son cadre budgétaire sont décidés par le pouvoir politique. Les militaires font avec. Ils construisent l'opération à partir des contraintes posées et de l'enveloppe financière. Il arrive même que pour des raisons diplomatiques ou économiques – je pense aux ventes d'armes – le pouvoir politique impose une composante ou le recours à des contingents étrangers. C'est ainsi qu'au Kosovo, un contingent émirien équipé de chars Leclerc a été intégré au sein de la brigade française. C'était une décision politique.*

Maître Balan : *Quelle était la situation de la Côte d'Ivoire au moment des faits ?*

R : *Elle était en réalité particulièrement trouble. Je vous l'ai dit, les forces françaises étaient les seules à remplir la mission. Ce faisant, elles étaient largement insuffisantes. Les événements de novembre 2004*[18] *avaient contribué à envenimer la situation. La présence française était dénoncée par le camp présidentiel. La zone de confiance symbolisait et stigmatisait cette présence à laquelle il fallait s'opposer. C'est dans cette zone et directement, en facilitant l'action des coupeurs de route, que le pouvoir a tenté de décrédibiliser les forces françaises. Montrer que les forces internationales étaient incapables de gérer la situation sécuritaire était le moyen de le faire. Donc, la mission des soldats était particulièrement délicate. Mais je me permets d'insister : l'objet du rapport d'enquête était d'abord d'expliquer pourquoi les faits qui sont aujourd'hui reprochés n'ont pas été connus de la hiérarchie. Cela renvoie à la question du président sur le rôle d'un conseil d'enquête.*

Il est midi passé. L'heure de déjeuner. Ces deux restitutions d'enquête me repassent le film de sept ans d'instruction. Comme un long plan séquence, ces sept ans vont se débobiner d'un coup, douloureusement, en marge du déjeuner et de discussions anodines.

---

[18] Bombardement de Bouaké et assaut de l'hôtel Ivoire à Abidjan.

Sept ans d'enquête judiciaire – le temps long de la justice

Octobre 2005. Je suis depuis plus d'un an le chef de corps du 13e BCA[19], le bataillon dans lequel j'ai été lieutenant, puis capitaine, chef de section, puis commandant de compagnie. J'ai l'immense chance de commander ce même bataillon dans lequel chaque mètre carré du quartier et des montagnes environnantes ravive des souvenirs heureux. Je suis le colonel. Ce n'est ni une gloire, ni une fierté. Je ne l'avais pas imaginé. J'en mesure à la fois l'honneur et toutes les exigences. Nous sommes rentrés de Côte d'Ivoire en juin après quatre mois difficiles. J'ai ramené tout le monde. Je n'ai eu ni blessé grave, ni mort. C'était là mon objectif essentiel dont je n'étais cependant pas le seul maître. La mission a été remplie. En quatre mois, la Côte d'Ivoire a progressé vers la paix. Nous avons déjoué les tentatives des différentes instances politiques ivoiriennes de torpiller les équilibres fragiles dont nous héritions du mandat précédent.

Mi-octobre, alors que je m'apprête à intervenir dans une réunion des chefs de corps de la région Sud-Est à Lyon, le général qui la commande me prend à part et me demande de rentrer de toute urgence à Chambéry pour un appel téléphonique du chef d'état-major de l'armée de terre[20]. C'est très exceptionnel. Je me demande bien ce qui peut en être la cause. Je n'en ai aucune idée. J'ai juste le temps de présenter mon sujet et de rentrer sans imaginer une seule seconde la suite. Une fois arrivé, j'attends quelques instants derrière mon bureau jusqu'à ce que le téléphone sonne. Je décroche. Le ton du CEMAT est abrupt et sévère. « Burgaud, vous êtes suspendu de votre commandement. Demain la presse fera état de la mort suspecte de Firmin Mahé pour laquelle vous semblez avoir une responsabilité. Vous rentrez chez vous. Vous ne reparaissez plus au bataillon. Votre second assure l'intérim du commandement. Je viens de l'en avertir. » Je suis blême, seul, perdu. Je n'ai pas un mot. J'avais tourné cette page sans qu'elle me trouble. Ma conscience ne me taraudait pas. Il rouvrait le livre et je comprenais que ce n'était que le début d'un éboulement. Demain n'existait plus. C'était le vide, le même que le montagnard appréhende régulièrement. Sauf que là, la corde a lâché. J'y étais précipité.

Je prends quelques affaires avant de demander à mon fidèle conducteur de me ramener (peut-être une dernière fois) à la maison. Il a été l'un de mes chasseurs lorsque j'étais chef de section dix-sept ans plus tôt. Il était au Liban

---

19 13e bataillon de chasseurs alpins de Chambéry.

20 CEMAT.

avec moi. Nous y avons risqué notre vie ensemble, comme nous avons une fois ou deux risqué notre vie en Côte d'Ivoire puisqu'il était l'un de mes gardes du corps. De fait, je ne remettrai plus les pieds au bataillon hors l'entrevue avec le général Cuche pour l'enquête de commandement, une petite cérémonie de départ organisée discrètement un soir triste, et l'enterrement d'un lieutenant mort en montagne.

Florence me voit rentrer et comprend qu'à ma mine défaite, rien ne va plus du tout. Je lui parle pour la première fois de la mort de Mahé et de ce que signifie cette suspension : la fin probable de ma vie militaire. Je crois que j'ai pleuré. Je crois qu'elle m'a dit que ce n'était pas le plus important et qu'elle était là avec nos deux garçons. Je crois que je n'ai pas entendu. Je n'ai pas dormi : j'ai commencé à tourner et retourner cette séquence de mai 2005 dans ma tête. Je ne savais pas encore que ma tête serait en ébullition pendant les sept années à venir.

Le lendemain matin, toute la presse ne parle que de l'affaire Mahé qui devient progressivement aussi l'affaire Poncet. Elle fait les titres, les unes et les commentaires. Nos noms sont livrés et étalés. Le colonel Burgaud est suspendu ; deux généraux suivront. Du jamais vu depuis la guerre d'Algérie et le putsch d'Alger. Le ministère a tout révélé aux médias, sans vergogne[21]. La ministre de la Défense intervient lors du journal télévisé de 20 heures, raide, sévère et intransigeante. « C'est inacceptable… Je condamne fermement ». Comme toute ma famille et tous mes amis, le bataillon apprend la nouvelle par voie de presse. Il ne comprend pas. La présence et les explications du chef d'état-major à Chambéry le jour suivant se passeront mal. Il est l'un de ceux qui m'ont « immolé ». Les chasseurs du bataillon lui en veulent et lui font savoir. Mon second, qui est avant tout un ami, fait et fera tout pour m'apporter son soutien et celui d'une grande partie du bataillon. Il organise des visites de cadres à mon domicile devenu ma « prison ». Je ne suis pas en liberté surveillée, mais ça y ressemble.

Mon frère, maire adjoint de sa commune et proche de plusieurs députés me propose de rencontrer quelques parlementaires pour me conseiller. J'accepte. Je rejoins Paris pour une réunion de crise à l'Assemblée nationale, un soir vers 22 heures. Je connais les députés qui acceptent de me consacrer leur temps que je sais précieux. Leur avis est inestimable. Je ne suis plus capable de penser, encore moins de me projeter. D'abord, ils m'assurent que le pouvoir politique me lâchera sans aucun état d'âme. C'est en partie déjà fait. C'est la coutume dans ces circonstances : il faut se départir de la tumeur,

[21] En annexe, lettre de ma femme Florence à la ministre de la Défense.

le plus vite et le plus radicalement possible. Les réprobations seront terribles et dénuées de tout sentiment. Je dois m'y préparer. Elles seront insupportables pour le militaire que je suis qui a accepté de pouvoir perdre sa vie pour son pays. Ensuite, ils anticipent l'ouverture d'une enquête judiciaire. Leur conseil est unanime : ne rien reconnaître, contester et me défendre en ne concédant rien. Mes accusateurs doivent prouver ma faute pénale, non le contraire. Dans le train du retour, je retrouve la directrice de cabinet du préfet de Savoie avec qui j'ai traité quelques dossiers. Ses conseils rejoignent ceux des parlementaires : la République – ou plutôt ses ministres – est sans pitié. Tout forfait, dès lors qu'il est médiatisé, par eux parfois et dans le cas présent, vaut leur opprobre. La faute, même sans aucune preuve, est dénoncée et par là même officialisée. Accuser et prendre ses distances est une règle pour les politiques. S'en défendre peut constituer, par symétrie, une règle pour ceux qui sont ainsi dénoncés. Ces deux avis vont constituer le fondement d'une défense que je qualifie « de survie » : l'attaque me semble injuste, massive, et susceptible d'engloutir tout ce à quoi je crois et qui constitue ma vie, ma famille comprise. Je dois m'en protéger.

L'enquête de commandement arrive très vite après. Elle se traduit un soir par un entretien avec le général Cuche, dans ce qui était quelques jours plus tôt mon bureau de chef de corps. Je refuse de m'asseoir à la place qui était la mienne et qu'on m'a retirée. Le général Cuche l'occupe, tandis que je prends place en face de lui. L'entretien est très froid. Je n'accepte pas son rôle de censeur. Derrière une attitude faussement polie, il est l'inquisiteur. Il m'assure que ce rapport d'enquête restera confidentiel. J'ai la certitude, pour l'avoir déjà connu, qu'il n'en sera rien et qu'il sera communiqué à la Justice. L'échange commence donc mal : il me prend pour un imbécile. Au préalable, il a entendu l'équipage du véhicule dans lequel Mahé a été étouffé. L'adjudant-chef Raugel n'a rien caché. Comme j'en ai reçu les conseils, je ne reconnais que les mots des ordres transmis, en rien une quelconque intention de tuer. L'ordre de rouler doucement que je transmettais du général Poncet était pour moi destiné à prévenir tout accident de voiture dans la surexcitation de l'arrestation de Mahé. J'avais fait de cette prudence routière l'un des piliers de notre action. J'avais rédigé une note en ce sens au début du mandat en Côte d'Ivoire, traumatisé que j'étais par un grave accident lors de mon engagement au Liban. Je savais qu'une grande partie des morts et blessés en opération le sont du fait d'accidents de la route. Je lui montre la note. L'entretien dure environ deux heures. Il est pénible, sans doute en partie du fait de ma colère rentrée, que je ne peux exprimer qu'en démentant ses allégations.

Quelques jours plus tard, comme les parlementaires l'ont pressenti, une enquête judiciaire est ouverte. En dépit d'être un homme averti, je la redoute. Le pire s'enchaîne. Je commence à réaliser que je ne m'en sortirai pas tout seul. Je multiplie mes demandes d'aide. Je sollicite tous les avis possibles. Ça me sauvera sans doute de partager toute cette charge, autant que me sauvera le soutien quotidien de Florence. Deux très hauts magistrats que j'apprécie particulièrement[22] me prodiguent leurs recommandations, exactement contraires à celles des parlementaires : coopérer avec la justice, reconnaître, expliquer. Je ne les suivrai pas tout à fait. Fini le temps du sacrifice qui constitue l'arrière-plan du soldat que je suis. Ma ministre a bafoué mon engagement. Elle ne me tuera pas deux fois.

Je prends, ou plutôt je choisis mon avocat : un avocat proche du bataillon s'était amicalement rapproché de moi dès le début de l'affaire. Je comprends de tout le bruit qu'elle fait qu'elle sera d'importance et sans doute parisienne. Sur les recommandations d'un de mes collaborateurs, je prends contact avec un avocat pénaliste du barreau de Paris spécialiste des dossiers militaires, maître Gublin. Il accepte de me défendre. Je ne perçois qu'une partie des conclusions de notre première rencontre : j'entends qu'il vise une peine assortie de sursis. Je n'entends pas qu'il me recommande d'assumer ; non pas de reconnaître ou d'avouer – d'assumer. Je ne fais pas le distinguo. C'est ce que la justice attend d'un officier. Sauf que je viens d'être dénoncé par mon adjoint qui a révélé l'affaire. Je me sens trahi par le pouvoir politique et lâché par les hautes autorités militaires. Le « La justice attend d'un officier » n'a pas de sens ni d'incarnation pour moi dans ces circonstances. Je ne suis pas en mesure d'entendre cette seconde proposition. La trahison est un viol de la confiance. Elle provoque le rejet. J'ai rejeté plus inconsciemment que volontairement cette prescription d'assumer. Il devient mon conseil juste avant ma convocation quai des Orfèvres pour une garde à vue. Je suis sous tranquillisants, fragile, enfermé dans mes ressentiments. J'ai été dénoncé, lâché, jeté en pâture aux médias par les politiques. Ma famille en souffre. Tous nos téléphones sont sur écoute – j'en ai été prévenu discrètement. L'affaire fait la une des journaux avec plus ou moins de retenue. La presse écrite est pondérée, tandis que les journaux télévisés relaient la voix des autorités qui s'y succèdent pour marteler leur opprobre, alors même que l'enquête n'a pas eu lieu. Fait étonnant de l'actualité : c'est au même moment que l'affaire d'Outreau passe en appel et que l'instruction du juge Burgaud commence à être mise en question. Le nom de Burgaud,

[22] Dont l'auteur de la préface

bien que nous n'ayons aucun lien de parenté, est tristement très connu. Il est à la fois celui d'un juge, malmené, et d'un accusé.

Florence m'accompagne à Paris pour ma garde à vue. Nos deux garçons, six et cinq ans, ne sont pas vraiment au courant du but de ce déplacement. Pas plus que moi ils n'imaginent que je pourrais ne pas rentrer si une incarcération préventive était décidée – ce que je n'imagine même pas. Nous les avons confiés à des amis de Chambéry. Après une nuit chez mes beaux-parents, Florence m'escorte le lendemain matin jusqu'au repère de la brigade criminelle. Un baiser sur le pont Saint-Michel et nous convenons que je l'appelle en sortant, dans la soirée sans doute. Le lieu est mythique pour ceux qui n'ont pas eu à y être convoqués. Maître Gublin m'a recommandé de ne pas avoir de lacets à mes chaussures ni de ceinture. On me les enlèverait. Il ne m'assistera pas sauf une visite si l'interrogatoire venait à durer. C'est encore la règle qu'un gardé à vue le soit sans son avocat. Une garde à vue peut durer vingt-quatre heures, prolongeable d'autant. Je ne m'attends absolument pas à rester là deux jours pleins. Je n'ai pas conscience d'être un criminel. Si c'était le cas, c'est aux policiers de le prouver, et je ne les aiderai pas.

Ma convocation montrée au fonctionnaire en faction devant « le 36 » me sert de sésame. Sur son indication, je me dirige vers la porte A, monte trois étages d'un escalier enroulé le long d'un mur sans couleur et mal éclairé d'une lumière jaunâtre, sonne à une porte à ouverture commandée qui se referme derrière moi. Le bruit métallique de sa fermeture est sinistre. Il indique que je viens de franchir plus qu'une porte – un monde. Un enquêteur vient me chercher. Il me signifie l'heure de début de ma garde à vue et me prend tout ce que j'ai sur moi : portefeuille, téléphone, montre, médicaments. Je viens d'entrer dans un univers qui n'a rien d'amical. Je suis « gardé à vue » par la brigade criminelle ! Rien ici ne respire l'espoir ou la joie de vivre.

Les interrogatoires commencent aussitôt, d'abord presque gentiment et sans enjeu : âge, lieu de naissance, famille, questions d'état civil – c'est la mise en confiance, le ramollissement de la vigilance – profession, ça y est, on rentre dans le plus dur. Le périmètre se referme. Le ring se dessine. Je comprends très vite que des auditions se déroulent en parallèle. L'adjudant-chef Raugel doit être dans un bureau voisin. Ses déclarations nourrissent les questions des enquêteurs qui se font de plus en plus précises. Les policiers voudraient que je les confirme. Ils cherchent mes aveux. Ils veulent que je reconnaisse avoir donné un ordre qui traduirait une volonté de tuer Mahé.

Ce n'était doublement pas le cas. D'abord, j'ai reçu et transmis cet ordre ; je ne l'ai pas donné. Ensuite, dans mon esprit, il n'a jamais été question de tuer Mahé : qu'il arrive mort par défaut de soins, oui, mais pas une mort comme elle est advenue. Je ne l'aurais pas fait moi-même ; sûrement pas ; jamais ; même avec le pire des ressentiments ou la plus grande colère. Je ne pouvais pas l'imaginer, encore moins l'exiger d'un autre. Les questions s'enchaînent. Elles sont redoublées, répétées. Elles se terminent par des procès-verbaux qu'il me faut relire et signer. Les heures passent. Les questions se répètent encore et encore. Leur forme change, mais l'objet reste le même. La pression psychologique s'accentue. Chaque infime contradiction est l'occasion de me démontrer que je ne suis pas sincère ou que je mens. Mon honneur est mis en cause. Tous les ressorts sont exploités. Les enquêteurs se relaient. Ils me bousculent. Le ton monte parfois. L'intimidation n'est jamais très loin ; ils agitent le spectre de la prison : ceux qui n'avouent pas partent réfléchir en détention préventive. Je n'y couperai pas. Cette éventualité me tétanise. Elle m'offre deux chemins opposés : avouer tout ce qu'ils veulent entendre ou résister et rester aligné avec mes précédentes déclarations. Suivre les recommandations des deux magistrats ou celles des parlementaires. Je sais qu'ils n'ont aucune preuve matérielle. Seuls quelques échanges oraux avec le général Poncet d'une part, et avec l'adjudant-chef Raugel ont décidé du sort de Mahé. Ils veulent que je décode ce qu'ils appellent « un ordre implicite » et moi, je ne VEUX pas aller en prison et je pense que le meilleur moyen est de laisser les inspecteurs prouver qu'il y a eu crime, sans les aider particulièrement. Cinq interrogatoires vont ainsi se succéder. La garde à vue est prolongée de vingt-quatre heures.

Quelques rares pauses la rythment. Pour dormir d'abord. Je fais connaissance avec le sous-sol du Palais de justice que les milieux bien informés appellent la « souricière ». C'est un sous-monde, souterrain, glauque, lugubre, humide, sombre, où sont détenus les prévenus en instance de jugement et toute la racaille nocturne récupérée dans Paris la nuit. On me fait l'égard du quartier des femmes curieusement tenu par des religieuses. Il est beaucoup plus calme que celui des hommes. J'y passe deux nuits, deux fois cinq heures plus exactement, dans une vague cellule minuscule, sur un vague lit, sous une improbable couverture. J'y dors plus par fatigue que par conviction, la tête en fusion des questions qu'on m'a posées, de mes réponses et déjà, de la future parole de l'avocate générale : « comment en est-on arrivé là ? ». Je suis physiquement et moralement dans un autre monde, dans un univers inconnu et hostile.

Entre deux interrogatoires, je suis emmené dans une pièce pour des photos anthropométriques. C'est un choc voulu et calculé. C'est sans doute là que je deviens vraiment un criminel. Je tiens une ardoise avec mon nom tandis qu'un fonctionnaire me photographie de face et de profil. Il prend ensuite mes empreintes. C'est humiliant, déshonorant, dégradant, fragilisant. Et l'interrogatoire reprend. Les enquêteurs redoublent de questions et d'éléments destinés à me faire craquer. Et je ne conviens toujours pas avoir transmis l'ordre de tuer Mahé. Même pas en intention. Je m'accroche à une défense qui réfute ce qu'on me présente. C'est aussi ce que l'on m'a appris à Saint-Cyr, comme on l'apprend à tout militaire : fait prisonnier, n'avoue jamais ton identité, ton unité, sa position, sa mission... Mon ennemi du moment est devenu mon pays. Les enquêteurs en sont ses soldats. À la fin de ma scolarité d'élève officier, j'ai participé à un exercice avec les SAS[23] anglais au cours duquel, fait prisonnier, je ne devais rien révéler, tandis qu'ils me faisaient découvrir les *uncomfortable positions*[24]. J'ai tenu, comme je tiendrai ici. Il ne s'agit pas de mentir, mais de ne pas reconnaître la volonté de tuer de l'ordre « implicite » que j'ai selon les enquêteurs donné. J'en oublie par-là, je pense pour la toute première fois de ma vie, mes subordonnés. Seule ma survie compte. Elle était précédemment collective – dans le monde militaire. Elle est, à cet instant, devant les enquêteurs, individuelle et exclusive.

Le dernier acte de la garde à vue me confronte à l'adjudant-chef Raugel. Il intervient le troisième matin. La pièce est grande. Tous les enquêteurs de l'affaire sont présents. La tension est maximale, l'exaspération des enquêteurs à son paroxysme. C'est leur dernière cartouche pour me faire avouer. Les quarante-huit heures sont bientôt révolues. Raugel affirme qu'il a compris que l'ordre signifiait que Mahé soit tué. J'assure le contraire. Les fonctionnaires mettent violemment en cause mon honneur et ma dignité. Ils m'accusent de tous les maux, de piétiner mes subordonnés, de m'asseoir sur mes valeurs. Ils attaquent violemment ma moralité pour arriver à leur fin. La pression est infernale. Raugel ne comprend pas mon attitude. Il a raison : lui assume, et je ne me rends pas compte qu'en n'avouant pas ma part de responsabilité – et non pas ce que les enquêteurs me poussent à avouer – je n'assume pas. On en reste finalement là. Je fais corriger le dernier procès-verbal dont une formulation ambiguë laisse à penser que j'ai donné l'ordre, alors que je sais « n'avoir fait » que le transmettre.

---

[23] Special Air Service : les forces spéciales anglaises.

[24] Positions inconfortables, en fait des supplices qui ne laissent aucune trace.

Très vite après, quatre voitures de la brigade criminelle nous conduisent sous bonne escorte et sirène trois tons à travers Paris vers la caserne de Reuilly et les locaux de la juge d'instruction du Tribunal aux armées de Paris. Je retrouve mon avocat. Je le sens anxieux, à tout le moins je comprends qu'après ces quarante-huit heures, un moment décisif se profile. Il m'annonce qu'il sait qu'au moins deux et demi des trois magistrats qui doivent décider de mon sort[25] – remise en liberté ou détention provisoire – sont à ce moment favorables à la seconde solution. En regardant par la fenêtre de la pièce dans laquelle nous sommes quatre à attendre, accompagnés de nos conseils et gardés par des gendarmes, je vois dans la cour quatre fourgons cellulaires qui ont été commandés et nous attendent paisiblement. L'horizon est bouché. Le ciel gris est très, très bas. Les gendarmes m'autorisent à téléphoner à Florence. Je lui dis de rentrer de toute urgence à Chambéry pour s'occuper des garçons sans m'attendre – que ça ne sent pas bon du tout. Je perçois qu'elle ne me croit pas. Je passe en revue toutes les solutions, toutes pires les unes que les autres. Pendant ce temps, maître Gublin s'absente régulièrement. Il me dira plus tard s'être entretenu avec les magistrats qu'il pouvait aborder pour leur présenter ses arguments et tenter d'infléchir leur position. Il revient me voir aussi régulièrement sans que je note d'amélioration. Les heures passent. L'attente et l'angoisse m'anesthésient. Je ne vois même pas l'adjudant-chef Raugel et le brigadier-chef Schnier partir et deux fourgons démarrer vers la prison.

Je finis par être appelé par la juge d'instruction. Elle me signifie ma mise en examen et annonce être favorable à mon incarcération, qui reste de la responsabilité du juge des libertés et de la détention. Celui-ci va me recevoir. Avant de rentrer dans son bureau, maître Gublin me prévient qu'il vient de décider de la détention préventive pour ceux qui m'ont précédé. La tension monte encore d'un cran. Le niveau d'enjeu me déborde. En même temps, mon avocat m'en fait rapidement le portrait. Je retiens que le juge est trouillard et qu'il a exercé son métier de magistrat en Côte d'Ivoire à l'époque du président Houphouët Boigny. Deux arguments sur lesquels mon avocat va jouer son va-tout. La discussion s'engage entre le juge et maître Gublin. Elle est surréaliste. Les conditions d'une détention provisoire sont au nombre de six. L'éventualité de trouble à l'ordre public en est une. Il ne sera question d'aucune d'entre elles. J'entends mon avocat parler de journalistes convoqués pour que le juge leur annonce lui-même la première mise en détention provisoire d'un colonel depuis la guerre d'Algérie. Puis vient un balayage de la situation politique en Côte d'Ivoire, et du cadeau que le juge

[25] La juge d'instruction, le procureur et le juge des libertés et de la détention (JLD).

ferait à Laurent Gbagbo en m'incarcérant. L'avis est unanime pour considérer Laurent Gbagbo comme un indigne successeur du grand Houphouët Boigny. L'échange est vif et passionné. Il dure près d'une heure. Maître Gublin y met toute son intelligence et tout son engagement. Là encore mais à front renversé, tous les ressorts psychologiques sont utilisés. La joute finit par s'arrêter.

Le juge entame ce qui devrait être une synthèse en reprenant tous les arguments échangés. Le monologue est très long : « *attendu que ..., considérant que ... et que ..., et que ... Prenant en compte que ...* ». Au bout de trente très longues minutes, il est toujours question d'arguties débitées dans un jargon juridique. Et puis : *« je décide que le colonel Burgaud sera placé sous contrôle judiciaire.* » J'ai l'impression de revenir de la lune. Je suis comme un marin qui sort d'une énorme tempête où sa vie n'était qu'une possibilité et qui retrouve l'abri d'un port. Maître Gublin a construit cette décision et ce succès. Il m'assure que c'est important pour la suite. Il me ramène chez mes beaux-parents. J'appelle Florence depuis sa voiture. Elle me dit n'avoir jamais cru à une incarcération préventive. Je sais quant à moi que ce n'est vraiment pas passé loin.

Après un dîner familial – mes parents nous ont rejoints – et une nuit de récupération, nous rentrons retrouver nos enfants à Chambéry. Je viens de passer un très mauvais moment, mais on va pouvoir fêter Noël ensemble. Je prends aussi conscience de l'apparente gravité que cette affaire revêt aux yeux du pouvoir politique et de la justice. Les deux n'ont pas hésité à emprisonner deux soldats. Le fait que ceux qui ont spontanément reconnu les faits soient incarcérés me conforte dans mon attitude qui suit les conseils des parlementaires. Le président de la République parle même de l'affaire Mahé dans ses vœux. Il m'amène à penser à mes deux subordonnés qui l'entendent depuis une prison. Même enfermé dans ma logique de survie, cette pensée fait plus que me déranger.

L'instruction va durer cinq ans. Elle se traduit d'abord pour moi par une mise en circuit fermé de mon cerveau. Il boucle. Le comment et le pourquoi l'assaillent. L'affaire ne me lâche pas d'une semelle, s'invite à chaque instant. De ma mémoire, je tente d'extraire et d'ordonner la moindre seconde des deux heures cruciales du 13 mai 2005. Combien de coups de téléphone ? Pour dire quoi ? À qui ? Dans quel ordre ? Avec quels mots ? Et avant, j'avais dit quoi ? Qui était présent ? C'est infernal. Je me réveille la nuit. Mon cerveau ne se met pas en veille. Ni sur pause. J'ai le sommeil haché. Dans la journée, je n'entends que d'une oreille. L'autre écoute ce lancinant leitmotiv intérieur qui répète sans relâche des questions sans réponses, que je fabrique lorsqu'elles n'ont pas de vrai point d'appui, pour les soumettre au doute et tout reprendre à zéro. Je n'ai pas de porte de sortie, peu de certitudes, je construis des vérités qui ne durent qu'un temps et tombent comme des châteaux de sable.

Le pourquoi est au moins aussi récurrent. Comme un enfant qui ne cesse de harceler ses parents avec cette interrogation : « et pourquoi ? et pourquoi ? », mon cerveau impulse cette question en continu. Pourquoi avoir dit ça ? Pourquoi n'avoir pas fait ça ? Pourquoi des digues ont cédé ? Pourquoi moi ? Les réponses ne viennent pas, ou elles sont des excuses ou du déni. Je me retranche derrière des paravents. Je me soumets à la question, comme au Moyen Âge. C'est une torture de l'esprit. Elle va durer plusieurs années, en s'amenuisant ou en m'y habituant.

Factuellement, l'instruction prend la forme d'une succession de rendez-vous, outre ma mise sur écoute. Chez un expert psychiatre, chez un expert psychologue et chez les deux juges d'instruction successivement chargées du dossier. La première est à couteaux tirés avec la ministre de la Défense. Possiblement à cause de l'enquête sur le bombardement de Bouaké, que la ministre s'ingénie curieusement[26] à ralentir sans jamais en avoir assumé la responsabilité. Cette rivalité nous vaut un échange mémorable lors d'un interrogatoire dans son bureau. Je suis avec mon avocat. Le téléphone de la juge sonne. Nous n'entendons rien d'une discussion visiblement polie, mais ferme. En raccrochant, elle nous dit venir d'entendre du cabinet même de la ministre qu'elle devait y aller doucement avec l'enquête sur Bouaké. La repartie de maître Gublin est immédiate : « Je pense que vous avez fait le parallèle avec 'roulez doucement' et compris la même chose que dans le dossier qui nous intéresse : qu'il fallait enterrer l'affaire. » Un sourire gêné ponctue ce bon mot. Je perçois à ce moment l'usage différencié que le pouvoir peut faire de la justice. « Selon que vous serez puissant ou misérable, les jugements de cour vous rendront blanc ou noir[27]. » Je vois du même coup que la justice peut n'être pas si indépendante qu'elle le voudrait. La justice juste relèverait-elle de la même chimère que de penser la paix comme un état naturel et stable ?

Du fait de ces relations houleuses, la juge s'oppose à ce qu'un conseil de discipline militaire décide d'une sanction militaire à mon encontre. Il ne peut y avoir pour elle deux justices, et surtout pas une justice du ministère de la Défense qui se superpose voire s'oppose à la justice commune. Cela me vaut

---

[26] Retracée en partie 11.

[27] Jean de La Fontaine.

d'être reçu par deux fois chez le chef d'état-major de l'armée de terre qui me reproche d'avoir provoqué cette position de la juge, rendue publique par un article de presse. Florence m'accompagne. Les deux fois, il me semble avoir rendez-vous avec Ponce Pilate.

Je reçois chaque convocation chez la juge d'instruction par le biais d'un recommandé qu'il m'est systématiquement douloureux d'aller chercher à la poste. L'affaire occupe toute ma tête à m'en rendre fou. Chaque interrogatoire est comme une étincelle sur un gaz compressé. L'explosion n'est jamais loin. Au début, je suis convoqué tous les mois avant que ces rendez-vous ne s'espacent à tous les trois ou quatre mois, puis plus encore. Mon avocat m'accompagne. Il équilibre la vision très à charge des magistrates. Régulièrement, je me rends à son cabinet pour faire le point des actes d'enquête qui se déroulent en parallèle. Ces rendez-vous ressemblent à l'arrêt dans une oasis pour qui s'est trouvé contraint de traverser un désert. Ils sont chaleureux, sans parvenir néanmoins à totalement me rassurer. Moi qui vis dans l'instant de toutes ces procédures, je ne perçois pas que maître Gublin poursuit des objectifs autrement plus éloignés. Il est dans la stratégie, je ne suis même pas dans la tactique, sûrement plus dans un opératif de bas niveau. D'autres investigations sont menées en parallèle en Côte d'Ivoire. Des actes juridiques, concernant entre autres l'identification des parties civiles, complètent l'enquête. L'instruction se termine par une reconstitution à Provins, sur un terrain militaire, de ce qui s'est passé dans le véhicule transportant Mahé.

Tous ces rendez-vous n'apportent rien de plus. La question centrale reste ouverte : ai-je donné ou transmis l'ordre implicite de tuer Mahé ? Je maintiens que non. Dire de rouler doucement n'est pas dire de tuer. Je n'envisageais pas plus que je n'imaginais d'acte positif, tout au plus de faciliter le fait que Mahé puisse mourir de ses blessures. Je n'entends pas que l'adjudant-chef Raugel ait pu comprendre autre chose et que l'ordre donné ait pu être le détonateur de son acte. Il affirme le contraire. Je n'assume toujours pas. Je subis le rouleau compresseur de l'instruction.

L'attitude du général Poncet a probablement compté dans la mienne. Dès le début, il refuse son implication. Les médias relaient qu'il n'a donné aucun ordre concernant Mahé. Il s'exclut de la chaîne des ordres. Mon rôle dans cette chaîne ne prête pas à confusion. J'ai bien transmis un ordre. Sa nature ou plus exactement l'intention qu'il porte fait débat et l'objet de désaccords. En s'exonérant, le général Poncet me fait endosser la responsabilité de la mort provoquée de Mahé.

À y réfléchir maintenant depuis ma chaise d'accusé, ma défense n'est pas tellement plus respectueuse vis-à-vis de mes subordonnés que la sienne vis-à-vis de moi. Une telle judiciarisation a de terrible qu'elle peut contribuer à déconstruire le collectif sur lequel l'armée s'appuie. En distinguant les responsabilités individuelles, elle ouvre la porte à ce que chacun s'affirme contre les autres, à tout le moins indépendamment des autres. C'est un peu mon cas. Mon intérêt personnel, d'abord de ne pas aller en prison, ensuite de ne pas me démentir, l'emporte sur toute autre considération. La justice m'a entraîné dans ce reniement, que j'ai néanmoins choisi. J'en ai actuellement une perception plus vivace. Ce qui m'a toujours dérangé était de savoir que deux de mes subordonnés étaient en prison préventive, quelques semaines pour l'un, plusieurs mois pour l'adjudant-chef Raugel. Pour cette raison au moins, ma conscience n'est pas en paix.

Pendant cette période, le commandant de Saint Marc me fait signe en me demandant via une relation commune de l'appeler. Ce que je fais. Le lendemain, je suis chez lui. Il m'invitera une dizaine de fois à partager un repas, un après-midi, sa grandeur d'âme et son incroyable histoire personnelle. Servir autant qu'être fidèle étaient sa boussole. Servir qui et être fidèle à quoi sera l'un de nos grands sujets d'échanges. Être loyal à qui et à quoi ? À un pouvoir qui peut être illégitime ? Les officiers gaullistes ont d'abord été des déserteurs passibles voire condamnés à la peine de mort. Puis ils ont été les gagnants, en position de reléguer les fidèles au pouvoir (légitime) de Vichy au rang de collaborateurs et de traitres. À son pays servi par des politiques parfois plus enclins à faire passer leur intérêt personnel avant celui de leur pays ? Qui n'en a pas connu ? Son pays se confond-il avec ses ministres, avec les hommes et femmes politiques qui sont à sa tête ? À son engagement, à ses rêves d'adolescent comme le croit Hélie de Saint Marc ? Qu'est-ce qui, *in fine* relève du sacré pour le militaire ? La mission, certainement, mais aussi et surtout son engagement personnel au profit de valeurs. La première implique le subordonné qui se la voit confiée. Le second engage autant le supérieur qui en est dépositaire : s'engager, c'est étymologiquement mettre en gage. Cela impose une symétrie forte. Les chefs politiques et militaires sont dépositaires d'un gage exorbitant : la vie, la fougue, le désintéressement, l'implication de ceux qui se soumettent à leurs ordres et aux missions confiées jusqu'à accepter le sacrifice de leur propre vie, elle-même sacrée. Les bafouer par facilité, intérêt, manigance, tromperie, trahison, constitue un crime – malheureusement sans justice.

Définitivement, j'étais d'accord avec Hélie de Saint Marc : tous les deux, nous avions porté les armes pour des valeurs auxquelles notre pays souscrivait et auxquelles nous croyions plus que tout. Nos combats priorisaient ces valeurs au droit. Et le pouvoir politique ne peut pas se jouer de notre engagement à des fins cachées ou médiocrement intéressées. Il ne peut pas nous confier des missions sans nous en donner les moyens. J'avais modérément apprécié la lecture du Prince de Machiavel. Je m'en écarte d'autant plus avec ce qui m'arrive.

Professionnellement, je suis d'abord comme un préfet sans préfecture. Désœuvré, en perdition. Le gouverneur militaire de Lyon m'arrache à mon isolement après trois mois d'inactivité en me confiant une mission. Il a été mon chef auparavant. Il me prouve doublement son attention : par ce geste d'abord, et surtout en s'opposant personnellement à la ministre de la Défense qui ne veut pas m'attribuer l'aide juridictionnelle que l'État doit à ses serviteurs mis en cause dans leur profession. Avec un autre officier général, en s'impliquant face à la ministre, il finit par l'obtenir pour moi. La suspension de mon commandement devient relève de fait de ce commandement. Je suis muté à Paris où je termine ma carrière militaire. Sans responsabilités et dans ces conditions d'une complète rupture de confiance avec le pouvoir politique, et de plus en plus avec les hautes autorités militaires, ce métier n'a plus de sens pour moi. Je le quitte avec regret et désillusion pour me reconvertir dans le civil. Je deviens directeur industriel d'un chantier naval à La Rochelle, puis cadre au sein d'un grand groupe de services à l'environnement. J'entraîne ma famille dans cette glissade. Florence reste ma femme, ce qui n'est pas si fréquent dans ce type de turbulences. C'est elle qui me ramène peu à peu à une vie la plus proche possible de la normalité. De mon côté le temps atténue le grand chambardement qui occupait ma tête et mes pensées. Jusqu'au procès qui réactive tout ce trouble.

La pause déjeuner se termine. Le film s'est rembobiné. L'audience reprend avec l'intervention de témoins que mon avocat a demandé à faire citer. Leur déposition sur le cadre de la mission et sur la situation dégradée de la Côte d'Ivoire au moment des faits doit éclairer la cour.

Témoignage du général Barrera

« Général Barrera, si vous voulez bien vous avancer vers la barre ». Mon camarade de promotion, avec qui j'ai préparé l'École de guerre, m'a succédé à Man dans l'ouest de la Côte d'Ivoire. Il a été confronté au même environnement et sa mission était identique à la mienne. Sa déposition va poser le cadre avant que je sois interrogé demain. Il s'avance, décline son identité et prête serment de dire la vérité et de parler sans haine et sans crainte, comme tous les autres témoins.

Au moment où il s'avance, deux hommes en costume civil, pourtant visiblement militaires, officiers sans aucun doute, s'assoient de manière discrète au dernier rang des bancs réservés au public. Le général Barrera m'en dira plus quelques années plus tard. Avant de témoigner, il est allé en avertir le cabinet du chef d'état-major des armées, pour entendre aussi les éventuelles limites ou consignes. L'un des deux officiers qui viennent de s'asseoir l'a reçu. Ce colonel lui a précisé que si sa parole était libre, tout faux pas serait très préjudiciable à sa carrière. Il est ainsi venu écouter et guetter le faux pas.

La mission que nous avions à remplir, le colonel Burgaud comme moi, était fatigante, éprouvante et intense. C'était une mission de présence et de dissuasion. Empêcher que les affrontements reprennent et protéger les populations des exactions était notre raison d'être. La zone d'effort de mon groupement était l'axe nord-sud qui allait d'Odienné à Duékoué en passant par Man et Bangolo. Bangolo était le point central et le point le plus exposé en pleine zone de confiance. En fait de confiance, cette zone de trois cent cinquante kilomètres sur trente dont nous devions garantir l'imperméabilité était une zone de non-droit. La criminalité y était permanente. Le clivage ethnique aggravait l'insécurité. La population, francophone, y était très attachante. Les gens vivaient dans un état de peur permanente. Mes hommes ont récupéré des enfants apeurés qui passaient leurs nuits au pied des arbres pour ne pas être surpris dans leur case. La force Licorne était leur seule sécurité. On était leur assurance vie. C'était la guerre. Le colonel Burgaud a vécu une attaque de milices loyalistes sur Bangolo. Elle a fait entre cinquante et cent morts. J'en ai connu d'autres. C'était la guerre.

Pour ma part, je faisais la distinction entre les missions d'interposition et les actions de police. Nos comportements n'étaient pas les mêmes. Les actions de police ne sont pas celles des armées. Mais là, nous devions nous substituer à la police de l'ONU qui ne remplissait pas sa fonction. Nous avons attrapé des bandits. Nous les avons remis à l'ONU comme c'était prévu. Ils ont tous été relâchés.

Je n'ai pas vécu de situations aussi graves que celles qu'ont connues le colonel Burgaud et son groupement. Mais je sais que quand un militaire reçoit des ordres, il les applique. Dans l'armée, l'ordre et la mission sont sacrés. C'est la base de l'éducation du soldat. La conscience passe au second plan. L'intelligence de situation est un autre des fondamentaux du soldat. Elle ne s'apprend pas. Elle intervient dans les situations compliquées. Un dernier principe qui s'applique à ce registre de missions de maintien ou de rétablissement de la paix est de maintenir au plus bas le niveau de violence.

Question du président Leurent : *Est-ce que le colonel Burgaud vous a parlé de Mahé* ?

R : *Non, mais nous ne nous sommes pas croisés. Entre nos deux mandats, il y en a eu un autre.*

Q : *Comment avez-vous vécu l'affaire Mahé en Côte d'Ivoire, puisque vous y étiez à ce moment-là* ?

R : *On a dû gérer beaucoup de journalistes. Il n'y a eu aucune hostilité des Ivoiriens et la force Licorne n'a pas été décrédibilisée. Au contraire. Localement, autour de Bangolo, la population nous témoignait ses remerciements. Une pétition a même été ouverte au profit des soldats français accusés, pour la transmettre à la justice.*

Question de maître Gublin : *Vous venez de dire que la population vous avait remis une pétition en faveur des accusés, pour qu'elle soit portée au dossier. Elle n'est pas au dossier. Je ne doute pas que vous l'ayez transmise, mais à qui ?*

R : *Oui, cette pétition a été faite de façon spontanée par la population qui me l'a confiée. Je l'ai remise sur sa demande au commandant de la force Licorne, le général Irastorza*[28] *qui m'en a expressément demandé l'original. Son ton est même monté à ce sujet, sans que j'en comprenne la raison. Il avait appris son existence par des articles de journalistes venus jusqu'à Man suite à la médiatisation de l'affaire. Il m'a dit qu'il voulait la voir avant de la transmettre à la justice, ce qu'il n'aurait pas fait si j'en juge par votre question.*

En aparté, maître Gublin me fait part de son étonnement. Bien sûr, Le général Irastorza est de la même arme et comme le général Cuche un ami du général Poncet. Quel but a-t-il pu poursuivre ? En tout état de cause, il a bloqué la transmission de cette pétition à la justice. C'est un fait.

Question de maître Balan : *Mon général, pouvez-vous revenir sur l'importance de la mission pour les armées et les militaires* ?

R : *Je vous l'ai dit, la mission est sacrée. Le jour où elle ne le sera plus, tous les soldats partiront en courant. Ils n'accepteront plus le danger et le risque – mortel – qui peut en découler.*

Q : *Que se passe-t-il dans le cas d'un ordre qui n'est pas légitime ?*

R : *La loi dit qu'un fonctionnaire ne doit pas exécuter un ordre manifestement illégal. Non pas illégal, mais manifestement illégal. L'appréciation de cette illégalité manifeste n'est pas simple dans les armées et sur des théâtres d'opérations. Elle peut s'opposer au principe au moins*

[28] Successeur du général Poncet à la tête de la force Licorne, et aussi l'un de mes anciens supérieurs lorsque j'étais affecté dans un état-major parisien.

aussi fort d'obéissance hiérarchique. Elle demande du discernement. Mais ce principe de ne pas accomplir des actes qui sont contraires aux lois, aux coutumes de la guerre et aux conventions internationales est écrit dans la loi et rappelé dans le code de la défense.

Témoignage du commandant Jennequin - LEGAD

Merci mon général. Je demande qu'on entende maintenant le commandant Jennequin, qui était le conseiller juridique – les militaires disent le Legal adviser *ou LEGAD – du général Poncet au moment des faits.*

Jurez-vous de dire la vérité, toute la vérité, de parler sans haine et sans crainte ? Levez la main droite et dites "je le jure".

Je le jure.

Je suis le commandant Jennequin. Au moment des faits, j'étais le conseiller juridique de la force Licorne. J'étais à Abidjan sous l'autorité directe du général Poncet. Mon rôle consistait à lui apporter les éléments de droit afin d'assurer la légalité des missions que le PC d'Abidjan donnait aux unités sur le terrain. J'étais amené aussi à intervenir au profit des groupements. Je me rappelle que le colonel Burgaud m'a sollicité. Je crois que c'était pour l'utilisation d'armes à létalité réduite qui étaient nouvelles dans les forces armées. Je dois reconnaître le décalage qui existait entre l'urgence du terrain et des opérationnels et le temps administratif qui était le mien – je devais souvent en référer à Paris. Mes réponses ne parvenaient que deux ou trois semaines après toute sollicitation, ce qui n'est clairement pas l'attente et le besoin des opérationnels sur le terrain.

Les coupeurs de route s'inscrivaient dans un vide juridique. La force Licorne ne pouvait même pas intervenir en flagrant délit pour les arrêter. Les règles d'engagement prévoyaient tout de même qu'ils devaient ensuite être désarmés, qu'une fiche devait être remplie avant de faire intervenir la police de l'ONU (qui ne prenait pas son service en zone de confiance) qui devait les remettre aux autorités de leur ethnie. Aux forces loyalistes du Sud pour les ethnies du Sud. Aux forces rebelles pour les ethnies du Nord. C'était quasiment impossible de déterminer la bonne orientation sans les interroger – et nous n'avions pas cette compétence. En fait, quand bien même ils étaient dûment transférés, très majoritairement pour ne pas dire exclusivement au sud, ils étaient immédiatement libérés. Le peu d'autorité juridique était partie prenante de la politique du pouvoir, à savoir de fragiliser la zone de confiance. La force Licorne pas plus que l'ONUCI n'avait de compétence judiciaire. Il n'y avait donc aucune réponse satisfaisante pour faire face et pour faire cesser cette menace qui faisait peser un immense danger sur la population. Et pourtant, c'était la mission.

Je terminerai en disant que, sur le terrain, pour les soldats, l'accord entre la mission reçue et le droit était régulièrement très compliqué.

Question du président Leurent : *Il y avait bien pourtant une structure de justice en Côte d'Ivoire. L'enquête sur la mort de Mahé s'est bien déroulée en s'appuyant sur cette structure.*

R : *Elle a pris combien de temps monsieur le président – plusieurs années n'est-ce pas. Est-ce là le temps qu'ont les soldats sur le terrain ? Non bien sûr. Et il y avait en plus des intérêts politiques. Je vous redis que nous ne pouvions pas, en droit, détenir les personnes que nous n'avions pas non plus compétence à arrêter pour des motifs de sécurité. Nous ne pouvions pas plus les interroger. Au sens propre du terme, la zone de confiance était une zone de non-droit.*

Cette réponse un peu abrupte mais néanmoins courageuse a sans doute vacciné quiconque de poser une nouvelle question. Les jurés ne s'y aventurent pas. Lorsque la parole est donnée aux avocats de la défense, maître Gublin s'y essaye.

Q : *Mon commandant, pouvez-vous nous dire qu'elles étaient les conditions d'ouverture du feu ?*

R : *Les règles d'engagement stipulaient d'abord que l'usage des armes devait rester le dernier recours. C'est ainsi que face à tout contrevenant aux accords de Marcoussis, par ailleurs non respectés par le clan loyaliste, la force Licorne devait d'abord procéder aux sommations : "arrêt des personnes par le recours à des pourparlers", puis "sommations verbales au moins deux fois" éventuellement accompagnées "d'avertissement visuel tel qu'un appel de phares". Venait ensuite, "si nécessaire, les tirs de semonce (en l'air). Avant que ne soient renouvelées les sommations verbales". Alors, l'ouverture du feu pouvait être possible : "demande d'autorisation de tir au PC d'Abidjan, puis tir de semonce, tir de neutralisation sur ordre (dans les jambes) et enfin tir de destruction sur ordre".*

Q : *Pensez-vous que cet enchaînement de... dix actions si je compte bien revêt un quelconque réalisme ?*

R : *Votre question porte sa réponse, maître.*

Témoignage du général Grintchenko

Le commandant Jennequin quitte la barre. Il est remplacé par le général Grintchenko appelé par le président. Comme le général Barrera, il est l'un de mes camarades de promotion. Il était en Côte d'Ivoire en même temps que moi. Il commandait l'ensemble des hélicoptères du théâtre.

Je suis arrivé en Côte d'Ivoire en décembre 2004, un mois après les événements d'Abidjan. J'entendais encore dans la ville le slogan "à chacun son Français". Novembre 2004 a été terrible. Un tournant. Je vous rappelle que les Français étaient venus en Côte d'Ivoire en amis. Pour éviter un nouveau Rwanda ou un nouveau Liberia. Et nous étions devenus des ennemis. À mon arrivée, le général Poncet disait : "nous avons gagné le premier round, nous allons affronter le deuxième round". Il avait raison. Le terrain de jeu s'est décalé vers la zone de confiance et vers l'ouest. Dans la zone du groupement du colonel Burgaud qui avait fait cette même analyse et la vivait au quotidien.

Durant mon mandat, c'est pour sa zone que j'ai eu le plus peur. Je craignais que Bangolo connaisse une tragédie. La zone de confiance était une zone de contact et une poudrière. Les deux belligérants recherchaient ce contact, direct ou indirect. Plusieurs fois, un quota d'heures d'hélicoptères a été accordé au colonel Burgaud, ce qui n'était absolument pas l'usage : c'est le général qui autorisait normalement l'utilisation heure par heure des hélicoptères qui relevaient ensuite de ma responsabilité opérationnelle. L'économie de moyens dictait sa loi. Les hélicoptères étaient rares et employés avec mesure. La gravité de la situation a imposé de déroger à ces règles.

Face à cette situation, qui plus est sans la confiance des autorités civiles, les soldats sont peu de chose. Ils ne sont pas des soldats de plomb, dénués d'émotions et de sentiments. Ils sont des soldats de chair.

J'écoutais ces témoignages sans entendre vraiment le message unanime qu'ils transmettaient. Nous étions dans une incapacité structurelle à pouvoir remplir notre mission. L'encadrement du droit s'y opposait. Quelqu'un au-dessus de nous n'avait pas fait le travail d'alignement et de mise en cohérence. Je crois que je ne m'en étais pas vraiment rendu compte sept ans plus tôt. M'étais-je seulement posé la question ? J'avais reçu une mission. Je la remplissais. Plusieurs fois, j'ai demandé des moyens supplémentaires. Par moyens, j'entends aussi bien des renforts en hommes que des modifications du cadre qui nous contraignait. Parfois, on me les a accordés. Plus souvent on me les a refusés. Ça ne m'empêchait pas de faire avec ce dont je disposais qui, à l'entendre avec du recul, était notoirement insuffisant. À qui la faute ?

L'engagement collectif du groupement que je commandais palliait les défauts originels qui sont aujourd'hui décrits : absence de cadre et de compétences policières et juridiques, manque de moyens, menace hybride des coupeurs de route... Le dernier témoin de la journée confirme cette description. Il est appelé par le président après une courte interruption de séance.

Témoignage du colonel Wecker

Je m'appelle Bernard Wecker, je suis colonel, j'ai 48 ans. J'étais en Côte d'Ivoire à Abidjan en même temps que le colonel Burgaud, en 2005. J'étais chef des opérations pour l'ONU. Pour vous expliquer, je dirigeais l'engagement des troupes de l'ONU sur toute la Côte d'Ivoire.

La zone de confiance faisait l'objet d'une concentration de criminels plus importante que dans les régions adjacentes. Mais, dans l'état des moyens dont on disposait, il était impossible de régler le problème à court terme. Le traitement de ces présumés coupables ne faisait pas l'objet d'une procédure établie. Ce n'est qu'en 2006 que le département juridique de l'ONUCI a commencé à développer des contacts avec les tribunaux ; des premières cellules d'incarcération provisoires ont été mises en place. Mais, en 2005, il y a eu beaucoup de loupés !

Comme les troupes de l'ONU, la force Licorne n'avait pas les moyens de sa mission. Le mot qui me vient est celui d'impéritie. Face à un Firmin Mahé qui est un véritable ennemi public, s'élève un vide procédural complet. La capacité juridique est à Abidjan. La justice ivoirienne est inexistante ou partiale. La zone de confiance est devenue la zone de repli ou d'action de tous les bandits. Décider et élaborer des modes d'action pour faire face à cette situation relève du commandant de théâtre – du général Poncet. Il ne l'a clairement pas fait.

Il était impossible de régler cette situation des coupeurs de route. Ce qui est arrivé en est une conséquence directe. Face aux auteurs d'exactions, les conseillers du représentant spécial de l'ONU tenaient des propos très clairs en privé, mais beaucoup moins dans les réunions de prise de décision. Les mots du privé se sont dissouts lorsqu'il s'est présenté de les prononcer publiquement. Et les mots sans les actes ne sont rien. RIEN n'a été fait alors que la réalité du terrain l'imposait.

La journée d'audience se termine sur ces paroles. Il est tard. Le général Cuche et les quatre témoins de l'après-midi ont dépeint, sans se concerter, la même réalité. La mission était sinon impossible, au moins très difficile à remplir. Nous n'avions ni le cadre réglementaire, ni les moyens de faire face à la menace des coupeurs de route. Maître Gublin me dit que c'est là un argument essentiel pour nos quatre défenses. Le matin lui semble moins favorable pour moi. Je n'apparais pas comme un colonel. Sans oser vraiment me l'avouer, j'ai le même sentiment plus diffus, à moins qu'il soit plus honteux. En me défendant, en cherchant à limiter ma responsabilité, je n'assume ni le grade que j'avais, ni ma fonction de chef de corps. J'en viens à me demander si, aussi déplaisant que ce soit, le commandant V n'aurait pas raison en mettant en cause ma dignité.

J'ai eu la belle surprise, en début d'après-midi, de voir arriver une cousine, avocate dans un très grand cabinet parisien. Elle s'est assise à mes côtés, attentive aux interventions des témoins, très observatrice des jurés. Ses premières impressions tiennent en une phrase : « les jurés sont très jeunes ; ils ne connaissent pas la vie, encore moins la guerre ; ils sont à toi. » Voulait-elle dire que pour qu'ils soient à moi, je devais être moi, redevenir le colonel que je n'étais plus ? C'est ce que j'ai compris. Elle précise : « ce que j'ai entendu cet après-midi me sidère : votre cadre d'engagement vous demandait d'observer et rendre compte alors que les pires horreurs se déroulaient devant vos yeux. C'est inique. C'est vous dénier toute dimension humaine, humaniste, émotive. Vos ordres relevaient même de "non-assistance à personne en danger". Vous aviez des menottes. Si j'ai compris ça, les jurés aussi. » Elle ne réglait pas l'équation avec moi-même, mais elle levait, elle aussi, des freins que j'avais actionnés il y a sept ans.

Florence, qui entend cet échange, est d'accord. Comme les jurés, elle ne connaît pas bien le milieu militaire. Comme eux, elle ne sait rien des opérations extérieures. Elle a vite compris notre incapacité d'agir. Et par là, notre culpabilité d'avoir mal agi dans le cadre d'une mission mal ficelée. Bien sûr, nous avons mal fait. Bien sûr, étouffer un prisonnier blessé avec un sac en plastique n'est pas convenable. Je comprends des témoignages que nous ne pouvions pas agir, et d'autant moins 'bien agir. Est-ce vraiment à la justice de nous dire ce que nous aurions dû bien faire, ou moins mal faire ? N'est-ce pas plutôt à la chaine de commandement, militaire et politique de répondre à cette question en se remettant en question ? Quoi qu'il en soit, cette première journée pose entre autres le socle qui m'autorise à pouvoir me défendre d'une autre manière.

Nous quittons le tribunal. La nuit s'est ajoutée à la grisaille et au froid. Demain sera un jour de vérité : Raugel et moi serons interrogés sur les faits. Maître Gublin me recommande de bien dormir.

4°/ nuit blanche

Malgré les recommandations de mon avocat, en dépit de l'habitude d'un sommeil assez facile, ma nuit est un champ de bataille. Quelques certitudes s'imposent désormais. Je ne dois pas les combattre comme j'ai pu le faire, mais les accepter sans sourciller :

- Qu'importe l'ordre que j'ai reçu ; je l'ai accepté et par là, j'ai accepté d'être dans l'illégalité. Je me dois de l'assumer.
- Lorsque la justice est saisie, elle juge ; c'est sa raison d'être ; c'est le cas présent. Il serait factieux de condamner un processus juste. Tout au plus pouvons-nous, avec mon avocat, indiquer qu'en matière militaire, beaucoup de faits similaires sont tus, noyés dans le tumulte que tout le monde sait et accepte de la guerre. Celui-là a été dénoncé, sans doute par malveillance et intérêts.

Pour autant, ce procès soulève à parts égales quelques questions singulières que son verdict pourra prendre en compte :

- Quid du droit, et de quel droit, dans les conflits armés ? Le même droit pour tous – combattants et décideurs politiques des deux camps – ou le seul droit d'un camp, le plus souvent du vainqueur ?
- Qu'est donc cette arme du droit dans la guerre ? Une force ou une faiblesse, un gage de succès, une dignité ..... quand la guerre ne recherche que la victoire et que la fin prévaut généralement sur les moyens au nom d'un intérêt supérieur. Qui en est le garant ?
- Que penser de ce droit qui restreint l'emploi des armes, à la seule légitime défense dans notre cas ?

Est-ce dans un demi-sommeil ou dans un rêve que me reviennent des images et s'invitent ces certitudes et ces interrogations qui tourneront en boucle sans forcément trouver de réponse ? Est-ce ma conscience qui, dans un dernier élan, va finir par faire un croche-pied à ce fragile édifice élaboré par ma raison pour me protéger et me défendre ? Ma survie n'est plus en jeu. Le procès a ouvert une autre logique.

La mèche s'allume avec la vision bien réelle du village de Guitrozon le 1er juin 2005 au petit matin. J'ignore comment cette image qui synthétise mes questionnements est survenue. C'est un mystère du cerveau. Une bande armée a attaqué pendant la nuit ce petit village du Sud de la zone de confiance – zone relevant de la responsabilité directe de l'ONU. La plupart des habitants ont été brûlés vifs dans leurs cases mises à feu tandis qu'ils dormaient. Ceux – hommes, femmes et enfants – qui n'ont pas péri dans les flammes ont été abattus ou tués à coups de machette. Le village a été brûlé, systématiquement, scrupuleusement, cahute après cahute. Ce matin, dans les brumes évanescentes du lever du jour, sous l'éclairage d'un premier soleil encore frileux, le spectacle est aussi abject qu'à Oradour-sur-Glane. À la beauté du paysage répondent devant moi les cendres encore fumantes de cases et de corps, les cadavres désarticulés fauchés par une violence aveugle, inepte, insupportable. Une cinquantaine de formes humaines est figée dans la mort. L'humour local est morbide : il discrimine les morts entre ceux qui sont ordinairement morts et ceux qui sont « gravement morts ». Ceux-là en sont. Leurs corps torturés, fragmentés ou calcinés, parfois mangés par des chiens affamés ou des bêtes sauvages ne pourront poursuivre leur chemin de l'autre côté de la mort, comme le prévoient leurs croyances. Ils sont doublement morts, ici-bas et au-delà. Ils sont les morts les plus inutiles et insupportables de cette guerre.

Des blessés sortent encore de la brousse environnante et se traînent vers nous. Certains le sont par balle, d'autres fendus de coups de machette. Les enfants nous arrachent des larmes. Des larmes d'échec, de honte, de tristesse, d'impuissance. Leurs yeux en disent plus qu'un seul infime petit mot. Nous n'avons pas su les protéger.

Le drame s'est déroulé trop loin de l'emprise du PRIAC pour que nous ayons pu le voir, l'entendre et intervenir. Mais il s'est déroulé à moins de trois cents mètres d'un poste de l'ONU tenu par les Casques bleus. Leurs sentinelles disent n'avoir rien vu et rien entendu. Elles n'auraient pas vu les flammes plus hautes que les arbres ni entendu les coups de feu ou les hurlements de peur et de douleur. Elles ne sont pas intervenues. Il ne leur est rien arrivé. Comme il n'arrivera rien aux miliciens (du Sud) qui ont commis ce massacre. Rien non plus à ceux qui l'ont commandité. C'est la guerre, celle-là même qui dépasse le droit ou que celui-ci et la justice désertent, volontairement ou pas.

Qui a bien fait ? Les Casques bleus bangladeshis en n'intervenant pas, ou nous en mettant hors d'état de nuire Firmin Mahé ? Et bien par rapport à quoi ? Une question subsidiaire pourrait être : qui a le plus mal fait ?

Les uns n'ont pas correctement rempli leur mission qui était d'interdire ce type d'événement. Si ce n'est plus tard maître Jacques Vergès, personne n'a osé les accuser de non-assistance à personnes en danger. C'eut été obscène, décalé, cynique. Qui aurait pu les accuser d'ailleurs ? Cette zone sous le contrôle exclusif de l'ONU est en réalité abandonnée par le droit et par la justice. J'entends dans ce brouhaha ma cousine avocate dire hier que ce droit réduisait notre mission à « surveiller et rendre compte ». Il faisait de nous des observateurs. L'expression est entrée dans le langage courant : « les observateurs de l'ONU ». Des journalistes qui ne publient pas, des témoins qui ne parlent pas. Éventuellement, un *strong protest* émis par l'ONU aurait pu ponctuer cet incident malheureux et traduire verbalement l'indignation de la communauté internationale. Je n'ai pas le souvenir de l'avoir entendu.

Le droit est-il donc en réalité le seul et le bon référentiel ? Si je suis ici dans ce tribunal, c'est bien que j'en ai douté. S'y conformer au sens strict, s'abriter derrière lui et préférer ne rien faire comme ces soldats des Nations Unies n'est-il pas humainement choquant ? « Observer et rendre compte » est-il satisfaisant ou décent ou honorable ou juste ? L'abstention ne fait courir qu'un risque infime devant la justice. Mais elle est aussi un renoncement. Elle m'est un déni de responsabilité, de cette responsabilité que nous portions de défendre les gens. Une bonne partie des syndromes post-traumatiques relève de cette logique : des soldats qui se sentent coupables de n'avoir pu rien faire pour sauver des vies. Un de mes amis avait Radko Mladic dans le viseur d'un de ses tireurs d'élite. On lui a refusé de tirer au nom du droit. Le 'boucher des Balkans' a ensuite été le responsable du massacre de Srebrenica[29]. Il en souffre.

Pouvions-nous seulement nous indigner ? Stéphane Hessel[30] le suggère dans son opuscule face à des situations intolérables. Les politiques et les diplomates savent très bien le faire. Cette seule attitude constitue pour moi une pantalonnade et une indignité. Qu'est donc cette bien-pensance qui laisse faire, observe, dénonce et n'agit pas ? Oui, j'ai franchi ces barrières de la simple indignation et du droit pour faire jouer ma responsabilité d'homme et de soldat – à moi de l'assumer désormais. Les critiques unanimes ont célébré ce texte devenu un succès de librairie et salué comme « le ferment d'un esprit de résistance ». « Indignez-vous » m'apparaît bien court à mes yeux d'homme d'action confronté à des situations inacceptables. Où est le courage – l'une des quatre vertus cardinales – de s'indigner ? « Engagez-vous » m'eut paru plus conforme à ce que je pense et à ce que j'ai vécu. C'est d'ailleurs sur ce slogan que les armées recrutent. Je suis au moins d'accord avec un point du livre de Stéphane Hessel : c'est en conscience qu'on détermine l'acceptable de l'inacceptable. La suite qui lui est donnée nous sépare radicalement, quand bien même je respecte profondément le résistant déporté qu'il a été. L'inacceptable m'obligeait plus que de

---

29 Le plus grand massacre depuis la fin de la seconde guerre mondiale : environ 8 000 morts

30 Stéphane Hessel, *Indignez-vous*.

simplement m'indigner. Comptabiliser les morts de Mahé, plusieurs par jour, me paraissait très lâche. Sans aucun doute sommes-nous allés trop loin, au regard du droit commun en tout cas. Sûrement nous avons mal fait – j'ai mal fait. Peut-être qu'il ressortira de ce procès que « surveiller et rendre compte », ou s'indigner étaient les solutions les plus conformes au droit. Mais je n'aurai pas été en repos, jamais, avec ma conscience, de simplement observer ou m'indigner.

Comme nous en avons parlé avec Hélie de Saint Marc, le choix entre le bien et le mal est un luxe. Le soldat a plus souvent le choix entre le mal et le pire. Ne rien faire, s'abstenir, être conforme au droit était pour moi le pire. Le respect du droit conduisait à comptabiliser des morts innocentes et injustes. Le pire. Ne pas le respecter, comme je l'ai fait, s'est traduit par un mort, bien sûr inconvenant, mais probablement plus « utile », éventuellement plus en accord avec la morale. Dans ma tête, dans ce coma nocturne, la morale commençait à chasser le droit pour m'ouvrir le chemin d'une défense parfaitement sincère. Ce droit qui accepte et valide des morts innocents « collatéraux », ceux de Guitrozon comme d'autres, et sanctionne un mort « salutaire ». Ce droit qui épingle la mort de Mahé et glisse sur Bouaké. Ce droit inopérant et ferment de lâcheté en l'espèce.

Le refus en conscience de l'inacceptable peut faire naitre une autre logique dans ce tribunal.

J'ouvre les yeux. Je suis en sueur et fatigué d'une nuit d'errances. Fatigué, mais rasséréné. Vais-je être entendu ?

5°/ troisième jour d'audience

Audition sur les faits de l'adjudant-chef Raugel

Pour comprendre quelle logique implacable a conduit l'adjudant-chef Guy Raugel à mettre un sac en plastique sur la tête du coupeur de route Firmin Mahé pour l'achever, ce 13 mai 2005, dans ce véhicule de la force Licorne en Côte d'Ivoire, il faut entrer dans le petit poste de Bangolo comme l'a fait, jeudi 29 novembre, la cour d'assises de Paris qui juge quatre anciens militaires pour ce meurtre. - Le Monde, Nathalie Guibert.

Ce jeudi 29, la cour d'assises auditionne les accusés sur les faits. L'adjudant-chef Raugel est le premier à s'avancer vers la barre à l'invitation du président. Son physique parle pour lui : un homme dense, d'allure droite et rigoureuse, dépourvu des faux-semblants qui habillent ceux qui tentent d'exister pour les autres. Il exprime l'intégrité. Même sans uniforme, il matérialise le soldat que l'on respecte. Son regard est clair et franc. Sans l'avoir encore entendu, il n'est pas difficile de pressentir que sa parole s'impose naturellement, directe, authentique. Les artifices de la communication ne sont pas pour lui. Une ombre d'amertume voile discrètement son visage. Elle rappelle le sentiment d'injustice qu'il partage avec les autres accusés. Lui l'a vécu plus douloureusement et encore plus injustement avec son placement en détention provisoire. Je sais son angoisse de pouvoir retourner en prison si le verdict en décide. Je sais aussi ma part de responsabilité à ce que cela advienne ou pas.

Avant d'en venir aux faits, le président Leurent, qui a compris le poids qu'avait l'environnement sécuritaire dans cette affaire, démarre son interrogatoire par une question sur la zone de confiance et sur ses réalités.

R : *La zone de confiance était en vrai une des plus dangereuses du pays. Elle était une zone de fractures ethniques. Les cultures, les intérêts, les dialectes et les pratiques religieuses s'y percutent. Le cacao fait la richesse de la zone. Il en constitue surtout un enjeu économique et un motif supplémentaire de conflit. Les miliciens jeunes patriotes du Sud, fidèles à Laurent Gbagbo, s'infiltrent en permanence pour venir harceler les gens du Nord qu'ils combattent. Des mercenaires libériens les assistent souvent. Ils sont connus pour poser à ceux qu'ils rencontrent une question saugrenue : "manches courtes ou manches longues ?" Vous leur répondez "manches courtes", ils vous coupent le bras au niveau du coude. "Manches longues", ils ne vous coupent que la main. À la machette. En riant aux éclats de cette bonne blague. Les coupeurs de route y ont élu domicile, favorisés par le pouvoir. Les autorités loyalistes les relâchent à chaque fois que nous leur remettons ceux qu'on arrête. La veille du 13 mai, tous les criminels attrapés et remis au Sud depuis le début du mois sont libérés. La police n'existe pas plus que la justice. Les seules autorités ivoiriennes étaient Mme Dito*[31] *et ses trois adjoints. En avril dans les semaines qui précèdent l'arrestation de Mahé, les exactions se multiplient. Le PRIAC tient les comptes. On en est à plus de cent morts. Les transporteurs routiers se mettent en grève en réaction à cette insécurité, ce qui provoque des tensions supplémentaires. Ils ne veulent plus prendre la route. C'est trop dangereux. Les villages ne sont plus ravitaillés. Le GTIA 2 en vient à organiser des escortes de convois pour rétablir un semblant de liberté de circulation et d'approvisionnement. Vraiment, la situation est très, très dégradée et explosive.*

Ce n'est pas la guerre, mais on est en situation de guerre. Mon peloton est fatigué. On en a marre de voir que le boulot qu'on fait ne sert à rien. Mes soldats en ont vraiment marre, marre, marre…

Q : *Certains témoignages d'Abidjan vous attribuent une réputation de cow-boys.*

R : *J'aimerais bien voir ceux qui disaient ça. C'est eux qui appellent la zone du GTIA 2 le far-west : on est à l'ouest, on est loin, et la loi du plus fort s'applique. Eux, ils ne vivent pas la même chose que nous. Ils sortent le soir, pas nous. Ils dorment dans des chambres climatisées, pas nous. Ont-ils seulement vu un seul blessé, entendu un seul coup de feu ? Nous, c'est tous les jours pire que la veille. Leurs ordres, c'est que quand on ramasse des cadavres, on doit faire des photos. Mais ce n'était pas un safari-photo. Ils nous demandent aussi de faire des fiches, de monter un dossier de police. Pour rien. Je suis devenu un policier par la force des choses. Ce n'est pas mon métier. Nous, c'est un peu la guerre, eux non. Fondamentalement, cette cour doit se rendre compte de ce à quoi on a été exposé. Monsieur Raugel n'aurait jamais fait ce qui a été fait le 13 mai 2005. L'adjudant-chef Raugel a reçu un ordre. Il fallait faire quelque chose. Il fallait que ça cesse. Il y avait les morts. Il y avait des populations terrorisées. Et nous, on devait prendre des photos !?*

L'adjudant-chef Raugel s'arrête, sort lentement des documents qui l'accompagnent, plusieurs feuilles sur lesquelles des photos ont été imprimées et les tend au président.

La réalité de la zone de confiance, notre quotidien, les voilà.

Sur un signe de tête du juge Leurent, la greffière vient prendre ces quelques photos qui passent ensuite de mains en mains. Certains jurés,

[31] Maire de Bangolo, qui viendra témoigner le mardi 4 décembre.

surtout des femmes, ne peuvent les regarder : ils ne peuvent voir ces corps très abîmés, horriblement mutilés, parfois démembrés. Certaines photos passent plus vite. Ce sont notamment celles de la famille Yacouba, celles de deux enfants et de leur mère.

Sur la première, une jeune fille vêtue d'un tee-shirt jaune et d'un pagne coloré est couchée sur le côté. Sa tête est fendue par un coup de machette sur une bonne quinzaine de centimètres. Son crâne est profondément ouvert, comme une noix de coco. Ce n'est pas sale : les mouches ont fait leur travail. La plaie béante est presque propre. On voit bien que la boîte crânienne est brisée, le cuir chevelu trace une ligne plus claire, et dans le rougeoiement du fond de la blessure, l'ombre du cerveau apparaît. Son bras droit est entaillé, au point que sa main, son poignet et quelques centimètres d'avant-bras s'en détachent presque. Elle a sans aucun doute cherché à se protéger des premiers coups. Ils ont dû être très violents pour briser ici deux os. Son pagne à moitié défait suggère qu'elle a peut-être été violée. Tout conduit à penser que cette scène s'est passée devant sa mère, étendue sur le côté à quelques mètres de là.

C'est une autre photo. La blessure qui a entraîné sa mort est moins visible, mais tout aussi écœurante : un coup de chevrotine dans le ventre, dans le ventre d'une femme enceinte de plusieurs mois. Ses deux bras ensanglantés sont repliés devant ce ventre qu'elle a dû, elle aussi, tenter de protéger, vainement. Ce tir de chevrotine a tué deux êtres vivants inoffensifs. Son visage dit qu'elle a vu ses enfants mourir : il est tordu d'angoisse, d'inquiétude, d'égarement. Ses yeux sont fermés, comme pour ne plus rien voir de cette scène immonde. À côté d'elle, une petite balayette faite de roseaux attachés par un lien végétal témoigne de la seule arme que cette femme a pu opposer à ses agresseurs – dérisoire. Autour de son corps recroquevillé, le sang s'est échappé de son tee-shirt vert. Il a été aussitôt absorbé par le sable.

Son fils est un peu plus loin, au pied d'un arbre, dans la végétation. Il a lui aussi pris un coup de machette sur la tête. Il lui a arraché l'oreille. Mais il n'est pas mort de ça. Une multitude de blessures dans le dos témoignent qu'il a été abattu par derrière, en fuyant.

Cette mère et ses deux enfants sont morts pour rien. Ils ne possédaient rien, ne revendiquaient rien, ne représentaient rien.

Les yeux des jurés s'humidifient et se ferment parfois. Ces photos disent une petite partie de notre réalité. Ces morts-là sont pourtant muets et comme désincarnés. Ils sont juste couchés sur du papier. Ce ne sont que des images. Ils sont les mêmes morts qu'on peut voir dans les journaux télévisés, qui sont aujourd'hui floutés. Anonymes, inconnus, lointains et floutés pour ne pas nous déranger pendant notre dîner. Ici, ces morts ne parlent pas. Pour les jurés, regarder ces photos est sans doute un mauvais et court moment à passer. Ils sont périphériques. C'est ce qu'ils pensent peut-être. À tort. La justice ne leur demande pas de juger leur auteur, mais les « meurtriers » du meurtrier de cette femme et de ses deux enfants. Pourtant, ces photos vont s'imprimer. Elles sont le vrai portrait de Mahé dont la famille – encore absente – est partie civile. Elles sont le vrai portrait de la victime de ce procès. De l'inacceptable pour nous.

L'adjudant-chef Raugel reprend, sur le ton grave de celui qui n'a pas fait que voir des photos, mais qui a vécu avec la réalité qu'elles exhalent. Il n'a pas été spectateur, mais acteur. Ça change tout. Il a ramassé chacun de ces morts. Chacune de ces photos est pour lui, comme pour moi, une honte : celle de n'avoir pas pu et su les éviter. Comble d'inconséquence, non seulement il a récupéré ces morts, mais il devait les prendre en photo. Chaque photo est autant le signe de notre échec que la précaire et dernière considération qu'on nous demandait de porter à ces cadavres – en sachant très bien que ces photos ne serviraient à rien si ce n'est à nous défendre nous-mêmes, à défaut de défendre ces victimes innocentes. Ses mots sont chargés de ce poids si lourd, pourtant invisible.

Il y avait un décalage énorme avec Abidjan. Il y avait surtout un décalage total entre la situation et le cadre juridique. Je ne prends qu'un seul exemple, celui de la légitime défense. C'était le seul cadre réglementaire pour se servir de nos armes. La légitime défense impose une menace actuelle et une réponse proportionnée. Nous n'avions que des armes de guerre. C'était forcément disproportionné. Les bandits eux-mêmes, avec leur machette, nous interpellaient : "on sait que vous ne tirerez pas, vous n'en avez pas le droit. C'est vous qui serez les criminels". Le colonel Burgaud a demandé à disposer d'armes non létales. Elles ont mis deux mois à arriver. Leur usage était presque plus encadré encore : l'état-major s'était aperçu qu'elles pouvaient être dangereuses, jusqu'à tuer parfois. Elles ont même changé de nom : on nous a dit de les appeler "armes à létalité réduite". Comme ça, s'il y avait un mort... Alors oui, je l'admets volontiers, nos méthodes étaient des méthodes de guerre. J'utilisais des indics ivoiriens. C'était totalement en dehors des clous. Je les mettais dans un véhicule blindé français, c'était totalement illégal. Et si on parle de s'infiltrer de nuit, défoncer des portes pour retrouver des coupeurs de route, alors oui, j'étais un cow-boy.

Q : *Pouvez-vous nous apporter des précisions sur la chaîne de commandement ? De qui et comment receviez-vous des ordres ?*

R : *Le PRIAC que je commandais faisait partie de l'escadron blindé commandé par le capitaine Le Segrétain qui avait pour adjoint le capitaine Ricard. À Bangolo, je voyais plus souvent le colonel Burgaud que les deux capitaines. Le capitaine Le Segrétain restait à Man avec ses trois chefs de peloton qui étaient des officiers. De temps en temps, le capitaine Ricard venait me voir. Il était "l'œil de Moscou". Même à Bangolo, il passait plus de temps dans le poste que sur le terrain. Le PRIAC était assez autonome de l'escadron blindé. Surtout parce qu'il était éloigné de Man. Le colonel venait assez souvent. Lui était proche du PRIAC. Il était "le père du GTIA 2" et il était normal qu'il passe nous voir pour prendre la température du secteur le plus chaud de son groupement. J'en étais fier. Il était un chef charismatique qu'on était fier de servir. Il surveillait aussi notre niveau de fatigue. Plusieurs fois, le colonel a pensé nous relever par une autre unité. Mais le capitaine Le Segrétain et moi n'y étions pas favorables : le PRIAC était le mieux équipé et le mieux formé pour la mission qui était la nôtre. Les trois autres pelotons avaient chacun trois engins blindés munis de canons de quatre-vingt-dix millimètres là où j'avais plus de dix véhicules blindés légers. Je couvrais plus de terrain avec des capacités de renseignement plus importantes.*

Dans l'action, il arrivait au colonel Burgaud de donner ses ordres en direct. Il connaissait mieux la zone que mes deux supérieurs directs. Comme les liaisons radio étaient mauvaises, et parce que le PRIAC se déployait souvent pour être au contact de la population, le téléphone était régulièrement utilisé en secours. Ce sont des modalités qui arrivent dans certaines circonstances et par souci d'efficacité. Et puis, je comprends très bien que des ordres comme ceux du 13 mai, le colonel me les donne directement.

Q : *Que disait le colonel Burgaud des coupeurs de route.*

R : *Une fois, lors d'une patrouille qu'il a faite avec nous, on s'est arrêté dans un maki*[32] *que je savais fréquenté par l'entourage des bandits qu'on recherchait. Il a dit assez fort que quand on en aurait tué un, ça les calmerait. J'étais bien d'accord avec ça. Mais je ne l'ai pas pris pour argent comptant. Il s'agissait d'avoir un coup de bol et d'être sur un flagrant délit.*

Q : *Était-ce un permis de tuer ?*

R : *Non.*

Q : *Et pour les hommes ? Certains ont témoigné en procédure que "les ordres étaient clairs" et que tout le monde avait compris qu'il fallait exécuter Mahé.*

---

[32] Restaurant, bar, bistrot.

R : *Non plus. Il parlait des coupeurs de route en général, pas de Mahé. C'était surtout l'expression de son exaspération et c'était destiné à être rapporté aux coupeurs de route pour qu'ils arrêtent.*

Q : *Venons-en aux faits, à cette journée du 13 mai.*

R : *Avant les faits, j'ai deux choses à rajouter. Les Civpol*[33] *devaient établir un poste de police à Bangolo. Ils n'y sont jamais venus. Ils étaient totalement absents. Ils ne nous débarrassaient pas des bandits qu'on arrêtait et qu'on faisait prisonniers, alors que les ordres disaient qu'on devait leur remettre. Le contingent des soldats de l'ONU, des Bangladeshis, ils étaient musulmans. La zone de confiance était majoritairement catholique. Ils ne parlaient pas la langue. Ils avaient peu de traducteurs. On les soutenait théoriquement. En réalité, on était seul.*

Q : *Parlez-nous de cette journée du 13 mai et de l'arrestation de Mahé.*

Les mots de l'adjudant-chef Raugel sont simples et clairs. Les détails sont précis. Il explique que ce matin du 13 mai, ses hommes arrêtent Firmin Mahé qui est armé. Il s'enfuit. Ses hommes tirent et le blessent. Le général Poncet, prévenu via le PC du GTIA 2, accepte exceptionnellement qu'un hélicoptère participe à sa recherche. Appréhendé de nouveau le soir même par hasard, il est conduit au poste de Bangolo. Celui qui est traqué depuis des semaines est enfin là, arrêté et blessé, quasiment inconscient. Oui il a été frappé, après avoir mordu l'infirmier, mais l'adjudant-chef l'a très vite fait cesser. Oui il a été reconnu par ses indics, certains étant de la même ethnie que Mahé pour éviter toute suspicion ethnique.

L'ordre qu'il reçoit alors de « roulez doucement » traduit et rejoint le sentiment général d'impuissance. Il sort du cadre. Il ne l'a pas interprété. Il l'a bien compris. Il l'a fait répéter. Il en demande confirmation au capitaine de Larminat : « Mon capitaine, qu'est-ce qu'on fait ? Il faut le tuer ? » Le capitaine de Larminat semblait déstabilisé. « Il ne m'a pas dit oui, mais il a fait un geste qui voulait le dire, je n'ai eu aucun doute là-dessus. » Le fait que je lui demande de participer lui-même à ce transport vers Man accrédite que cet ordre illégal sera exécuté. Je lui fais confiance. « Je savais que ce que j'allais faire avec mes hommes n'était pas bien. Je ne me suis pas engagé pour ça. » Au deuxième coup de téléphone avec moi, il s'interroge. Il comprend que je lui demande d'élaborer une fausse tentative d'évasion pour tirer sur Mahé et le tuer « dans les règles ». Mais il ne se voit pas s'arrêter en brousse, ouvrir la porte et faire sortir un homme inconscient pour l'abattre. Il a bien pensé alors prendre son pistolet automatique et tirer sur le coupeur de route

[33] Police de l'ONU.

dans le blindé « mais la balle aurait pu traverser le corps et blesser un de mes hommes ».

Finalement, c'est allé très vite. Dix minutes après le départ de Bangolo, l'adjudant-chef Raugel avise le sac-poubelle qui est dans le blindé puis demande au brigadier-chef Schnier qui est à l'arrière avec Mahé de redresser le blessé, lui met le sac sur la tête avant de le scotcher pour être sûr que l'air ne passe plus. C'est ce qui laissera le moins de traces.

Arrivé à Man, il rend immédiatement compte, comme il se doit. D'abord à son capitaine – il est ennuyé parce qu'il n'a pas été associé à l'affaire – puis à moi. « Dans un premier temps, le colonel m'a réprimandé parce que les comptes-rendus du matin sur la blessure de Mahé et l'ouverture du feu n'étaient pas très carrés. Après il m'a félicité pour la mission. »

Il rappelle que tout le groupement tactique – et même Abidjan – s'est félicité de la mise hors d'état de nuire de Mahé. Le PRIAC souffle. Les exactions cessent immédiatement et totalement. Le calme est en grande partie revenu. « C'était un grand, grand soulagement. On a vu tellement de saloperies. À ce moment-là, là-bas, dans l'action, ça me semblait légitime. Les ordres étaient clairs. »

Le récit de Guy Raugel est coupé de questions du président. Ce dernier veut connaître les horaires précis, entendre les paroles et les faits exacts. Certains détails se jouent à la minute. Sept ans après, la minute n'est plus la bonne unité de mesure. Il prépare mon audition qui va suivre. Dans le dossier d'instruction qu'il connait sur le bout des doigts, nos dépositions divergent. Les points sur lesquels il demande le plus de précisions sont justement ces points de désaccord. Il s'arme pour une confrontation à distance. L'heure de vérité sera pour cet après-midi. Il n'y a pas plus de preuve matérielle qu'à la fin de la garde à vue dans les locaux de la brigade criminelle, au début de l'enquête. Aucun de nos échanges n'a été enregistré. Aucune conversation radio entre militaires n'est jamais enregistrée – heureusement. Ce sera « parole contre parole ».

L'adjudant-chef Raugel répond aux dernières questions.

Non il n'a pas fait l'objet d'une sanction disciplinaire ; c'est un choix des chefs. Ce qui a fait de nous des mauvais soldats, ce n'est pas d'avoir rempli notre mission, c'est juste le fait que cette affaire soit sortie.

Pour lui, une autre chose allait de soi :

Les chefs allaient assumer, car c'est à eux de dire les choses. L'ordre illégal était devenu légitime parce qu'il était donné par des chefs. Cela aurait plus de gueule pour l'institution si on était tous debout en disant : on l'a fait et voilà pourquoi on l'a fait.

J'écoute attentivement. La sincérité de l'adjudant-chef Raugel est totale. Le respect qu'il me voue m'émeut.

Une chose qu'on ne peut pas mesurer quand on est civil, c'est qu'au-delà de la hiérarchie, il existe un lien très fort, qu'on peut apparenter à la filiation. Pour mes hommes, j'étais un peu leur père comme le colonel Burgaud était un peu mon père. Y a que comme ça que ça peut fonctionner.

Cette comparaison me touche. À y réfléchir, sans qu'il ait été mon fils, je l'estimais profondément, et je l'estime encore aujourd'hui. Ce respect m'oblige surtout. Il impose la loyauté. Là est sans doute l'un des impératifs moraux de tout chef : être loyal envers ses subordonnés. C'est l'incontournable contrepartie de leur engagement, de tout engagement ; ne pas l'abimer, le travestir, le dénaturer, le dévoyer ou le trahir. Là s'ancre l'éthique du soldat : la nature sacrée de la mission certes, l'engagement désintéressé sûrement, et la loyauté qui s'entend dans les deux sens entre le subordonné et son chef. Après ma nuit blanche, les dépositions du commissaire enquêteur et de l'expert psychologue, l'audition de Guy Raugel finit d'ébranler ma défense qui m'apparaît définitivement comme assez inconvenante et déloyale. Le droit autorise de tout faire pour se défendre sans que ce soit répréhensible : reconnaître totalement ou partiellement, dénier, tergiverser, mentir, s'offusquer, contre-attaquer, rester mutique... C'est à la justice d'apporter les preuves de la vérité. Mais moralement ? En conscience ? C'est là une autre affaire que je touche du doigt.

Le jury de son côté vient d'entendre cette « logique implacable » qui a conduit à la mort de Mahé. Il vient d'entendre le comment, mais aussi, s'il a bien écouté, le pourquoi. S'il a besoin d'un mobile, il l'a. L'insupportable de cette mort (pour la justice) découle de l'insupportable des exactions de Mahé qu'un cadre inadapté ne permettait pas de stopper. À l'inacceptable pour ce référentiel froid du droit – une mort provoquée – répond un inacceptable profondément humain, sensible et altruiste – les morts commis par Mahé. L'un serait admissible : celui du droit ; il est jugé. L'autre ne l'est pas : celui de soldats faits impuissants qui tentent malgré tout de remplir leur mission, et sans doute plus encore leur devoir envers la population qu'ils doivent protéger. La salle d'audience s'est autant transportée sur un théâtre de guerre que sur celui de la morale, comme moi cette nuit. Quelques questions des jurés mettent un point final à cette audition qui aura duré plusieurs heures. Le président suspend l'audience pour le déjeuner.

Maître Gublin est pour une fois peu bavard. Il ne cherche pas à me rassurer. Il m'arrache à Florence et à nos amis que j'ai rejoints. Il veut déjeuner avec moi. Il a quelque chose à me dire. Son message pendant le repas est assez abrupt : « Raugel a été d'une sincérité et d'une crédibilité totales. Vous devez faire mieux, au moins aussi bien. Vous devez être aussi convaincant que lui. Le président n'a qu'un objectif : vous mettre sur le gril. » Il insiste : « Les juges et les jurés doivent entendre un colonel. Un colonel ne mégote pas, il assume. » Son ton est directif. Il me tord le bras. Il renouvelle notre première discussion que je ne pouvais pas entendre à l'époque et qui m'est devenue aujourd'hui audible : assumez la responsabilité morale et humaine de cette mort, je m'occupe de votre responsabilité judiciaire. « Ça peut valoir entre cinq et dix ans de prison. Mon boulot, c'est au pire cinq ans avec sursis. À vous d'assumer, à moi de vous défendre. ». Un long, trop long peut-être, processus de maturation me permet aujourd'hui de comprendre son « conseil » que j'ai déjà commencé à intégrer.

Je lui montre quelques notes que j'ai prises pendant l'interrogatoire de Guy Raugel. Elles préparent et anticipent mon audition. Elles vont dans son sens. Elles reprennent mes errements de cette nuit. J'ai essentiellement compris que ma position n'était moralement pas tenable. Ma conscience m'a rattrapé. La déposition de Raugel le confirme. Une seule question me tarabuste : comment expliquer devant la cour mes dénégations et mes errements antérieurs, notamment durant ma garde à vue ? La vraie raison est que j'ai eu peur, de la prison, du déshonneur, de perdre mon bien le plus précieux : ma femme et mes deux enfants. Sa réponse est rapide : « Eh bien ! Dites-le comme ça, vous avez eu peur, peur de la prison ! » Il n'a pas besoin de souligner ma responsabilité étendue : de mon audition dépend en grande partie le sort des trois autres accusés. Je le sais clairement aujourd'hui. Me retrancher derrière les dénégations du général Poncet n'est pas responsable. Il termine par une image d'alpinisme : on est dans une voie d'escalade. Le mauvais temps nous surprend. Faire demi-tour est impossible. On ne peut la sortir que par le haut.

Et il me laisse. Je retrouve Florence et ma cousine avocate. Elle me dit quasiment les mêmes choses, avec d'autres arguments : la déposition de Raugel a impressionné les jurés. Sa description de la situation dans la zone de confiance les a affectés. Ils ont tangenté la guerre, même à distance. Ils ont entendu qu'on vous avait mis dans une impasse. Vous avez agi avec vos tripes. Les jurés peuvent comprendre. « Sois toi-même. »

Audition sur les faits du colonel Burgaud

C'est l'heure de vérité. Il est 14 heures. Je suis à la barre. Debout. Seul ou presque : un petit truc immatériel me surveille après m'avoir bousculé. Ma conscience m'accompagne. J'anticipe et je devine face à moi la volonté du président à me questionner sur tout ce qui ne colle pas avec les déclarations de l'adjudant-chef Raugel. Il veut une vérité pour la justice. Neuf paires d'yeux me regardent et me scrutent. Mais je suis plus face à moi-même que face à elles. Neuf paires d'oreilles vont m'écouter, plus celles de l'avocate générale, de mes trois subordonnés co-accusés et de leurs avocats, du public, de Florence. Ce que je vais exprimer sera irréversible. Je suis malgré tout et désormais serein. Je sais ce que je veux dire. Je sais qui je veux être. Les points les plus importants sont sur une feuille de notes que j'ai prise avec moi.

Le président, après quelques questions de pure mise en jambes :

Où étiez-vous le vendredi 13 mai 2005 ?

R : *Je n'étais pas dans les locaux du GTIA, à Man. Je rencontrais les représentants d'un village qui n'était plus approvisionné, qui ne pouvait plus aller travailler dans les champs ni prendre la route du fait des crimes des coupeurs de route. J'ai passé la journée avec eux pour vivre leur quotidien, entendre leurs doléances et proposer des solutions.*

Q : *Quand prenez-vous connaissance que Mahé a été arrêté ?*

R : *En rentrant le soir au PC du GTIA 2, vers 17 ou 18 heures, il me semble. Et là, je m'aperçois qu'on ne m'a rien dit du tir survenu le matin. J'étais joignable. J'aurais dû être au courant. On ne m'a rien dit non plus de la demande d'un renfort hélico. Mon PC commandé par le lieutenant-colonel Neviaski, et celui du capitaine Le Segrétain ont dysfonctionné. Je suis furieux. Le général Poncet en sait à ce moment plus que moi sur la recherche de Firmin Mahé. Je prends donc les affaires en main, en direct. L'adjudant-chef Raugel me fait un point de la journée.*

Q : *L'adjudant-chef Raugel dit que vous avez communiqué avec lui plus tôt dans la journée.*

Cette audition est à peine commencée que le président creuse déjà les écarts entre nos déclarations. Celui-là est infime et sans conséquence. Mais il viendra s'ajouter à d'autres. Son rabot sera implacable et systématique. La quantité fera une réalité. Je ne serai pas crédible. L'impression sera là. Et l'intime conviction des jurés se forgera sur cette impression. Ma vérité ne vaudra rien contre celle de l'adjudant-chef Raugel. Et ce sera normal.

R : *C'est possible de quelques minutes ou dizaines de minutes. Ce dont je me souviens, c'est que j'ai appris ce qui s'était passé dans la journée à mon retour à Man, que je n'étais pas au courant et que j'ai immédiatement pris directement contact avec lui. Temporairement au moins, je n'ai plus confiance ni dans mon PC, ni dans le capitaine Le Segrétain.*

Mahé vient d'être retrouvé. Je demande à l'adjudant-chef Raugel de le faire ramener sur le poste de Bangolo pour qu'il soit soigné.

Q : *Continuez.*

R : *Là, je cherche à rendre compte de ce que je sais au général de Malaussène. Je ne parviens pas à l'avoir au téléphone. Son portable ne répond pas, ce qui est rarissime. Il me dira le lendemain qu'il rencontrait à sa demande le colonel commandant le 43ᵉ BIMa*[34] *d'Abidjan que le général Poncet harcelait littéralement et qui ne le supportait plus. Si j'avais eu le général de Malaussène, tout aurait été différent. J'appelle donc le général Poncet pour le tenir informé. Notamment du fait qu'on vient de retrouver Mahé blessé. Il me demande son état de santé. Je ne sais seulement lui dire qu'il est à moitié conscient et qu'il a été blessé à la jambe du tir du matin. Sa question est plus précise. Il veut notamment savoir si l'artère fémorale est touchée, donc si la blessure est grave et susceptible d'entraîner sa mort.*

Q : *Le général Poncet ne reconnaît pas cette conversation.*

R : *Que reconnaît-il seulement ?*

Q : *Justement, quel était cet état de santé ? Quelles étaient ses blessures ?*

R : *Je comprends des informations que me donne le PRIAC que Mahé est mal en point. Il est bien blessé à la jambe. Il a saigné, sans doute beaucoup durant toute cette journée de fuite. Il est dans un état semi-comateux. Vous savez, il n'y avait pas de médecin à Bangolo. Donc on ne parle pas de diagnostic médical. Tout au plus de constatations visuelles qu'on peut interpréter dans n'importe quel sens. Je remonte ces informations d'un Firmin Mahé très mal en point au général Poncet. C'est là qu'il me dit : "remontez-le à Man ; roulez doucement, vous m'avez compris".*

Q : *Et qu'est-ce que vous avez compris ?*

R : *J'ai compris que Mahé devait arriver mort à Man. Le général Poncet me demande si la blessure de Mahé est grave, je lui dis que oui, et il me demande de rouler doucement. "Vous m'avez compris", c'est plus "vous voyez ce que je veux dire ?" Je n'ai pas su traduire l'ordre que j'ai reçu du général Poncet en un ordre clair à opérer. J'ai répété mot pour mot ce qu'il me disait. J'ai sans doute été lâche en étant incapable de préciser des modalités pratiques, que je n'avais pas moi-même.*

J'assume avoir transmis un ordre illégal. J'assume mes responsabilités de chef.

---

[34] 43ᵉ bataillon d'infanterie de marine stationné à Abidjan ; une présence permanente de l'armée française qui a servi de support à l'opération Licorne.

Q : *Vous n'avez pas toujours reconnu l'intention de cet ordre pendant l'enquête.*

R : *Je n'ai pas toujours fait preuve de la plus grande dignité durant la procédure judiciaire. Cette affaire a démarré à une vitesse hallucinante. J'ai été suspendu de mon commandement. La campagne de presse a été massive et violente. L'officier que j'étais a été tué en trois jours. Il restait l'homme, j'avais alors deux garçons de six ans et demi et cinq ans qui ne comprenaient pas et n'étaient pas bien. Je n'ai pas reconnu cette intention parce que je craignais d'aller en prison et de perdre ce qui me restait. Peur que ma famille parte avec tout ça. J'ai réagi égoïstement.*

Aujourd'hui, je suis devant mes subordonnés et devant vous. Mon honneur d'homme et d'officier me dicte d'assumer pleinement avoir retransmis l'intention assez claire du général Poncet à savoir que Mahé arrive mort à Man. J'admets n'avoir pas eu le courage moral, ou d'avoir eu la lâcheté de ne pas m'opposer à cet ordre. Comme il a été établi, l'ordre explicite de tuer Firmin Mahé n'a pas été donné. L'ordre implicite était qu'il arrive mort. Je me suis sans doute accroché à l'idée qu'il pouvait mourir de ses blessures, surtout parce que je ne voyais pas d'autres solutions pratiques. Je n'ai pas su donner de solution à l'adjudant-chef Raugel parce que je n'en avais pas. À sa place, je ne sais pas ce que j'aurais fait. Implicitement, a posteriori, *j'ai compris que je lui avais dit de se démerder.*

Je ne tremble pas. Je regarde le jury et de loin ma feuille. J'y ai écrit certaines de ces phrases. La question du président a été leur rampe de lancement. Le poids d'une indignité me quitte. La mécanique du procès est modifiée. Elle était en partie construite autour de ce qui me différenciait de l'adjudant-chef Raugel. Les détails et les contradictions sont dorénavant de moindre importance. C'est bien notre impuissance et notre culpabilité de ne pouvoir régler ce problème des coupeurs de route il y a sept ans qui doit désormais s'imposer pour constituer le cœur de notre défense commune. En assumant, nos quatre défenses vont pouvoir converger plutôt que s'altérer. Nos quatre avocats vont désormais pouvoir unir leurs forces.

Q : *J'entends bien que vous nous dites avoir donné en toute connaissance de cause un ordre illégal ?*

R : *Avoir retransmis un ordre illégal – oui.*

Q : *Pouvez-vous nous dire ce qui vous a conduit à donner cet ordre ?*

R : *L'ordre donné par le général Poncet d'abord. Il voulait comme moi et comme nous tous faire cesser au plus vite ces exactions. Il ne m'aurait pas donné cet ordre, il ne serait rien arrivé de tout ça. Mon premier réflexe, avant même de l'avoir au téléphone, a été de faire transiter le blessé Mahé par le poste de Bangolo pour qu'il y soit soigné. Ensuite, l'accumulation et l'accélération des victimes qui dégradaient fortement le climat sécuritaire et s'opposaient à l'objectif de notre mission. En République démocratique du Congo, la guerre civile est repartie pour des causes similaires, du fait de coupeurs de route. Il y a ensuite le cadre juridique de notre mission. Nous ne pouvions rien faire. Arrêter quelqu'un nous mettait déjà hors la loi. Le détenir et l'interroger, je ne vous en parle pas. Remplir notre mission, c'était se mettre hors la loi. Le point de bascule qui a fait que mes verrous moraux ont sauté, c'est la famille Yacouba. Cette mère et ses deux enfants qui vivaient dans une case isolée ont été décimés par la bande de Mahé quelques jours avant. Vous avez pu voir les photos. Quand vous voyez des gens qui n'ont rien fait se faire massacrer, des enfants découpés à la machette, une femme enceinte tuée volontairement à coups de chevrotine dans le ventre... j'étais révolté, c'était inacceptable. Nous étions devant l'inacceptable avec des menottes : celles d'un cadre réglementaire qui nous rendait impuissants. L'inacceptable, monsieur le président, c'est plus de cent morts, des dizaines de viols, de vols, d'agressions. On était les seuls à pouvoir faire quelque chose. Et on ne pouvait rien faire. Ce qu'on voyait était inacceptable. Notre impuissance était inacceptable. On nous demandait de prendre des photos !... C'est juste après que j'ai tenu publiquement les propos "il faut qu'on s'en fasse un, il faudrait en buter un à titre d'exemple". Et mes ordres écrits indiquaient qu'il fallait rechercher et intervenir en flagrant délit. J'ai renforcé le PRIAC par une autre unité pour ça.*

Q : *Mais certains ont compris qu'ils avaient un permis de tuer, hors des règles de la légitime défense fixées par l'ONU.*

R : *Ce n'était ni l'esprit, ni la lettre, de mes ordres écrits. Maintenant, je comprends que mes paroles ont pu conduire à ce qui s'est passé. Et je vous répète que les ordres transmis à l'adjudant-chef Raugel le 13 mai, auxquels personne ne s'est opposé, pas plus moi que trois capitaines, signifiaient que Mahé n'arrive pas vivant à Man.*

Q : *N'y avait-il pas un autre moyen de faire cesser ces exactions des coupeurs de route ?*

R : *Nos seules règles d'engagement possibles étaient celles de la légitime défense. Donc seul un flagrant délit d'agression à l'arme à feu nous permettait de provoquer cette situation. C'est ce que je cherchais à faire. Nous avons essayé, au moins pendant une semaine, mais nous n'y sommes pas parvenus. Les crimes de Mahé continuaient pendant ce temps. Je crois avoir tout tenté pour rester dans le cadre : j'ai demandé au général Poncet que des forces spéciales viennent nous renforcer. Elles ont fait une reconnaissance d'évaluation, puis sont reparties. C'est resté sans suite. Une mission d'information et de contrôle du ministère de la Défense ou de l'état-major des armées, je ne le sais plus, est venue jusqu'à Man. J'ai emmené à Bangolo les deux ou trois colonels qui la composaient. On a parlé de cette impasse. Ils ont vu notre impuissance. Il ne s'est rien passé. J'accompagnais à Bangolo tous les journalistes qui nous étaient envoyés. Ils en ont fait état dans leurs reportages. Pour répondre à votre question, monsieur le président, je crois avoir tout fait pour rester dans la légalité. J'ai cherché et mis en œuvre toutes les solutions possibles. Et je me suis retrouvé dans ce dilemme des soldats qui n'ont* in fine *pour alternative qu'un choix entre le mal et le pire. Le choix entre le bien et le mal est un luxe que nous n'avions pas : le bien légal conduisait au pire.*

Q : *Mais n'aviez-vous pas la possibilité de ne pas appliquer l'ordre que vous dites avoir reçu du général Poncet ? Je reprécise qu'il n'a pas admis avoir donné cet ordre. Il a fait l'objet d'un non-lieu définitif. Il sera d'ailleurs entendu comme témoin le 4 décembre.*

R : *Comme tout militaire, j'avais cette possibilité, même cette obligation. Je ne l'ai pas fait et je vous ai dit pourquoi : l'exaspération de notre impuissance, des verrous moraux qui sautent, l'inacceptable des crimes de Mahé, notre mission qui n'était pas remplie, notre devoir vis-à-vis des populations qui était bafoué. La théorie des baïonnettes intelligentes, c'est bien dans les salons parisiens, loin des réalités des théâtres d'opérations.*

Q : *Je reprends votre expression des baïonnettes intelligentes. Pouviez-vous dire non au général Poncet ?*

R : *C'était difficile. Le général Poncet n'est pas trop quelqu'un à qui on dit non. Mais c'était possible et je ne l'ai pas fait. J'ai dit non au droit, après avoir tout fait pour le respecter et pour le faire respecter. Les baïonnettes sont éventuellement intelligentes, mais elles sont sûrement sensibles, sujettes à des émotions. Et le droit nous déniait cette sensibilité, cette humanité envers les populations que nous protégions. Qu'est-ce qu'un homme sans sensibilité ni émotion ? Qu'est-ce qu'un militaire insensible ? Plus sûrement un bourreau. Serions-nous condamnés à être dénués de toute humanité ? Croyez-vous seulement que l'engagement d'un soldat est un engagement de raison ? Bien sûr que non. Ce sont ses tripes qui l'engagent le plus souvent. Ma conscience a alors privilégié, faute de mieux, de transmettre un ordre illégal qui pouvait mettre fin aux exactions. Et c'est ce qui s'est passé. Cette mort s'est traduite par la fin immédiate de toute exaction. Permettez-moi de reprendre l'image de la balance qui est celle de la justice : d'un côté, nous avions plus de cent morts innocents, autant de viols et de vols… et de l'autre, vous avez un seul homme, Firmin Mahé, l'auteur d'une grande partie de cette centaine de crimes, la plupart odieux. En son temps, la justice l'aurait condamné à mort, elle aussi. Savez-vous qu'il se servait de sa femme avec son enfant dans les bras pour arrêter les voitures et les taxis-brousse afin de commettre ses crimes ? N'est-ce pas insupportable ? J'imagine que vous l'interrogerez sur sa participation aux crimes de son mari lorsqu'elle sera sur le banc des parties civiles. Ma conscience a sans doute été interpellée par le déséquilibre de cette balance.*

Le président m'interrompt : *La justice devant laquelle vous êtes n'est pas la morale. Nous sommes ici, dans cette salle d'audience du Palais de justice, à juger de vos actes au seul regard du droit.*

Les questions se poursuivent. Le président est rigoureux dans la manifestation de la vérité qu'il conduit à travers son interrogatoire. Les jurés ne savent rien des milliers de pages de l'instruction. Depuis trois jours, ils cheminent, guidés par lui, vers cette vérité judiciaire qui n'est ni absolue, ni parfaite. La justice est faillible. Elle est un édifice fragile qui peut se tromper gravement comme une affaire célèbre mettant en cause des enfants dans le nord de la France a pu le montrer il y a moins de dix ans, sous l'autorité d'un juge homonyme. Un faux témoignage, une instruction déficiente ou l'émotion suscitée par les crimes abominables ont pu – et peuvent – conduire à condamner des innocents. La justice peut accoucher d'une vérité fausse. La justice court le risque d'être injuste. Au moins doit-elle être rigoureuse. Le président Leurent le sait. J'ai un temps fait obstacle à la vérité que je viens de rectifier. Il se doit de l'étayer et de poursuivre sa construction avec obstination et méthode, en continuant de poser ses questions comme un maçon pose ses pierres pour monter un mur le plus droit et le plus rectiligne possible.

Q : *Qui a constitué le convoi ?*
R : *Il est vraisemblable que ce soit moi dans sa composition. Je ne m'en souviens pas. Mais comme vous l'a indiqué l'adjudant-chef Raugel, c'est lui qui a désigné l'équipage de son véhicule.*

Q : *Lorsque le chef d'état-major des armées vous a visité à Man quelques jours plus tard, pourquoi ne lui avoir rien dit ?*
R : *Le sujet des coupeurs de route a été évoqué dans une conversation à trois, preuve que le risque qu'il faisait courir n'était pas anecdotique. C'est le général Poncet qui a immédiatement répondu aux questions du CEMA. Il ne m'a pas laissé parler. Mahé était mort de ses blessures. Et c'est le même général Poncet qui a instantanément changé de sujet. Moi, j'ai tout dit au général Poncet le soir même du 13 mai. C'est son problème de ne pas l'avoir fait vers l'échelon supérieur. Vous pouvez comprendre pourquoi si vous*

considérez seulement que l'ordre vient de lui. Si vous considérez que mon premier réflexe a été de faire soigner Mahé, et qu'après l'avoir eu au téléphone, il convenait qu'il arriva mort. Dois-je préciser que le général Poncet et le chef d'état-major des armées sont issus de la même subdivision d'armes – les troupes de marines ou troupes coloniales – et qu'ils sont amis ?

Q : *Puisqu'on parle de comptes-rendus, ceux que vous avez adressés à Abidjan l'après-midi ne disent pas la vérité.*

R : *Je vous l'ai dit, pour ma part, je n'ai su les événements du matin qu'en fin d'après-midi. J'ai pu envoyer des comptes-rendus inexacts. Ils l'étaient parce que les informations que j'avais étaient inexactes, non vérifiées voire fluctuantes. Je n'ai pas caché à mes supérieurs ce qui s'était réellement passé. Je n'avais aucune raison de le faire puisque l'ordre du général Poncet allait dans ce sens.*

« *Question ?* » « *Réponse* »

« *Question ?* » « *Réponse* »

Cela fait trois heures que je réponds aux questions. Le président connaît parfaitement le dossier. Il va dans chaque détail, revient sur chaque incohérence entre les dépositions de l'adjudant-chef Raugel et les miennes, me donnant l'opportunité de rétablir ce que j'ai préalablement pu édulcorer voire travestir. Ou de confirmer ce que j'ai déjà dit. Les jurés et l'avocate générale posent à leur tour quelques questions. L'exercice est nerveusement exténuant. Il impose de revenir avec la plus grande acuité sept ans en arrière. Chaque souvenir est fragile, et capital à la fois. Les accusés jouent leur vie dans ce travail de mémoire. Le cerveau n'est pas seulement une chambre d'enregistrement. Ce n'est pas le département des archives duquel ressortirait intact chaque instant de notre vie. Notre cerveau recompose, élimine, camoufle, refoule, transforme, embellit, se protège, oublie tout simplement. Notre raison et notre conscience travaillent en parallèle de la mémoire. Elles interprètent ou dénaturent ces traces du passé déjà incertaines. L'une chercherait plutôt à nous protéger, comme un pare-feu informatique, l'autre à établir la pertinence de cette trace que nous entreposons au fond de notre tête. Les interrogatoires contradictoires rendent l'exercice plus acrobatique encore : ils prescrivent de se synchroniser aux souvenirs des autres pour apporter aux faits et aux intentions une dimension de plus, qui affermira cette vérité judiciaire. La vérité est en soi une construction très incertaine. La vérité judiciaire n'est en rien un absolu. Elle recherche plutôt une cohérence d'ensemble, s'appuie sur la somme rationnelle de vérités individuelles qui relèvent chacune d'une perception, d'un angle de vue, d'une focale, d'un parti pris voire de reconstructions. L'interrogatoire est un exercice périlleux et épuisant. Le mien se termine.

Je quitte la barre pour retrouver ma place. Mon avocat me fait un petit signe. Je le prends pour un mélange de soutien moral et de contentement. J'ai entendu son message du déjeuner. La confiance que nous partageons est renforcée. Il est aussi un montagnard. Nous sommes encordés et je viens de refaire, sur ses conseils, le nœud de la corde qui nous relie. Cette même corde me relie de nouveau à mes trois subordonnés. La suspension de séance qui suit est la bienvenue. Je vais pour retrouver Florence qui ne savait rien de ma volonté de rétablir une vérité que j'avais dénaturée lors de l'enquête. Mes trois co-accusés et leurs trois avocats s'interposent. Ils font barrage. Je lis sur leurs visages de la déférence. J'avais dérivé et je retrouve leur considération. Ils me remercient pour ma sincérité. Je crois qu'on se serre la main, qu'ils me tendent en premier. Nous nous retrouvons comme il y a plus de sept ans. Je suis (de nouveau) leur colonel. Ensemble nous allons répondre de nos actes désormais accordés.

Florence m'attend avec la tendresse d'un sourire. Elle devine ou sait combien j'ai pu être torturé, d'abord pendant sept ans en faussant le jeu des responsabilités, et ces dernières heures en le rétablissant. Nous sortons de la salle pour les quelques minutes de pause accordées par le président avant que ne reprennent les interrogatoires des deux brigadiers-chefs. Ils n'apporteront rien de significatif. La journée d'audience se termine.

Le métro est un (bon) moyen de passer à autre chose. Mon cerveau se met sur "off". Prendre le métro après un vol qui vous ramène d'un voyage, c'est tuer le voyage. Les quelques kilomètres sous terre dans une rame bien chargée emportent en partie l'audience du jour. Pour la première fois de ma vie peut-être, j'apprécie ce moyen de transport, outre son aspect pratique.

Nous revoilà seuls, Florence et moi autour du dîner toujours aussi gentiment préparé par nos amis. Après le coup de fil à nos enfants, puis à mes parents, nous reparlons de cette journée. Il ne s'agit pas de refaire le match du jour, encore moins le monde. Florence prend pourtant le costume de mon avocate. Ce soir-là, un peu spécial il est vrai, elle se rallie à l'idée d'une défense positive qui explique plus qu'elle ne récuse ou dénie. Elle me pousse à extraire de ma vie militaire ce qui pourrait contribuer à ma nouvelle défense.

Nous nous sommes mariés tard, Florence et moi. Elle avait trente-trois ans, j'en avais trente-quatre. Elle avait son passé d'infirmière commencé dans les salles de réanimation de services de chirurgie cardiaque. Je n'en sais encore que des bribes et jamais je n'en connaîtrais l'intime réalité. Comme celui de militaire en opération, c'est un métier qui se vit plus qu'il ne se raconte. Il a pour support la vie et le risque de la perdre à chaque instant. Il implique de vivre chaque minute avec la plus extrême intensité. Il est une charge qui, comme la mienne, prescrit une magnitude d'attention, de sentiments, d'émotions et de fraternités que les mots n'expriment pas. J'avais de mon côté mon passé d'officier de chasseurs alpins dont elle ne sait aussi que trop peu de choses. Au moment de notre mariage, en 1996, elle ne connaissait de « mes campagnes » d'avant que leur pays et quelques anecdotes entendues lors de dîners. Depuis cette date, elle a vécu l'inquiétude, la solitude, la responsabilité familiale et les contraintes de l'éloignement de quatre mois au Tchad, quatre autres au Kosovo, et encore quatre en Côte d'Ivoire que ce procès éclaire négativement. Elle a surtout éprouvé deux grossesses difficiles sans moi. Elle a connu « l'autre côté de la pièce » de mes opérations extérieures. Jamais nous ne nous sommes posés pour parler chacun de l'acmé de nos vies professionnelles. Par pudeur sans doute. De savoir l'impuissance des mots peut-être aussi. Mon séjour de six mois au Liban comme Casque bleu en 1988 surgit ainsi au détour d'une question anodine

Florence : « J'ai l'impression que le peu que je sais du Liban pourrait contribuer à ce que tu te défendes en vérité, en t'appuyant sur qui tu es. »

Elle n'en savait effectivement que peu. Mais ce peu est susceptible d'éclairer les jurés autant que le témoignage de l'adjudant-chef Raugel sur les réalités de la zone de confiance. Il reviendra sans doute à mon avocat plus qu'à moi d'en parler. Avant d'en faire état dans ce procès, je reviens pour elle sur cette participation qui fait ma fierté. Elle saura me dire ce qu'elle en retient.

Souvenirs du Liban

En avril 1988, je suis lieutenant. Je commande une section d'une trentaine d'engagés au 13e BCA à Chambéry. Ma compagnie est désignée pour former la compagnie d'escortes au sein du 420e détachement de soutien logistique au sein de la FINUL[35] à Naqoura dans le Sud du Liban. Pour six mois.

[35] Force Intérimaire des Nations unies au Liban.

Entre 1970 et 1990, le Liban est en pleine guerre civile. Les communautés s'y déchirent. Grossièrement, les musulmans s'opposent aux chrétiens. Pour « aider », des interventions étrangères attisent cette rivalité confessionnelle. L'Iran implante le Hezbollah, Israël militarise sur le territoire libanais une zone tampon qu'une milice pro-israélienne[36] défend, la Syrie a répondu à l'appel à l'aide des milices chrétiennes en engageant son armée et ses services de renseignement. L'OLP[37] de Yasser Arafat fait des camps palestiniens du Liban du Sud la base arrière pour ses attentats en Israël. Tout devient milices, attentats, prises d'otages, morts, répressions, escalade. Ce pays multiculturel ne sait plus vivre ensemble et en paix. Il est l'objet de toutes les avidités des pays voisins. C'est un des derniers conflits périphériques de la guerre froide : les Américains soutiennent les Israéliens, les Russes les Syriens et la France le Liban, l'un de ses anciens protectorats. Entre cent trente et deux cent cinquante mille civils libanais vont y perdre la vie. Plus d'un million s'exilera.

Assez vite après le début de cette guerre civile, la communauté internationale, représentée par l'ONU, vote deux résolutions qui créent la Force Intérimaire des Nations unies au Liban. Ces deux résolutions fixent en un petit paragraphe la mission de la FINUL.

Le paragraphe est aussi vague et imprécis sur la mission que sur les moyens et la façon de la remplir. Il est l'objet d'un consensus international. À nous de nous débrouiller avec ça. La réalité du mandat est tout aussi délicate. La corruption du monde politique, l'afflux des réfugiés palestiniens suite aux guerres israéliennes et la naissance de la radicalité chiite à l'issue de la révolution iranienne déstabilisent le fragile dispositif politique. La Constitution s'appuie sur un principe communautaire pour répartir le pouvoir selon le poids de chaque confession religieuse, poids établi lors du recensement de 1932. La réalité de la démographie des années soixante-dix remet singulièrement en cause cette répartition. La France participe dès le début à la force d'interposition, quand bien même elle a été à l'origine de la Constitution. Sa double place d'ancien protecteur et de membre permanent du Conseil de sécurité en fait une cible prioritaire pour les factions désireuses d'affaiblir encore plus le pouvoir central libanais pour le faire tomber.

Le 23 octobre 1983, l'immeuble Drakkar dans lequel vivent les soldats français stationnés à Beyrouth explose sous le coup d'un attentat suicide. Cinquante-huit soldats français meurent sous les décombres[38].

---

[36] ALS : Armée du Liban sud.

[37] Organisation de Libération de la Palestine.

[38] On peut établir un parallèle avec le bombardement de Bouaké.

Entre 1985 et 1987, neuf diplomates et journalistes français sont pris en otage par le Jihad islamique[39]. L'un d'eux mourra. Les autres seront libérés en 1987 et les derniers en mai 1988, durant mon mandat.

Quelques jours avant mon arrivée sur le sol libanais, en mars 1988, un officier américain de la FINUL est enlevé et sert de prétexte à une offensive de la milice libanaise Amal.

Je résume ainsi à Florence le contexte de ma première projection comme « Soldat de la Paix ». Il ne lui est pas très difficile d'en voir la complexité, ni les nombreuses similitudes avec la Côte d'Ivoire. C'est en lui faisant ce rapide point de situation que je me rends compte du parallélisme qui pourrait être exploité. Les guerres civiles naissent toujours d'un effondrement de l'État. Ensuite, les mécaniques s'enclenchent naturellement pour installer la violence dans le quotidien. Florence m'écoute sans m'interrompre.

Les otages journalistes et diplomates français prenaient par là même en otage la France et contraignaient son rôle de membre permanent du Conseil de sécurité. Ses positions et ses décisions n'étaient plus libres. Nous savions que le Jihad islamique et le Hezbollah cherchaient à enlever des soldats français de la FINUL. Ils auraient été une encore plus formidable monnaie d'échange. C'est pourquoi la France avait créé au sein de son contingent la compagnie d'escortes à laquelle j'appartenais : chaque Français se déplaçant dans la zone FINUL du Sud-Liban devait être escorté, par nous. Une escorte, c'était un véhicule léger avec trois ou quatre hommes armés devant le ou les véhicules escortés, et un véhicule blindé avec trois hommes armés derrière. Notre mission était des plus simples : protéger tout Français se déplaçant dans la zone que nous connaissions mieux que quiconque pour la parcourir chaque jour, et interdire toute prise d'otage.

Je crois en avoir déjoué au moins trois. Deux fois, l'absence d'enfants jouant dans le village que je traversais m'a poussé à faire demi-tour dans la seconde suivant cette observation. On a su plus tard que, les deux fois, des tentatives étaient effectivement préparées. La troisième fois, en reconnaissant préventivement le lieu de rendez-vous de l'officier que nous accompagnions, je suis tombé sur un dispositif d'hommes armés aux intentions clairement hostiles. Nous étions beaucoup plus lourdement armés qu'eux ! Ils se sont immédiatement évanouis. Ils ne s'attendaient visiblement pas à cette reconnaissance.

---

[39] Le 16 avril 2004, le journaliste Guy-André Kieffer est enlevé à Abidjan. Il enquêtait sur la filière cacao et sur des ventes d'armes. Il a disparu.

Je suis aussi sûr d'avoir empêché qu'un attentat à la *road side bomb*[40] ne nous touche. Florence en entend parler pour la première fois. J'escortais le plus gradé des officiers français de la FINUL. Le colonel Peltier avait une double responsabilité : celle de chef des opérations de la FINUL dont il était le numéro deux, et celle de commandant des éléments français[41]. Il sortait presque chaque jour pour inspecter quelques-uns de la centaine de postes tenus par les contingents népalais, fidjiens, irlandais, norvégiens et ghanéens entre la frontière israélienne au sud et le fleuve Litani au nord. Ce jour-là, il allait visiter un poste éloigné dans la zone irlandaise. Le colonel n'était pas un plaisantin. Son exigence était totale. Son autorité, sa rectitude, sa probité et son charisme absolus. On se serait fait tuer pour lui. Arrivé à l'entrée d'une piste, en tête de l'escorte que je commandais, je m'arrête pour observer le compartiment de terrain avant de m'y engager. Un truc m'intrigue. Je ne sais pas quoi. Je prends mon courage à deux mains pour aller voir le colonel et lui dire que nous n'allons pas plus loin.

« Et pourquoi donc ? »

« Je ne sais pas, je ne le sens pas. »

Je n'avais rien d'autre qu'une perception confuse à lui servir, ce qui était bien peu. Il y avait certes cette épave de voiture en bord de piste, mais elle était déjà là la dernière fois, un mois auparavant. Trois blindés de l'ALS nous doublent alors pour s'engager sur la piste. À trois cents mètres de notre position, une gigantesque explosion les projette dans le champ voisin. Pas un de la dizaine de soldats de l'ALS n'en a échappé. Même sort pour les quelques vaches qui paissaient alentour. Le colonel m'a regardé interloqué, surpris, interrogatif. En y réfléchissant, j'avais été inconsciemment alerté par un fil qui courrait sur les poteaux télégraphiques en bordure de la piste. C'était la télécommande de la bombe. Lors de mon précédent passage, il n'y avait pas de fil. Pour dire le niveau de vigilance que nous avions acquis. Notre vie tenait à notre vigilance....à un fil cette fois-ci. Tous nos sens, notre intelligence et notre intuition y contribuaient. La bombe était dans l'épave. Plus de deux cents kilos d'explosifs pour faire ainsi voler trois blindés et tuer leurs occupants.

Ce n'est sans doute pas là ce qui peut contribuer à ma défense. Mais ça me fait du bien d'en parler. Cette « anecdote » fixe le niveau de risque que les soldats, même de la paix, connaissent, autant qu'elle révèle les implications d'une mission. Elle me permet surtout d'aborder pour Florence

---

[40] Dans des fûts ou des carcasses de voitures, au bord de la route, les miliciens (palestiniens ou hezbollah) plaçaient entre 150 et 250 kilos d'explosifs, qu'ils faisaient sauter au passage d'un véhicule.

[41] COMELEF : commandant des éléments français.

les ordres que nous avions du gouvernement français, qui, eux, me paraissent présenter un certain intérêt. La France ne voulait plus d'otages, et surtout pas d'un seul otage militaire. Elle parvenait bon an, mal an à réduire leur nombre jusqu'à l'amener à zéro en mai 1988. Pour prévenir tout enlèvement, nous avions défini une panoplie d'actions à conduire. Les escortes avaient leurs règles : on roulait vite, on interdisait à tout véhicule de s'interposer dans notre convoi, on s'arrêtait le moins possible, nos armes étaient approvisionnées, prêtes à être utilisées. À chaque halte et à chaque rendez-vous, l'escorte se déployait autour de l'autorité que nous protégions. On servait de gardes du corps. J'ai ainsi protégé le COMELEF[42] dans des églises – il allait chaque dimanche à la messe dans une église différente de la zone. Ces édifices religieux chrétiens étaient des cibles très privilégiées pour les milices du Hezbollah. Bien sûr, chacun portait son gilet pare-balles. J'étais juste derrière le colonel, mon arme dans la main. Le reste de l'escorte gardait chaque entrée de l'église. Le véhicule blindé protégeait de sa mitrailleuse lourde l'accès routier. Le tireur d'élite était dans le clocher. Une reconnaissance était faite avant. Je l'ai aussi protégé lors de rencontres avec la plupart des hommes politiques libanais : Michel Aoun, Nabih Berri, Walid Joumblatt..., avec monseigneur Sfeir, le patriarche maronite d'Antioche et de tout l'Orient.

Mais surtout, un protocole précis nous était imposé par les ordres en cas de déroulement d'une prise d'otage. Après avoir tout fait[43] pour prévenir tout enlèvement, nous devions *in fine* tuer l'officier ou le soldat français en train d'être pris en otage. Notre gouvernement, à travers nos autorités militaires, nous donnait l'ordre d'exécuter l'un de nos compatriotes pour qu'il ne devienne pas un otage. Et nous l'aurions fait. Florence me regarde, abasourdie. Pour cela, l'escorte comprenait un tireur d'élite dont c'était le rôle principal. Il était entraîné pour ça. J'avais fait photocopier ma photo et celle du COMELEF et j'exerçais mes quatre tireurs d'élite à avoir nos portraits dans leurs lunettes, et à appuyer sereinement sur la détente. Il fallait qu'ils sachent notre totale résolution. Ils devaient être sûrs qu'ils ne devraient pas douter s'ils devaient tuer l'un de leurs chefs ou l'un de leurs camarades.

Lorsque nous l'escortions, un jour sur trois pour ma part, le COMELEF passait en revue les hommes qui allaient l'accompagner. Il les regardait dans les yeux, sa tête à une petite vingtaine de centimètres de la leur, le visage fermé, le regard froid et instigateur. Il s'arrêtait souvent plus longtemps devant le tireur d'élite lorsque la mission était plus sensible. Il jaugeait ainsi

---

[42] Commandant des éléments français.

[43] Foncer dans les voitures des preneurs d'otage, tuer le chauffeur...

de ce regard appuyé la détermination des hommes à exécuter les ordres qui passaient par lui et qu'il assumait. Il m'est arrivé de changer de tireur d'élite, persuadé que celui que j'avais désigné ne tirerait pas. J'aurais pu ainsi être tué. J'aurais aussi pu être le tireur. Y aurait-il eu un procès pour assassinat ? J'en doute. Cela se serait-il su ? Certainement pas. Qui aurait été troublé dans sa conscience ? Moi vraisemblablement, je ne sais pas pour les généraux, les ministres, le chef de l'État. Aurais-je eu la certitude d'avoir fait mon devoir ? Oui. J'étais un soldat de la paix prêt à en mourir et prêt à exécuter les ordres qui m'étaient donnés, en l'occurrence par mon gouvernement. Ces ordres étaient-ils écrits ? Non ; légaux ou légitimes ? Un abîme sépare cette situation de mon état d'accusé devant la présente cour d'assises.

Cette année-là, le 29 septembre 1988, le prix Nobel de la paix est décerné aux forces d'interposition des Nations unies.

J'en suis fier. Très fier même. Je m'en sens un peu dépositaire. Nous étions capables de mourir pour cette cause qu'est la paix, pour ce pays qu'est le Liban, et pour ce colonel Peltier. D'être tué aussi par nos propres compatriotes, sans trop nous poser de question. Un de mes chasseurs est revenu très gravement blessé, son véhicule blindé s'est retourné sur lui lors d'une escorte. Cette distinction ne lui rendra pas son bras coupé, sa tête écrasée et les multiples traumatismes que la médecine israélienne a minimisés. Mais ce prix récompense son engagement autant qu'il gratifie et honore chacun de nous. Deux soldats de mon mandat représentaient la FINUL lors de sa remise à Oslo en décembre 1988. Nous n'avons jamais été autorisés à porter cette prestigieuse décoration, dont la médaille existe pourtant.

Cette petite vexation, sans doute prescrite par ceux qui savent qu'ils ne seront jamais lauréats de cet illustre prix, éventuellement décidée par la grande chancellerie qui n'imagine rien au-dessus de la Légion d'honneur, est insignifiante par rapport au défaut d'action politique pour construire la paix à partir de notre engagement.

Ce soir, seul avec Florence après une journée un peu chargée, je me laisse aller à mes désillusions de soldat blessé. Je lui parle de l'envie qui me prend de demander aux hommes politiques libanais et aux hommes politiques français ce qu'ils ont fait – eux – au profit de la paix, sans jamais mettre en jeu leur vie. À mon tour de mener l'interrogatoire comme l'a fait pour moi le juge Leurent. Qu'avez-vous fait pour sortir de ce chaos ? Ne l'avez-vous pas plutôt entretenu ? Parlez-nous de vos intérêts, de votre courage, de votre engagement personnel ? Connaissez-vous le nombre de victimes parmi les soldats de l'ONU[44] et parmi la population ? Les politiques libanais ont ruiné leur pays. Je leur en veux. Je les ai rencontrés, plusieurs fois même. L'un, Michel Aoun, a été président de la République, l'autre Nabih Berri est président de la Chambre des députés. Ils m'ont parlé de paix et de concorde. Je les ai crus. Ils nous ont dupés. Ils se sont servis de nous tous pour leur seul intérêt personnel. Des centaines de Casques bleus sont morts pour favoriser un retour de la paix et une vraie stabilité politique. Ils n'en ont rien fait. Trente-quatre ans après mon mandat, le Liban et les Libanais sont exsangues. La classe politique libanaise est l'une des plus corrompues du monde. Ce très beau pays multiculturel est sali par eux. Notre engagement a été trahi.

Le gouvernement français a laissé faire, juste laissé faire. Il s'est, à l'occasion « indigné », ou mieux, il a « protesté » en argumentant pour que l'ONU, à New York, adresse un *strong protest*, par exemple lorsque les Israéliens ont sciemment bombardé un poste de l'ONU dans lequel se seraient réfugiés un ou plusieurs possibles terroristes du Hezbollah[45]. C'est comme s'ils avaient tiré sur une église.

J'en viens, devant Florence, dans mon élan, dans cet examen de conscience qui pourrait être le thème du jour, à me demander si ces forces de l'ONU ne sont pas une gigantesque tromperie. Elle apparaît progressivement chaque jour du procès pour ce qui concerne la Côte d'Ivoire : des moyens très insuffisants, une mission impossible à remplir, un engagement politique limité, une bienséance de façade légitimée par l'envoi de soldats. Elle me mortifie avec du recul pour le Liban. Pendant plus de cinquante ans maintenant, la communauté internationale a gardé sous l'étouffoir un pays, tout en instrumentalisant les menaces intérieures et extérieures. Deux de ses membres permanents, l'URSS à l'époque et les États-Unis surtout, manipulent l'ONU. Les États-Unis prennent régulièrement en otage cette organisation internationale en suspendant leur contribution financière jusqu'à ce que les décisions s'alignent sur leur volonté. Au Proche-Orient, ils soutiennent assez inconditionnellement Israël. L'affaiblissement du Liban à ses frontières n'est pas un si mauvais calcul.

C'est monseigneur Sfeir qui, un jour lors d'une rencontre, nous étions deux lieutenants français, nous a donné le plus beau cours de géopolitique. Il témoignait de cette triste réalité.

---

[44] 279 en septembre 2009 (dernier chiffre connu).
[45] 18 avril 1996 – poste ONU fidjien – village de Cana au Sud-Liban – 106 morts.

« Imaginez le supplice de la baignoire[46]. Vous avez trois prisonniers, otages devrais-je plutôt dire : les Libanais, les Syriens et les Israéliens. Chacun est détenu par un tortionnaire différent. Il y a trois tortionnaires : les Russes qui soutiennent les Syriens détiennent pour le coup l'otage israélien ; les Américains qui épaulent les Israéliens détiennent l'otage libanais et les Français, amis du Liban qui a été leur protectorat, détiennent l'otage syrien. Les trois bourreaux se sont mis d'accord : aucun otage ne doit mourir. La règle qui en découle est simple : deux otages sont maintenus la tête sous l'eau, un en est sorti, le temps de reprendre son souffle avant d'être replongé. Lorsque la tête de l'un est sortie de l'eau, celle de l'autre est rentrée. Et le supplice tourne ainsi, indéfiniment. » Monseigneur Sfeir avait raison sur tout. Sa leçon de géopolitique dépassait celles que j'aurai plus tard d'Alexandre Adler, pourtant un maître. Nous ne lui avons malheureusement pas posé la question sur le rôle de l'ONU ; il nous aurait sans doute répondu que l'ONU était garant du respect de la règle du jeu, alors que nous pensions qu'elle était l'instrument d'un retour vers la paix. Nous lui avons posé une autre question : « Comment pensez-vous que cela peut s'arrêter ? » Il nous a regardés avec beaucoup d'intensité. D'une voix chargée de gravité, il nous a demandé : « vous êtes croyants ? » – on a répondu que oui. Les quelques secondes de silence qui ont suivi ont été très, très longues, alourdies par ses yeux qui se sont embués. Et puis tombe : « un miracle, il n'y a qu'un miracle pour en sortir ». C'était en 1988. Le miracle n'est pas intervenu. Plus de trente ans après, cette image conserve toute sa pertinence. Le prix Nobel de la paix attribué en 1988 aux forces de maintien de la paix de l'ONU n'a rien changé.

J'ai été, comme tous mes camarades d'alors et d'après, la bonne conscience de mon pays. Et celle manipulée de l'ONU. Je risquais ma vie au Liban, et mon pays autant que l'ONU se servaient des Casques bleus pour promouvoir en sous-main des intérêts tellement moins nobles. En 1988, une élection présidentielle devait avoir lieu au Liban. Tous les Libanais que nous rencontrions nous disaient : « la France doit faire savoir quel serait son candidat. On votera pour lui et (à la grâce de Dieu / Incha'Allah), avec votre aide, on retrouvera une vie plus normale ». Il ne s'est rien passé. Je sais le cynisme des intérêts supérieurs de l'État. Je m'aperçois que la moralité n'est pas dans ses fondements. Ça me gêne également beaucoup lorsque l'absence de vision s'ajoute au manque de courage. Avec l'actualité du procès de l'affaire Mahé, je parallélise la mort de cet ennemi de la paix et

46 Le tortionnaire plonge la tête du torturé dans une baignoire et la ressort à la limite de sa noyade, puis recommence, encore, jusqu'à ce que le supplicié, se sentant mourir noyé à chaque immersion, parle.

l'ordre de tuer en dernier ressort un soldat français s'il venait à pouvoir être pris en otage. J'aurais pu être moi-même l'otage ou le tireur.

J'ai compris au seul regard de Florence quel(s) souvenir(s) pouvai(en)t parler aux jurés.

La journée se termine. Elle a été plus qu'une journée, puisque la nuit précédente en a été un long préalable.

On s'est couché.

J'ai bien dormi.

6°/ nuit noire

Je m'endors paisiblement. Ma tête, qui ressemblait hier à la même heure au fort de Douaumont sous les bombardements allemands est en paix. Je ne rêve de rien cette nuit. Mon cerveau ne vaque pas pour autant. Il synthétise.

J'ai été droit devant la justice. Seule cette rectitude personnelle peut m'autoriser à montrer les limites du droit qui nous imposaient une attitude à mes yeux immorale. Seule cette honnêteté peut faire le lien entre le droit et la morale – ou l'éthique pour parler plus moderne.

Le président a certes dénié les liens entre la justice et la morale. Mais il n'est pas seul à juger. Les jurés n'ont visiblement pas été insensibles aux arguments de l'adjudant-chef Raugel, ni aux miens. Ils ont vu les photos de notre quotidien ; certain(e)s n'ont pas pu les regarder – les accepter. Pour eux aussi, elles disaient l'inacceptable. Elles les confrontaient à leur intime : qu'auraient-ils fait ? Qu'aurait été leur arbitrage entre ce qu'ils pouvaient et ce qu'ils devaient faire ? La balle est désormais dans leur camp. Le dilemme moral que nous avons connu est désormais le leur : comment bien juger ?

L'intime conviction des jurés questionnera leur conscience, comme Mahé a interrogé la nôtre. Comme pour moi sans doute, le Bien avec un B majuscule d'une morale absolue ne vaudra rien. Le juste est plus complexe. La guerre et la justice sont ainsi proches. Les deux requièrent des fondations plus solides et sérieuses que les seuls articles du droit pour l'une, et qu'une libération de la violence légitimée pour l'autre.

Ma conscience m'a toujours laissé en paix avec la transmission de l'ordre du général Poncet : « mieux valait un Mahé mort que vivant, pour le bien commun, l'intérêt collectif, la tranquillité des innocents ». Dit d'une autre façon, « mieux valait un coupable mort que des dizaines d'innocents morts ». Nous avions ces morts, dont le nombre ne cessait d'augmenter. Il n'y avait pas vraiment d'alternatives. Mahé traduit en justice n'était pas possible, par défaut de justice. Le laisser blessé sur place ou le remettre à une ONG faisait courir de trop grands risques. Les Anglais, si pragmatiques, ont une expression : « ce serait un comble qu'un soldat soit accusé de meurtre en temps de guerre ! » Ils ne parlent bien sûr pas d'un crime crapuleux. Ma conscience a enregistré ces arguments en les jugeant recevables.

Le singulier de la conscience, c'est son opiniâtreté. Elle ne laisse aucun répit, adressant en boucle ses questionnements. Elle soulève chaque incohérence. Elle esquisse le chemin de la probité et de la dignité. Elle tourmente, ne dort jamais, interroge sans cesse. Elle suggère et suscite la meilleure réponse. Elle n'impose rien, respectueuse du libre arbitre qu'elle est. Les jurés vont le tester pour eux : l'intime conviction n'est rien de plus que cet exercice d'interrogation, de mise en relation du réel et de l'intime, du droit et de la droiture. Bonne chance à eux. l'affaire Mahé relève primairement d'un cas de conscience. La juger aussi sans doute.

Mon cerveau noctambule enregistre pour finir qu'aucune option n'était satisfaisante. Ne rien faire était légalement correct, mais honnêtement insupportable. Faire, ne serait-ce qu'arrêter Mahé, était légalement incorrect, mais éthiquement recevable. Les deux mettent en conflit deux référentiels essentiels. C'est la définition même du dilemme moral.

Deux comportements de l'homme et du soldat que j'étais se sont affrontés. Le premier : « un homme, ça s'oblige ». J'étais avant tout l'obligé de ma mission (sacrée) et de la population ivoirienne qui méritait de vivre en paix, même et surtout au milieu de la zone de confiance que la communauté internationale leur avait fabriquée et imposée. J'étais ainsi obligé d'agir pour eux, alors que le tout premier pas – arrêter un bandit – contrevenait déjà au droit. J'étais dans la nasse. J'étais aussi l'obligé de mon grade et de ma fonction, de mon autorité, de mes subordonnés, de mes fidélités et d'une éthique. Ces obligations m'enjoignaient de respecter la formule qui m'avait fait chef de corps : « Officiers, sous-officiers, caporaux-chefs, caporaux, clairons et chasseurs du 13e BCA, de par le président de la République, vous reconnaîtrez désormais pour votre chef le colonel Burgaud ici présent et vous lui obéirez en tout ce qu'il vous commandera pour le bien du service, l'exécution des règlements militaires, l'observation des lois et le succès des armes de la France ». L'observation des lois m'obligeait autant que le succès des armes que mon pays m'avait déléguées, et les deux n'étaient ici pas compatibles. Le dilemme était solidement posé. J'ai choisi de hiérarchiser, ce qui constitue le premier moyen de sortir d'un dilemme moral.

L'autre vision de l'homme venait en contrechamp : « un homme, ça s'empêche[47] ». Ça s'empêche de tuer, de torturer, de contrevenir au droit. L'humanité devient un frein. Mais à qui l'appliquer ? À Mahé, inhumain d'élite, à la population innocente ? Qui le valait le plus ? La réponse était évidente. En m'empêchant vis-à-vis de Mahé, je ne m'obligeais plus vis-à-vis de la population. Plus je m'empêchais, moins je m'obligeais.

---

[47] Albert Camus, *Le Premier Homme*.

Bien sûr, je n'ai pas trouvé le bon point moyen. Existe-t-il seulement ? Bien sûr, nous pouvions nous empêcher plus et ne pas aller jusqu'à provoquer cette mort de Mahé. D'ailleurs, est-ce sa mort ou cette mort par étouffement qui pose le plus de questions ? Il est arrivé à mes prédécesseurs de remettre un bandit au camp de l'ethnie rivale. Le lendemain, il était « gravement mort » après avoir été torturé. Était-ce seulement une solution morale ? Ponce Pilate n'a pas fait autrement. Comme en musique, avec le trombone à coulisse, il n'y a pas de point prédéfini ou préréglé pour chaque note. Le musicien trouve la note du trombone à l'oreille. Je n'ai sans doute pas trouvé la meilleure solution, la bonne note, le bon équilibre entre s'obliger et s'empêcher, si tant est qu'il y en ait eu un. C'est en tout cas assez facile d'en discourir *a posteriori*. Et quoi qu'il en soit, quoi qu'il en coûte, l'homme que j'étais, qui s'oblige, devait désormais assumer le forcément mauvais équilibre qu'il avait défini.

L'autorité politique n'a pas eu ce dilemme ; elle l'a rarement. Son intérêt et son éthique étant de se maintenir au pouvoir, elle a dénoncé ce qui pouvait la fragiliser. Cette mort est devenue un crime inacceptable. Elle avait pourtant contribué à l'engendrer. Elle occultait l'inacceptable responsabilité de nous avoir rendus incapables d'agir. La ministre dénonçait les conséquences, mais elle masquait prudemment leurs causes. C'est une pratique malheureusement courante. Les injonctions paradoxales, si banalement et régulièrement évoquées lorsqu'on parle de management, sont assez généralisées. Elles sont aujourd'hui l'apanage et l'habitude de chefs qui ni ne s'obligent, ni ne s'empêchent. La ministre et quelques chefs militaires ne se sont pas beaucoup sentis « obligés ». J'imagine que leur conscience doit infatigablement les interroger.

Je me réveille serein. Je crois que la morale est plus forte.

7°/ quatrième jour d'audience

« Tu as bien dormi ? »

« Oui. »

Le réveil vient de sonner. Il est 7 h 30. Il fait encore nuit noire dehors. Mécaniquement, Florence et moi nous levons pour aller jusqu'à la trop petite cuisine des appartements parisiens modernes prendre notre premier repas de la journée. Ce n'est pas le moment des grandes discussions. Ce temps matinal est compté. Quelques paroles ponctuent notre café et deux ou trois tartines. Nous parlons des garçons et de la perspective du week-end à Chantilly avec eux. Nous les rejoindrons ce soir, après l'audience, en voiture. Ils nous manquent et je sais de nos échanges du soir qu'on leur manque aussi. Ils sont inquiets sans pouvoir se rassurer ou partager cette inquiétude qu'ils gardent par obligation. Cette perspective de les retrouver dessine un horizon réjouissant. Avoir un horizon quel qu'il soit permet d'affronter le réel et de lever un peu les yeux et la tête, même en mode survie.

Florence m'annonce ceux qui l'accompagneront aujourd'hui. L'expérience des premiers jours nous montre qu'outre ceux qui se sont proposés, d'autres viennent s'ajouter. Ils nous témoignent chacun une fidélité qui en vient à modifier le climat des audiences. Ces amitiés allègent notre fardeau et contribuent à nous détourner de l'obsession que le procès nous imposerait sinon. Hélie de Saint Marc m'avait dit en me regardant avec ses yeux profonds et cette fois rieurs : « vous allez voir, vous allez refaire votre carnet d'adresses ; c'est un exercice intéressant. » Le mot « intéressant », dans sa bienveillante neutralité, n'était pas choisi par hasard ! Il ouvrait tous les possibles. Il ne croyait pas si bien dire et je ne m'attendais pas à ce qui nous arrive. Notre carnet d'amis se renforce plus qu'il ne s'érode, ce qui n'a pas été son cas dans la période troublée de la guerre d'Algérie. Peu d'adresses disparaissent de nos radars. J'ai eu trois ou quatre désillusions avec quelques camarades militaires. Elles sont sans gravité. L'un d'entre eux, avec qui j'étais au Kosovo, n'a pas répondu à ma demande de venir témoigner sur le comportement et les agissements du général Poncet qu'il côtoyait en Côte d'Ivoire. Et voilà que deux jours avant le procès, il m'appelle pour bafouiller des excuses verbeuses. Il ne viendra pas. Il me souhaite « bonne chance ». Je suis médusé. Il m'explique de façon à peine voilée privilégier les dividendes de sa brillante carrière. Les risques de venir témoigner lui ont été signifiés, comme à mes deux camarades de promotion – qui sont venus, eux. Pour lui, c'est non. Sur le même ton mi-grave, mi-espiègle, le vieux sage de Saint Marc m'avait recommandé de

« dépassionner les désertions ». J'ai raccroché. Cet ami, comme quelques autres, a disparu sans bruit et sans déception durable. Ainsi va la vie.

À l'inverse, ceux qui sont là nous offrent la plus formidable preuve d'amitié. Ils nous la témoignent sans restriction. Nous avons besoin d'eux et ils sont présents. Le procès ressemble ainsi à un rassemblement d'amis. S'y retrouvent les Bretons de mon petit village des Côtes d'Armor, les fidèles amis parisiens de Florence, nos amis de La Rochelle, Chambéry, Chantilly et nos familles : de chaque côté, l'un de nos deux parents a sept frères et sœurs. Le nombre de cousins et cousines en est factorisé. Tous ceux qui peuvent venir sont là. Ceux qui ne peuvent pas nous laissent des SMS que nous lisons dans le métro, le matin. Même mes collègues de travail m'offrent le cadeau de leur présence ou de leurs messages. Je suis très touché. À tous, je suis excessivement redevable.

Six SMS sont parvenus jusqu'au téléphone de Florence ce matin. Ces SMS nous rattachent à l'affection de leurs auteurs, que même l'impersonnalité du métro ne parvient pas à contrarier. L'une de mes quatre filleul(e)s est religieuse au sein d'une jeune communauté. En plus d'une chaîne de prières déployée dans toute sa congrégation et sur tous les continents, elle m'adresse tous les jours une petite prière qui me raccroche à ma foi catholique et à son message essentiel d'espérance. Je sais aussi qu'une amie très chère décédée récemment m'a emporté avec elle. Elle me l'a dit en m'embrassant après nous être dit « au revoir » sur son lit de mort. Un peu de spiritualité se joint ainsi aux amitiés terrestres. Ces adjuvants sont primordiaux. Ils m'apportent, dans ces temps singuliers, un peu de profondeur qui me rassérène. Tous les plans de ma vie ne sont pas foutus. D'autres que celui que je vis en direct ont de la valeur. Peut-être même ai-je de la valeur dans ces autres plans.

En arrivant dans le grand vestibule du Palais de justice, nous retrouvons trois piliers de notre réseau d'amis. Ils sont présents tous les jours. Il y a là un oncle qui a accepté de conduire l'association de défense. Mon père qui l'a créée est très affaibli. Il est sous oxygène, fragile, et très peu mobile. Il ne viendra pas au procès, pas plus que ma mère qui l'assiste dans ses vicissitudes de santé. Même s'ils suivent de manière indirecte les journées d'audiences, par les comptes-rendus des uns et des autres, leur absence physique du tribunal accentue leur inquiétude. La proximité ou l'éloignement modifient singulièrement l'architecture des émotions. On se manque réciproquement beaucoup. Je les appelle un jour sur deux. Mon oncle est vice-président du tribunal de commerce de Paris. C'est un homme d'une immense sagesse et de grand conseil, capable de décoder une partie des débats. Il sait isoler le grave du relatif, l'erreur de la faute. Il a le jugement juste et le conseil précieux.

Un autre de mes oncles l'accompagne, ancien général, fils, petit-fils et arrière-petit-fils de général, descendant d'officiers qui ont compté pour la France durant les deux guerres mondiales. J'ai repris ce lignage militaire pour ma génération. Lui est un officier de la guerre froide. Il n'a pas connu de conflit. Il n'a pas été engagé sur une quelconque opération. Sans en découvrir les réalités, il s'interroge beaucoup sur l'irruption du droit et de la justice dans les interventions militaires. Avec l'expérience de ses étoiles et de sa vie dans les hautes sphères politico-militaires, il cherche, au-delà de la seule mort de Mahé, des explications à ce procès.

Le troisième homme de ce groupe de fidèles est une relation de mon petit village de Bretagne nord. Sa culture et son humanité égalent sa discrétion et son attention. Sa délicatesse et sa pudeur signent sa personnalité. Il a été choqué par cette affaire, son déballage et sa judiciarisation – comme beaucoup qui me l'ont écrit. Il a fait la guerre d'Algérie en tant qu'appelé. Il n'en a jamais parlé à personne, comme presque tous ceux qui ont fait une guerre. Il me fait ce matin l'aveu de revivre à travers mon histoire quelques situations qu'il a connues.

Sans le savoir, il est un contemporain et un frère d'armes du père du juge Leurent. Hier soir, un coup de téléphone très inattendu d'une amie de Florence nous a apporté cette information. L'improbabilité de cet appel téléphonique en fait un petit miracle. Cette amie nous apprend que le père du président de la cour d'assises qui me juge a fait la guerre d'Algérie. Il a relaté sa guerre dans des mémoires qu'elle a pu lire malgré leur grande confidentialité ; moins de dix exemplaires ont été imprimés. Sans nous en dire davantage, on comprend que sa guerre n'a pas été paisible et qu'il a vu ou commis des actes qui ne se partagent ni en famille, ni dans des salons parisiens. Cette révélation peut expliquer l'attention que met le président à décortiquer les mécanismes qui ont conduit à la mort de Mahé. Elle peut traduire ses questions sur la religion ou la morale, sur les causes profondes et les facteurs déclenchants comme pourraient le dire cliniquement ceux qui enquêtent sur des accidents industriels. Elle éclaire les controverses sur l'ordre et la subordination des fins et des moyens. Elle sous-tend sa curiosité sur l'environnement des militaires en opération. Ses interrogations personnelles renforcent le professionnalisme et la très grande rigueur morale et intellectuelle de ce juge d'exception.

Je profite des quelques instants qui précèdent l'audience pour parler de cet échange téléphonique à mon avocat. Il me regarde interloqué. Bien sûr qu'il ne peut rien faire de cette information. Mais tous les deux, nous savons maintenant que le juge Leurent, à travers moi, cherche peut-être à comprendre aussi son père. Où le positionne-t-il sur le spectre qui va du salaud au héros ?

Florence me quitte pour accueillir nos amis, effectivement plus nombreux que prévu. Nous montons les escaliers qui mènent à la grande salle d'audience. La cour est annoncée, rentre et s'assoit. « L'audience est ouverte ». La formule est prononcée par le président que les révélations de la veille au soir font apparaître sous un nouveau jour, sans qu'il le sache. Cette journée, la dernière de la semaine, doit entendre des témoins assez directs des faits. Ils sont tous des militaires placés sous mon commandement du Groupement Tactique Interarmes n 2 dans l'Ouest de la Côte d'Ivoire au printemps 2005.

Il revient au président d'organiser tout le planning d'un procès. Pour l'affaire Mahé, il semble l'avoir fait avec une logique en tête : multiplier les témoignages conduisant à démontrer que j'ai bien donné l'ordre de tuer Mahé. Cette journée était censée surenchérir sur celle d'hier. Mais maintenant que j'ai reconnu ma responsabilité, cette journée sauf quelques détails devrait perdre de son importance. Pas tant pour moi. Je vais découvrir avec intérêt, parfois avec amertume, des animosités voire des griefs qu'il n'est jamais agréable d'entendre. Le président les connaît. Il voulait en jouer. Aucun des témoins du jour n'est là par hasard. J'ai aussi lu les dépositions faites lors de l'enquête par ces témoins en parcourant tout le dossier d'instruction. Certaines m'ont chagriné.

Audition du capitaine de Larminat

Messieurs les gendarmes, merci de bien vouloir faire entrer le capitaine de Larminat.

Le capitaine porte un nom célèbre. Il est lui aussi, issu d'une famille de militaires. Le général de Larminat a combattu durant les deux guerres mondiales. Lors de la Seconde, il est fait Compagnon de la Libération pour son ralliement au général de Gaulle tandis que le pouvoir de Vichy le condamne à mort par contumace pour cette trahison. La justice est loyaliste, quoi qu'il arrive. Le mal et le bien qu'elle juge sont parfois équivoques. Ils sont, *in fine*, le mal et le bien du pouvoir en place. Le mal au regard d'un pouvoir illégitime reste le mal. Combien de résistants en sont ainsi morts entre 1940 et 1945 ? Combien de militaires, pour qui la loyauté est une vertu cardinale, ont pu avoir, comme l'aïeul de ce capitaine, un doute existentiel quant au pouvoir à servir ? Le général de Larminat devient haut-commissaire de l'Afrique française libre. Il débarque ensuite en Provence, puis commande les forces de l'Ouest qui libéreront Royan, La Rochelle et Lorient. Il est assez vite mis à la retraite après-guerre, eu égard à son âge, avant que de Gaulle ne le nomme en juin 1962 président de la cour militaire de justice chargée de juger les participants au putsch d'Alger. Le 1er juillet, quinze jours après sa nomination, il se suicide à son domicile en se tirant une balle dans la bouche. Messmer dira que ce suicide exprime un refus de « juger des hommes qu'il condamnait en conscience mais dont il comprenait trop bien l'indiscipline ». Le général de Larminat personnifie les tourments qui naissent de la confrontation du monde militaire, de la sphère politique et de la justice : condamné à mort pour avoir rallié le général de Gaulle, il est appelé par lui à pouvoir condamner à mort des officiers qui l'ont rejeté. Il incarne particulièrement les vicissitudes de la fidélité et de la discipline – deux qualités qui se rejoignent dans celle de loyauté et dans la conscience intime d'un militaire.

Sous mon autorité, son descendant était officier de liaison auprès de deux bataillons bangladeshis de l'ONUCI et de la police de l'ONU. Il était logé à Bangolo avec le PRIAC de Raugel, au cœur de la zone de confiance.

Il pénètre dans la salle d'audience en tenue militaire de chasseur alpin. Après avoir pris place à la barre, avoir décliné ses noms et qualités puis juré de dire toute la vérité, il répond aux questions du président. Elles s'enchaînent jusqu'à l'ordre de remonter Mahé vers Man. Il revient sur notre mission qui, d'une séparation entre le Nord et le Sud, a dérivé pour devenir une mission de police destinée à mettre fin aux actions de banditisme. Il souligne la trop brève présence des forces spéciales, envoyées par Abidjan et le général Poncet pour obtenir du résultat. Il insiste sur l'impasse sécuritaire dans laquelle nous étions et sur la pression de la population qui nous demandait des comptes. Il reprend la chronologie à partir du matin. Il confirme que Mahé a été reconnu par trois témoins.

Q : *Qu'avez-vous entendu de l'ordre du colonel Burgaud ?*

R : *L'adjudant-chef Raugel avait mis son téléphone sur haut-parleur et j'ai entendu la même chose que lui : "remontez Mahé sur Man, roulez doucement". L'adjudant-chef Raugel a fait répéter le colonel Burgaud qui a rajouté "vous m'avez compris". C'était insidieux après avoir demandé son état de santé qui paraissait grave.*

Q : *Et qu'avez-vous compris ?*

R : *Je n'ai pas eu le temps de réfléchir. J'ai bien compris que dans l'esprit du chef, l'idéal est que le blessé décède de ses blessures. Il y a eu cette conversation sournoise et ambiguë, et je suis dans une impasse. En même temps, il faut bien que je dise quelque chose à l'adjudant-chef. Sur place, le mot illégal, on ne l'a pas en tête.*

Q : *Lorsque vous dites que l'ordre n'était pas clair et que vous n'avez pas eu le temps, vous pouviez tout de même interroger le capitaine Ricard*[48] *qui était avec vous.*

R : *Je ne l'ai pas fait. Je viens d'une famille où l'on m'a appris à ne pas dire non. Ce jour-là, je n'ai pas trouvé le ressort, ni pour dire à mon chef que je n'avais pas compris, ni pour lui dire non.*

Q : *Le convoi n'est pas parti tout de suite. Le capitaine Ricard, que l'ordre qu'il avait entendu de Raugel mettait mal à l'aise, a retardé le départ jusqu'à ce que le colonel Burgaud lui confirme. Ça vous laissait du temps.*

R : *Je ne me rappelle plus. Je me le reproche. J'ai été lâche. Je n'aurais pas dû laisser faire.*

Q : *Qui a décidé du convoi ?*

R : *Il me semble que j'ai proposé sa composition : que le blindé de l'adjudant-chef soit escorté par deux véhicules de la section de renseignement qui renforçait le PRIAC pour tenter de prendre Mahé en flagrant délit.*

Je n'avais plus ce niveau de précision dans mes souvenirs. Le capitaine de Larminat contredit ceux qui avancent que j'ai désigné l'adjudant-chef Raugel envers qui j'avais une telle confiance que je pressentais qu'il exécuterait cet ordre illégal sans état d'âme.

Q : *Qu'est-il arrivé par la suite ?*

R : *Je me suis senti très mal. J'ai demandé à voir le colonel Burgaud. Il m'a reçu. Il s'est expliqué. Il m'a dit que ce n'était pas une décision qu'on prenait seul. Il voulait sans doute dire que le général Poncet était dans la boucle. Le colonel Burgaud m'a dit de me reposer pendant 2 jours à Man. J'ai vu le médecin chef et l'aumônier. On en a parlé. Ils étaient au courant.*

Q : *Y a-t-il eu des consignes de ne rien dire et de garder cette mort secrète ?*

R : *Non. Pas pour ce qui me concerne. Je n'ai eu aucune forme de pression hiérarchique pour tenir ma langue.*

C'est l'avocate générale qui entame le jeu des questions après que le président lui a proposé la parole.

---

[48] Rappel : l'adjoint du capitaine Le Segrétain qui commandait le PRIAC de l'adjudant-chef Raugel.

Q : *Vous ne pouviez vraiment pas résister à cet ordre ? En fait, si j'entends bien, vous aviez en réalité le temps pour le faire.*

R : *D'abord, on m'a appris à ne pas aller contre un ordre. Ce n'est pas le seul fait de ma formation militaire, ni la pression de la hiérarchie : c'est mon éducation et puis c'est mon caractère. Je n'ai pas eu le ressort de demander des précisions et pas eu le courage de m'opposer à cet ordre. J'étais prisonnier entre ce qu'on croit comprendre, ce qu'on ne veut pas accepter de comprendre et ce qu'on ne veut pas dire. Ensuite, je vous redis que je n'ai pas trouvé le temps.*

Merci, je n'ai pas d'autre question.

Maître Gublin : *Je note que votre aïeul a su dire non, par deux fois, en engageant même sa vie. De quelle nature était votre trouble lorsque vous avez entendu l'ordre dont il est question ?*

R : *Mon trouble a été double. Vis-à-vis du colonel qui donnait un ordre sournois et perfide. Vis-à-vis de moi-même qui n'ai eu ni l'énergie, ni le courage de demander des éclaircissements et de m'opposer à ce que j'avais compris.*

Q : *Votre sentiment de culpabilité ne s'analyse-t-il qu'en regard du droit ?*

R : *C'est difficile à dire. Les règles de droit qui s'ajoutaient aux ordres disaient qu'on aurait dû amener Mahé au sud puisqu'il relevait d'une ethnie du Sud. Je savais qu'il serait relâché. L'emmener vers le nord était déjà une entorse au droit. Cette entorse-là ne m'a pas bouleversé. C'est véritablement le "roulez doucement" qui a généré ce sentiment qu'on franchissait la barrière du droit pour passer dans le non-droit.*

Je pense que mon avocat voulait lui faire dire que les horreurs de Mahé avaient aussi contribué au laisser-faire du capitaine de Larminat. Il répond à côté de la question ou de son intention. Mais sa réponse laisse en creux à penser que le sort de la centaine de victimes de Mahé ne comptait pas vraiment pour lui. Maître Gublin n'insiste pas.

Q : *Pour vous, combien y a-t-il eu de coups de téléphone ?*

R : *Deux. Un premier qui demandait l'état de santé, l'autre qui disait de rouler doucement.*

Q : *L'adjudant-chef parle d'un troisième coup de téléphone.*

R : *Je n'en ai entendu que deux.*

Q : *Est-ce vous, mon capitaine, qui avez informé le colonel que Mahé avait été blessé puis capturé ?*

R : *Non, ce n'est pas moi.*

Q : *Au-delà de votre état de santé, que s'est-il passé par la suite dans la zone de confiance ?*

R : *Après la mort de Mahé, tout s'est arrêté du jour au lendemain. Le calme est revenu. La population nous manifestait sa reconnaissance. Nous étions des héros. L'ONUCI a été très satisfaite de la neutralisation de Firmin Mahé. Les Bangladeshis ne parlaient que de ça.*

Les questions se terminent. Le président remercie le capitaine de Larminat qui, visiblement soulagé, quitte la salle d'audience. Il est remplacé par le capitaine Ricard, qui prête à son tour le serment de tous les témoins.

Audition du capitaine Ricard

Q : *Revenons s'il vous plaît sur les événements du matin. Vous étiez avec le PRIAC et avec l'adjudant-chef Raugel à Bangolo, n'est-ce pas ?*

R : *Oui monsieur le président, j'étais à Bangolo durant toute la journée du 13 mai. C'est moi qui ai fait le matin la demande de renfort d'un hélicoptère pour rechercher Mahé. Je cherchais à assister l'adjudant-chef Raugel.*

Q : *Donc, vous saviez que Mahé avait été blessé par un tir du maréchal des logis Bonneau ?*

R : *Non, absolument pas. Le maréchal des logis Bonneau en a rendu compte directement au lieutenant-colonel Neviaski. Je n'ai appris ce tir que l'après-midi ou le lendemain. Plutôt l'après-midi : je me rappelle que le capitaine Le Segrétain a appelé Bangolo en fin d'après-midi, furieux de découvrir le tir du matin par le PC du GTIA.*

Q : *Je ne comprends plus trop le lien entre les comptes-rendus et la hiérarchie. Vous êtes de ceux qui vous plaigniez du commandement parfois direct du colonel avec le PRIAC, et vous convenez que les comptes-rendus remontants sautent l'échelon hiérarchique du capitaine qui n'est donc plus capable de renseigner le colonel ?*

R : *C'est comme cela que ça s'est passé. C'est la vérité.*

Q : *C'est peut-être la vérité, mais reconnaissez que ce n'est pas normal.*

R : *Je le reconnais.*

Q : *Comment l'expliquez-vous ?*

R : *Je ne l'explique pas.*

Q : *Est-ce que le fait que ce tir n'a visiblement pas relevé de la légitime défense pourrait être une explication ? Avez-vous vu l'arme que Mahé aurait utilisée contre le maréchal des logis Bonneau ?*

R : *Je n'étais pas sur place au moment du tir de Bonneau et je ne peux donc pas en parler. On m'a montré l'arme le lendemain*

Le président l'interrompt : *Ce serait avant ; des témoins directs parlent de l'après-midi du 13 mai.*

R : *Je sais que je l'ai vue à Bangolo. Pour le reste et pour être plus précis, je ne sais plus.*

Nous nous regardons avec maître Gublin. Visiblement, personne n'est à l'aise avec ce tir du matin. Pas plus la justice que le capitaine Ricard qui paraît tout faire pour l'évacuer.

Q : *Passons aux ordres donnés par le colonel Burgaud. Quels étaient-ils ?*

R : *L'ordre était de remonter Mahé blessé vers Man dans un véhicule du PRIAC. Je n'ai jamais entendu le "roulez doucement" comme j'ai pu le lire dans la presse. Je n'ai pas non plus entendu Raugel et de Larminat parler de "roulez doucement".*

Q : *Mais vous avez retardé le départ du convoi pour avoir confirmation de cet ordre que le "roulez doucement" rendait illégal ?*

R : *L'illégalité ne venait pas de ce "rouler doucement" que je n'ai pas entendu. Elle venait d'abord de l'utilisation d'un véhicule militaire pour transporter un blessé civil. C'est interdit. Vous comprenez que si le civil meurt dans un véhicule militaire, on devient responsable de la mort du blessé. Il a ainsi fallu demander l'autorisation au général Poncet pour transporter un blessé bangladeshi lors de l'attaque de Bangolo en mars*[49]*. Elle venait ensuite d'un transport vers le nord alors que Mahé relevait, par son appartenance ethnique, des autorités du Sud. C'est pour ça que j'ai demandé cette confirmation. Comme je n'arrivais pas à joindre mon capitaine (Le Segrétain) qui était en déplacement, j'ai appelé directement le colonel Burgaud. En plus, je n'étais pas trop d'accord avec la composition du convoi.*

Q : *C'est-à-dire ?*

R : *Le mix de véhicules entre le PRIAC et la section de renseignement ne me plaisait pas. Il y avait une petite rivalité entre ces deux unités, et les faire remonter ensemble vers Man ne me plaisait pas. Je me suis engueulé avec Raugel à ce sujet.*

Q : *Qu'avez-vous à ajouter ?*

R : *Deux points : le premier, Mahé, lorsqu'il arrive dans le poste de Bangolo, se réveille brutalement d'un semi-coma et mord l'infirmier qui s'occupe de lui. C'est là qu'il a été frappé pour l'arrêter. Et puis, il récite la chahada, une profession de foi musulmane qui se dit notamment lorsqu'on est mourant ou qu'on accompagne un mourant. Et il replonge dans un état*

---

[49] Décrite chapitre 9.

comateux. Dernier point : Je n'ai pour ma part appris les circonstances de la mort de Mahé que par l'enquête de commandement, cinq mois après les faits.

Le président : *Merci mon capitaine, vous pouvez rejoindre la salle. L'audience est suspendue – reprise des débats à 14 heures.*

Nous nous regardons avec maître Gublin. Il semble aussi troublé que moi par ces deux témoignages : deux capitaines au même endroit au même moment ne voient ni n'entendent la même chose. Je lui demande ce qu'il faut en retenir, ou plutôt ce que les jurés peuvent en retenir. Il m'assure que ce genre de situation est fréquent. Chacun a sa vérité, chacun voit une scène avec son prisme. Personne ne voit jamais rigoureusement la même chose que son voisin. Son jugement est quant à lui implacable. Des deux témoins du jour, le premier semble psychologiquement fragile et le second sélectivement légaliste. Les deux sont sujets à caution. Le problème est de trier ce qui est vrai de ce qui est douteux dans ce qu'ils disent tous les deux. L'intéressant pour nous, c'est qu'ils fragilisent des certitudes : sur la composition du convoi, sur ma désignation de Raugel pour transporter Mahé, sur la légalité du tir du matin. Ils introduisent des incertitudes qui sont toujours bonnes pour la défense ; le doute profite aux accusés. Le témoignage de Ricard fait apparaître un vrai problème avec l'escadron : il n'est pas tenu par son capitaine. Il n'est visiblement pas au courant de grand-chose. Il sera entendu lundi et maître Gublin aura quelques questions à lui poser.

Je rejoins Florence et nos amis. Mon oncle juge auprès du tribunal de commerce ne cache pas lui non plus ses interrogations. Ces deux témoignages fragilisent plutôt l'accusation : ils introduisent des nuances, voire des doutes. Ils font état d'un manque de rigueur de mes subordonnés. Mon oncle général reconnaît là la complexité de la réalité de terrain : les accidents arrivent toujours à la suite d'une succession d'erreurs ou de loupés qui s'inscrivent régulièrement très en amont. Parfois, de simples inimitiés suffisent : quelques grandes défaites militaires s'expliquent par un simple conflit de personnes entre un chef et son adjoint ou son subordonné. Le trio Le Segrétain, Ricard et Raugel d'une part, l'inimitié de Neviaski à mon encontre d'autre part, pourraient relever de cette logique.

La vérité s'était éclaircie hier et elle semblait assez simple. Elle est visiblement plus complexe, entre autres dans des malfaçons que certains semblent vouloir cacher derrière la mort provoquée de Mahé. Je prends brutalement conscience que si j'accepte d'endosser mes responsabilités, il n'est pas question d'assumer les turpitudes de mes subordonnés. Il faudra que je le dise à mon avocat après le déjeuner.

Florence regroupe tous nos amis et nous partons manger ensemble. Le commerce a su tirer profit de la présence du Palais de justice : deux brasseries sont accueillantes côté Sainte-Chapelle et préfecture de Police, tandis que la place Dauphine est plus propice aux restaurants tranquilles ; c'est là que maître Gublin m'a emmené hier. Nous choisissons la bien nommée brasserie *Les Deux Palais*. Comme si une règle s'était installée, nous parlons d'autre chose. La perspective de nos week-ends est un bon exutoire à cette curieuse matinée. L'idée que je ne vais pas porter toutes les erreurs des autres m'obnubile. Deux subordonnés me semblent avoir des médiocrités à se reprocher. Ce sera à maître Gublin de les passer à la question.

À peine un café avalé, nous traversons tout le Palais de justice pour reprendre les escaliers qui mènent à la salle d'audience. Je retrouve ma cousine avocate absente ce matin. Elle aussi me témoigne d'une grande amitié qui va au-delà de nos liens familiaux. Sa présence m'apaise. Je lui fais un bref résumé de la matinée, interrompu par la reprise des débats. Le maréchal des logis Bonneau, subordonné direct de l'adjudant-chef Raugel et auteur du tir du matin contre Mahé s'avance à la barre.

Audition du maréchal des logis Bonneau

Q : *Quelles étaient les consignes que vous aviez reçues avant la journée du 13 mai ?*

R : *L'Idée générale qui se vérifiait chaque jour un peu plus était que Firmin Mahé était un salopard. Il faisait subir à la population et à la zone de confiance des souffrances inacceptables. J'ai personnellement ramassé plusieurs victimes de Mahé. Je vous assure que ce n'était pas chouette. J'avais compris qu'on pouvait tuer Mahé sans être trop contraint par la légitime défense. C'est ce qui s'est passé.*

Q : *Avez-vous eu cet ordre formellement ou l'avez-vous compris ?*

R : *Je l'ai compris. Ça ne m'a pas étonné du tout. Chaque jour on était confronté à des exactions. C'était effectivement la solution. Quand on vous dit "mettre hors d'état de nuire" ou "neutraliser", ça veut dire quoi pratiquement ? Ce sont des mots, des paroles qui sonnent bien dans le registre de la communication, mais qui ne s'inscrivent pas dans le comment. Quand on vous dit de neutraliser un dangereux criminel qui a une centaine de meurtres à son actif, vous comprenez quoi ? Moi, j'ai compris que mettre hors d'état de nuire Mahé pouvait valoir quelques entorses à la règle de légitime défense. C'est ce qui a été fait. Il y a ceux qui parlent et ceux qui agissent. Et la justice appelle maintenant ça un meurtre. Moi, j'ai compris que la légitime défense était un frein qui ne devait pas forcément nous bloquer si nous croisions Mahé.*

Q : *Racontez-nous votre rencontre avec Firmin Mahé.*

R : *J'étais dans mon engin blindé en patrouille. J'avais avec moi un informateur. On le croise. Il était accompagné. L'informateur le reconnaît. J'arrête le blindé. Je vais vers lui et là il sort son arme et s'enfuit. Je fais des sommations auxquelles il ne répond pas : il continue de courir vers le bord de la route où il y a une végétation très dense. Je fais un tir réflexe dans ses jambes. Je ne sais pas si je le touche. Je crois que je tire une vingtaine de balles pour essayer de l'arrêter.*

Q : *Je ne vous entends pas dire que Mahé vous a tiré dessus. Par contre, vous nous dites avoir tiré alors qu'il s'enfuyait. Vous aviez donc pleinement conscience que ces tirs ont été effectués en dehors du cadre légal ?*

R : *Oui.*

Q : *À qui rendez-vous compte de ce tir ?*

R : *J'ai rendu compte au lieutenant-colonel Neviaski et à la radio au capitaine Le Segrétain dans les 30 minutes qui ont suivi. Je leur ai parlé de tirs de sommation et que je pouvais l'avoir touché. Avant, j'ai tenté de rechercher Mahé dans la végétation qui bordait la route. Je me disais qu'il n'avait pas pu aller bien loin si je l'avais touché. Je ne l'ai pas trouvé.*

Q : *Et ensuite.*

R : *Je suis rentré à Bangolo. J'étais en patrouille depuis quatre heures du matin. C'était souvent dans les premières heures du jour que Mahé commettait ses crimes. On sortait tôt pour essayer de l'en empêcher ou de le choper en flagrant délit. Le reste de la journée, je suis resté dans les locaux du PRIAC à me reposer. Vous savez, on était crevé.*

Q : *Vous n'avez pas assisté aux événements du soir ?*

R : *Non.*

Q : *Avez-vous quelque chose à ajouter ?*

R : *Oui : j'ai honte pour la République française de voir ici mes camarades jugés dans une cour d'assises. C'est une injustice. On a rempli la mission. On a protégé la population d'un criminel. Et ils sont là. C'est injuste, très injuste.*

La très grande sincérité du maréchal des logis Bonneau fonctionne comme un repoussoir. Aucune question ne s'ajoute au sentiment d'infamie qu'il vient d'exprimer. C'est comme s'il jetait un sort. En s'adressant aux représentants de la justice, il s'adresse à la République qu'il a lui aussi servie avec abnégation. L'avocate générale baisse la tête. La flèche l'a touchée. Les jurés populaires regardent leurs notes. L'indignité les recouvre. Plusieurs remâchent cette impression depuis le début du procès. C'est ce que certains exprimaient dans le métro le premier jour : « que fait-on ici ? »

Maître Gublin se penche vers moi et vers ma cousine. Le tir du matin est visiblement aussi illégal que mon ordre du soir, et la justice ne l'a pas épinglé. Cette sélectivité de la justice est coupable. Il l'enregistre pour sa plaidoirie. Bonneau confirme que Neviaski et Le Segrétain ont reçu le compte-rendu du tir du matin sans me le transmettre, voire pour Le Segrétain en feignant peut-être même de l'ignorer. Je découvre cette infidélité qui me peine d'autant plus que, lors de l'enquête, le capitaine Le Segrétain ne tarissait pas de reproche sur mon commandement direct de Raugel. Ce commandement direct s'avère provoqué par son incurie. J'ai toujours été désarmé par ceux qui, ayant quelque chose à se reprocher, commencent par en accuser les autres d'un ton péremptoire.

Sans rebattre les cartes, cette journée affine la vérité. Je n'en attendais rien, et voilà qu'elle dilue les choses en faisant émerger des contre-courants et des petites vérités alternatives. Je me dis aussi que je n'ai pas été le seul à prendre des libertés avec la vérité pour me défendre. Un capitaine et mon propre dénonciateur d'adjoint ne font pas autrement. Jusqu'ici. Peut-être que leurs auditions infirmeront cette perception. Peut-être que leur conscience les aura travaillés, eux aussi.

Auditions des sergents Peyrou et Mouche

Le témoin suivant est appelé par le président. C'est encore un membre du PRIAC. Il était avec le maréchal des logis Bonneau dont il confirme toutes les déclarations. L'illégalité du tir du matin est prudemment escamotée. Je ne peux m'empêcher de penser que cette illégalité a peut-être joué dans la mort provoquée de Mahé. Cette pensée ne peut qu'être parasite : un Mahé soigné qui porte plainte pour tentative de meurtre par des soldats français lui ayant tiré dessus en dehors des règles de la légitime défense ! Les autorités militaires, judiciaires ou politiques qui donneraient suite ! Je m'égare sans doute. Les dernières paroles de ce témoin claquent autant que celle de son supérieur :

J'ai été trois fois en Côte d'Ivoire et une fois en Afghanistan. C'est la première et la seule fois qu'on servait vraiment à quelque chose. Les quatre inculpés qui sont en face de vous n'ont rien à faire ici.

Les jurés réagissent à ce second anathème comme au premier : « et nous alors, que fait-on là ? » semble se lire sur leur visage.

Une seule question est posée par l'avocate générale sur d'éventuels ordres à garder secrète cette histoire.

Tout le monde comprenait, sans ordre précis, qu'il ne fallait pas poser de question ni en parler. Pour protéger les hommes, le bataillon et la mission.

Le sergent Mouche qui lui succède à la barre est celui qui a récupéré Mahé blessé le soir. Il faisait partie du dispositif mis en place avec cette intention. Il n'est pas un homme du PRIAC, mais de l'unité « concurrente », la section de renseignement, une section d'élite du 13e BCA. Il est le dernier témoin de la journée et de la semaine.

Il revient d'abord, via les questions du président, sur les jours qui ont précédé l'arrestation puis la mort de Mahé. Je l'entends dire ce que je sais : j'ai engagé son unité d'une quinzaine d'hommes spécialisés dans la recherche du renseignement pour renforcer les capacités du PRIAC. Je leur ai donné deux axes majeurs à surveiller. Je suis passé les voir. Les ordres étaient clairs : rechercher le flagrant délit. Une fois ce flagrant délit réalisé, intervenir en provoquant un état de légitime défense pour pouvoir mettre Mahé « hors d'état de nuire ». Ils ont fait ce qu'ils savent faire : s'appuyer sur les renseignements de la population pour resserrer l'étau autour d'une zone ou d'individus proches de Mahé. Il reconnaît qu'en Afrique, il est très difficile d'obtenir et de recouper du renseignement. Il a servi au Kosovo et en Bosnie, et c'était plus facile. Là, ils ont ramé.

Il a suivi à la radio l'interception du matin et le tir. Le PC du GTIA a organisé le dispositif pour encercler la zone dans laquelle Mahé s'était enfui. C'est lui qui, le soir, en patrouillant sur une piste, a trouvé Mahé à moitié inconscient dans le fossé. L'ordre qu'il a reçu par la radio a été de le remonter à Bangolo. À Bangolo, il a laissé le PRIAC s'occuper du blessé. Il a vu Mahé mordre l'infirmier. Il a réagi et fait preuve de son désaccord lorsqu'il a vu que Mahé était violenté. Ça s'est arrêté. Des soins lui ont été apportés. Il a ensuite entendu comme d'autres qui étaient présents qu'il fallait remonter le blessé vers Man et qu'il fallait « rouler doucement ».

Il s'est étonné tout haut de ce « roulez doucement ». Tout le monde avait compris la même chose : « c'est ce qu'on a compris. C'était un sentiment. Rien de clair n'a été dit » et aucun plus gradé que lui n'a dit non. Alors il n'a pas insisté.

Il a eu du mal à digérer ce qui s'est passé. Il a demandé à me voir. Je l'ai reçu. J'ai expliqué. La sécurité de la population pouvait valoir la mort de ce bandit. J'ai dit que je n'avais pas été seul à décider et que j'assumais ma part de cette décision. Et il s'est tu. Son unité a été très vite engagée sur une autre mission. Et l'horreur du village de Guitrozon est arrivée. Avec ce drame des milliers d'Ivoiriens ont fui la zone de confiance. Il a donc fallu sécuriser sa limite sud contre les incursions de milices et de mercenaires. Deux de ses camarades ont été infiltrés à Duékoué pour fournir du renseignement et alerter le GTIA en amont de mauvais coups. Leur vie était en danger : le colonel Yedess qui commandait les forces loyalistes à Duékoué avait prévenu que tout soldat français pénétrant dans sa zone serait comme mort. Il a même personnellement menacé de me tuer si je venais à franchir la limite sud de la zone de confiance. Un commando d'exfiltration était positionné pour prévenir cette extrémité. De toutes les missions qu'il a faites, celle-là était la plus violente.

Il n'y a pas vraiment de nouveautés dans ces dernières dépositions. Il n'y a donc pas de questions particulières. La vérité judiciaire s'est affinée. Je ne suis pas responsable de tout. La suite des audiences l'établira.

En attendant, le président clôt la séance et annonce la reprise de l'audience lundi 3 décembre à 9 heures. Personne ne demande trop son reste. On est vendredi soir. Avec Florence, nous quittons rapidement le Palais de justice pour rejoindre l'appartement de mes beaux-parents et notre voiture. Nous prenons aussitôt la route pour Chantilly et vers nos deux garçons.

Sur la route vers Chantilly

C'est au niveau du Stade de France que nous recevons l'appel d'un autre de mes camarades de promotion. Il est gendarme. Nous sommes très amis. Nous avons fait plusieurs stages montagne ensemble avant qu'il ne commande le Peloton de gendarmerie de haute montagne de Haute-Savoie à Chamonix[50]. Nous nous sommes ensuite retrouvés au Kosovo. Il dirigeait un détachement de l'unité des forces spéciales que j'avais sollicitée pour une intervention particulièrement sensible et dangereuse[51]. Auparavant, il avait servi au GIGN[52]. Il suit de près le procès, via les articles du *Monde* notamment. Il a lu celui d'hier. Aucun n'est paru aujourd'hui. Il vient aux nouvelles.

Je lui résume la première semaine d'audience que suivent comme lui un très grand nombre de militaires. Il me redit son sentiment : ce procès est une anomalie. Bien sûr, les conditions de la mort de Mahé ne sont pas convenables. Mais sa mort est compréhensible. La mission que nous avons

---

[50] PGHM de Chamonix – unité de gendarmerie spécialisée dans les secours en montagne.

[51] Opération qui sera abordé dans le chapitre sur la 7e journée du procès.

[52] Groupe d'Intervention de la Gendarmerie nationale.

reçue et la criminalité de Mahé peuvent la justifier. Il est bien placé pour en parler. En qualité d'officier adjoint au GIGN, il est intervenu et a été très grièvement blessé à Ouvéa. Il incarne ce « sens sacré de la mission » qui la place au-dessus de sa propre vie. Nous partageons cette originalité de savoir le prix d'une vie et pour quelle cause nous sommes capables de donner la nôtre.

L'après Ouvéa a donné lieu à de nombreuses controverses. Le pouvoir politique et les indépendantistes se sont mutuellement rejeté la responsabilité d'assassinats. Des deux côtés, symétriquement, il est question de blessés achevés ou d'exécutions sommaires. À la suite d'une enquête de commandement, Jean-Pierre Chevènement, ministre de la Défense du gouvernement Rocard, finit par déclarer « qu'aucun élément de l'instruction ne fait apparaître qu'il y a eu des exécutions sommaires » tout en évoquant des « actes contraires au devoir militaire » et « des points lui paraissant obscurs après l'évacuation d'un des indépendantistes ». Le pouvoir tient bon. Il résiste – sans les éclaircir – à ces polémiques. Il donne parallèlement des gages au FLNKS. Une enquête judiciaire est ainsi ouverte. Elle ne donne rien. Le général Vidal est brutalement remercié. François Mitterrand réélu lui reproche de n'avoir donné d'estimation des morts que du côté militaire, pas du côté indépendantiste. Jamais un militaire, lorsque cette jauge est utilisée[53], ne s'avance sur le nombre de pertes du camp adverse. C'est là un déni de responsabilités. Ce serait donner un prix ou fixer un seuil à la défense de grands principes. La blessure de mon camarade et ses séquelles sont le prix qu'il a accepté de payer. Les preneurs d'otages canaques morts et blessés sont le prix que le pouvoir politique a accepté de payer au nom de l'autorité de la république.

J'ai moi-même été brutalement et à deux reprises rattrapé par ces questions essentielles lorsque j'ai dû apprendre la mort d'un soldat à leur famille. Ce sont là les plus forts instants de responsabilité ; des moments immensément douloureux. Vous êtes en grande tenue, devant une porte. Vous savez qu'en sonnant, vous allez détruire la vie de ceux qui vous ouvrent. Et vous sonnez. C'est votre devoir. Et la porte s'ouvre. Et vous apportez l'indicible. Ces deux fois, j'ai péniblement vécu d'avoir amené chez d'autres le deuil et l'affliction. J'avais à chaque fois préparé ce rendez-vous de l'annonce de la mort avec la réalité du chagrin et de la dévastation.

---

[53] C'est typiquement une demande politique. J'ai été confronté à ce critère de sélection d'un mode d'action au Kosovo – voir 7e jour du procès.

« Pourquoi est-il mort » me paraissait tellement plus important que « comment est-il mort ? » Quand il s'agit de la vie, la question du sens l'emporte sur celle de la forme. L'un était mort pour ainsi dire dans mes bras, son engin blindé s'étant retourné sur lui lors d'un exercice préparatoire à la Côte d'Ivoire. Je lui tenais la main. L'autre en Afghanistan. Je devais « légitimer » ces deux morts tragiques, les élever par un objectif supérieur, éminent, « sacré », vrai. Le « pour quoi ? » devait être clair et noble. Pour l'Afghanistan, je n'ai pas su faire mieux que le président de la République, Nicolas Sarkozy, dans la cour des Invalides devant sept cercueils de soldats morts là-bas, en juillet 2011.

Vous avez accompli votre devoir selon la haute idée que vous vous en faisiez. Vous avez fait vôtres les vertus militaires de discipline, de fidélité, de courage et d'honneur. Vous êtes tombés dans une guerre où des assassins fanatiques et sans honneur cherchent à asservir par la terreur des hommes, des femmes, des enfants désarmés que vous aviez mission de protéger contre cette violence aveugle et meurtrière. C'était une noble mission et vous l'avez accomplie noblement. Vous avez pris de grands risques en partageant la vie quotidienne de ceux que vous deviez défendre, parce que vous saviez que vous ne pouviez pas les défendre de loin, et que vous ne pouviez pas les protéger en vous protégeant vous-même. Vous avez mis votre vie en danger pour sauver d'autres vies. Aucune vie ne peut s'échanger contre une autre vie (...) Vous n'êtes pas morts pour rien, car vous vous êtes sacrifiés pour une grande cause. Vous avez défendu les valeurs de notre pays. Vous avez combattu dans une guerre juste engagée contre une tyrannie qui emprisonnait tout un peuple, qui opprimait les femmes, qui maintenait les enfants dans l'ignorance et qui avait transformé tout un pays en base arrière du terrorisme et de l'obscurantisme. Vous n'êtes pas morts pour rien. Vous êtes morts pour la grande cause des peuples libres qui ont payé leur liberté avec le sang de leurs soldats. On ne devient esclave que lorsque l'on n'a plus la volonté de se défendre. L'armée française, c'est l'affirmation par le peuple français de sa volonté de demeurer libre et de ne jamais devenir l'esclave de quiconque.

La symétrie de ce discours n'est-elle pas la mort de Mahé, aussi moche qu'elle ait pu se produire ? Cet admirable discours met en avant les qualités personnelles des soldats plus qu'un intérêt stratégique et vital. Le verbe est beau. L'émotion est appelée à la rescousse d'une raison largement dépassée. Serait-ce un aveu de faiblesse ? Sauf à être grandiloquent comme peut l'être un président, j'étais quant à moi assez sec pour légitimer la mort en Afghanistan du soldat, que je venais annoncer. Les grands mots ne font pas forcément les causes les plus compréhensibles, surtout pas dans l'intime de la situation dans laquelle je me trouvais. J'étais sec, et surtout très embarrassé pour ce soldat tué en Afghanistan : le maire de la commune, qui normalement et de façon républicaine devait m'accompagner – le protocole le prévoit ainsi – m'avait opposé une fin de non-recevoir au titre que cette famille comptait au nombre de ses opposants. À sept heures du matin, pour éviter que des parents n'apprennent le décès de leur fils par un flash radio, j'étais seul devant leur porte avec moins de mots et d'arguments que le président Sarkozy. Contrairement à lui, j'étais seul devant chez eux, devant eux, avec eux, et la libre République au nom de laquelle leur fils était mort n'avait pas daigné m'accompagner. Je redoutais la question des parents : « que fait l'armée française en Afghanistan ? », sous-entendu : « que fait le cadavre de notre fils en Afghanistan ? ».

Mais oui, dans les deux cas, en Afghanistan et sous cet engin blindé retourné, ces soldats étaient d'abord morts de la haute idée qu'ils se faisaient de leur devoir et de leur mission. Une mission verbeuse, conceptuelle, incomplète qu'ils avaient retravaillée pour la rendre humaine, concrète, sensible ; pour qu'elle mérite leur vie. Cette haute idée est assez singulière dans la société d'aujourd'hui. C'est pour la même idée que j'étais devant une cour d'assises. Cette idée serait-elle trop haute ?

Florence comprend mieux ainsi ce qui me rapproche de ce camarade qu'elle n'a rencontré qu'une seule fois et dont elle sait qu'on partage d'autres souvenirs très forts, en montagne, au GIGN et au Kosovo. L'intensité de nos désillusions est proportionnelle à celle de notre engagement. Pour nous deux, elle est supérieure.

La circulation est fluide. Nous approchons de Chantilly. Je devine l'excitation de mes deux garçons. La nôtre est au moins aussi grande. Elle est aussi teintée de doutes. Qu'allons-nous leur dire ? Que devons-nous leur raconter de cette première semaine ? Ne rien dire n'est-il pas pire que tout ? Le mutisme laisse libre cours à une imagination qui, faute d'être un tant soit peu encadrée, risque de les entraîner dans un pessimisme traumatisant. Nous prenons le parti de résumer cette première semaine lors du dîner de ce soir et de les laisser nous poser leurs questions pour pouvoir répondre à leurs préoccupations, en l'occurrence à leurs angoisses.

En famille

Nous arrivons déjà. Louis et Valentin sont derrière la porte avec leur plus beau sourire. Ils nous sautent dans les bras. Ils ne m'ont pas accueilli comme ça à mon retour de Côte d'Ivoire. Ils m'ont fait la tête pendant deux jours, sans me parler, en m'ignorant. Pour eux, je les avais abandonnés pendant quatre mois. Ils me le faisaient payer. J'ai connu pire. Au Liban, un adjudant-chef a disjoncté en se rappelant brutalement qu'au retour de sa précédente mission, son fils âgé de trois ans l'avait appelé « monsieur ». Un mot, un unique mot anodin et pourtant si terrible de sens l'avait transpercé. Il nous arrive ainsi d'être jugés par nos propres enfants. Ils le font à leur façon, régulièrement dévastatrice. Ils nous reprochent de faire passer notre mission de parent derrière notre engagement militaire. Leur point de vue se défend. Ne faut-il donc pas que cette mission militaire soit effectivement sacrée pour en arriver à une telle hiérarchie des valeurs ? Ou pour reprendre une interrogation précédente, notre sens du devoir ne serait-il pas trop élevé ? Les deux sont liés.

Mes beaux-parents sont juste derrière eux. Heureux aussi de nous retrouver. Je vois bien que, plutôt que de nous poser des questions, leurs yeux cherchent tous les indices de notre inquiétude. C'est Florence qui donne le mieux le change. Ou plutôt, son optimisme naturel, en ce moment renforcé par une espérance inaltérable, transparaît sans artifice. Elle ne peut imaginer que la Justice ne soit pas juste. Je ne suis pas aussi sûr qu'elle pour l'avoir côtoyé de plus près et en avoir découvert certains ressorts.

Le passage de consignes entre mes beaux-parents et nous s'opère rapidement. L'école s'est bien passée. Les activités du mercredi aussi. L'instruction de rester éloigné de la télévision et de la radio a été respectée. Nos appels téléphoniques quotidiens étaient très attendus. Pas de cauchemars ni de crises d'angoisse. Cela ne veut pas dire que tout va bien, mais c'est mieux que pire.

Avant de partir, ma belle-mère nous parle d'un curieux coup de téléphone qu'elle a reçu la veille, auquel elle n'a pas compris grand-chose. C'est le second miracle de ces deux semaines. L'homme qui l'appelle, de très loin visiblement, a un accent impossible. Il dit me connaître. Il lui a laissé une adresse mail pour que je prenne contact avec lui. En la lisant, je comprends qu'il se passe quelque chose de très incroyable.

L'homme en question est turc et médecin. Nous étions ensemble en Côte d'Ivoire. Il était le représentant d'une ONG à Man. Je ne sais plus laquelle. Il s'appelle Hakan Bilgin. Nous nous entendions très bien. Je le voyais souvent. Nous partagions nos inquiétudes et nos satisfactions en toute confiance – nos engagements étaient très complémentaires et non pas concurrents comme peuvent le penser beaucoup d'humanitaires.

Lors de mes trois dernières opérations, j'ai beaucoup fréquenté les ONG, avec des bonheurs très divers. Au Kosovo, j'étais leur référent sécurité, chargé de leur apporter certaines bases comportementales, quelques réflexes et une assistance militaire suffisante pour assurer leur protection, pour autant qu'ils la souhaitaient : les ONG sont très méfiantes vis-à-vis des militaires. La Croix Rouge, que je respecte infiniment, plus que les autres, était alors mon correspondant privilégié. Hakan jouait informellement ce rôle en Côte d'Ivoire ; à travers lui, je savais les tracas des organisations humanitaires. Avec Mahé, ils étaient clairs : leur sécurité était remise en cause dans la zone de confiance et ils recevaient, dans les dispensaires qu'ils tenaient ou lors des vacations qu'ils faisaient dans les villages, des gens très abîmés. Sa mise hors d'état de nuire avait été unanimement saluée par tous ces *french doctors*. Lui seul savait ce qui était réellement arrivé. Je lui avais dit. Il n'avait pas été plus choqué que ça, tellement il était révolté des crimes du coupeur de route.

Conformément à sa demande de le recontacter, je lui envoie aussitôt un mail en lui écrivant succinctement ce qui m'arrive. Il me répond presque aussitôt en m'expliquant de son côté la genèse de sa reprise de contact. Il est au Burundi, chef de mission pour une organisation humanitaire, Médecins du Monde il me semble. Alors que sa mission est en brousse, il a regagné Bujumbura cette semaine pour récupérer un collaborateur. Celui-ci arrive par un vol d'Air France. Il a pris le journal *Le Monde* pour le lire dans l'avion, et l'a gardé avec lui. C'est en le lisant pour se tenir au courant des nouvelles de la France et du globe qu'Hakan a pu voir ce qui m'arrivait – via un article de Nathalie Guibert. Comment ensuite a-t-il pu récupérer mon numéro de téléphone fixe reste encore aujourd'hui une énigme. J'ai déménagé trois fois. Il ne connaît pas mon lieu d'habitation. Il y est parvenu. Cela pouvait confirmer la conviction selon laquelle les organisations humanitaires (comme l'ONU) constituent le plus grand nid d'espions connu. La somme de ces improbabilités rend cette reprise de contact tout à fait invraisemblable. Il me demande comment il peut m'aider. Il est prêt à venir en France témoigner pour moi et dire que ce procès est à ses yeux un non-sens et que nous avons mené à bien une mission passablement difficile. Nous convenons que je le recontacte le lendemain après que j'ai pris conseil auprès de mon avocat.

Ce que je fais instantanément dans l'excitation de ces retrouvailles et de son « offre de services ». Maître Gublin répond assez vite lui aussi : la meilleure aide qu'Hakan peut nous apporter est de rédiger un mail témoignage. Il constituera une nouvelle pièce versée au dossier. Mon avocat pourra la transmettre au président qui, s'il l'accepte, devra la porter à la connaissance de la cour en la lisant durant l'audience. Je renvoie cette réponse le lendemain. Il me répond par un long mail dimanche. Je crois que j'ai pleuré à sa lecture. Il portait à la fois toute sa gentillesse, sa fidélité à notre engagement commun, un vrai respect, et l'immense courage de quasiment cautionner ce qui était arrivé. Il se portait garant de notre humanité. Il redisait l'impossible mission que nous avions à remplir. Lui aussi s'offusquait de l'immixtion de la justice.

Je l'ai imprimé dimanche, remis à mon avocat lundi matin. Le président l'a lu à la reprise d'une suspension de séance. Je ne retrouve plus ce mail. Il est la marque fugace d'un événement surnaturel et le surnaturel ne laisse pas de trace. Il se vit dans l'intensité concentrée du moment. Mais il reste imprimé à vie dans la mémoire vive de notre cerveau. Du mien, c'est sûr.

Le dîner avec nos deux garçons est une joie. Ma belle-mère, excellente cuisinière, l'a préparé comme un repas de fête. Valentin et Louis n'ont pas école le samedi. Nous pouvons prendre du temps. Nous abordons très vite le procès. Les descriptions et les détails pratiques sont plus nombreux que le contenu des audiences. Florence et moi cherchons à mettre des images dans leur tête. Nous essayons de synchroniser nos journées sur la leur. Eux prennent un bus de ramassage scolaire pour rejoindre leur école pendant que nous prenons le métro pour l'île de la Cité. Ils sont dans une classe, nous dans une salle (d'audience). Ils écoutent leurs profs, et nous des témoins. Nous leur parlons de la présence de tous nos proches. S'ils sont tous là si nombreux avec leur amitié, c'est qu'il ne peut rien arriver de grave. L'amitié protège.

Tandis que nous sommes tous les quatre réunis, tandis que Florence et moi cherchons à dépeindre sans la dramatiser la semaine passée, une pensée parasite m'agresse : Noël est dans trois semaines et je serai peut-être en prison. L'un des plus grands bonheurs simples côtoie la plus sinistre perspective. Ce grand écart est infernal. Il a été ma vie ces sept dernières années. Les perspectives sombres polluaient tous les instants de mon existence. Les plus simples et les plus beaux étaient dénaturés. Sans cesse revenaient en contrechamp l'angoisse et le doute. Sans compter ma conscience qui ne me laissait pas en paix.

Bien sûr, cette pensée parasite a surgi quand nous nous sommes mis à parler de Noël. Demain, nous irons faire des courses. En famille, nous installerons la crèche et le sapin. Et dans ma tête, je réfléchirai à ce que je prendrai comme effets pour constituer le sac que je devrais emporter avec moi dans sept jours si le verdict était défavorable.

Les enfants sont terribles : « on fait quoi le week-end prochain ? » Ils lisent dans ma tête ? Ils voient que c'est pour moi au-delà de tout horizon visible : soit je suis mort (en prison), soit je suis vivant (libre). C'est binaire. L'écart type est extrême. On ne peut pas faire plus excessif. C'était la seule question à ne pas poser. Presque comme le « pour quoi est-il mort ? » des parents du soldat tué en Afghanistan – toutes proportions gardées. Heureusement que Florence est là. Elle se projette. Elle occulte la semaine prochaine et organise la fin d'année. Elle a toujours été comme ça. C'est elle qui donne le rythme. C'est souvent la règle chez les militaires. Les femmes tiennent les maisons, puisque leurs maris leur font de longues infidélités. Elles ne peuvent pas compter sur eux pendant plusieurs mois. Elles sont le temps long et le temps court. Elles assurent. Florence assure. Elle trouve une réponse rassurante.

J'appelle mon papa. Il est inquiet de nature et souvent pessimiste. Plus encore en ce moment. Il est mortifié de ne pas pouvoir m'aider alors qu'il sait que j'en ai le plus grand besoin. Nous passons du temps au téléphone. C'est presque moi qui cherche à le rassurer, alors que ma raison m'oriente plutôt vers la solution du pire. J'ai reconnu ma responsabilité. Je n'ai donc plus de filet de sécurité. Le doute n'est plus pour moi. Et je suis en première ligne. Pour la justice, je suis le donneur d'ordre, même si je ne suis accusé que de complicité de meurtre. Je suis logiquement celui qui a le plus à craindre des quatre co-accusés.

Le week-end se passe comme Florence l'a organisé. Familial, chaleureux, préparatoire à Noël. Nous restons ensemble. Nos garçons jouent avec une tablette que leur oncle leur a prêtée pour les détourner de l'actualité du moment. Nous sommes là, simplement à côté d'eux. Cette présence est rassurante. Nous nous rassurons. Nous n'en avons pas plus de souvenir, preuve de l'ordinaire de ces deux jours.

8°/ cinquième jour d'audience

Dimanche soir

En cette fin d'après-midi, il a fallu repartir vers Paris et vers la semaine qui s'ouvre. Celle de tous les dangers. Dans cinq jours, un verdict tombera. J'ai connu bien pire. Il y a surtout beaucoup mieux. Tout est relatif, mais là, je suis plutôt du côté bas de la fourchette.

Dans ma vie, je suis souvent parti : en manœuvre, en exercice, en montagne, en opération, plus récemment à La Rochelle, tandis que Florence et les enfants habitaient Levallois, puis à Senlis quand ils étaient à La Rochelle. Ce départ-ci ne ressemble à aucun autre. Je ne sais pas ce que pouvait ressentir un condamné qui rejoignait l'échafaud. C'est l'idée que je m'en fais. Celle d'un retour chimérique, d'une perspective bouchée, d'une impasse : je suis absolument incapable de m'imaginer au-delà de cette semaine. L'une des deux possibilités, la prison, me chloroforme, à la fois par l'image qu'elle offre, et par l'indécence qu'elle traduirait à mes yeux.

Mes beaux-parents arrivent vers 17 heures pour prendre notre relais. Nous partageons un petit moment. Puis Florence et moi nous préparons. On se dit « à vendredi soir » en y croyant plus ou moins. J'embrasse les garçons plus longuement que d'habitude. Ils me glissent qu'ils m'aiment très fort. Les mots s'étouffent. On se ment tous pour se rassurer. Florence et moi faisons ce pas qui coûte, ce premier pas qui nous détache et qui nous éloigne, puis un second. La porte se ferme. Je revois encore mes deux garçons côte à côte qui me font un signe de la fenêtre de leur chambre tandis que la voiture démarre. Ils savent. L'idée m'étrangle que cela puisse être la dernière image que j'aurais d'eux pour plusieurs semaines. Et déjà, ils sont loin. Il fait nuit, nous regagnons Paris par la même route que vendredi soir. L'ambiance a changé. Elle est dictée par ce qui nous attend. Nos paroles sont rares dans la voiture. Heureusement, la circulation à cette période de l'année n'est pas un obstacle. Ce trajet est aussi pénible qu'il est rapide.

Nous avons désormais nos marques chez mes beaux-parents. Un repas nous attend, toujours aussi attentionné. Il est vite pris, même si nous avons le temps. Il faut l'occuper à manger, surtout ne pas trop réfléchir ou discuter. Les sorties de route sont aussi probables que dangereuses.

Le site Internet du comité de soutien nous apporte une alternative. En le rejoignant pour regarder qui sera à nos côtés demain, Florence constate que trois messages de soutien ont été postés. Une partie du site est réservée à ces témoignages. N'importe qui peut adresser un avis ou un commentaire, comme n'importe qui peut les lire. Aussi bien Florence et moi le soir – c'est souvent d'un grand réconfort – que les journalistes voire les jurés s'ils les consultent. Cette partie des témoignages s'ajoute aux pages que j'ai publiées en amont du procès pour décrire l'environnement, l'ambiance, notre mission et ses enjeux, nos adversaires. L'environnement dans lequel nous étions il y a sept ans, celui de cette opération pour la paix, celui aussi des coupeurs de routes qui amènent pour la première fois des militaires devant une juridiction civile. J'ai repris les présentations que je faisais à tous ceux qui passaient nous voir à Man pour qu'ils comprennent notre situation et puissent rentrer dans notre quotidien. Ce segment du site est pédagogique. Il a pour vocation de servir de base aux possibles articles des journalistes – pour éviter qu'ils ne disent n'importe quoi – et de servir d'arrière-plan à ceux que ce procès intéresse. Il était essentiel de rappeler que l'affaire Mahé n'est pas une crapulerie civile ou personnelle, mais bien un fait de guerre, qui trouve sa source dans un cadre très particulier, celui d'un mandat et d'une mission. Sans eux, cette mort n'aurait pas eu lieu. Des centaines voire des milliers de victimes de la guerre, toutes innocentes, l'auraient remplacée, dans la plus grande indifférence sans doute.

Je laisse Florence lire les messages qui nous attendent. Les entendre de sa voix factorise la bienveillance et le soutien qu'ils portent pour la très grande majorité. Ainsi, nous les partageons. Ils nous font du bien à tous les deux.

Le premier m'est tout particulièrement très précieux.

« Hélie de Saint Marc

Mon colonel,

Mes pensées vont souvent vers vous et je devine ce que peuvent être vos interrogations et peut-être vos hésitations. Que vous dire ? Gardez le moral, serrez les dents ! Songez à ce foyer, le vôtre, qui est resté imperturbable et solide dans la tempête.

Vous me direz que « ça », c'est des mots, du baratin qui ne change rien à la cruauté des faits.

Hélas, je n'ai que cela à vous offrir, avec mon affection, mon expérience de savoir que le malheur ne dure pas éternellement. Je vous assure aussi des liens solides qui nous lient, forgés dans l'épreuve, mais aussi dans l'amitié.

Gardez foi et espérance.

Je vous embrasse »

Le second est un cri de l'âme :

« Christophe Bonnet,

Vivant à Chambéry et ayant rencontré à plusieurs reprises Éric Burgaud dans un cadre personnel, sans toutefois être un ami proche, j'ai toujours eu l'impression qu'il s'agit d'un homme droit et honnête, respectueux des autres et respecté par ses hommes lorsqu'il y était chef de corps.

Au vu du climat qui régnait dans la zone de confiance à l'époque, des exactions commises par Firmin Mahé sur des civils, de la pression subie par ces hommes, des ordres implicites ou explicites qui ont été donnés par la hiérarchie militaire, du fait que la plupart des bandits arrêtés étaient finalement libérés, je serais scandalisé que les quatre militaires jugés soient condamnés par un tribunal. Il est facile pour nous, vivant confortablement en France, de donner des leçons de morale. Certes un prisonnier ne devrait pas être exécuté.

Comment aurais-je réagi face à un tel dilemme moral ? Je l'ignore. Mais vu les circonstances, le geste peut se comprendre, sachant que la disparition de ce bandit permettait – et a permis – d'épargner la vie de très nombreux civils.

Je souhaite que le jury fasse preuve de clémence envers ces hommes respectables et courageux, et ne brise pas leurs vies et leurs familles. »

Le troisième montre que le cas jugé n'est pas unique.

« Gilles Faure,

Je souhaite simplement témoigner sur l'extrême complexité de nos engagements actuels au travers de deux cas concrets vécus en 2011 en Afghanistan.

1. Un soldat français en protection nocturne d'un dispositif voit foncer sur lui un véhicule non identifié malgré les sommations d'usage. Il tire au risque de tuer des innocents ou il ne tire pas au risque de voir sa section décimée par un attentat suicide ? Dans ce cas très éloigné des colloques ou juridictions de Paris, il est le seul avec son stress, sa fatigue, son instinct, le contexte (dix-huit morts en six mois dont cinq par attentat suicide) et il a quelques dixièmes de secondes pour décider seul, du moindre mal.

2. Un cas non conforme est porté à ma décision. Des blessés afghans présumés insurgés sont soignés par nos médecins. Affaire franco-afghane ou OTAN-afghane, rien n'est clair et mes chefs comme les juristes y compris parisiens me laissent seuls avec ma conscience. Soit je remets ces présumés insurgés en liberté et je prends le risque qu'ils posent ultérieurement des IED[54] sous les véhicules français, soit je les remets aux autorités afghanes au risque de livrer aux services spéciaux locaux des innocents.

Dans ces deux exemples, le chef et le soldat, soumis à une forte pression et à un contexte atypique plus proche des opérations de police que des opérations militaires, assument seuls. »

Nous nous regardons avec Florence. Elle sait le prix pour moi d'un signe du commandant de Saint Marc qui mourra quelques mois plus tard. Sa vie parle pour lui[55] et sert d'exemple à tant d'autres que moi. Il m'a offert la chance de le rencontrer. Elle sait aussi combien il m'est précieux d'entendre la plus infime gratitude du plus anonyme des soldats que j'ai pu commander. C'est peut-être de l'ego : le sentiment d'avoir pu compter pour eux, du devoir accompli peut-être aussi, d'une trace laissée dans mon sillage. Le dernier de ces chasseurs compte tellement plus que le plus prestigieux de mes chefs.

---

54 Improvised Explosive Device = Engin explosif improvisé = bombe de circonstance.

55 Hélie de Saint Marc, *Mémoires. Les Champs de braises.*

Ces messages nous font du bien. Ils détournent notre attention, nous ramènent à l'amitié et à une dimension essentielle que le procès pourrait occulter. Je saisis ce que le commandant Saint Marc m'écrit : que notre couple ait résisté n'est pas rien. Je le dois presque exclusivement à Florence.

La routine nous amène le lendemain matin jusqu'au Palais de justice : petit déjeuner, métro, lecture de quelques SMS et de la prière de ma filleule, un peu de marche à pied, escaliers, portique, retrouvailles... Je donne à mon avocat le mail d'Hakan Bilgin qu'il va remettre au président qui l'accepte. Petit à petit, l'intimité du procès et tous les signes plus ou moins ordinaires des affections qui nous entourent modifient nos rapports. Il n'y a rien de visible. Je n'ai aucune habitude de la relation d'un avocat avec son client. Mais je perçois d'infimes inflexions de ton, de vocabulaire, une distance qui diminue, une compréhension plus rapide de gestes et d'allusions. Il faut dire qu'en fin de semaine, pour reprendre une expression de montagnards, nous serons « corde tendue ». Comme je l'ai un jour lu dans un topo d'escalade : « la paroi déjà verticale se redressait encore ». Mon salut s'inscrira en partie dans sa plaidoirie.

Un fait notoire marque ce début de semaine. Face à nous, à la place vide des parties civiles les jours précédents, s'installe une petite dizaine d'Ivoiriens et d'Ivoiriennes. Ils sont ceux qui ont été reconnus comme membres de la famille de Firmin Mahé. Il y a là sa compagne, un frère, des oncles et tantes. Ils ont l'air exténués par le voyage. Maître N'Doumou déborde de satisfaction. Firmin Mahé, qui jusqu'ici n'avait comme seul visage que celui de l'invisible meurtrier des victimes présentées sur des photos à la cour, s'incarne désormais physiquement dans ses proches. L'association toujours présente et bruyante dans le public ne compte pas vraiment. Elle n'est qu'une instrumentalisation politique. Cette présence physique des parties civiles est importante dans l'équilibre du procès.

Audition du capitaine Le Segrétain

« Mesdames, messieurs, la cour. » Le président, ses deux assesseurs, les jurés et l'avocate générale font leur entrée et s'assoient. Aucun juré titulaire ne manque à l'appel. Les remplaçants restent donc en arrière-plan. « L'audience est ouverte. » Le président prend les commandes. Il ne lit pas d'entrée le mail d'Hakan, le réservant visiblement pour plus tard. Il demande que le premier témoin soit accompagné jusqu'à la barre. Le capitaine Le

Segrétain du Patis s'avance, jure de dire la vérité et se tient prêt à répondre aux questions.

Le président, comme le veut sa fonction, est son premier interrogateur.

Q : *Parlez-nous des hommes qui sont ici et que vous commandiez ?*

R : *Je vais commencer par mon adjoint que vous avez entendu la semaine dernière : le capitaine Ricard était aussi mon adjoint en métropole, dans l'escadron que je commandais au 4e régiment de chasseurs de Gap. Il avait toute ma confiance. Sous mes ordres, j'avais trois lieutenants chefs de pelotons blindés et l'adjudant-chef Raugel, chef du PRIAC. Raugel est un sous-officier d'exception. Il est rigoureux et discipliné. Il est de ceux qui ont besoin d'autonomie pour se réaliser. La mission qui était la sienne au sein de la zone de confiance correspondait exactement aux missions qui relevaient de son Peloton de Reconnaissance et d'Intervention AntiChar. Je dois vous dire que le régiment testait là une nouvelle organisation et que mon chef de corps et moi tenions à ce que ce PRIAC soit utilisé au mieux de ses capacités pour pouvoir valider sa pertinence. C'était le cas. Schnier et Ben Youssouf sont aussi des petits gradés exemplaires, de ceux que j'étais heureux et fier de commander.*

Q : *Nous vous écoutons aussi concernant ceux qui vous commandaient.*

R : *Je vais commencer par le lieutenant-colonel Neviaski le chef des opérations du colonel Burgaud. Il était inexpérimenté et même incompétent. Je ne lui faisais pas confiance. J'ai perçu dès la préparation de la mission en métropole qu'il n'était pas au niveau. Je passais systématiquement au-dessus de lui en m'adressant directement au colonel. La plus grande erreur du colonel Burgaud est d'être parti avec lui. Les deux ne s'accordaient pas, puis ne s'entendaient pas. Le colonel Burgaud est un meneur d'hommes fascinant. Tout le contraire du lieutenant-colonel Neviaski. Le colonel Burgaud décidait. Pas Neviaski. Je ferais néanmoins un reproche au colonel Burgaud : il lui arrivait régulièrement de donner directement des ordres au PRIAC en me court-circuitant, ce qui était pour moi inconfortable.*

Q : *D'où venait votre manque de confiance envers Neviaski ?*

R : *Il était fébrile et inexpérimenté. C'était sa toute première mission, ce qui semble incroyable après une quinzaine d'années de service. Le colonel en était à sa cinquième mission je crois ; moi c'était mon second séjour en Côte d'Ivoire, au même endroit en plus, et la plupart des cadres avaient trois ou quatre opérations au compteur. Le colonel Burgaud n'aurait jamais dû partir avec cet adjoint.*

Q : *Quand avez-vous eu connaissance du tir du matin sur Firmin Mahé ?*

R : *J'ai été au courant de ce tir l'après-midi. J'étais dans mon poste de commandement. Je ne savais pas qui de mes hommes ou de ceux de la section de renseignement avait tiré. J'ai eu une discussion tendue avec son chef sur ce sujet. Je ne me rappelle plus quand le flou a été levé.*

Q : *Puisque vous l'abordez, parlez-nous de vos relations avec la section de renseignement.*

R : *On était en concurrence, surtout durant cet épisode des coupeurs de route. Nos deux unités les recherchaient et s'attachaient à faire cesser leurs exactions. Il y avait de la pression. Le PRIAC ramassait tous les jours des cadavres massacrés. En plus d'autres événements, cela plaçait le PRIAC au centre de gravité de la mission du GTIA 2 que définissaient les accords de Marcoussis. Des jalousies pouvaient en découler. Nous étions en compétition. C'est un peu la règle avec des unités d'élite, surtout lorsqu'elles sont engagées simultanément sur une mission sensible et prioritaire. J'ai lu dans la presse que la SR estimait que l'adjudant-chef Raugel était violent. C'est la première fois que j'en entends parler. C'est sans doute le fruit de ces jalousies.*

Q : *Je voudrais que vous précisiez ce dernier point. N'avez-vous pas envoyé votre adjoint, le capitaine Ricard, pour contrôler l'adjudant-chef Raugel ?*

R : *Mon adjoint allait assez régulièrement à Bangolo. Le capitaine Ricard et moi nous attachions à passer du temps avec chacun de nos quatre chefs de peloton. Cela fait partie de ce que je pense être le commandement. Il ne s'agissait pas de "contrôler" l'adjudant-chef Raugel, mais de l'assister et de lui apporter l'appui du commandement.*

Q : *Je reformule ma question : était-ce vous ou votre adjoint qui alliez surtout à Bangolo voir le PRIAC ?*

R : *C'était surtout mon adjoint.*

Q : *Pourquoi ?*

R : : Des affinités ; on s'était plus ou moins réparti la présence auprès des chefs de pelotons.

Q : *Plusieurs auditions rapportent dans le dossier d'instruction d'un état de fatigue important du PRIAC. A-t-il été question de relever cette unité ?*

R : *Oui, le colonel Burgaud me l'a demandé. Mais c'est de ma responsabilité de disposer de mes subordonnés et de les articuler au mieux pour remplir la mission. Je vous le redis : nous testions une nouvelle organisation. Elle était adaptée et performante. Le PRIAC faisait du bon boulot. Il remplissait la mission. J'ai argumenté pour maintenir le PRIAC au sein de la zone de confiance.*

Q : *Avez-vous entendu le colonel Burgaud parler "de se faire un coupeur de route" ?*

R : *Oui. J'ai entendu cette expression dans le PC du GTIA 2. Jamais devant des militaires du rang et elle n'était pas un blanc-seing. C'était une intention, et les ordres étaient de rechercher une situation de légitime défense. Il faut bien comprendre la situation : les cadavres s'empilaient. Les forces rebelles du Nord faisaient plus que menacer de se faire justice. Leurs incursions se multipliaient dans la zone de confiance pour, selon eux, "compenser notre inaction". Il fallait faire quelque chose. Pour compléter votre question, monsieur le président, je n'ai jamais entendu ou ressenti que Raugel voulait tuer Mahé.*

Q : *Où étiez-vous lorsque les ordres ont été donnés à l'adjudant-chef Raugel ?*

R : *J'avais rejoint le colonel Burgaud dans son poste de commandement. Le lieutenant-colonel Neviaski n'y était pas, ainsi qu'un certain nombre des officiers du PC. Le lieutenant-colonel Neviaski préparait une autre mission, je crois.*

Q : *Avez-vous entendu le colonel dire de conduire Firmin Mahé vers le nord et de "rouler doucement" ?*

R : *Oui pour remonter au nord : c'était une évidence pour tout le monde qu'il ne fallait pas qu'il puisse être libéré. On ne pouvait pas imaginer qu'une fois de plus, un criminel et un violeur attrapé par nous soit libéré par les Ivoiriens à qui les règles d'engagement nous prescrivaient de le remettre.*

Je n'ai pas entendu "rouler doucement", ce qui peut s'expliquer par le fait que cet ordre a été donné par téléphone. Le colonel Burgaud rendait aussi compte à Abidjan, je pense au général Poncet qui avait autorisé l'hélico le matin, et il n'était pas toujours dans le PC même.

Q : *Est-ce normal d'utiliser le téléphone ?*

R : *Ce n'est pas le moyen normal de communication entre militaires. Sauf vers Abidjan qui était beaucoup trop loin pour utiliser la radio. Dans notre zone, la radio ne passait pas tout le temps. Et les circonstances exceptionnelles pouvaient justifier l'utilisation du téléphone. Mon adjoint, le capitaine Ricard, m'a aussi joint par téléphone pour avoir confirmation des ordres, alors que la radio aurait pu être utilisée. Il était d'ailleurs énervé d'avoir été mis à l'écart de la transmission des ordres et qu'ils aient été donnés directement et uniquement à Raugel.*

Q : *Est-ce que l'ouverture du feu le matin, dont j'ai du mal à mesurer la complète légalité, a pu contribuer à cet ordre qui signifiait que Mahé n'arrive pas vivant à Man ?*

R : *Je ne sais pas répondre à cette question. Je vous l'ai dit, le tir du matin est flou pour moi. Je n'en ai été averti que dans l'après-midi. Je n'y étais pas.*

Q : *Ce n'est pas exactement ce qu'en a dit l'auteur de cette ouverture du feu qui a réitéré devant nous ce qu'il a dit lors d'une déposition, à savoir qu'il vous a rendu compte dès le matin. Donc ce n'est pas vous qui en avez rendu compte au colonel Burgaud ?*

R : *Non.*

Q : *Vous n'avez pas cherché à éclaircir les conditions de ce tir par la suite ?*

R : *Non.*

Q : *Je voudrais vous entendre sur l'arrivée à Man du convoi. Comment cela s'est-il passé ?*

R : *J'ai vu arriver Raugel. J'étais devant le PC du GTIA. Il est venu vers moi en me disant : "j'ai déposé Mahé à l'infirmerie, il est mort". Dans ma tête, il était mort des suites de sa blessure. Juste après, il me dit "je l'ai tué".*

Q : *Quelle a été votre réaction ?*

R : *J'étais abasourdi. Je ne pouvais m'imaginer que cela soit possible. Alors que je ne suis pas fumeur, j'ai partagé une cigarette avec Raugel.*

Q : *Possible tout court ou possible de la part de Raugel ?*

R : *Les deux.*

Q : *A-t-il d'abord vu le colonel ou vous ?*

R : *Je n'en sais rien. Je pense qu'il a d'abord vu le colonel à l'infirmerie.*

Q : *Vous a-t-il parlé du tir du matin ? Lui en avez-vous parlé ?*

R : *Non.*

Q : *Le colonel Burgaud nous rapporte que lorsqu'il a dit à l'adjudant-chef Raugel "c'est bien", en faisant référence à la mort de Mahé, il ne savait pas (encore) que Raugel l'avait tué. Qu'en pensez-vous ?*

R : *Je n'y étais pas. Ce que je sais, c'est que Raugel m'a dit que s'il n'avait pas reçu l'ordre, il n'aurait pas rendu compte.*

Q : *Il me reste deux questions à vous poser. La première : avez-vous joué un rôle pour remettre le corps à la famille ?*

R : *Non, je n'y étais pas. Mais je me souviens très bien que la famille a refusé le corps de Mahé.*

Q : *Ma dernière question : étiez-vous au courant de la mise en scène, de la fausse escorte qui devait être montée.*

R : *Oui. Cela venait directement du général Poncet. Il s'agissait de pouvoir décorer les protagonistes de la mort de Mahé et de s'assurer ainsi de leur silence. J'étais présent lorsque cette consigne a été donnée au colonel Burgaud par le général. C'était lors de la visite du chef d'état-major des armées.*

Le président *: Je vous remercie mon capitaine. Madame l'avocate générale, avez-vous des questions ?*

Annie Grenier : *Firmin Mahé aurait-il pu être transporté dans l'antenne MSF*[56] *de Bangolo ?*

R : *C'est toujours possible, mais... il y a de la méfiance entre les ONG et les militaires. C'est naturel : nous n'avons ni les mêmes missions, ni les mêmes*

56 Médecins Sans Frontières.

objectifs. Avec le temps on s'apprivoisait, mais toujours sur un fond de cette méfiance. Ce n'était donc pas l'option la plus évidente, facile et prioritaire. Elle faisait notamment courir des risques énormes pour les humanitaires. On ne peut pas dire ce qui aurait pu se passer : peut-être Mahé aurait-il été récupéré par ses hommes avec plus ou moins de violence. Peut-être y serait-il mort de sa blessure.

Maître N'Doumou, visiblement revigoré par la présence des proches de Firmin Mahé, interroge pour la première fois un témoin.

Q : *Est-ce que vous faites la différence entre les morts victimes de miliciens et ceux des coupeurs de route ?*

R : *L'instabilité de la zone de confiance, entretenue par les uns et les autres, les servait aussi tous les deux. Sur le coup, il était difficile d'attribuer à chacun ses victimes. Mais comme le PRIAC était sur place, au milieu de la population, il savait très vite qui était responsable de quoi. Les gens nous parlaient. À cette période, les coupeurs de route totalisaient la quasi-totalité des victimes.*

Les avocats de la défense, à qui le président passe la parole, prennent le relais. Maître Gublin est le premier à interroger le capitaine Le Segrétain :

Mon capitaine, quel était le risque à ne pas intervenir sur les coupeurs de route ?

Sa question n'est pas exactement celle que j'attendais. J'anticipais qu'il revienne sur l'apparente distance du capitaine vis-à-vis de l'adjudant-chef Raugel et plus largement sur son manque d'implication pour la zone de confiance. Mais je sais que mon avocat n'a pas oublié notre échange de vendredi.

R : *La force Licorne et l'ONU sont intervenues en Côte d'Ivoire avec l'ombre du Rwanda dans les mémoires de nos dirigeants. Voilà où était le risque : que la zone de confiance soit le point de départ d'un nouveau Rwanda. Le spectre d'un conflit ethnique et d'un génocide planait clairement. Très clairement même. La situation avait empiré depuis mon séjour précédent. La haine ethnique était partout. Suite à novembre 2004, personne ne semblait vouloir d'une solution pacifique, que nous étions chargés de promouvoir.*

Q : *Après avoir fumé une cigarette avec l'adjudant-chef Raugel, qu'avez-vous fait, mon capitaine ?*

R : *Je rentre à l'escadron et ce soir-là, je me couche avec un secret très lourd sur ma conscience. Et j'envisage jusqu'à la fin de mes jours de ne pas en parler.*

À ma grande déception, ce sont les deux seules questions de maître Gublin. En fait, je crois comprendre d'un de ses petits gestes qu'il a habilement chargé les autres avocats de pousser le capitaine Le Segrétain dans ses retranchements. Ce serait un indice de la mise en place d'une défense commune, même si chaque avocat défend un seul d'entre nous quatre.

Maître Balan prend le relais. C'est un avocat atypique. Sa singularité tient d'abord à son accoutrement. Il ressemble plus au cow-boy de la publicité Marlboro qu'à l'idée que chacun se fait d'un avocat pénaliste parisien. Il arrive tous les jours mal rasé avec des cheveux poivre et sel en bataille, coiffé d'un stetson, habillé d'une veste à franges en peau sur une chemise largement ouverte laissant voir d'imposantes chaînes en argent dont une maintient sur sa poitrine une amulette colorée, d'un jean et de santiags. Il pourrait avoir laissé son cheval au pied des escaliers du Palais de justice que ça n'étonnerait personne. Même en robe d'avocat, il reste original. Son fort accent, à peine compréhensible, tient de ses origines roumaines. S'il défend le brigadier-chef Schnier, il est aussi reconnu dans les milieux judiciaire et militaire pour être le défenseur pugnace des victimes militaires du bombardement de Bouaké. Il s'adresse au capitaine Le Segrétain d'une voix résolue avec son accent âpre et rocailleux.

Q : *Combien de fois avez-vous rendu visite au PRIAC de Bangolo ?*

R : *Je dirais une petite dizaine.*

Q : *En quatre mois, ça fait une fois toutes les deux semaines. Ça vous paraît suffisant ?*

R : *J'envoyais surtout mon adjoint.*

Q : *Comment expliquez-vous n'avoir été ni dans la boucle des comptes-rendus, ni dans celle des ordres ?*

R : *Mon adjoint était sur place et pour moi, il contrôlait la situation.*

Q : *Votre adjoint justement, vendredi, nous dit avoir pris une soufflante de votre part lorsque vous avez appris le tir du matin. Vous en souvenez-vous ?*

R : *Non.*

Q : *Pensez-vous que le caporal-chef Schnier aurait pu désobéir à l'adjudant-chef Raugel ?*

R : *Non. Schnier n'avait pas vraiment de choix. Je crois même qu'il ne s'est même pas posé la question. Il y a une formule dans l'armée qui dit : "s'interroger, c'est déjà désobéir". Le brigadier-chef Schnier est un soldat discipliné. Vous savez, il n'y a pas d'entraînement à refuser un ordre. Ce n'est pas quelque chose qu'on nous apprend. L'armée, c'est d'abord et avant tout l'obéissance. Il est rare d'apprendre une chose et son contraire.*

Q : *Le brigadier-chef Schnier a-t-il pu penser qu'un ordre manifestement illégal pouvait être légitime, et l'exécuter à ce titre ?*

R : *C'est un débat qui anime la communauté militaire depuis l'affaire Mahé et cela sans attendre ce procès. C'est un débat de salon. Sur le terrain, on reçoit un ordre et on l'exécute. Il n'y a pas d'autre grille de lecture – et heureusement. J'ajoute que ceux qui en parlent le plus sont ceux qui ont le moins participé à des opérations. Si vous voulez mon avis, je crois que certaines rares situations comme celle qui nous voit ici peuvent en effet poser cette question. Que c'est une question très intellectuelle qu'on ne se pose absolument pas dans le feu de l'action. C'est un luxe de se la poser et c'est aussi dangereux de le faire* a posteriori *et à des milliers de kilomètres. Moi-même, je reconnais avoir beaucoup de mal à faire le distinguo entre légal et légitime. J'ajoute que les textes qui font référence à ce point ne parlent pas d'ordre illégal mais d'ordre manifestement illégal. Ce "manifestement" relève d'une appréciation qui complique encore cette controverse. On ne peut pas le demander à des militaires du rang.*

Q : *Ce sera ma dernière question : que s'est-il passé après la mort de Firmin Mahé ?*

R : *Singulièrement, les exactions ont cessé. Un an après, des camarades en poste à Bangolo m'ont rapporté que les chasseurs et l'adjudant-chef Raugel étaient encore des héros. Après cette mort, les rebelles du Nord ont accepté de mettre fin à leurs incursions dans la zone de confiance. Le processus de paix a été relancé.*

Je suis un peu frustré que le capitaine Le Segrétain n'ait pas été plus sollicité. Mais je me dis dans le même temps qu'une audience de cour d'assises n'est pas le lieu pour solder ses comptes, quels qu'ils soient. Nos avocats savent ce qu'ils font et ce qu'ils doivent faire comprendre aux jurés. La déposition du capitaine Le Segrétain éclaire le portrait du grand absent de ce procès : la guerre. Il en a une approche à petites touches, mais à touches puissantes : il parle notamment du risque de génocide, le plus fort et le plus absolu des risques, celui qui, en droit, se traduit par le motif de crimes contre l'humanité.

Témoignage du médecin-chef

Tandis que le capitaine rejoint les bancs du public, le président appelle à la barre le médecin-chef qui dirigeait la cellule médicale du GTIA 2 à Man. Trois médecins et cinq infirmiers composaient cette antenne, en plus de ceux répartis dans les unités sur le terrain. Sa déposition est assez courte : durant l'instruction, il s'est retranché derrière le secret médical, révélant ainsi une limite d'investigation de la justice, que les militaires n'ont pas voulu ou réussi à poser avec l'affaire Mahé. Il faut dire qu'ils ont été largement aidés par le pouvoir politique qui a déclassifié sans vergogne tous les documents confidentiels défense.

J'étais au poste médical de Man à l'arrivée de Firmin Mahé. C'est moi qui l'ai examiné. Le poste était prêt à recevoir un blessé, et c'est sa mort que j'ai immédiatement constatée. Son ECG[57] *était plat. Il n'y avait aucune trace visible de violence. J'ai supposé qu'il était mort "suite à ses blessures". Les causes vraisemblables pour cela sont nombreuses. J'ai fait assurer le transport du corps de Mahé à l'hôpital de Man, où il y avait une morgue et pour qu'ils établissent le certificat de décès. Ensuite, lorsque j'ai dû en parler, je l'ai fait comme tout le monde : Licorne avait éliminé un criminel nuisible. Mahé était mort de ses blessures. Voilà ce que je peux vous dire.*

Question de l'avocate générale : *avez-vous pratiqué une autopsie ? Ce sera ma première question. La seconde : pouviez-vous constater une mort par asphyxie ?*

R : *Je n'ai pas pratiqué d'autopsie. Il n'y avait pas de raison objective et ce n'était pas mon métier : j'étais avant tout avec le GTIA 2 pour lui apporter tout le soutien santé dont ses hommes avaient besoin pour remplir leur mission. Pour compléter, à la guerre, on ne pratique pas d'autopsie, on soigne, on répare. Il me semble, peut-être est-ce que je me trompe, mais il n'y a pas eu d'autopsie non plus sur les soldats français morts à Bouaké. La réponse à votre seconde question va peut-être vous surprendre. Les symptômes d'asphyxie ne sont pas décelables sur une personne à la peau noire.*

Question d'un avocat : *Est-il imaginable que Firmin Mahé, compte tenu de sa blessure que vous avez constatée, en soit mort* ?

R : *Oui.*

Témoignages de deux sous-officiers

En cette fin de matinée, deux témoins sous-officiers se succèdent.

Le premier est adjudant-chef. Il faisait partie de mon PC sous les ordres du lieutenant-colonel Neviaski. Il s'avance. Il semble très mal à l'aise. Un

[57] Électrocardiogramme.

tribunal n'est pas plus son biotope que le nôtre. Il prête serment. En répondant aux questions, il confirme que les forces spéciales sont venues jusqu'à Man pour voir comment traiter le problème des coupeurs de route. Mais elles sont vite reparties. Pour lui, mais sans certitude, le PC a été au courant du tir du matin. Il ne sait plus s'il figurait dans la main courante du PC, mais il se rappelle que je n'en ai pas fait mention dans les deux comptes-rendus qu'on m'accuse d'avoir falsifiés. Lorsque j'ai repris les commandes, ce tir dont personne ne m'avait rendu compte me paraissait très douteux à tous points de vue. Le respect du cadre de la légitime défense me semblait à ce point incertain qu'il méritait d'être investigué. Le mettre dans un compte-rendu faisait courir un risque à son auteur.

Le second a succédé poste pour poste à l'adjudant-chef Raugel.

À aucun moment, personne n'est venu se plaindre de la mort de Mahé. Au contraire, la population nous remerciait : le commerce et les échanges avaient pu reprendre normalement. Mahé tuait des innocents et nous, nous avions tué un criminel. Même lorsque je passais dans le village de Mahé, ça s'est toujours bien passé. Le phénomène des coupeurs de route a migré vers Duékoué, en dehors de la zone de confiance, côté loyaliste (ceux-là mêmes qui les libéraient systématiquement).

Questionné sur sa façon de remplir la mission, il apporte cette réponse : *Moi aussi j'avais des indics. Je faisais du renseignement. Mes hommes et moi étions en permanence dehors. J'ai perdu huit kilos pendant les quatre mois. Sans doute du fait de la mort de Mahé et de la fin des exactions des coupeurs de route, quatre policiers de l'ONUCI ont ouvert une permanence à Bangolo.*

Le président reformule : *Une amélioration de la situation, mais une grande impuissance de l'ONU.*

Il suspend la séance pour le déjeuner.

Tchad

En sortant de la salle d'audience avec Florence, nous sommes alertés par le brouhaha qui anime le grand hall ouest, au pied même des escaliers. C'est aujourd'hui que s'ouvre à Paris le procès de l'Arche de Zoé. Je ne m'en souvenais plus. En 2007, cette association humanitaire entreprenait de faire adopter des orphelins du Darfour[58]. Elle a été accusée par les autorités tchadiennes de faire du trafic d'enfants tchadiens, en rien orphelins, mais plutôt enlevés à leurs parents. L'affaire vite devenue politique a, elle aussi,

[58] Région en guerre du Soudan, à l'est du Tchad.

fait beaucoup de bruit. Le grand hall est en ébullition : les journalistes guettent les prévenus ou leurs avocats. Des associations cherchent à se faire entendre. Le public est nombreux et bruyant.

Le Tchad est un pays que je connais bien pour y avoir passé quatre mois en 1999. Pour une fois, il ne s'agissait pas de maintenir ou rétablir la paix. Le Tchad occupe une position stratégique au cœur de l'Afrique. La France y a une importante base militaire qui sert de point d'appui à ses opérations sur tout le continent africain. J'étais prépositionné au Tchad avec une partie du bataillon dont j'étais l'adjoint pour pouvoir intervenir si une opération urgente venait à le nécessiter. Ces interventions visent souvent à protéger ou évacuer nos ressortissants en cas de flambée de violence. Cette ouverture de procès de l'Arche de Zoé entrouvre furtivement un tiroir de ma mémoire.

L'Arche de Zoé a bénéficié de l'aide logistique du détachement militaire français d'Abéché qui garantit l'usage d'une piste permettant entre autres d'accueillir les avions de chasse français. C'est là que s'est posé l'avion en charge de transporter vers l'Europe les cent trois enfants récupérés par l'association. Je suis allé plusieurs fois à Abéché durant mon séjour. J'y ai vécu une fois une scène édifiante qui se rappelle à mes bons souvenirs.

Lors d'une sortie sur le marché d'Abéché, comme j'étais en tenue militaire, je suis abordé par deux gardes du corps du président. Ils sont armés conformément à leur « statut ». Ils sont de l'ethnie Zaghawa, celle du président Idriss Déby Itno. Ils sont sur leurs terres. Leur réputation de violence n'est plus à faire. J'allais le vérifier. Ils m'apostrophent avec des mots assez politiques, m'affirmant la puissance et l'indépendance de leur pays que l'armée française vient « polluer ». Je ne réponds pas à ces provocations assez classiques. Avant de me rendre dans ce pays, un très bon ami travaillant dans la petite cellule africaine de l'Élysée m'a fait un exposé complet sur les relations franco-tchadiennes, que je connais donc avec une bonne précision. Le Tchad est un pays pauvre dépourvu de ressources. Je sais que la présence française implique des contreparties financières et diplomatiques. La France paye sa présence et ferme les yeux sur quelques dérives autoritaires. Le fleuve Chari qui traverse N'Djamena, la capitale, est parfois rouge du sang des opposants d'Idriss Déby sans que cela soulève de protestations – pas plus françaises qu'internationales. Voyant que leurs péroraisons ne servent pas à grand-chose, un des deux Zaghawas me dit avec brutalité : « tu vois là-bas les deux hommes, ce sont des voleurs. » « Tu sais ce qu'on fait des voleurs ici ? » Je n'ai pas le temps de répondre. Je ne le savais d'ailleurs pas mais je n'imaginais rien de bon. Il rejoint les deux hommes et les abat, chacun d'un coup pistolet, en plein milieu du marché. La foule colorée s'éloigne rapidement. Deux cadavres gisent au sol. Il revient vers moi triomphant : si là je ne crois pas que le Tchad est un pays indépendant qui n'a pas besoin de la France. L'incident remonte à Paris via les comptes-rendus que nous faisons. Sans plus de conséquence.

Je retrouve quelques semaines plus tard ces gardes du corps. L'avion du président Déby est immobilisé dans un pays étranger, pour maintenance autant que pour défaut de paiement de l'État Tchadien. Notre gouvernement a accepté qu'un avion militaire français transporte le président vers une ville de province. Auparavant, une rotation doit embarquer et prépositionner ses gardes du corps. Je suis chargé de les faire monter dans l'avion en appliquant une règle : qu'ils ne soient pas armés. Je sais de l'incident d'Abéché que ce n'est pas gagné. Il me faut plus d'une heure de tractations – à l'africaine, avec ses invectives, ses outrages, ses rebondissements, des armes souvent braquées sur moi, des tirs d'intimidation en l'air – pour y parvenir. Je ne suis pas toujours fier ou serein. J'ai face à moi une trentaine d'hommes à la tête enturbannée, lunettes de soleil sur le nez, mine patibulaire, « armés comme des porte-avions », qui n'ont du prix de la vie qu'une vision très personnelle dont j'ai été témoin. Je suis un ennemi du Tchad qui veut émasculer les gardes du corps du président en les désarmant. Pour finir, comme je ne lâche rien, devant leur inquiétude de retarder leur président, ils cèdent. Je dois tout de même les accompagner – ce qui n'était pas prévu – quasiment comme leur otage. Il ne fallait pas que je les rencontre de nouveau. Ils m'avaient menacé des pires châtiments.

Ce n'est pas avec eux mais avec d'autres soldats tchadiens que j'allais vivre un véritable drame humain. Ce souvenir douloureux s'extrait à ce moment de la farandole de tous mes souvenirs militaires. Il suffisait d'appuyer sur le bouton « Tchad » pour le faire émerger. Avec le colonel dont j'étais le chef des opérations, nous prenons l'avion, un avion de transport militaire, afin d'accompagner l'ambassadeur de France à Faya-Largeau, une ville du désert au nord du Tchad, en limite sud du massif du Tibesti. Dans ce massif montagneux et désertique, éloigné de tout, une rébellion armée au président Déby mène une guérilla meurtrière contre l'armée nationale. Alors que nous allons repartir vers N'Djamena en fin d'après-midi, le médecin d'une ONG vient informer l'ambassadeur qu'une vingtaine de soldats blessés sont arrivés les jours précédents et attendent d'être ramenés vers la capitale (à huit cents kilomètres et deux voire trois jours de piste). Nous leur apporterions plus de chances de survie en les embarquant avec nous dans l'avion. L'ambassadeur accepte. Ce n'est pas si simple. Notre avion n'est pas médicalisé. Il doit décoller vers N'Djamena pour être équipé et récupérer des infirmières spécialisées dans les évacuations sanitaires. À son retour, les blessés sont stabilisés et embarqués. La chaleur est telle – entre quarante-cinq et cinquante degrés – que les perfusions sont trop chaudes et font courir des risques mortels pour la santé déjà affaiblie des soldats. L'énervement et l'impatience s'installent. Nous devons encore patienter pour décoller : l'avion est trop lourd. L'air chaud ne porte pas assez. Enfin, nous décollons pour arriver en début de nuit au camp Kosseï[59] où toute la structure médicale a été mise en alerte : les soldats, très courageux, que nous ramenons sont gravement blessés. La majorité a sauté sur des mines il y a parfois un peu de temps déjà. Ils ont une ou les deux jambes arrachées. D'autres sont blessés par balles. Il faut les opérer de toute urgence. La gangrène a déjà gagné certains. C'est le métier d'une antenne chirurgicale aéroportée installée sur le camp. Alors que le premier blessé entre au bloc, un ministre du gouvernement tchadien arrive. Sans un regard pour ses militaires, blessés et plein d'espoir d'être opérés, il annonce devant eux qu'il n'est pas question que des soldats tchadiens soient opérés par des Français. « La médecine tchadienne est parfaitement capable de s'occuper de ses blessés. Le président ne supporterait pas qu'ils restent ici une minute de plus. Ils doivent être transportés sur-le-champ vers l'hôpital. » J'avais visité quelques jours avant l'hôpital central de N'Djaména. Il ne ressemble en rien à un hôpital, tout juste à un dispensaire. Et encore ; d'il y a cinquante ans. Le ministre signait par ces quelques mots l'arrêt de mort de ses soldats. Il n'y a pas eu une seule parole de leur part. Juste des regards qui me hantent encore. Des yeux embués, vides, interrogatifs, dépités. La fierté nationale portée par un homme les condamnait. Ils passaient si brutalement de l'espoir au désespoir, d'une chance de vivre à une certitude de mourir. Ils mourront tous, en effet, tragiquement, de leurs blessures… sauf celui que nous avons opéré. Un soldat n'est pas grand-chose somme toute, au regard d'ambitions, d'orgueil, et d'intérêts de toutes sortes, individuels et nationaux.

Un dernier souvenir du Tchad clôt cette résurgence historique fortuite. Il est plus heureux. Je vis presque avec lui chaque jour. C'est dans ce pays que j'ai appris la naissance de notre premier garçon. Les militaires ne sont pas toujours aux côtés de leurs compagnes ou épouses lorsqu'elles accouchent. C'était mon cas. En partant en mission de quatre mois au Tchad, je laissais Florence enceinte de sept mois, avec une première grossesse un peu difficile. J'emportais précieusement le cliché de sa dernière échographie qui ne me quittait pas. C'est en rentrant « par la route » (trois jours de pistes) de Zakouma au sud-est du pays que j'étais informé, le soir même de mon retour

---

[59] Nom du camp français à N'Djaména, en bordure de la piste de l'aéroport de la capitale du Tchad.

à N'Djamena, le 24 avril, via un message militaire, que Florence avait donné naissance à Valentin, beau petit garçon de trois kilos deux. J'étais un papa heureux, mais virtuel. Pour dévirtualiser cette paternité lointaine, un de mes beaux-frères envoyait, via une messagerie informatique, une photo du bébé avec sa maman. J'attendais impatiemment, à peine douché après ces centaines de kilomètres de piste, derrière l'unique ordinateur civilianisé de notre détachement, l'arrivée du message porteur de la photo de mon fils. Malheureusement, le logiciel de décodage échouait à restituer une image. J'avais devant les yeux, plusieurs pages d'« arabic language », une suite de sigles, de lettres, de chiffres, de caractères spéciaux que les transmetteurs penauds ne parvenaient pas à transformer en photo. Pendant une nuit, je serai le papa de pages d'« arabic language », avant que l'effort des transmetteurs parvienne à donner vie à un beau petit garçon dans les bras de sa maman fatiguée et heureuse. Merci à eux.

Nous traversons le brouhaha du hall ouest du Palais de justice. Je finis de parcourir mes souvenirs muets pour aller manger et profiter de cette pause de l'audience. L'intermède Tchad est terminé. Mon fils Valentin en a profité pour s'inviter. C'est une bonne surprise. L'après-midi s'annonce plein d'incertitudes.

Témoignage – audition du général Dary

À la reprise de l'audience, le président commence par lire le message d'Hakan Bilgin. Cette lecture provoque une interrogation silencieuse, mais tangible. Qu'un humanitaire m'apporte ainsi son soutien confond les consciences du jury, y compris de l'avocate générale. Chacun sort de son schéma. Les frontières du bien et du mal affirmées par la justice sont brouillées. Les certitudes se lézardent. La salle repasse du côté de la morale. Le référentiel de la guerre engloutit celui du droit commun. Le moindre mal est porté par un humanitaire médecin. C'est un point de gagné pour moi et pour notre défense commune.

Le juge Leurent fait ensuite venir à la barre le général Dary. Cité par le président, le général Dary, comme le général Cuche le deuxième jour, fait partie de ceux que l'on a coutume d'appeler les « commandeurs » de l'armée de terre. Il est entendu en tant qu'autorité tutélaire. Il est attendu pour exposer la réalité des opérations et l'approche du commandement de l'armée. Son témoignage traduira une position officielle vis-à-vis de l'affaire.

Soit un soutien vraisemblablement prudent ou partiel, soit une posture sacrificielle à l'instar de celle adoptée par le pouvoir politique.

Le général d'armée Dary, ancien gouverneur militaire de Paris, vient tout juste de quitter le service actif. Il témoigne sans avoir été mêlé de près ou de loin à l'affaire. Bien qu'en retraite, il s'avance en grande tenue, cinq étoiles sur ses manches, une impressionnante barrette de décorations sur sa poitrine. Son uniforme dit son autorité. Il avait été recommandé à mes deux camarades de promotion de témoigner en civil, à titre personnel et sans engager l'armée. Ce n'est en apparence pas le cas maintenant. Sa tenue est en elle-même un message.

Je suis le général d'armée Bruno Dary, actuellement président du comité de la flamme sous l'Arc de Triomphe. Le témoignage que je souhaite vous apporter est celui d'une carrière de quarante ans au service des armes de mon pays. Cette carrière m'a amené à occuper tous les postes de commandement qu'offre l'armée de terre en métropole et en opération, et ces dernières années les plus hautes responsabilités au sein de cette armée de terre.

Je commencerai par vous parler de la complexité du métier des armes. J'en vois au moins trois raisons. C'est d'abord un métier qui s'exerce dans l'environnement terrestre, difficile par nature du fait du relief, du climat, de l'urbanisation, des hommes qui l'habitent aussi, au contact desquels nous intervenons. Il porte également la complexité de l'exercice de l'autorité qui n'a rien d'une science exacte. Enfin et peut-être surtout, ce métier se pratique à l'ombre de la mort.

Le métier des armes s'exerce nécessairement face à un adversaire, de plus en plus souvent dépourvu de tout sens moral. La vie a peu de prix pour ceux qui s'opposent à notre mission. Un ricanement peut coûter la vie. Le décalage est immense entre notre vision de la vie et celle que nous rencontrons sur les théâtres d'opérations.

Pour ne rien faciliter, la mission que nous recevons est souvent floue. C'est couramment "faites pour le mieux". La mission du GTIA 2 en l'occurrence n'était pas une mission militaire, mais les militaires étaient les seuls à pouvoir la remplir. L'enjeu de cette mission, c'est d'échapper au risque suprême et redouté : celui de la guerre civile.

Pour ces raisons, le métier des armes et du commandement, complexe par nature, exige un certain nombre de qualités.

La première est le discernement. C'est une qualité qui demande du temps et de l'expérience, de l'intelligence et j'ajouterai de la culture. Il ne s'apprend pas. Il s'exerce.

La seconde qualité, c'est la discipline. Dans un métier à risques, la rigueur s'impose. Il n'y a qu'une autorité rigoureuse pour engendrer et entretenir cette discipline qui constitue le ferment du métier des armes. Mais, je vous l'ai dit, cette autorité est compliquée. Elle doit intégrer trois limites, s'interdire trois dérives :

- *La consigne pour la consigne – autrement dit le rigorisme qui fait fi de l'intelligence des exécutants,*
- *La déformation de l'ordre par son cheminement le long de la chaîne hiérarchique, qui le rend incompréhensible à l'arrivée, pour ceux chargés de le mettre en œuvre,*
- *Et la mauvaise compréhension de l'ordre.*

L'Ouest de la Côte d'Ivoire rassemblait l'ensemble des complexités que je viens d'exposer. L'environnement général était particulièrement perturbé. La force n'était plus au droit ; le droit était celui de la force. Il fallait à l'armée française et à la force Licorne être plus forte que les violents que nous avions en face de nous. C'est là la solidité de la France, la force du sang français, d'une armée qui présente culturellement les poitrines et le sang de ses citoyens face aux violences qu'elle affronte. Malgré le spectre de la mort qui annihile nos capacités, tous nos soldats sont prêts à risquer leur vie sur un ordre du chef, en l'occurrence du président de la République.

J'ajoute au titre des qualités le courage. Pour un colonel, il s'agit notamment du courage de transmettre ce qui est bien. A contrario, *il est tout aussi important de s'interdire les zones d'ombre qui perturberaient ses frères d'armes en ouvrant toutes les possibilités d'interprétation ou de libre arbitre.*

Pour mettre en œuvre les qualités qui doivent régir le militaire et plus particulièrement ceux qui commandent, il n'y a qu'une étoile polaire : l'éthique, mobilisée par la conscience. L'éthique s'applique dans un univers où rien n'est blanc et rien n'est noir. Elle doit éclairer le discernement dont je parlais. Elle doit aussi orienter un débat entre l'obéissance à l'autorité et la voie de l'honneur. Ce dilemme a traversé l'armée française durant la Seconde Guerre mondiale et en Algérie. Le soldat devait questionner la légalité pour trouver son chemin et le bon chemin. Les compagnons de la Libération, pour prendre cet exemple, se sont mis en dehors de la légalité pour leur choix de l'honneur.

Nous nous regardons avec Maître Gublin. Le début de l'intervention du général Dary ressemble plus à un sermon qu'à un témoignage. Il manie des concepts. Rien n'est vraiment concret. Où veut-il en venir ? Où est le soldat très respecté qu'on attendait pour mettre dans la tête des jurés des images sensibles ? Nous assistons plutôt à une péroraison en chaire. Vraiment, la guerre ne sait pas se faire connaître. Les généraux ne nous aident pas. Ses dernières paroles donnent même l'impression de relativiser la légalité. Je veux bien, ça me va bien, mais ce n'est pas le style du général Dary. Il n'a à l'évidence pas fini son raisonnement. Il parle de la Seconde Guerre mondiale. Certes. Mais en Algérie, l'honneur a aussi pris ce chemin de l'illégalité. Les putschistes, dont le commandant de Saint Marc, ont été condamnés par le pouvoir par le biais d'une justice d'exception qui ne grandit ni la justice, ni son instigateur, le général de Gaulle[60]. Si je le suis bien, il est plutôt en train d'exprimer une vieille vérité : *vae victis* (mort au vaincu). Il n'invente rien et n'apporte rien. Je suis mal à l'aise et inquiet de continuer d'entendre le général Dary.

Je parlais d'éthique. C'est avant tout celle qui recherche une saine finalité dans l'exécution. Pour cela, les ordres contiennent ce qu'on appelle des "règles d'engagement" qui disent le bon comportement ou la bonne réaction. Ces règles sont une transposition de l'éthique dans les ordres.

En contrechamp de l'éthique, je ne peux pas ne pas parler de la soumission à l'autorité que cette affaire met en lumière. L'expérience de Stanley Milgram[61] en rend parfaitement compte. Il est possible dans l'affaire qui intéresse la cour d'assises, que l'absence de connivence entre les hommes, née de la création d'un groupement par amalgame d'unités disparates – ce que l'armée de terre appelle la modularité – ait favorisé cette soumission à l'autorité.

L'exposé du général se termine de manière bizarre sur l'expérience et la théorie de Milgram. Cette référence à la psychologie n'est pas courante chez les militaires qui ont la réputation de pratiquer une psychologie plutôt rudimentaire ou rustre.

Première question du président : *Un des facteurs qui apparaît dans l'affaire que nous jugeons est un non-respect de la chaîne hiérarchique. Pouvez-vous nous donner votre avis ?*

R : Son respect est un guide indispensable.

---

[60] Grégoire Finidori, *Un formidable système répressif. Les juridictions d'exception à la fin de la guerre d'Algérie (1961-1963).*

[61] Cette expérience évalue le degré d'obéissance d'un individu devant une autorité qu'il juge légitime. Elle permet d'analyser le processus de soumission à l'autorité, notamment quand elle induit des actions posant des problèmes de conscience.

Maître Gublin : *Je souhaite que nous vous entendions et que vous reveniez sur cette dualité : faire bien ou faire moins mal, que vous avez abordé en disant – je reprends vos mots : que "rien n'est blanc et rien n'est noir".*

R : *Pour vous répondre, je commencerai par établir des garde-fous. La mission en constitue un premier. Elle est sacrée. La remplir n'est donc déjà pas faire mal et plutôt bien faire. Ensuite, le débat entre l'honneur et la légalité n'a plus eu cours après la Seconde Guerre mondiale. Je dis donc que les deux sont liés et que, là aussi, leur respect permet de bien faire.*

Encore une fois, maître Gublin et moi nous regardons interloqués. Le général Dary serait-il de ceux qui confondent histoire et mémoire ? La première, factuelle, s'incline devant la seconde qui recompose suivant l'air du temps, les vogues ou les intérêts. Comment glisse-t-il aussi facilement sur la guerre d'Algérie, lui un légionnaire, de la même subdivision d'arme qu'Hélie de Saint Marc ? Comment peut-il affirmer que ce débat n'a plus cours ? Il n'a pas le droit. Il s'érige définitivement en commandeur. C'est ce que je note sur mon cahier, tandis que mon avocat retient de se servir de ce témoignage dans sa plaidoirie. Nous nous posions la question de savoir quelle serait l'attitude du commandement de l'armée de terre à notre encontre via ce témoignage. Nous le savons : moralisatrice et accusatoire.

Un point dérange ces beaux discours et contredit l'honneur brandit comme une flamberge. Il est de taille. Le général Poncet, le confrère plus que l'ami du général Dary, a refusé d'endosser ses responsabilités. Les grands chefs moralisateurs ont dans leur camp un être amoral. Ce qu'ils disent vise peut-être à le défendre autant qu'à se protéger collectivement. Le général, qu'ils défendent ou protègent et qui a piétiné l'honneur, témoignera demain. Cette journée de mardi risque d'être le grand rassemblement des hypocrites : Neviaski, Poncet et Michèle Alliot-Marie se succéderont. Gros planning en perspective.

Mais à cet instant, par défaut, le général Dary pose une question essentielle : qu'est-ce qui, *in fine*, est sacré pour le soldat ? Il a parlé de la mission qui engage le subordonné. Il n'a pas parlé de l'engagement du soldat qui engage la loyauté de ses chefs, militaires et politiques. Il n'en a pas parlé, et pour cause : entre le général Irastorza qui ne transmet pas à la justice la pétition des habitants de la zone de confiance en notre faveur, le général Cuche qui ne corrige pas son rapport d'enquête et le général Poncet qui se défausse, il ne serait pas crédible. L'est-il seulement pour les jurés ?

Il poursuit : *sortir de la légalité – et de l'honneur – c'est par définition commettre des crimes ou des délits, un crime en l'espèce. Vous me dites bien et moins mal, maître. Je vous dis que les deux sont liés en respectant les fondamentaux que j'ai rappelés. J'ajoute que les opérations sensibles comme celle de lutter contre les coupeurs de route exigent planification et savoir-faire. Des unités spécialisées existent pour ça : les forces spéciales.*

Ne pouvant assister aux audiences avant d'avoir été entendu à la barre, le témoin Dary ne sait visiblement pas que j'ai demandé l'intervention d'un détachement des forces spéciales, sans suite après une courte reconnaissance d'évaluation. Peut-être aussi que le général Dary plaide pour sa chapelle : la primauté des vieilles unités professionnelles que sont la Légion étrangère, au sein de laquelle il a fait sa carrière, et les troupes de marine si bien représentées par le général Poncet. Cette guerre interne à l'armée de terre verrouille à quelques très rares exceptions le haut commandement, invariablement issu de l'une ou l'autre de ces deux chapelles, comme les opérations extérieures. Les vieilles troupes professionnalisées voient d'un très mauvais œil d'autres unités prendre peu à peu leur place.

« *Les opérations difficiles demandent de la préparation ; l'improvisation est toujours mauvaise conseillère.*

Q : *Si l'ordre de mettre hors d'état de nuire les coupeurs de route – Firmin Mahé – était venu du pouvoir politique, cet ordre aurait-il été légal et/ou légitime ?*

R : *Il aurait été légitime plus que légal. La raison d'État permet tout.*

Q : *Le colonel Burgaud affirme avoir reçu cet ordre du général Poncet. Comment peut-il savoir si cet ordre vient ou non des autorités politiques ?*

R : *La justice n'a, je crois, pas retenu l'implication du général Poncet. Votre question n'est donc pas légitime.*

Le président : *Je vous en prie mon général, répondez à cette question.*

R : *Il ne le peut pas, sauf si cela lui est explicitement dit dans l'ordre qui lui est transmis, ce qui n'est pas une règle.*

Question de maître Gublin : *Donc, lorsque le colonel Burgaud dit à ses subordonnés qu'il n'a pas été le seul à décider de l'ordre de rouler doucement, vous comprenez que... ?*

R : *Qu'il a sans doute reçu cet ordre, mais de qui ? Ce qui n'en fait pas un ordre légitime.*

Un autre avocat prend le relais : *Concernant la légitime défense, devait-elle être un frein pour intervenir contre Firmin Mahé ?*

R : *C'est toujours le survivant qui est en état de légitime défense. La victime n'est plus là pour le dire. Je vous affirme que le respect de la légalité interdit de mal faire. Je comprends qu'en conscience, abattre Mahé a pu être un objectif. En droit, hors état de légitime défense, c'est un crime.*

Q : *Mon général, dans votre carrière, avez-vous été impliqué dans des situations qui mettent en conflit le droit et l'éthique ?*

R : *Je n'ai jamais été impliqué dans cette situation que vous décrivez. Ce que je sais, c'est que quand on franchit les bornes, il n'y a plus de limites. Les hommes qui ont ainsi tué Mahé n'ont pas d'excuse.*

Voilà, c'est dit. Après la morale, le jugement moral. « Merci mon général, vous nous avez bien aidés. » Mais peut-être qu'en effet, en étant dans votre rôle, dans le même camp que le général Poncet, dans votre tour d'ivoire, vous fournissez un point d'appui à notre défense. Celui de la déconnexion, d'un commandement hors sol, politique, éloigné du terrain. Ce n'est pas à moi d'en juger. D'ailleurs, mes humeurs ne servent à rien. L'important, c'est ce que le président, ses assesseurs et les jurés surtout en retiennent. Les premiers vont faire référence au droit, les jurés à leur bon sens et à la morale. Et ça, c'est la grande inconnue. Rien dans leur attitude ne permet d'en juger.

Le général Dary quitte la barre. Il donne le sentiment d'être satisfait de sa prestation. Il pense sans doute avoir participé à l'émergence de la vérité. C'est peut-être vrai. Ce n'est pas mon sentiment. Il a plutôt porté la parole des grands chefs. Il ne peut qu'avoir délivré ce témoignage « sur ordre » tant sa réputation est éloignée des mots qu'il a prononcés.

<u>Identification des parties civiles</u>

L'absence des parties civiles le premier jour du procès, la première semaine même, avait interdit leur identification. Le président n'a pas voulu bouleverser l'ordonnancement de l'audience de ce jour en réalisant cette audition des proches de Mahé sitôt leur arrivée, ce matin. L'ordre du jour étant épuisé plus vite que prévu, il engage l'appel des parties civiles.

Le président : *J'appelle madame Monahin. Merci de décliner vos identités et qualités.*

R : *Je suis Madame Madeleine Monahin. J'ai 62 ans. Je suis pasteure et j'habite à Abidjan.*

Q : *Quelle est la nature de vos relations avec Firmin Mahé ?*

R : *Je suis la nounou de son fils et aussi sa nièce par sa mère.*

Q : *Reconnaissez-vous Firmin Mahé sur cette photo ?*

Madame Monahin regarde avec une grande attention la photo que lui tend le président en prenant son temps.

R : *Non, ce n'est pas Firmin Mahé.*

La salle est parcourue d'un murmure d'étonnement. Chacun regarde son voisin. Je regarde maître Gublin. L'identification et la reconnaissance des parties civiles sont une opération qui a pris énormément de temps et qui a donné lieu à de multiples actes de procédure. Comment est-ce possible ? Le recours à l'ADN, prélevée sur le cadavre désinhumé de Firmin Mahé a permis de constater la bonne appartenance à sa famille. Comment l'ADN peut se tromper ?

Q : *Regardez bien madame.*

R : *Non, je vous dis que ce n'est pas Firmin Mahé.*

Est-ce là une stratégie de la défense, pour donner du crédit au fait que le Firmin Mahé mort n'est pas le coupeur de route ? C'est ce que tente d'accréditer, par voie de presse pour l'instant, l'avocat des parties civiles.

Q : *Et sur ces deux-là ?*

R : *Non plus.*

Q : *Parlez-nous de votre Firmin Mahé.*

R : *Il était plombier à Abidjan. Je le voyais deux ou trois fois par an. Mahé, c'est un parent à moi. Il venait faire des travaux de plomberie chez moi, ce n'est pas un coupeur de route. La mère du fils de Firmin m'a remis l'enfant pour que je l'élève, car elle n'avait plus les moyens. Il a huit ans aujourd'hui. Il n'est pas venu parce qu'il est à l'école. Je ne sais pas pourquoi Firmin s'était séparé de la mère de son fils. Je ne sais rien non plus des circonstances de sa mort. Je ne me souviens pas quand j'ai appris sa mort.*

Merci madame. Vous pouvez regagner votre place.

L'âge du fils de Mahé correspond. En 2005, une femme tenait dans ses bras ce fils au milieu de la route pour arrêter les taxis-brousse que Firmin et sa bande attaquaient ensuite.

« J'appelle maintenant monsieur Jacques Dahou.

« Je suis le demi-frère de Firmin Mahé, je dirai plutôt son frère. Firmin était plombier à Abidjan, mais il revenait au village en vacances. On s'entendait très bien tous les deux. On travaillait ensemble. Il se trouvait à Bangolo en mai 2005 pour les travaux champêtres. On faisait le riz.

Q : *Reconnaissez-vous Firmin Mahé sur cette photo ?*

R : *Non.*

Rumeur dans la salle d'audience. Désarroi du président et des jurés.

Q : *Et sur celles-ci ?*

R : *Ah oui, là je le reconnais.*

Q : *Monsieur, c'est le même homme sur les trois photos. La première que je vous ai montrée, comme à madame Monahin a été prise par la force Licorne à son arrivée blessé à Bangolo. Je vous repasse la première photo.*

R : *Peut-être, mais je ne le reconnais pas vraiment.*

Q : *Un point s'il vous plaît : avez-vous été consulté lorsque la force Licorne voulait restituer le corps de Firmin Mahé à sa famille.*

R : *Non.*

Un homme est appelé à la barre.

« *Je m'appelle Basile Gninihon ; je suis le cousin de Firmin Mahé. Je suis le fils du demi-frère du père de Firmin. Mais je n'en suis pas sûr.* Émois sur l'estrade du jury et rires dans la salle. *Je suis à Abidjan, alors je ne le voyais pas. Je le reconnais sur la deuxième photo, en noir et blanc, et sur la troisième aussi, mais pas sur l'autre.*

Maître Balan : *Monsieur le président, on a un problème. La famille Mahé a visiblement un problème d'esprit de famille. Nous ici, on a le problème de savoir qui sont ces gens dans le box des parties civiles.*

Une femme est invitée par le président à s'avancer jusqu'à la barre.

« *Je m'appelle Edith Zahe Die. J'étais la compagne de Firmin Mahé depuis 2004. J'étais au village avec lui. La mère de son fils était à Abidjan. Moi je dis : Firmin n'était pas un coupeur de route. On avait peur de la Licorne. On n'avait pas confiance en eux.*

Q : *Reconnaissez-vous Firmin Mahé sur ces photos ?*

R : *Sur deux, oui, mais pas sur la troisième.*

Q : *Pouvez-vous nous parler de Firmin Mahé* ?

R : *J'étais avec lui quand des militaires français se sont arrêtés. On marchait sur le bord de la route. Je ne sais pas pourquoi ils l'ont tué jusqu'à présent. Tout ça, c'est du mensonge.*

Les autres parties civiles sont invitées tour à tour à reconnaître Mahé sur les photos. Le résultat n'est pas probant et pousse nos avocats à demander au président de révoquer ceux qui sont assis en face de nous en tant que membres de la famille de Firmin Mahé. Le président dicte un procès-verbal et remet sa décision au lendemain.

Nathalie Guibert, du *Monde*, écrit le soir sous le titre « Rebondissement au procès des militaires accusés du meurtre de Firmin Mahé ».

Qui était Firmin Mahé ? Un criminel "coupeur de route" comme l'affirment les militaires français jugés à Paris pour l'avoir tué ? Ou un innocent, simple plombier comme le répètent des parents venus d'Abidjan pour témoigner devant la cour d'assises ? L'audience du lundi 3 décembre n'aura pas permis de trancher. La situation s'est même un peu embrouillée lorsque les trois proches de Mahé, bloqués jusqu'alors à Abidjan par des problèmes administratifs, ont échoué à identifier cet homme sur une photo qui leur était présentée, prise par les militaires peu avant sa mort.

"Aucune de ces personnes ne reconnaît la personne dont elle serait le frère, le cousin, la compagne" a constaté un avocat de la défense, Jacques Trémolet de Villers, avant de demander à la cour, comme ses confrères, de les déclarer irrecevables.

La journée a été longue. Sans avoir été mouvementée, elle a apporté son lot d'incertitudes. La vérité qui semblait établie, se nuance en même temps qu'elle s'affine. Il est curieux de voir à quel point elle est binômée avec le doute. Chaque nouveau détail vient la percuter pour soit la renforcer, soit la contrarier. Chaque contrariété remet en question l'édifice. Je vois ainsi devant mes yeux d'accusé s'établir des certitudes, plus modestement des convictions, s'effondrer des évidences, la réalité se couvrir de teintes. Pour déboucher sur la moins mauvaise des vérités. Comme pour la morale, il n'y a pas de vérité absolue, et elle se construit à l'épreuve des faits, non pas dans une discussion de salon.

Que peuvent penser ceux qui vont me juger ?

Que pensent-ils de la victime et des parties civiles censées la représenter ? Adhèrent-ils à la thèse de maître N'Doumou qui assure, appuyé par les proches du coupeur de route, qu'on se serait trompé de Mahé ?

Où en sont-ils de la construction de leur intime conviction ? L'environnement militaire ne me semble pas plus lisible pour les jurés après l'exposé du général Dary. Sa prestation était à des années-lumière d'un éclairage utile. Elle a eu le mérite de découvrir, sans vraiment de surprise, la position du haut commandement. Mais la guerre n'est toujours pas, en vérité, entrée dans le prétoire. La justice civile qui nous juge désarme le militaire. Comme je la vois, elle nous démilitarise pour nous faire rentrer dans son référentiel. Elle fait de moi un citoyen ordinaire, que je n'étais pas à Man en 2005.

Comment faudrait-il faire pour rapprocher ces deux mondes jusqu'à les faire coïncider ? Comment s'y prendre pour transporter la cour dans notre monde, sur un théâtre d'opération militaire ? Jusqu'ici, c'est un échec, sauf quelques mots et quelques images épisodiques.

9°/ la guerre

Durant ces premiers jours de débat, l'avocate générale comme le président de la cour d'assises ont avec prudence évité d'appeler à la barre un personnage pourtant central : la guerre. L'intervention du général Dary vient juste d'être un échec. Son témoignage était celui d'un officier en grande tenue, chemise blanche, képi surbrodé d'or et décorations pendantes ; il avait visiblement oublié son treillis et ses rangers, son casque et son gilet pare-balles – et son arme qui ne sert pas qu'à la rendre au passage d'une haute autorité. Il était en représentation. Maître Gublin l'a remarqué comme moi.

C'est du bout des lèvres, avec d'extrêmes réserves et beaucoup d'artifices que les magistrats ont invité la guerre en d'insignes occasions pour entendre et entre-apercevoir ce personnage craint et malfaisant, du plus loin et le plus brièvement possible. Avec l'armée qui la "fait" et les soldats qui en sont ses mains, elle est jusqu'à présent restée un fantôme. Les juges n'osent le convoquer. Il n'est pas question de rentrer armé dans un tribunal. Plus exactement, la justice commence par désarmer les prévenus, et les militaires ne font pas exception devant la justice civile. La justice désarme le militaire comme tout citoyen.

Peut-être les juges ont-ils craint d'ouvrir, comme dans les films d'horreur, la porte d'un enfer ou d'être emportés par une nuée sombre dans une dimension de laquelle ils ne parviendraient pas à sortir. Peut-être ont-ils eu peur de passer de l'autre côté du miroir. Toute la salle d'assises pourrait derechef être couverte de cette fumée noire qui s'échappe des canonnades – masquant *de facto* les beaux plafonds colorés symboles de rédemption. Les remarquables parquets en point de Hongrie pourraient ruisseler d'un sang qui ne serait pas seulement celui de Firmin Mahé, détournant par inadvertance l'attention sur des horreurs plus grandes encore que la chose jugée, que la justice ne veut surtout pas voir. L'odeur de la poudre et du sang pourrait empuantir cette salle aseptisée.

Ce personnage est pourtant le grand décorateur du crime qui est jugé. La guerre a gouverné le drame dont nous avons été les acteurs. Elle en est l'ordonnanceuse, l'ambianceuse, la régisseuse. L'obstination des magistrats à l'occulter peut se comprendre. La guerre leur est inconnue. Elle est en général tue par des soldats mutiques, le général Dary l'a conceptualisée plutôt que de la décrire, et les journalistes souvent borgnes la travestissent. Il faut dire que le caractère violent des images force à la censure. Elle constitue un tabou qui ne se lève pas sans peine, qui est difficilement entendable par nos sociétés du temps de paix, qu'elle nie *de facto*. Elle pose un vrai problème. Pourtant, le personnage est bien impliqué dans d'autres affaires, et pour le dire avec le langage politico-judiciaro-journalistique, « elle est défavorablement connue des services de police », quoique toujours laissée en liberté.

La France a la chance de ne plus connaître de guerre sur son territoire métropolitain depuis des décennies ; ce n'est pas pour la laisser entrer dans un prétoire, au cœur du sanctuaire. Ce serait comme si le Diable rentrait dans une église. Dans son réquisitoire, de manière indirecte, Annie Grenier s'en excuse presque : « il n'est pas question ici de juger l'armée » qui en constitue l'instrument. Elle en a sans doute reçu la consigne : pas question d'élargir les échanges, d'ouvrir la boîte de Pandore. Il faut circonscrire les faits et les débats, restreindre et délimiter la scène de crime. La guerre n'a pas sa place ici. Le Code pénal – ce gros livre rouge posé devant le président – ne contient aucun chapitre, aucun article, aucun alinéa sur la guerre qui en est presque la négation, puisqu'elle tue par essence. On sortirait du cadre.

Plus exactement, ce n'est pas tant la guerre qui tue ; ce sont d'abord ceux qui la déclenchent et la dirigent, qui ne risquent rien comme le dira plus tard dans sa plaidoirie maître Trémolet de Villers, l'avocat de l'adjudant-chef Raugel : « ceux qui ont mis ces hommes dans ce merdier ne répondront jamais de ce qu'ils ont fait » ; Elle n'est ni une abstraction ni un concept. C'est une réalité très concrète, tragiquement et profondément humaine. Mais tout est fait pour la dissimuler à nos yeux de citoyens et dans ce tribunal.

Comme nos sociétés civilisées et évoluées ne veulent pas voir la mort, elles ne veulent pas de la guerre. La guerre est moche, symbole de notre laideur collective, comme la mort est repoussante, symbole d'une finitude qui nous déplaît. Nos morts sont aujourd'hui soit l'échec de la médecine, soit le résultat d'un crime. Ils échappent à la naturalité des choses. Nos morts sont le fruit d'une responsabilité qu'il faut connaître et identifier, contre laquelle on peut porter plainte, sur laquelle on enquête et que l'on juge ! « Pourquoi meurt-on ? » n'est plus la question. C'est « comment meurt-on ? » qui est important. Rejeter de la même façon la guerre, nier son pourquoi, conduit à se poser une question biaisée. « Comment en est-on arrivé là ? » est logiquement cette question biaisée que pose l'avocate générale en totale adéquation avec cette cécité.

Là-bas, en Côte d'Ivoire, à quatre mille sept cent quarante kilomètres du Palais de justice de Paris, il y a plus de sept ans, c'est bien ce personnage qui disait sa loi, une loi puissante et abjecte, forte et injuste, plus forte que le

Dalloz, presque une anti-loi. Le livre noir de la guerre répondait au livre rouge du droit. C'est lui qui œuvrait, qui avait imaginé et construit le décor. Il avait imposé sa volonté et les réalités concrètes de son univers à un pays, à sa population, à presque chacun des vingt-cinq millions d'Ivoiriens, à chacun et chacune des villageois et villageoises de la zone de confiance autour de Bangolo, de Zouan-Hounien et de Gohouo-Zagna, pour ne citer que trois villages parmi des dizaines, des centaines plus sûrement. En Côte d'Ivoire, la pièce est tombée du mauvais côté, du côté pile, celui de l'ombre et de la violence. Elle n'est pas tombée par hasard. Comme presque toujours, quelques hommes et quelques intérêts particuliers en ont décidé. C'est pour ce personnage de la guerre que l'armée française y était déployée. Pour lui faire la guerre, pour essayer de faire la guerre à la guerre. C'est contre lui que j'étais en Côte d'Ivoire, et que Mahé était mon adversaire, plus justement celui de la paix que je défendais.

Si le tribunal avait le courage de faire témoigner l'une des victimes de la guerre, qu'entendrait-il ? Si l'une des victimes d'un Mahé, du génocide rwandais, d'un Poutine en Ukraine venait jusqu'à la barre, qu'en dirait la justice avec ce grand J qu'elle affirme ? Cette victime est physiquement morte bien sûr, comme des milliers d'autres. Son avocat parlerait en son nom, avec sûrement moins d'émotion qu'elle. Mais il parlerait d'elle, par exemple de Satou qui symbolise ces victimes de la guerre comme le soldat inconnu symbolise les soldats morts pour la France.

Il dirait que Satou vit dans un pays en guerre. Elle vit en Côte d'Ivoire, où tout ce que son avocat va raconter est arrivé en vrai, sous nos yeux parfois, à plusieurs personnes rassemblées ici en une seule.

Satou est mariée. Elle a trois enfants. Elle habite avec ses parents âgés dans un petit village de brousse. Elle subsiste. Quelques champs de riz, quelques cultures de café et de cacao, quatre bêtes comblent son modeste quotidien. Les dernières élections se sont mal passées. Le président n'a pas voulu reconnaître le résultat d'un suffrage qu'il a semble-t-il perdu. La corruption de son régime a lassé la population. Le candidat de Satou a été préféré, à qui le président refuse de céder la place. Des manifestations populaires ont été organisées. Les forces de sécurité fidèles au président les ont violemment réprimées. Les partis, très largement ethnicisés, ont engagé une spirale délétère.

La violence a gagné comme une gangrène. L'injustice a dépassé l'acceptable. Le président est devenu doublement illégitime. Il refuse le résultat des urnes et recourt à la violence contre une partie de son peuple.

Pour punir le parti et l'ethnie qui l'a battu, le président a décidé de fermer tous les services publics du nord du pays que peuple l'ethnie rivale. L'école des trois enfants de Satou a fermé : les professeurs n'étaient plus payés. Pour occuper et surveiller les enfants, Satou et son mari les emmènent aux champs. Mais une ONG américaine, en reconnaissance dans la région, a de façon tout à fait opportune dénoncé le travail des enfants. Au nom de l'éthique, les maigres récoltes de café et de cacao de Satou ne sont donc plus achetées par la filiale d'un grand trust américain d'agroalimentaire. L'électricité, déjà rare, a cessé lorsque le groupe électrogène du village n'a plus été réparé par des techniciens du service gouvernemental d'électricité. Son directeur est le frère du président. Plus de télévision donc, ni de lumière électrique. L'unique machine à laver du petit village ne peut plus fonctionner. Il faut retourner laver le linge au point d'eau. Le téléphone, assuré par une filiale d'un groupe étranger, se maintient bon an, mal an.

Plus de santé : la plupart des infirmières et tous les rares médecins ont déménagé du côté loyaliste pour continuer d'être payés. L'état sanitaire se dégrade. Une poignée d'associations humanitaires européennes ne peut faire fonctionner que deux des cinq dispensaires préexistants. L'une d'entre elles vient de lever le camp, du jour au lendemain et sans prévenir. Les bruits qui courent disent que l'équipe a été rappelée pour être redirigée vers un théâtre plus visible et rentable médiatiquement. Un des enfants de Satou, le plus jeune, souffre d'une malformation. Il n'est plus suivi. Les médicaments qu'il doit prendre sont introuvables. C'est un crève-cœur pour Satou et son mari de le voir dépérir. Il meurt rapidement. Il rentrera dans les statistiques de la mortalité infantile – mais c'est bien la guerre qui l'a tué.

Plus de police, plus de justice non plus, pour les mêmes raisons que pour les professeurs et le personnel médical : les fonctionnaires ne sont plus payés. L'insécurité et la violence s'emballent. Vols et rackets sont le quotidien : ils sont impunis. Il n'est plus question de sortir la nuit. Une des quatre bêtes de Satou a été volée il y a une semaine ; une autre a été égorgée, comme ça, pour rien. Il ne lui en reste que deux, et même pas un mâle et une femelle pour qu'elles se reproduisent. En cas de petite saison des pluies, la récolte sera insuffisante pour faire vivre la famille et les bêtes. Si le minuscule grenier venait à être volé ou brûlé, comme chez un cousin hier dans la nuit, la survie deviendrait critique. Le cousin, qui était sorti pour s'opposer aux voleurs a été tué. Chaque semaine, plusieurs cadavres, mutilés pour la plupart, sont retrouvés ici et là. Une insécurité vitale s'est installée.

Les militaires ont été démobilisés ou sont passés dans le rébellion. Ils ont installé des check-points sur les routes. Ils rançonnent la population : chacun survit avec ses moyens ; eux, ils ont des armes. Au lieu de s'en servir pour défendre la population, ils s'en servent contre elle. Pour aller dans ses champs, Satou et son mari doivent passer deux check-points, et payer. Hier, sur l'un d'eux, sa voisine a été violée. Le pouvoir du plus fort s'est installé. Le droit de la force a remplacé la force du droit comme pouvait le dire doctement le général Dary.

L'administration a disparu, elle aussi. L'ancien préfet (un proche du président) a fui. Il a été remplacé par un militaire, entouré d'une bande peu recommandable. Avec ses lieutenants, il met la région en coupe réglée. Tout se paye ou se monnaye, au seul bénéfice d'un petit groupe plus accapareur que soucieux de l'intérêt général. Déposer plainte, demander un papier ou une autorisation deviennent payants. Ils font aussi main basse sur tous les services auparavant assurés par l'État. Le transport de l'eau potable que produit encore la station de pompage de la grande ville proche coûte désormais très cher. Les enterrements sont source de profit. Les réparations des groupes électrogènes sont particulièrement rentables. Le préfet a aussi récupéré quelques entreprises appartenant à ceux qui ont fui. Il s'en attribue leurs bénéfices. L'arbitraire et l'incertain se sont généralisés.

La communauté internationale a protesté contre le maintien au pouvoir du président. Plusieurs pays ont publiquement qualifié « d'inacceptable » la situation. L'air grave des ministres et des diplomates occidentaux prononçant ce mot suffisait à lui seul à traduire l'opprobre de ces États. Un *strong protest* de l'ONU a été tardivement émis par le Conseil de sécurité, deux de ses membres qui soutiennent le régime en place ont longtemps bloqué toute déclaration. Faute d'un mot prononcé, les victimes n'ont pas d'existence. Elles sont la poussière de la diplomatie, celle qui est mise sous les tapis des salons dorés des conférences internationales.

Une attaque de l'armée régulière contre une mine importante et lucrative, puis un bombardement aveugle de l'aviation loyaliste sur un village qualifié de rebelle, ont mis fin à tous les atermoiements. La Croix-Rouge internationale a transmis des témoignages. Quelques journalistes se sont même rendus sur place. L'émotion a été grande, les morts nombreux. L'ONU a été saisie de la situation par la France. Ses intérêts étaient en jeu. Une résolution a été étudiée, travaillée, débattue, puis votée. L'envoi de Casques bleus, appuyés par un contingent de soldats de notre pays, a été décidé. Les éternels contributeurs aux forces de maintien de la paix des Nations unies ont été sollicités. Ils sont des pays très pauvres qui prélèvent une grande partie de la solde de leurs soldats versée par l'ONU pour abonder leur budget (ou des comptes en banque plus privés). En cas de durcissement de la situation, ils auront l'avantage d'être des possibles morts « à peu de frais ». Ce n'est pas grave s'ils ne parlent aucune des langues du pays de Satou. Une poignée de traducteurs les aidera peut-être, à condition d'avoir l'anglais en commun. Ils ne seront armés que d'armes légères pour leur sûreté – ainsi en a décidé l'ONU suite à un savant compromis du Conseil de sécurité : surtout pas de blindés, juste des 4x4 pour les patrouilles et quelques camions pour la logistique. L'abstention des deux pays, membres du Conseil de sécurité et proches du pouvoir en place, est à ce prix.

Ce contingent de l'ONU s'installera sur une Bande Démilitarisée (BD) qui séparera les deux factions, qu'un accord a plus ou moins tracé. Cette zone tampon est une solution constamment retenue dans ce genre de situation. Le contingent aura pour mission le rétablissement de la paix, la protection des populations et, si tout va bien, plus tard, la sécurisation d'élections que la communauté internationale se chargera d'encadrer. Pratiquement, le rétablissement de la paix inclut un strict respect de l'étanchéité de la BD. Il importe d'interdire toute confrontation directe des deux camps. Une campagne de désarmement et la médiation d'un pays tiers seront instaurées pour créer les conditions d'un possible règlement politique.

Un détachement de policiers internationaux est également décidé. Ces policiers auront le droit d'enregistrer des plaintes et de dresser des procès-verbaux, mais ni d'arrêter, ni de détenir d'éventuels délinquants ou criminels qui, de toute façon, ne pourraient être remis à la justice puisqu'elle n'existe pas. Ils patrouilleront par équipe de deux, entre 9 heures 30 et 12 heures, puis entre 14 heures et 17 heures, avant de regagner leurs logements loués par l'ONU dans la ville voisine, à trente kilomètres du village de Satou. La précision à décrire leur mandat serait louable si elle ne le rendait pas impossible à assurer. Une permanence policière pourra être ouverte dans la BD avec les mêmes horaires si les conditions de sécurité le permettent, car les binômes de policiers ne seront pas armés.

Satou a plus ou moins entendu tout ça : radio brousse fonctionne bien. L'espoir renaît. Elle se dit que la situation va s'arranger.

Mais un mois après la décision de l'ONU, là-bas à New York, il ne se passe toujours rien sur le terrain. Le quotidien ne fait même qu'empirer : un check-point s'ajoute aux autres ; les vols et les meurtres crapuleux redoublent. Le président a libéré les détenus de droit commun pour les envoyer fragiliser la Bande Démilitarisée, symbole insupportable de l'intervention de la communauté internationale dans les affaires de son pays. Le père de Satou en a été une victime. Il a été massacré devant sa case. Il était sorti après avoir entendu du bruit. Le matin, son corps est là, recroquevillé devant sa très modeste maison en pisé, baignant dans une mare de sang que des mouches recouvrent dans un bruit insupportable de vibrations dès lors qu'elles sont dérangées. Il est méchamment entaillé, la tête presque ouverte en deux au-dessus d'une oreille. Une jambe vilainement brisée et de multiples blessures témoignent d'une lutte violente. Ses plaies béantes et roses sont pour ainsi dire propres, nettoyées avec grand soin par les mouches. Ses yeux encore ouverts le sont sur sa mort, une mort pour rien. Il ne possédait rien, ne revendiquait rien, ne représentait rien. Il ne peut pas être enterré dignement : le cimetière du village est de l'autre côté de la ligne, de la « BD » comme on commence à dire. En réalité de la nouvelle frontière qu'il ne vaut mieux pas franchir. Le passage des check-points qui la délimitent coûte très cher et s'avère incertain. Rares sont ceux qui s'y aventurent. Une économie de guerre s'est installée, avec sa logistique et ses bénéficiaires. Satou et sa famille n'en font pas partie. Son père est maintenant là, sous un tas de terre, à côté de sa case, en attendant des jours meilleurs, des jours où il pourra être ramené au cimetière à côté de ses ancêtres. Dieu sait où est son âme.

Malgré une étanchéité affichée, la Bande Démilitarisée est pourtant régulièrement violée par les deux camps. Des milices se sont montées des deux côtés. Avec des bandes de bandits, elles vont s'asticoter et terroriser les populations de l'ethnie adverse. On dit « chicotter » dans le pays de Satou. Ça veut tout dire, de « corriger » à « tuer », de « violenter » à « battre à mort ». Presque à chaque fois, des victimes innocentes sont le résultat de ces incursions. Aucun camp n'accepte cette coupure qui marque la perte de souveraineté pour les loyalistes, un pouvoir illégitime toujours en place pour les rebelles.

Par chance, une ONG est revenue s'installer dans le dispensaire d'à côté – enfin à côté, à dix kilomètres qu'il faut parcourir à pied avant d'attendre des heures en pleine chaleur, avec l'incertitude pour Satou de pouvoir être soignée.

Ça y est : deux mois après la décision, l'ONU arrive ; c'est un contingent d'un pays asiatique que Satou ne connaît même pas. Il paraît qu'ils sont musulmans, mais surtout, c'est sûr qu'ils ne parlent pas sa langue, le français, ni bien sûr aucun des dialectes. Les Casques bleus s'installent ; il y a même – c'est une chance – un petit poste à trois cents mètres du village de Guitrozon où habite Satou. Mais pour l'instant, les soldats organisent leur casernement. Ils travaillent aux défenses de leur poste et ne sortent que très peu pour patrouiller, une petite fois par jour, toujours en voiture, sans jamais en descendre. Les policiers aussi sont arrivés. Satou ne les a vus qu'à une seule occasion. Un binôme de deux policiers – un Russe et un Bolivien – accompagné d'un traducteur, sortent d'un magnifique 4x4 blanc marqué ONU pour demander si tout va bien. Ils repartent sans attendre les réponses, dans un nuage de poussière. Ils ont fait leur boulot. Ils sont là, ils patrouillent, ils dissuadent. Le poste de police prévu, pourtant réhabilité aux frais de l'ONU, ne servira jamais : en fait, les policiers ont peur. Leurs patrouilles dans la BD cessent même très vite.

Les soldats français sont aussi arrivés. Ils sont plus sérieusement armés et circulent dans des véhicules blindés. Satou ne connaît rien au monde militaire. Elle ne comprend pas bien ce que font ces soldats pour elle. Elle les voit patrouiller. Même le dimanche. La nuit parfois. Pourtant, ils ne démontent pas les check-points, n'arrêtent pas les voleurs, ne s'opposent pas aux raids nocturnes de l'armée loyaliste ou des milices dans la BD. Ils disent que ce n'est pas leur mission. Ils ont bien essayé de désarmer les miliciens. Mais ça n'a pas marché. Les deux camps ne le voulaient pas. Satou se demande ce que signifie au juste « protection de la population ». Au moins, ils parlent sa langue. Ils s'arrêtent pour parler. Ils ont aussi un médecin qui ouvre une vacation pour la population le mardi après-midi dans le village voisin. C'est trop tard pour son fils qui est déjà mort. Un détachement est installé au centre de la zone de confiance, à Bangolo. Mais la poignée de kilomètres qui séparent son village du poste du détachement va être de trop pour le drame qui s'annonce : les soldats français n'entendront rien.

Dans la nuit, une bande loyaliste envahit Guitrozon. Les cases sont vidées dans les vociférations des miliciens et les cris apeurés des villageois. Satou est l'une des premières réveillées. Sa case est en périphérie du village. Elle entend des coups de feu et le cri d'hommes abattus. Et sa case s'embrase, comme celle de ses voisins. Tous ceux qui ne peuvent pas fuir, tous ceux qui ne sont pas abattus meurent brûlés vifs dans les brasiers. Satou, son mari, leurs deux enfants et la petite centaine d'habitants. Tous morts. Le poste de l'ONU qui domine le village à trois cents mètres n'aura rien vu et rien entendu, alors même qu'une garde est organisée la nuit, avec des sentinelles. L'ONU n'est pas intervenue. C'est en patrouillant le lendemain, que les soldats français découvrent le village brûlé. Il fume encore, dans un silence ordinaire. Il n'y aura pas d'enquête, pas plus que de journaliste, pas plus que de protestation de l'ONU. C'est la guerre. C'est ça la guerre, le droit de la violence. Le droit tout court n'existe pas.

Personne n'entendra jamais Satou. Ses dernières paroles restent des hurlements d'horreur quand le feu embrase ses enfants, puis des hurlements de douleur quand son tour arrive. Ils sont des hurlements à bas bruit, inaudibles, muets – terriblement et horriblement muets. Tout s'est passé comme souvent lorsque personne ne veut voir ou entendre. Des miliciens faisaient la guerre par délégation. Il est de plus en plus rare que des armées régulières la fassent : elles engageraient trop leurs commanditaires. Des Casques bleus de l'ONU dissuadaient, sans en avoir les moyens matériels, ni l'autorité véritable. La justice avait déserté le champ de bataille, comme le plus souvent et pour autant qu'elle ait sa place. La communauté internationale n'en avait cure. La population mourait. La guerre continuait. Dans l'indifférence.

La guerre, ce sont des victimes et des soldats. Après Satou, le président du tribunal pourrait facilement interroger l'un ou l'autre des prévenus pour qu'il raconte l'opération Licorne vue par un soldat, au plus près du terrain. Non pas celle d'un général, mais celle du quotidien, de la violence, de l'exécution de sa mission, bon an, mal an, jour après jour, avec les moyens qui lui ont été donnés. Pour l'entendre raconter la même guerre que celle de Satou, il n'a qu'à demander, par exemple à Lianrifou Ben Youssouf. Demander et écouter. Il n'aurait même pas à poser de questions.

Il entendrait que Lianrifou est parti un mardi de mars, avec deux sacs pour tout paquetage, en laissant seule sa femme se débrouiller avec leurs trois jeunes enfants. Dans ses deux sacs, il a de quoi tenir quatre mois. Il ne reste pas grand place pour quelques babioles personnelles. En réalité, ces deux sacs dissimulent ce qui ne se pèse pas sous un peson : son engagement. Lianrifou part avec un engagement pour la paix qui n'a ni poids, ni volume, ni prix. Avant de s'occuper de lui, il doit d'abord préparer son véhicule blindé, l'armement, l'optique, les transmissions qui rejoindront Abidjan par bateau ou par avion-cargo. Il n'existe déjà plus : il est la mission qu'on lui donne. Il espère servir son idéal d'engagement ; accessoirement trouver un lieu un peu équipé pour pouvoir bénéficier d'un minimum de confort.

Ce n'est pas le cas. Son unité, le PRIAC rejoint un petit ensemble de cases sans eau courante à Bangolo. Il dort sur un lit de camp, dans son duvet sous une moustiquaire. Le sol, c'est la terre. Il est séparé de son voisin par une toile tendue accrochée à la charpente. Il n'a presque rien pour ranger ses affaires, et juste de quoi suspendre une photo de sa femme et de ses trois enfants à côté de son couchage. Lorsqu'il pleut, il pleut aussi un peu à l'intérieur. Les sanitaires sont rustiques : les quatre lavabos sont approvisionnés en eau par un réservoir extérieur. L'eau est comptée. Les trois W.-C. et les trois douches ressemblent à ce qui équipe les chantiers ou les grands rassemblements : une grande boîte en plastique *all inclusive*. Ils ont une singularité qui fait leur charme : une famille de serpents cobras y a élu domicile. Lianrifou a vite compris à quoi servaient les grenouilles élevées par ses prédécesseurs. La nuit, les utilisateurs des toilettes sont encouragés à prélever une grenouille pour la jeter dans le W.-C. avant de fermer la porte. Si une minute après, en rouvrant la porte, la grenouille a disparu, c'est qu'un cobra est là. Il faut alors changer d'option. Un groupe électrogène fournit l'électricité. Il n'y a bien sûr pas de connexion, ni pour le téléphone, ni pour Internet. Toutes les semaines, une rotation vers Man et le casernement de son escadron lui permettent d'espérer avoir sa femme au bout de l'image. La nourriture est suffisante. L'alcool est interdit dans la journée et contrôlé le soir. Dimanche est un jour comme les autres.

La petite emprise du PRIAC est entourée de barbelés. Les tentatives de vol sont nombreuses. Il faut la garder. Cette mission occupe le brigadier-chef Lianrifou deux jours, qui alternent avec deux jours de patrouille et deux jours de repos. Le repos n'en est pas vraiment un : il faut entretenir le matériel, renforcer les patrouilles. Presque à chaque fois, au moins un véhicule blindé et son équipage de trois hommes sont appelés en renfort. Ce cycle de six jours se répétera quatre mois durant. Lianrifou n'a pas le temps de s'ennuyer. Il dort bien. Très vite, ses préoccupations l'éloignent de sa famille qu'il ne pourra pas joindre quand il le voudra, ou quand il le faudra, mais plutôt quand il le pourra.

Les patrouilles, c'est ce qu'il préfère, comme tous ses camarades. C'est là qu'il fait vraiment son métier et qu'il remplit sa mission. Toutes les semaines, il accompagne un médecin qui ouvre une vacation dans un village voisin, pour faire de l'aide médicale gratuite. C'est utile et passionnant : il a le temps de discuter avec les femmes et les enfants. Lianrifou aime les enfants. Mais ceux qu'il voit là ne sont pas bien portants. Ils lui remuent le cœur. Régulièrement, d'une fois sur l'autre, il apprend la mort d'un de ceux qu'il a vus précédemment. Le paludisme fait des ravages. La mortalité infantile est énorme. Le manque de tout, d'hygiène, de médicaments, d'école n'arrange rien. Les autres patrouilles se partagent entre des circuits que son adjudant-chef lui impose, des interventions au profit de villages qui connaissent des problèmes, ou des missions ponctuelles. Avec les moyens du PRIAC, il faut essayer d'être partout pour montrer la présence des forces françaises de l'opération Licorne. À chaque fois, son équipage surveille qu'il n'y ait pas d'homme en armes ou en tenue militaire – c'est interdit dans la zone de confiance. Il faut alors les désarmer. Le blindé s'arrête régulièrement pour discuter et prendre du renseignement. Il a un ordre de recherche pour ça. Il fait aussi quelques patrouilles conjointes avec les Bangladeshis. Il lui est arrivé d'aller surveiller des zones dans lesquelles le groupement suspectait l'installation de miliciens et de mercenaires libériens, de protéger les cultivateurs dans les rizières lorsque leur sécurité était en danger ou de séparer deux communautés ethniques en passe d'en venir aux machettes. Il a plusieurs fois vu des machettes à l'œuvre. Il a plusieurs fois été menacé.

Ce qu'il aime, c'est de savoir qu'il sert à quelque chose pour la population et pour le rétablissement de la paix ; et sentir la confiance et la cohésion de son équipage et de son peloton. Pendant ces quatre mois, c'est son troisième séjour, il se sent vraiment utile et son unité est au centre du dispositif du groupement. Il voit souvent son colonel venir les voir et leur témoigner sa confiance. Il est fier. La fatigue passe au second plan. Il ne dit pas tout à sa femme : elle ne peut pas comprendre les conditions de sa mission. Elles sont tellement éloignées de ce qu'ils connaissent à Gap. Et puis il ne veut pas lui faire peur : à trois moments, il a craint pour lui.

La première fois, c'était en avril. Laurent Gbagbo tenait un meeting électoral à Daloa. Il a profité de ce rassemblement et des bus qui raccompagnaient ses militants pour approcher de la zone de confiance une centaine d'hommes. Ils devaient s'infiltrer, traverser la quarantaine de kilomètres et attaquer les miliciens rebelles au nord. Rapidement, Lianrifou et ses camarades ont détecté une activité inhabituelle et une ambiance inaccoutumée dans la zone de confiance. Ce qui suit, le soldat Lianrifou ne l'a jamais dit, devoir de réserve ou devoir de ne pas inquiéter ses proches oblige.

La population avait peur. L'adjudant-chef a renforcé son dispositif de recherche du renseignement, de jour et de nuit. Les signes concrets de cette tentative sont vite arrivés. Sur le bord des routes, les patrouilles croisaient des hommes qui s'enfuyaient en nous voyant. Nous ne pouvions arrêter personne. On n'avait pas le droit. Alors on prenait des photos. Le colonel a fait renforcer le dispositif. La nuit, nos hélicoptères avec des caméras thermiques survolaient la zone. Le but était de harceler et de ne laisser aucun répit à ceux qui avaient de mauvaises intentions qu'on ne connaissait pas. Même un jour, on savait que dans un corbillard, il y avait des armes. Mais le colonel n'a jamais voulu qu'on l'ouvre. Le respect des morts est sacré en Afrique. On cherchait des caches d'armes. Et finalement, l'attaque a eu lieu.

Ceux qui s'infiltraient ne sont pas parvenus à traverser toute la zone de confiance. Par dépit et fatigués, ils ont attaqué Bangolo et un poste des Bangladeshis. C'était le jour où l'ambassadeur de France et le général Poncet venaient voir le groupement. Ils ont failli ne pas atterrir tellement c'était tendu autour de la piste. Les miliciens rebelles étaient fous. Ils sont descendus dans la zone de confiance pour se battre. Trois sections du groupement ont été envoyées en renfort. La mission était de ne pas intervenir, sauf si nous étions directement attaqués. Ça tirait de tous les côtés autour du PRIAC. Il y a eu une cinquantaine de morts. Plus de soixante partisans de Gbagbo ont été arrêtés et faits prisonniers. En les interrogeant, on a identifié des mercenaires libériens, des enfants soldats qu'on a remis à l'UNICEF, des soldats en civil aussi. On a retrouvé sur l'un d'eux sa carte militaire. Il était lieutenant dans la garde présidentielle. Rien n'était prévu pour les prisonniers. L'ONU était débordée. Il a fallu aider les Bangladeshis à les garder le temps que leur évacuation soit organisée. Je ne sais pas vers où. Si ça se trouve, ils ont tous été relâchés. La tension a mis une dizaine de jours à retomber. Tout le monde suspectait le premier inconnu. Notre harcèlement permanent a sans doute évité le pire : un affrontement au nord de la zone de confiance.

Ensuite, il y a eu les coupeurs de route. C'est venu progressivement. Les premiers ont été arrêtés assez vite. Ils étaient peu nombreux et la population nous aidait. Ils venaient presque exclusivement du Sud. Je sais qu'on n'avait pas le droit de les arrêter, mais c'était quand même notre mission. On les remettait aux autorités de Duékoué, au check-point qui marque le sud de la zone de confiance. Ils étaient presque de suite remis en liberté et renvoyés "chez nous". La population nous le disait. Et on le voyait. Presque à chaque patrouille, on trouvait des cadavres au bord des routes ou dans des coins isolés. Il fallait prendre des photos et rapporter les cadavres. C'est violent : le même jour, je parlais à ma femme et à mes enfants, et je ramassais des cadavres, quelquefois de femmes et d'enfants. Ensuite, il fallait retrouver leur famille et les prévenir. Dans ces cas, tu dors moins bien, parce que tu n'arrêtes pas d'y penser. On n'avait pas les moyens d'arrêter ce massacre. On était impuissant. On ne savait pas comment ça allait se finir. Les transporteurs se mettent en grève. Le PRIAC doit escorter des convois pour maintenir un minimum d'approvisionnements. Ça faisait presque trois mois qu'on était là ; encore un mois avant de repartir, et ça allait de pire en pire. Notre mission n'était pas remplie. La situation s'aggravait. La paix s'éloignait. Et surtout, la population souffrait. Vous savez la suite.

À la fin, il y a eu Guitrozon, peut-être le pire dans la barbarie.

Une seule question eut été intéressante à poser par le président lors de cet interrogatoire qui n'a pas eu lieu, ou à être abordée par les généraux dans leurs dépositions qui ont eu lieu : celle des conditions d'utilisation des armes et de l'ouverture du feu.

Dans les conflits récents dont celui en Côte d'Ivoire, l'unique condition d'ouverture du feu des soldats est la même que celle des policiers sur le territoire national : la légitime défense. Pour autant, ces soldats ne trouvent pas face à eux des citoyens désarmés. Ils sont au contraire confrontés à des belligérants armés, décidés, dirigés et commandés ou non, fanatisés ou drogués, libres de tuer qui ils veulent. Nos soldats doivent ainsi attendre de se faire tirer dessus pour riposter, faire trois sommations avant de pouvoir faire usage de leurs armes… s'ils ne sont pas déjà morts.

Les conflits modernes nous opposent de plus en plus souvent à un camp du « tout est permis ». Face à ces adversaires dépourvus de tout sens moral, notamment vis-à-vis des populations, l'ordonnateur politique restreint les capacités militaires d'action par des règles « de police ». Il impose par ces règles une force limitée régulièrement insuffisante pour remplir la mission. Il prévoit la judiciarisation de toute entorse.

La légitime défense exige en droit cinq conditions :

- l'attaque doit être injustifiée, c'est-à-dire sans motif valable,
- la défense doit se faire pour soi ou pour une autre personne,
- la défense doit être immédiate,
- la défense doit être nécessaire à sa protection, c'est-à-dire que la seule solution est la riposte,
- la défense doit être proportionnelle, c'est-à-dire égale à la gravité de l'attaque.

Toute ouverture du feu en non-respect de ces cinq conditions additionnées, dont il est flagrant qu'elles nécessitent un petit temps d'appréciation, est rapidement susceptible de faire l'objet d'une enquête pour être ensuite sanctionnée.

La légitime défense met nos soldats en état d'infériorité. Elle annule la supériorité que nous apportent nos armes : on a des armes, mais on ne peut pas s'en servir. Elle nous expose à des risques personnels vitaux et judiciaires. L'état de droit est l'argument irrévocable pour faire prévaloir cette règle. Il revient intrinsèquement à préférer la mort de nos soldats à celle de nos adversaires et au respect du droit. Nombre de nos soldats « glorieusement morts pour la France » n'ont pas tiré. Ils ont été héroïquement salués. Ils avaient fait leur devoir… de ne pas avoir pu raisonnablement se défendre, de ne pas avoir tiré. La grandeur de la France se cache derrière le désarmement de ses soldats.

Une confusion s'ajoute au déni de force qu'introduit la légitime défense. Les soldats dont il est question dans l'affaire Mahé ne sont plus des soldats. Ils sont devenus, par les seules conditions d'ouverture du feu, des gardiens de la paix. Là est un abus de langage : les policiers sont plutôt des gardiens de la loi ou de l'ordre public – sans leur faire offense puisqu'ils connaissent aujourd'hui sur le territoire national des situations très similaires à celles des soldats en opération. La confusion consiste à profiter de cet abus de langage pour associer, sous les mêmes règles, soldats et gardiens de la paix. Dans l'idée, les deux sont identiques. L'affaire Mahé réalise cet amalgame : après les mêmes règles qui s'appliquent aux deux, la même justice les juge. Ils sont tous les deux des citoyens fonctionnaires. Aucune spécificité les discrimine.

Devant la justice civile ordinaire, le soldat est un criminel en puissance. Il est susceptible de tuer. Il a une mission qui peut conduire à la mort des adversaires de sa mission autant qu'à sa mort et à celle de ses hommes. Il donne des ordres qui mettent en jeu des vies, dont celles de ceux qui les exécutent. Ces caractéristiques faisaient son exception, notamment devant la justice. Elle semble n'être plus assumée. Les motifs de mise en danger de la vie d'autrui, de non-assistance à personne en danger, d'homicide voire d'assassinat peuvent maintenant être prononcés contre les militaires. Les familles des soldats blessés ou morts pourraient librement s'en saisir : les blessés et les morts sont anticipés et portés par des ordres. Le fait d'installer une chaîne de logistique santé et d'approvisionner des cercueils lors d'opérations sensibles n'est-il pas une preuve accablante supplémentaire ?

Le pouvoir politique a demandé au général Vidal commandant l'opération d'Ouvéa combien de morts il prévoyait. En répondant, il devient derechef un assassin. Qu'est-ce qui fait qu'il n'en est pas un ?

Qu'est-ce qui fait que le fantassin avec son fusil, l'artilleur avec ses obus et l'aviateur avec ses bombes n'est pas un criminel ?

Les guerres ne seraient-elles que des confrontations d'assassins et de criminels ? L'histoire qui met en scène des héros se trompe-t-elle ?

Qu'est-ce qui a fait que nous quatre sommes jugés comme des criminels ?

Pourquoi en est-on arrivé là ?

Les témoins auditionnés demain peuvent apporter quelques réponses à cette dernière question.

10°/ sixième jour d'audience

<u>Audition du lieutenant-colonel Neviaski</u>

Il est là, debout, à la barre, devant le président et les jurés. Il ne m'a pas regardé en traversant la salle. En même temps qu'il franchissait la porte latérale réservée aux témoins, sa famille faisait une entrée remarquée et bruyante parmi le public. Était-ce pour se donner du courage ou le début d'une mise en scène préparée pendant plusieurs années ? Le lieutenant-colonel Neviaski était-il un témoin de justice ou un justicier au sommet de sa vengeance ?

Je ne peux répondre à cette dernière question. L'animosité m'anime toujours. Je lui en veux encore. Après plus de sept ans, je ne suis pas parvenu à l'absoudre de ce qui m'apparaît toujours comme une trahison. Une partie de la réponse au « pourquoi en est-on arrivé là ? » est en face de moi, sur pied. En divulguant la vérité sur la mort de Mahé, il a amorcé sa judiciarisation. Bien d'autres morts sur des théâtres d'opérations n'ont pas connu cette suite judiciaire. Ils sont juste restés dérobés aux yeux de la justice. Elle n'a pas été sollicitée. Elle ne s'en est pas plus saisie. Ils n'ont rien à voir avec elle. Ils relèvent plus du monde de la guerre. Où commence l'une et où finit l'autre ? Entre militaires, on sait quelques morts dont personne n'est fier et qui sont tus. Certains s'expliquent et peuvent être « couverts » par la mission reçue. D'autres sont parfois plus périphériques et moins légitimes. La politique a ses fonds secrets, l'armée a des morts discrets.

À mes yeux, le lieutenant-colonel Neviaski n'a pas tant trahi par souci de justice ou de vérité, que par intérêt personnel. Il cherchait alors à donner du poids au recours qu'il engageait. Il n'acceptait pas la notation que je lui avais faite qui le privait mécaniquement du commandement d'un régiment. Il n'en était juste pas capable. J'avais pris tous les avis possibles pour l'établir. Ils étaient tous convergents. En conscience, il avait décidé de dévoiler l'affaire Mahé pour décrédibiliser le noteur que j'étais : celui qui l'estimait inapte le serait encore plus. En le revoyant pour la première fois depuis sept ans entrer en grande pompe dans cette salle, habillé de son ressentiment, je le trouve pathétique. Je me préfère presque à ma place.

À la reprise de l'audience, peu de temps avant l'arrivée scénarisée du témoin, le président vient juste de rendre l'avis de la cour sur la recevabilité des parties civiles. Il maintient l'ensemble des personnes entendues la veille. La fatigue du voyage peut, à son sens, expliquer qu'elles n'aient pas reconnu Firmin Mahé sur l'une des photos. Si le juge Leurent les confirme, il ne lève pas pour autant la fragilité apparue hier. Un doute s'est installé et les recouvre. Qui sont vraiment ces estimés proches de la victime ? De vrais proches, des proches fantoches ou des figurants ? Nous ne le saurons jamais. La décision est sans doute la plus sage, faute d'être la plus incontestable. Elle relève de la vérité judiciaire.

Je m'appelle Gilles Neviaski, je suis administrateur civil hors classe. Je suis actuellement secrétaire général du musée de la Marine. Après Saint-Cyr, j'ai obtenu une licence puis une maîtrise d'histoire, un executive MBA à l'ESSEC avant mon année d'École de guerre, puis le diplôme de l'École pratique des hautes études en histoire.

Au moment des faits, j'étais lieutenant-colonel, chef du bureau opérations, instruction du 13e bataillon de chasseurs alpins que commandait le colonel Burgaud. En Côte d'Ivoire, j'étais son chef des opérations.

Question du juge Leurent : *En parallèle de tous vos diplômes que vous venez de rappeler, quelles étaient vos expériences militaires ?*

R : C'était mon point faible, notamment en comparaison du colonel Burgaud. Je veux dire en regard des opérations auxquelles il a participé, et donc à ses yeux. La Côte d'Ivoire était ma première OPEX[62]*. Je travaillais aussi pour la première fois au sein d'un état-major – le Centre Opérations (CO) du GTIA 2 – que je commandais. Mais j'étais jusqu'alors très bien noté. Mes notations me décrivaient comme quelqu'un de discipliné.*

Neviaski est tendu. Cette tension est commune à tous les témoins. Ils sont tous submergés par le rôle que la justice leur confère et par l'importance des paroles qu'ils vont tenir. Une heure compte double à la barre d'un tribunal, triple ou plus lorsqu'il s'agit d'assises. Mais chez lui, cette pression semble plus forte. Elle se voit vraiment. Elle ne paraît pas tant relever d'une responsabilité que d'une intention. Il sait ce qu'il veut dire. Il l'a réfléchi et noté. Il ne cesse de regarder les notes qu'il tient nerveusement dans sa main droite, même pour parler de lui. Il tremble et sa voix n'est pas assurée.

Q : *Pouvez-vous nous dire quelques mots sur le contexte dans lequel vous remplissiez votre mission en République de Côte d'Ivoire ?*

R : *Notre zone de responsabilité, celle sur laquelle les soldats du GTIA 2 opéraient, représentait environ un petit cinquième de la France. La circulation y était difficile. Les routes étaient rares, les pistes peu praticables. Une rivière, La Sassandra, coupait la zone en deux en son milieu, dans le sens nord-sud.*

---

[62] Opération Extérieure.

Au sud, la zone de confiance formait une bande d'un peu plus de trente kilomètres de large. À l'ouest, vous aviez les frontières du Liberia et de la Guinée, au nord celle du Mali. Il n'y avait pas de police, pas d'État. C'était une zone de confrontation ethnique.

Q : *Quel était votre rôle ?*

R : *J'étais le chef du Centre Opérations. Le CO est le point de convergence de l'information. J'étais à Man, avec le colonel Burgaud et une partie du GTIA 2, comme cinq cents des huit cents hommes qui le composaient.*

Je l'écoute. Il a de la zone de responsabilité du GTIA 2 un regard de géographe. Pas de militaire. En parlant du CO comme d'un point focal de l'information, il étrique son rôle. Le centre opérations dirige comme son nom l'indique les opérations. Certes, il reçoit toutes les informations possibles, mais pour les traduire en appréciations de situations et déboucher sur des ordres. Le rôle du CO est d'élaborer les ordres et de conduire leur exécution. Les jurés ne peuvent apprécier ce glissement de sens faute de culture militaire. Gilles Neviaski témoigne encore aujourd'hui d'une mauvaise compréhension de sa fonction.

Q : *Quels ont été les principaux faits auxquels vous avez été confrontés ?*

R : *Assez vite après notre arrivée, il y a eu un accrochage avec les miliciens du Nord, dans la région de Vavoua. Une de nos patrouilles a intercepté des rebelles armés dans la zone de confiance. Les miliciens rebelles ne voulaient pas sortir de la zone. Sur autorisation du général Poncet, un hélicoptère a été envoyé sur place pour appuyer la patrouille qui a ouvert le feu. Le colonel Burgaud qui a dirigé cet incident est ensuite allé parlementer avec le com-zone FAFN*[63] *pour régler le différend. Il est parvenu à faire reculer les rebelles.*

Ensuite, il y a eu l'attaque de Bangolo par des miliciens suite à un rassemblement électoral du président.

En même temps, des détachements du GTIA 2 reconnaissaient les itinéraires pour renforcer Abidjan, dans le cas d'une flambée de violence similaire à celle de 2004.

On a aussi surveillé les frontières ouest, par lesquelles des mercenaires libériens s'infiltraient.

Et puis, à partir d'avril, il y a eu les coupeurs de routes qui interrompaient les échanges et la liberté de circulation nord-sud.

---

[63] Commandant de zone : sorte de préfet mis en place par la rébellion en remplacement de l'administration.

Nous avons encore dû préparer un recensement en vue d'élections, superviser un changement de monnaie et une opération de désarmement des factions rebelles en appui de l'ONUCI.

J'allais oublier l'attaque et l'incendie du village de Guitrozon.

Q : *Quelles étaient les consignes ou les ordres du colonel Burgaud vis-à-vis des coupeurs de routes ?*

R : *Il voulait comme tout le monde y mettre un coup d'arrêt. Le colonel Burgaud a dit un soir qu'il "fallait en buter un". Le capitaine Le Segrétain est venu me voir après pour me dire qu'il était troublé par les mots du colonel. Il les interprétait. Nous nous en sommes expliqués.*

Q : *Que vous êtes-vous dit lors de cette explication ? »*

R : *Que je ne croyais sincèrement pas que le colonel Burgaud ait voulu autre chose que neutraliser un coupeur de route, dont Mahé, lors d'un accrochage. Il n'avait jamais dérogé au cadre du droit et des règles d'engagement jusqu'à présent. C'étaient ses ordres écrits.*

Q : *Ce que vous me dites là est intervenu avant ou après votre notation par le colonel ? Je vous demande cela parce qu'elle semble marquer un point de rupture dans vos relations avec le colonel Burgaud.*

R : *Ma notation a eu lieu avant la séquence des coupeurs de routes.*

Q : *Pouvez-vous nous dire ce que cette notation a changé ?*

R : *J'ai toujours été loyal et fidèle à mon chef. Je n'ai pas changé avec le colonel Burgaud, même si je n'avais plus confiance en lui. Elle n'a rien modifié dans ma façon d'effectuer mon travail.*

Q : *Parlez-nous de la journée du 13 mai.*

R : *J'ai quitté le CO en voiture vers 10 heures pour diriger un exercice. Au sud de Bangolo, je suis tombé sur la patrouille du sergent Bonneau. Je me suis arrêté. Mahé venait de s'enfuir. J'ai entendu à la radio qu'on demandait un hélicoptère. Ce n'est pas passé par moi.*

Q : *Si cette demande n'est pas passée par vous, un compte-rendu du tir vous a-t-il été fait à ce moment-là ?*

R : *Oui, le sergent Bonneau m'en a rendu compte, lors de notre échange.*

Q : *Et... ?*

R : *Pardon ?*

Q : *Vous êtes-vous renseigné sur les conditions de ce tir ? Avez-vous retransmis ce compte-rendu à quelqu'un ?*

R : *Non.*

Je regarde maître Gublin. Ce détail, qui n'en est pas un, nous a échappé. Personne n'en a fait mention jusqu'à présent, ni Bonneau, ni Ricard, ni l'adjudant-chef Raugel, ni Le Segrétain. C'est juste curieux.

« Le soir, le colonel m'a demandé si j'avais donné l'ordre de tir sur Mahé. Je lui ai répondu que non. Il paraissait déçu.

Q : *Et vous avez poursuivi votre chemin alors qu'une action importante sur la priorité de votre colonel se déroulait sous vos yeux ?*

R : *Oui.*

Q : *Que pouvez-vous nous dire de plus sur cette journée du 13 mai ?*

R : *En remontant vers Man à l'issue de l'exercice, j'ai croisé le capitaine Ricard. Mahé venait d'être arrêté.*

Le président le coupe *: Le capitaine Ricard ne nous a pas parlé de cette rencontre dans sa chronologie des faits.*

R : *Elle a pourtant eu lieu.*

Q : *Je vous repose la même question que précédemment : avez-vous transmis par radio à votre CO ou au colonel cette rencontre ?*

R : *Non. Je pensais que comme un hélicoptère avait été envoyé sur la zone, alors le CO et Abidjan devaient être informés.*

Q : *Pouvez-vous nous éclairer sur le simulacre de patrouille qui est intervenu quelques jours après ?*

R : *Oui. Il s'agissait d'un stratagème destiné à pouvoir décorer Raugel et son équipage sans faire mention de la mort de Mahé. C'est arrivé le 23 mai. J'étais contre : on ne récompense pas un soldat qui commet une bavure ; on le punit.*

Q : *Savez-vous d'où vient l'idée de ce simulacre ?*

R : *Non.*

Q : *Quand et comment avez-vous pris connaissance puis dévoilé les faits ?*

R : *D'abord j'ai été informé de ce qui s'était réellement passé le soir même par le colonel Burgaud.*

Le juge Leurent le coupe une nouvelle fois *: Et quelle a été votre réaction ?*

R : *J'étais confondu. En prenant connaissance de l'ordre de rouler doucement, j'ai considéré qu'un bon chef ne pouvait pas faire porter sur ses subordonnés le poids d'un ordre illégal.*

Q : *Poursuivez.*

R : *J'ai d'abord décidé de ne pas en parler. J'avais compris que le général de Malaussène était informé, comme de ma notation. Le colonel et le général de Malaussène étaient de mèche.*

Et puis, je me suis senti de plus en plus menacé. Le côté violent du colonel Burgaud m'est apparu. Il avait un manche de pioche dans sa chambre. Ma chambre était voisine de la sienne. Alors pendant un mois, j'ai dormi avec mon arme sous mon oreiller.

Je n'en crois pas mes oreilles. Je n'ai pas plus eu de manche de pioche dans ma chambre qu'une quelconque velléité violente vis-à-vis de quiconque.

« *Le CO était révulsé par les faits.*
Là, je me suis dit : "Gilles, tu as rencontré le Mal et le Mal va te détruire." »

Tous les jurés lèvent en même temps les yeux des notes qu'ils sont en train de prendre. La surprise se lit sur leurs visages d'habitude impassibles. La salle bruisse. L'étonnement, bien que muet, devient curieusement bruyant lorsqu'il est collectif. Je me tourne vers ma cousine et mon avocat, eux aussi interloqués. La déposition change de nature. Le lieutenant-colonel Neviaski sort du ton convenu et policé des témoins. Il se dévoile. Il serre de plus en plus fiévreusement le papier sur lequel il lit ce qu'il a écrit. Le ton de sa voix change. Une inflexion surnaturelle la teinte. Elle devient presque inquiétante, paranormale même.

« *Vous savez, ma famille a fait le ghetto de Varsovie. La violence et le Mal, je connais. Je les ai identifiés. J'en ai parlé à plein de monde en rentrant en France, et ça m'a décidé à écrire au général de Malaussène, mais je n'avais pas confiance. Alors je suis allé voir l'inspection générale et je lui ai remis un rapport écrit et signé. Mon chef, c'était devenu ma conscience.* »

Aucun juré n'a recommencé à prendre des notes. Leurs yeux et ceux des trois juges sont verrouillés sur le témoin, pour le percer et tenter de le comprendre. Une seule phrase a suffi : « Gilles, tu as rencontré le Mal et le Mal va te détruire » pour que les notes soient moins importantes que leur regard. Ces regards inquisiteurs deviennent quasiment médicaux. Ils cherchent à analyser. Ils butent sur des interrogations sans réponse rationnelle. Ils devinent une fragilité et une souffrance. J'ai envie de leur dire : « C'était mon adjoint. J'ai dû faire avec. Le capitaine Le Segrétain vous a dit ce qu'il en pensait. Vous en êtes maintenant témoins. » En fait, ses mots se suffisent à eux-mêmes. Il n'est pas besoin d'en rajouter.

Q : *Vous nous parlez du côté violent du colonel Burgaud. Qu'est-ce qui vous permet d'avancer cette appréciation ?*
R : *Un fait au moins : lors de l'une de mes rares sorties en zone de confiance, je suis tombé sur deux hommes en treillis. J'ai demandé au colonel*

Burgaud la conduite à tenir. Il m'a dit de leur enlever leur treillis et de les laisser repartir, puisqu'ils n'étaient pas armés. Vous vous rendez compte, je devais les laisser repartir à moitié nus !

Q : *Vous estimez que c'est de la violence ? C'était votre mission d'interdire à des hommes en tenue militaire ou armés de circuler en zone de confiance ? Qu'auriez-vous fait sans le colonel* ?

R : *Je pensais les ramener en dehors de la zone de confiance.*

Q : *Pourquoi ne l'avez-vous pas fait sans en référer au colonel ? Vous étiez tout de même lieutenant-colonel et chef du CO.*

R : *Je craignais ses réactions à mon égard.*

Mon ancien adjoint oublie de parler de l'incident du corbillard lors de l'attaque de Bangolo par les partisans du président Gbagbo. C'est lui qui proposait la fouille du cercueil. C'est moi qui l'ai refusé par respect du culte des morts. L'avocate générale, tout aussi étonnée que les juges et les jurés par ce qu'elle vient d'entendre, entame, dès la fin de l'interrogatoire du juge Leurent, la série des questions : *Si vous recevez un ordre qui n'est pas clair, que faites-vous ?*

R : *Je demande des clarifications.*

Q : *Je vous remercie.*

Au moment où le président passe la parole aux avocats de la défense, j'entends derrière moi, de l'un d'entre eux : « le manège est ouvert. » Je comprends de ce jargon d'avocats que la séquence s'annonce plutôt sportive.

Maître Gublin ouvre la danse : *Pouvez-vous nous redire les opérations auxquelles vous avez participé en… quinze ans de carrière ?*

R : *Aucune.*

Q : *À part réfléchir et étudier, qu'avez-vous fait de militaire pendant ces quinze ans ?*

R : *Comme capitaine commandant d'une compagnie, j'ai participé à une mission Vigipirate à Paris.*

Q : *Je vois… Vous nous confirmez le fait que vous n'avez pas relayé le compte-rendu du tir du maréchal des logis Bonneau ?*

R : *C'est exact.*

Q : *Vous êtes le chef du centre opérations. Vous nous dites être le point de convergence des comptes-rendus. Vous en connaissez donc la valeur. Et vous n'avez pas fait remonter le compte-rendu que Bonneau vous faisait sur le tir du matin ?*

R : *Il y a une chaîne hiérarchique. La voie normale de ce compte-rendu, c'était cette voie hiérarchique.*

Q : *Certes, mais ne pensez-vous pas que Bonneau a pu considérer qu'en faisant un compte-rendu au numéro deux du GTIA 2, la voie hiérarchique était inutile, comme court-circuitée ? Je pense en effet que vous avez agi comme un vrai coupe-circuit, celui qui coupe le courant. L'information a terminé sa course avec vous.*

R : *Je n'interprète pas cela comme vous.*

Q : *Vous interprétez beaucoup. Vous parlez de loyauté et vous omettez de transmettre des informations capitales. Vous réfléchissez beaucoup et vous passez à côté d'un événement qui relève de la priorité du moment pour votre mission et le GTIA 2, sans intervenir. Sans même y participer ou apporter votre autorité. N'était-ce pas le CO dont vous étiez le chef qui conduisait les opérations ? Vous êtes-vous posé la question de votre capacité de nuisance ?*

Le président : *Maître s'il vous plaît, posez votre question.*

Q : *C'est ma question, monsieur le président : ne cherchiez-vous pas plutôt à fragiliser le colonel Burgaud, à qui vous en vouliez pour votre notation ?*

Le lieutenant-colonel Neviaski ne s'attendait sans doute pas à ce qu'un témoin puisse être ainsi rudoyé. Il perd pied. Ses yeux s'égarent. Ils n'accrochent plus rien, surtout pas les regards gênés de ceux qui le fixent avec condescendance. Les jurés eux aussi, qui se demandent toujours pourquoi ils sont là, constatent qu'une partie de la vérité est devant eux. Elle est portée par cette parole « Gilles, tu as rencontré le Mal et le Mal va te détruire ». Le droit et la religion s'accouplent, aussi dangereusement que lorsque deux fils électriques se touchent. Neviaski est en mission, comme habité. Lorsqu'il parle du Mal, il pense au diable. Sa justice est exorciste. Les jurés deviennent les instruments d'un rituel. Peuvent-ils seulement se voir comme il les imagine ? Ses mains s'agrippent à la barre. Elle est son rempart. Il n'a sans doute pas l'occasion de penser à sa famille, derrière lui, qui le voit, remis à sa place, s'abîmer en public. Le feu d'artifice de sa vengeance prend un tour insoupçonné dans cette cathédrale du droit : il y invite un vieux rite catholique, sa religion. Ce pourrait autant être des références chamanique ou vaudou.

Après un temps de silence : *Vous ne pouvez pas remettre en cause ma loyauté.*

Maître Gublin : *Vous parlez de loyauté. Le colonel Burgaud a été loyal. Il vous a dit ce qui s'était réellement passé, visiblement sans rien vous cacher. Et vous, nous voyons quelle est votre vision de cette qualité. La cour appréciera. J'en ai terminé, monsieur le président.*

Les autres avocats ne prennent pas le relais. Ce n'est pas le nombre de questions qui établit la vérité. C'est leur acuité. La précision des questions de mon avocat a révélé le vrai Neviaski, après qu'il l'a fait lui-même. Je pense à ce moment au retour de fortune que vient de connaître mon ancien adjoint : il voulait désigner le démon, et il s'est démasqué. Je crois qu'une justice immanente existe. Elle s'est peut-être manifestée ici. Tandis que Neviaski repart, avec sa conscience et sa famille en bandoulière, je reste sur ma chaise d'accusé. Leur départ est moins théâtral que leur arrivée.

Sa vengeance était absolue. Réparer sa notation l'a aveuglé, au sens propre du terme. Mais d'autres que moi, parfaitement étrangers, ont été touchés. Il n'en a eu cure. Sans en faire grand cas, il a tiré dans la foule. Le ressentiment l'a égaré. Il n'a pensé qu'à lui. Il a eu une conscience égocentrée. Qu'a-t-il pu penser ? Qu'il réparait une injustice ou qu'il voulait faire plus de mal qu'il lui en avait été fait ? Il a peut-être eu, comme certains le vin, la vengeance mauvaise. Je le plains maintenant vraiment, plus que je ne lui en veux. Il s'est fait autant de mal qu'il nous en a fait.

L'intensité dramatique de l'audition du témoin Neviaski impose une interruption de séance que le président annonce juste après son départ. Il faut souffler, purger l'heure passée et les relents de religiosité qui ont pu se répandre. Pour le juge Leurent, il y a sans doute là l'occasion de repréciser aux jurés certains principes de la justice républicaine et laïque.

Les fumeurs profitent de la pause. Les discussions vont bon train. Neviaski a fait une grosse impression. Il s'est automutilé. Beaucoup se demandent ce qu'il faisait dans l'armée et comment il était parvenu à ce grade. Mon oncle général s'interroge : « Il a forcément dû être protégé. » Je sais que c'est le cas. Avec maître Gublin, nous savons que le moment fort de la journée sera cet après-midi avec trois témoignages importants. Celui de Neviaski est déjà du passé.

C'est ce que je pensais, sauf qu'une dernière fois, je le retrouve la minute suivante dans les couloirs du Palais de justice. Nos regards se croisent alors, du plus loin que nous nous voyons. Le mien est noir. Le sien effrayé. Il doit toujours s'imaginer que j'en veux à son intégrité physique et qu'il a le démon en face de lui. Il bifurque rapidement pour que nous ne nous rapprochions de trop. Je l'entends penser : *vade retro satanas.*

Témoignage de Mme Dito, maire de Bangolo

La reprise de l'audience parvient tout juste à arrêter les bavardages qui continuent de détailler et de commenter la prestation du précédent témoin. Un témoignage chasse l'autre. Celle qui rentre fait instantanément taire les derniers papotages. Madame Dito s'avance humblement vers la barre. Son pas est lourd. Sa vie l'a visiblement fatiguée prématurément. À l'invitation du juge Leurent, elle prête serment de dire toute la vérité.

Je m'appelle Adèle Dito. J'ai soixante-sept ans. En 2005, J'étais troisième adjointe à la mairie de Bangolo. Comme le maire et les deux premiers adjoints étaient partis, j'étais seule à la mairie du village.

Q : *Nous voudrions vous entendre sur les coupeurs de routes.*

R : *Vous savez, ça a toujours existé. C'est des bandits et des voleurs. Mais là, c'était plus qu'avant. Il y a eu plus de victimes après l'attaque du village par les hommes de Gbagbo. C'était presque tous les jours : les taxis arrêtés, les viols, les vols. Et puis les meurtres. Ça oui, il y en a eu beaucoup. Moi-même, j'ai vraiment eu connaissance d'au moins... plus que vingt je dirai. La Licorne nous aidait beaucoup. J'allais avec eux prévenir les familles. On s'en rappelle de ça, vous savez.*

Q : *Est-ce que les coupeurs de routes étaient connus ?*

R : *Oui. C'étaient des jeunes des villages. D'abord des petits voyous, et puis des bandits. Firmin Mahé, il était du village de Da. À sept ou huit kilomètres de Bangolo. Tout le monde le connaissait. On se connaît tous. Il avait un groupe qui effrayait la population. Il était très cruel, le plus de tous.*

Les membres de l'Association de défense des intérêts des Ivoiriens présents dans le public commencent à manifester bruyamment une certaine hostilité. Le président leur demande le silence. Il ne s'impose pas aussitôt. Dès l'entrée de madame Dito, une animosité était déjà perceptible. Madame Dito est la seule témoin ivoirienne du procès. C'est une femme courageuse. L'une des seules élues à être restée à son poste malgré la guerre. Nous nous appuyions souvent sur elle et sur son autorité. Nos relations étaient empreintes de respect. Mais il semble évident qu'aux yeux des membres de l'ADI, comme aux yeux des parties civiles qui font aussi preuve de leur désapprobation, Adèle Dito est considérée comme trop favorable aux militaires de la force Licorne. Peut-être aussi empêche-t-elle la défense des parties civiles d'avancer l'argument tentant d'un crime raciste.

Q : *Comment saviez-vous que c'était surtout Firmin Mahé qui commettait des exactions* ?

R : *Il ne tuait pas tout le monde. Il relâchait des voyageurs, qui parlaient. Et puis il allait dans les makis, il buvait et il parlait. Il ne se cachait pas, vous savez. Comme il n'y avait pas de police, il n'avait pas peur. Qui pouvait l'arrêter ? Personne.*

Q : *Qu'avez-vous ressenti lorsque vous avez su que Mahé avait été arrêté ?*

R : *C'était du soulagement. Pour tout le village. Avec lui, on ne vivait plus normalement. On avait tous peur. Sans lui, on pouvait recommencer à aller aux champs, à circuler sur la route, à être approvisionné. Vraiment, on remercie la force Licorne.*

Q : *Vous êtes allée prévenir la famille de la mort de Firmin Mahé* ?

R : *Oui, j'ai accompagné l'adjudant-chef Raugel à Da, dans son village natal. Personne n'a voulu venir reconnaître son corps. Le président des jeunes et le chef de village ont refusé d'aller chercher sa dépouille parce qu'il avait souillé le nom du village. Tous savaient ce qu'il faisait.*

Certains membres de l'ADI se lèvent et commencent à invectiver madame Dito. « Menteuse. » C'est plus qu'ils ne peuvent entendre. Son témoignage ne leur convient pas. Adèle Dito est à leurs yeux une traîtresse à la cause qu'ils défendent. Le président parvient à peine à ramener le calme. La tension monte. Il menace de faire évacuer les fauteurs de troubles. Sur ma chaise d'accusé, ce témoignage, dans un registre tout à fait différent du précédent, va plutôt dans le sens de notre défense. Il montre à une très petite échelle, ici, au sein de la salle d'audience, comment des relations humaines peuvent dégénérer. Chacun peut imaginer ce qui pourrait se passer entre l'ADI et Angèle Dito sans forces de l'ordre. Comment la force du droit pourrait devenir le droit de la force. Il n'y a souvent, sur les lieux de guerre, qu'une infime barrière entre les deux, très rapidement franchie.

Q : *Après ces faits, après 2005, qu'elle a été votre vie* ?

R : *Je suis restée à Bangolo. Et puis, j'ai été menacée. Un de mes frères a été tué. Alors, je suis venue me réfugier en France. J'ai dû me cacher d'abord, parce que je continuais de me sentir menacée. Aujourd'hui, je suis encore en France.*

Q : *Avez-vous quelque chose à ajouter* ?

R : *Oui. La France devrait décorer les accusés plutôt que les condamner. Ils ont fait arrêter les crimes de Mahé.*

Maître N'Doumou est le premier à poser des questions. Il s'interroge sur l'appartenance ethnique de madame Dito, différente de celle de Mahé. Il tente de revenir sur ses souvenirs, pour en diminuer la précision et la portée. Il s'emploie à remettre en selle un Firmin Mahé plombier, arrêté et tué par erreur.

Maître Trémolet prend le relais.

Q : *Madame, pouvez-vous nous rappeler ce que vous avez fait au départ de l'adjudant-chef Raugel et de son peloton* ?

R : *Oui, bien sûr ! j'ai passé le boubou au cou de monsieur Raugel, pour le remercier de l'action de ses hommes en faveur de la sécurité de la région.*

Tandis qu'Adèle Dito sort par la porte latérale des témoins sous la protection des gendarmes, les cris de « menteuse ! » continuent de fuser. Le président ne tarde pas à lever l'audience. « Reprise des débats à 14 heures. »

Une courte discussion avec maître Gublin me rassure : pour lui, la matinée a été positive. Madame Dito représente le peuple, le même que celui duquel les jurés tirent leur légitimité. Elle témoigne d'une sagesse populaire. Elle est la seule témoin à parler au nom de la population que nous devions protéger. Elle nous voit plus en bienfaiteurs qu'en criminels. C'est sans doute un peu excessif au regard du droit pur et dur. Son témoignage est important pour convaincre les jurés. Quant à Neviaski, nul besoin d'en rajouter. Il apporte aux faits des nuances intéressantes, et son inaptitude. Des arguments de sa plaidoirie se mettent en place.

Je pars déjeuner avec mes proches. Cet après-midi sera dense. Exceptionnellement, les auditions du matin occupent nos échanges d'un repas vite avalé. Mon avocat nous a recommandé d'arriver tôt. La salle d'audience risque d'être remplie. Nous suivons ses conseils.

Trente minutes avant 14 heures, l'escalier qui mène à la grande salle d'audience s'est déjà bien rempli. Une file d'hommes et de femmes attend que les gendarmes ouvrent la salle. Je revois là les deux officiers qui guettaient les faux pas de mes camarades de promotion le mercredi précédent. L'état-major a envoyé ses auditeurs. Le ministère a dû en faire de même. La présence de ces deux espions signale l'intérêt du moment.

Les gendarmes aussi s'agitent. Un colonel passe et repasse. Il positionne ses troupes. Une ex-ministre de la Défense est attendue pour témoigner.

À l'ouverture de la séance de l'après-midi par le président, la salle est comble. Les bancs du public ne suffisent pas. Certains sont debout. Des journalistes ont fait le déplacement. Ma cousine est là. Le témoin Poncet est appelé à la barre. Le silence est absolu tandis qu'un homme plutôt petit et dense s'avance jusqu'au centre de la salle d'assises, face à la cour. Son regard nous évite soigneusement.

Audition du général Poncet

Je suis le général Henri Poncet. J'ai soixante-trois ans. En mai 2005, je commandais l'opération Licorne depuis onze mois. Auparavant, j'ai commandé l'opération Amaryllis au Rwanda, la brigade multinationale nord au Kosovo, et les forces spéciales en France.

Q : *Quel était votre niveau de responsabilités sur le théâtre de la Côte d'Ivoire par rapport à celles des troupes sur le terrain, notamment en termes d'ouverture du feu* ?

R : *Lors des relèves, un dossier était remis aux détachements. Il précisait les règles d'ouverture du feu et les délégations de pouvoir. Sans autorisation, en zone de confiance, les troupes pouvaient faire usage de leurs armes en cas de légitime défense ou après trois sommations pour faire respecter des interdits fixés par la mission et les accords de Marcoussis. Au-delà de ces deux possibilités, il fallait en référer aux autorités supérieures, donc à moi. J'étais décideur pour l'utilisation des hélicoptères. J'avais autorité directe sur les forces spéciales sur tout le territoire. Les opérations étaient commandées par mon adjoint, le général adjoint opérations*[64]*, à ce moment-là le général de Malaussène. C'est surtout lui qui était à la manœuvre pour diriger les troupes sur le terrain. Moi, je m'occupais surtout de la gestion politico-militaire de la crise.*

Q : *Justement, quel a été le rôle des forces spéciales vis-à-vis du phénomène des coupeurs de routes* ?

R : *Auparavant, fin avril, le GTIA 2 a magnifiquement repoussé une tentative de percée dans la zone de confiance. L'Ouest du pays devenait, après Abidjan en novembre 2004, un foyer d'insécurité et une zone d'effort pour Laurent Gbagbo. Les coupeurs de routes participaient de cette insécurité que je pourrais qualifier d'organisée. J'avais entendu qu'à l'ouest, le GTIA 2 envisageait des méthodes de cow-boys contre eux. J'ai envoyé un détachement des forces spéciales pour faire un audit d'évaluation de la menace et des modes d'action possibles. Je ne me rappelle pas ses conclusions qui, de toute façon, sont couvertes par la confidentialité.*

Q : *Ce détachement était-il chargé d'une mission d'évaluation ou d'une mission de neutralisation des coupeurs de routes* ?

R : *Un peu des deux. Il évaluait. S'il pouvait repousser les coupeurs de route : très bien. Mais les neutraliser, non.*

Q : *Pourquoi avez-vous rapatrié ce détachement si rapidement ?*

R : *Je ne me rappelle pas. Sans doute son audit était-il terminé. Ou j'en avais besoin autre part, à Abidjan notamment. Je ne sais plus.*

---

[64] GAO.

Q : *Quand et comment avez-vous appris et suivi ou géré l'arrestation de Firmin Mahé ?*

R : *Le 13 mai matin, je suis informé que Mahé a été intercepté et s'est enfui. J'autorise l'intervention d'un hélicoptère pour participer aux recherches.*

Q : ce n'est pas exactement ce que vous avez dit aux enquêteurs. Vous reconnaissiez alors n'avoir été prévenu de l'arrestation et de la mort du coupeur de route que dans la journée du 14, a posteriori *donc.*

R : Je vous confirme que c'est bien dès le 13 au matin que je suis sollicité et tenu au courant.

Dans l'après-midi, on m'informe que Mahé a été retrouvé blessé. J'ordonne son transfert vers Bangolo, puis sur Man.

Le lendemain ou le surlendemain, le général de Malaussène me rend compte de ce qui s'est produit. Je décide de couvrir pour ne pas ajouter de la crise à la crise : la situation diplomatique était tendue à cette époque.

C'est par les actes de l'instruction que j'ai appris tous les détails cachés de cette affaire.

Q : *De quels détails cachés parlez-vous ?*

R : *Par exemple, que Mahé avait été blessé par un tir le matin, ce que je ne savais pas alors. Je veux aussi parler du capitaine Le Segrétain court-circuité ou du conflit larvé entre le lieutenant-colonel Neviaski et le colonel Burgaud. L'enquête a parfaitement montré que la chaîne hiérarchique n'était pas respectée. Il est d'ailleurs étonnant que le général de Malaussène se soit senti obligé d'écrire une note pour exiger d'être tenu au courant des affaires.*

Q : *Avez-vous donné des ordres au colonel Burgaud ?* "Roulez doucement" *notamment ?*

R : *Je n'ai jamais tenu ces propos, monsieur le président. D'ailleurs cela aurait été stupide : il fallait garder Mahé vivant pour se servir de lui comme une monnaie d'échange pour des négociations politiques.* "Roulez doucement", *c'est juste la ligne de défense du colonel Burgaud.*

Q : *Alors pourquoi le colonel Burgaud aurait-il à votre avis donné cet ordre ?*

R : *Je pense qu'il a été victime d'un décrochage du sens moral que les psychiatres militaires connaissent bien. Selon eux, ce décrochage du sens moral naît du stress de la mission, d'un excès d'empathie vis-à-vis des populations qu'on est chargé de protéger et de la croyance d'avoir la puissance de peser sur les événements. Je crois que c'était le cas du colonel Burgaud et de l'adjudant-chef Raugel. Lui et ses soldats étaient fatigués. Ils ont été confrontés à des exactions. Ils ont vu la mort. Le désarroi décrit par les psychiatres peut expliquer ce qui s'est passé.*

Le président : *Colonel Burgaud levez-vous s'il vous plaît. Qu'avez-vous à dire ou à répondre au général Poncet sur ce point ?*

R : *Monsieur le président. Je ne savais pas avoir été commandé par un psychiatre. Je croyais avoir été commandé par un chef. Je sais depuis quelque temps que ce chef ment et qu'il est indigne.* Je regarde le général Poncet qui est juste à côté de moi. Ses yeux sont baissés. Il ne veut pas me regarder en face. Il fuit ma colère refroidie par sept ans d'instruction. *J'affirme devant vous que le général Poncet ici présent m'a bien donné l'ordre dont j'assume la totale responsabilité de l'avoir transmis, moi, pas cet homme-là.*

Quelques applaudissements du public accompagnent mes paroles qui sont le débordement d'un trop-plein de ressentiments. Ils sont vite stoppés par le président. Je me rassois, sous le coup d'une rancune renforcée : non seulement le général Poncet n'assume pas, mais il se retranche derrière des mensonges et des explications psychiatriques. Pour se disculper, il nous fait passer pour des faibles ou des malades.

Le président reprend ses questions : *Aviez-vous le sentiment de commander une mission impossible ?*

R : *Impossible non, mais très difficile. Cette mission permet de toucher du doigt toute l'ambiguïté et les complications d'un mandat de l'ONU – ce "machin" du général de Gaulle. Une résolution de l'ONU, c'est un chapeau politique. En dessous, chaque pays le retravaille avec sa culture, ses contraintes, ses objectifs parfois aussi. À la suite de ce processus,* de facto, *l'opération Licorne s'est retrouvée en première ligne devant les contingents de l'ONU, alors que le contraire était écrit.*

Depuis le début, Je ne cessais de faire remonter aux autorités militaires et politiques que le cadre était inadapté. Ça a donné les événements de novembre 2004 à Bouaké et Abidjan. Les accords de Marcoussis sont devenus caducs au moment même où des soldats ivoiriens ont tiré sur des soldats français. Même si, à la suite de ce mois de novembre, certains aménagements ont été apportés, c'était encore insuffisant. Notamment concernant le cadre juridique de la zone de confiance. La gestion des prisonniers à l'issue de l'attaque de Bangolo en avril en est un exemple. L'absence de la police un autre. La prolifération des coupeurs de routes un autre encore.

Q : *Mon général, pourquoi n'avez-vous rien dit au général Bentégeat*[65] *lorsqu'il est venu vous voir quatre jours plus tard et qu'il vous a posé la question ?*

[65] Le chef d'état-major des armées en 2005.

R : *Le général Bentégeat m'a effectivement posé cette même question au moment où l'affaire est sortie, en novembre 2005. Je lui ai répondu que si je lui avais dit quoi que ce soit, il aurait mis la gendarmerie prévôtale sur l'affaire et nous aurions connu une crise grave. Je vous l'ai dit, il convenait de ne pas ajouter une crise à la crise.*

« Je vous remercie mon général. La parole est aux avocats de la défense. »

Maître Gublin, logiquement, est le seul avocat de la défense à poser des questions au général Poncet ; c'est moi, son client, le subordonné direct d'alors que le général met en cause.

Q : *Mon général, aviez-vous entendu parler de Firmin Mahé avant le 13 mai ?*

R : *Peut-être. Je n'en suis pas sûr.*

Q : *La réponse est sans doute oui si j'en juge par l'envoi d'une mission du COS*[66] *qui relevait exclusivement de votre seule responsabilité personnelle. Son rapport ne peut que l'avoir mentionné. Sans parler des comptes-rendus journaliers du GTIA 2.*

J'ai une autre question à vous poser : pourquoi vouliez-vous d'un Mahé prisonnier alors que quelques jours précédents, deux coupeurs de routes ont été arrêtés par le GTIA 2. Vous auriez pu les garder comme monnaie d'échange et vous avez ordonné de les remettre aux autorités du Sud ?

R : *Euh !... Et bien même si les accords de Marcoussis avaient été piétinés le lendemain de leur signature par Laurent Gbagbo, c'est ce qu'ils prévoyaient. C'est la France qui a obtenu ces accords entre les deux belligérants. Si l'autorité de tutelle elle-même ne les respecte pas... vous m'avez compris !*

La salle se fige à ces mots. Ce sont les mots exacts des ordres que le général Poncet n'admet pas avoir donnés. Ils sont bien dans son vocabulaire. Ils déclenchent une réaction d'étonnement qui n'épargne personne. Même le témoin se rend compte de l'erreur qu'il vient de commettre.

Q : *J'ai très bien compris, mon général, comme le colonel Burgaud a très bien compris les mêmes mots que vous avez prononcés en demandant de rouler doucement. Comme on comprend bien que vous avez commandé au colonel Burgaud de transporter Firmin Mahé vers le nord alors qu'il relevait d'une ethnie du Sud. Donc en le remettant au Nord, vous alliez à l'encontre des accords de Marcoussis et vous renonciez à un prisonnier qui semblait*

[66] Commandement des opérations spéciales.

précieux à vos yeux ? Qu'est-ce qui vous a décidé à le faire transporter vers le nord ?

R : *Ce n'est pas sa blessure. C'était plutôt un avertissement vis-à-vis des autorités loyalistes du Sud qui libéraient systématiquement les prisonniers qu'on leur remettait.*

Q : *En le confiant aux rebelles du Nord, que pensez-vous qu'il serait arrivé à Firmin Mahé ?*

R : *Je ne sais pas. Ce n'est pas ce qui s'est passé. On peut tout imaginer.*

Q : *Par exemple qu'il ait été torturé avant d'être tué, puisque c'était déjà arrivé. Donc qu'il serait mort... Je voudrais que vous reveniez quelques mois en arrière, sur les suites du bombardement de Bouaké. Qu'avez-vous commandé aux soldats de l'opération Licorne juste après ?*

R : *J'ai fait détruire les avions de l'armée ivoirienne qui avaient commis cet acte hostile.*

Q : *C'étaient les accords de Marcoussis ?*

R : *Non, mais Bouaké, c'était une opération de guerre. Et Marcoussis, c'était le cadre d'un retour vers la paix.*

Q : *Les coupeurs de routes, c'était quoi alors ?*

R : *Disons qu'ils relevaient plus d'une mission de police.*

Q : *D'une police de l'ONU qui était inexistante. C'était donc une mission de police, et vous avez envoyé un détachement des forces spéciales, de soldats d'élite aguerris qui mènent les opérations les plus difficiles et confidentielles ?*

R : *Les coupeurs de routes remettaient en cause notre mission et le retour vers la paix.*

Q : *Je comprends, comme sans doute la cour, que vous preniez beaucoup de libertés avec les accords de Marcoussis que vous qualifiez d'ailleurs d'inadaptés. Je change de registre après que chacun a pu apprécier vos contradictions. Vous parlez d'un syndrome de décrochage moral. Qu'attendiez-vous alors de vos soldats ?*

R : *Il est très difficile de réagir à des horreurs. Ça ne s'apprend pas dans les écoles. Chacun réagit comme il le peut, notamment avec sa conscience. C'est régulièrement très compliqué à gérer. Cette confrontation débouche fréquemment sur des cas de conscience. Pour l'éviter, j'ai régulièrement dit aux soldats que je commandais : "ne mettez pas votre cœur dans la mission que vous remplissez".*

Cette dernière phase rallume le débat crucial que ce procès soulève. Il est certes éloigné du droit et de la justice. Il ne sera pas débattu et jugé. Les espions de l'état-major et du ministère n'en feront rien, même s'il s'inscrit, avec le sujet de la conscience, en filigrane de chaque journée d'audience : le soldat doit-il être une simple baïonnette, un pur exécutant, une baïonnette intelligente qui réfléchit, pose des questions, s'oppose le cas échéant, déserte lorsque ses principes sont bafoués, un être de chair sensible ? Est-il avec ou sans cœur, donc sensible, ou insensible ? Qu'apportent ou non ce cœur et cette sensibilité ? Quel est le modèle de soldat attendu par les chefs militaires ou politiques, pour autant qu'ils aient la même attente ?

Je reconnais que le général Poncet incarne la dernière parole qu'il vient de prononcer comme un testament. Il est cohérent, comme en Côte d'Ivoire. Lorsque j'y suis arrivé, il ne m'a pas même reçu. Je n'ai pas eu le dossier d'accueil dont il a fait mention dans son témoignage. Jamais aucun militaire arrivant sur un théâtre ne reçoit un « dossier d'accueil ». C'est ridicule. Il a des ordres. Point. Il ne m'a dit qu'une seule chose, entre deux portes, avant que je prenne l'avion pour Man : « Burgaud, j'ai fait des morts côté loyaliste à Yamoussoukro et Abidjan. Je veux maintenant en faire côté rebelle. Pour équilibrer la situation. À la première occasion de violation des règles de la zone de confiance par les milices FAFN, vous en profitez. Vous savez mon intention. » Trois semaines plus tard, l'accrochage d'une patrouille dans la région de Vavoua répondait à cette intention. J'ai reçu du général de Malaussène le feu vert pour tirer. Je ne savais pas, je l'ai appris plus tard, que le général Poncet avait en réalité donné l'ordre de « tirer dans le tas ». J'ai bien veillé à ce que les tirs de ma patrouille ne soient pas mortels.

Je veux bien être coupable d'avoir pris le contrepied de ses conseils. Je ne m'imagine pas un seul instant être un officier sans cœur, notamment vis-à-vis des soldats que la France me confiait. J'avais fait mien l'inverse : « Là où est le trésor, là aussi sera ton cœur[67] ». Pas plus que les armées n'ont besoin de moutons comme soldats, mais bien plutôt de lions avec leurs qualités et leurs défauts, je ne crois que l'absence de cœur puisse faire des bons soldats. Pour moi, le cœur fait partie de l'uniforme du soldat. Sans cœur, le soldat ne vaut rien. Il est même dangereux, déviant, dénaturé. Le sacré de la mission répond du cœur, pas d'autre chose. Son pays, ses autorités, ses chefs attendent qu'il y mette « tout son cœur », au-delà de toute raison. L'amour de sa patrie, son engagement, son abnégation répondent du cœur, rarement d'un quelconque cynisme, d'un intérêt ou d'une construction intellectuelle. L'acceptation de sa mort pour sa patrie et sa mission relèvent, au plus haut point, de qualités affectives et non cérébrales. Comment cela s'apprend dans les écoles ou lors de l'instruction est une autre affaire. Mais encore faut-il s'entendre sur le modèle. Aucun des généraux appelés à la barre jusqu'à

---

[67] Évangile de saint Matthieu 6:21.

présent n'a été clair sur ce modèle. Jusqu'à ce témoignage du général Poncet qui nie ce qui me semble être une exigence. Aucun non plus n'a fait état de son cœur. Là où ils en sont de leur carrière, pour la plupart, les généraux sont plus préoccupés par le pouvoir que par ce moteur essentiel que le général Poncet récuse.

Le général Poncet quitte la barre avec cette apostille. Le président, fait rare, lui impose de rester dans la salle pour entendre le témoin suivant.

Un général le remplace. D'un tout autre gabarit. Celui qui s'avance ne ressemble en rien à celui qui s'assied. Il en est même le contrepoint.

Audition du général Alziari de Malaussène

Je m'appelle Renaud Alziari de Malaussène. Au moment des faits, j'étais le général adjoint opérations du général Poncet, à Abidjan. J'y étais en tant que général commandant la 27e brigade d'infanterie de montagne qui fournissait, en Côte d'Ivoire, le GTIA 2 du colonel Burgaud, le GTIA 1 à Bouaké et le PC de la force Licorne à Abidjan. J'ai quitté l'armée.

Les hommes qui sont à côté de moi – il nous regarde – *sont mes hommes.*

Avant toute chose, je veux dire que la justice a été juste envers moi. Elle ne s'est pas acharnée ; elle m'a entendu et écouté. Ce n'a pas été le cas des armées qui m'ont condamné sans audition ni appel. Je vous parlerai donc en confiance et en vérité, en confiance vis-à-vis de la justice et parce que je suis attaché à la vérité.

J'écoute avec déférence et respect le général de Malaussène. Il a été mon chef, exemplaire en tout, y compris dans les pires moments. Le traitement injuste que l'armée lui a infligé en mettant fin à sa carrière m'est une souffrance. Il a préparé son intervention. Plus exactement, il l'a pensée, depuis sept ans, avec sa rigueur intellectuelle et morale. La trame[68] de ce qu'il veut dire dépasse légèrement de la poche de son pantalon, au cas où sa mémoire et les nombreuses récitations qu'il s'est imposées lui fassent défaut. Pour être fidèle à sa démonstration, je reprends son canevas qui transcrit son raisonnement.

J'ai appris les faits le lendemain.

Regret de ce qui s'est passé.

Incontestablement une erreur, pas d'ambiguïté sur la victime.

---

[68] Publiée depuis en annexe 2 de son livre : *Une guerre juste ?*

Nous aurions sans doute pu faire autrement.

Nous étions dans une situation difficile et complexe.

Difficile car zone violente, à risque.

Massacres réguliers, villages désertés, familles africaines massacrées ; viols et assassinats sur la route Duékoué-Man.

Ensuite complexe : zone de confrontation ethnique ; zone de partition du pays (rebelles, loyalistes) ; Bangolo : ville de trois mille habitants où se trouvent l'adjudant-chef Raugel et sa vingtaine de soldats est au cœur de cette double zone de confrontation ; désertée par les forces de l'ordre, police, BMG (Brigade Mixte de Gendarmerie[69]), qui ont peur – pas de prison.

Très vite, je perçois que c'est la zone la plus exposée à la violence de toute la Côte d'Ivoire.

Zone de non-droit et de peur.

Complexe aussi parce que nos soldats ont été placés là POUR QUOI ? mission ambiguë.

Impuissance de l'ONU.

Les soldats de l'ONU avaient comme première mission de se protéger eux-mêmes.

Nos soldats pouvaient-ils se comporter de la sorte ?

Peut-on demander à un soldat d'assister à des massacres l'arme au pied ?

C'est l'honneur d'un soldat qui est en jeu (d'outrepasser sa mission).

Complexe aussi pour le chef, car découragement, lassitude.

Forte demande des populations (trois mille habitants).

Chef de bande arrêté une première fois, livré à la justice de son pays souverain.

Relâché (même ethnie que le procureur).

A crié son désir de vengeance auprès des populations, des « dénonceurs ».

À QUOI BON ?

Lorsqu'il est arrêté de nouveau, intervient un fait NOUVEAU, ou plutôt UN HOMME[70].

Qui est absent aujourd'hui, qui a été blanchi.

Dont la désignation en RCI procéda du copinage et de la faiblesse du chef de l'époque. Cf. les entretiens avant mon départ.

Un homme qui n'entretient pas un climat de confiance : pressions, engueulades téléphoniques.

Peu de cas de la vie humaine noire.

Qui agit de façon impulsive, incite au crime, qui incite à liquider l'assassin.

---

[69] Projet d'un poste de gendarmerie constitué pour moitié de gendarmes du Nord et pour moitié du Sud sous contrôle de la police de l'ONU – ne verra jamais le jour.

[70] Il est ici question du général Poncet.

L'impossibilité de faire la preuve de l'ordre donné repose sur le fait qu'il a utilisé un téléphone portable (pas d'écrit). C'est la parole de l'un (lui) contre la parole de l'autre (moi-même). Pourquoi avoir choisi la sienne ?

Il était coutumier du fait.

J'en ai fait l'expérience le dimanche 13 février[71].

De nombreux officiers, trop loyaux et fidèles à l'armée, auraient pu en témoigner ; ils ne l'ont pas fait ; mais je pense qu'ils le feraient aujourd'hui devant le fait de faire payer les "petits".

Je peux vous donner le nom de nombreux officiers de haut grade, aujourd'hui de très haut grade, qui m'ont fait part de ses dérives comportementales en opération.

Citer le témoignage écrit du colonel de Revel écrit au CEMA[72] *(général Bentégeat), mis sous embargo, et au général Thorette*[73]*. Dont je sais le contenu puisque ce colonel s'est livré à moi le 13 mai 2005*[74]*. "Tuez, tuez, tuez !", "je veux des morts ivoiriens."*

Je vous demande d'imaginer ce qu'est le poids des galons (trois étoiles) sur un petit sous-officier, c'est le poids d'un président de groupe de cinq mille salariés travaillant à Paris sur un agent de maîtrise travaillant à Marseille.

Le mensonge du général Cuche dans l'enquête de commandement qui n'y a pas inscrit ce que je lui ai dit alors qu'il m'interrogeait : à savoir le nom du donneur d'ordre.

Réflexions éthiques (légalité et légitimité – conscience – responsabilité).

Un assassin a été liquidé, une zone équivalente à deux ou trois départements a été pacifiée.

Quinze jours après, à sept km de là, en zone ONU, une centaine d'innocents ont été massacrés dans la nuit du 31 mai au 1er juin. Les soldats de l'ONU n'ont rien fait. Leur poste était à moins de cinq cents mètres du lieu du massacre[75]*. Massacre rapporté par maître Vergès.*

ONU paravent pour se donner bonne conscience.

Population paye le prix fort.

Réflexion sur la nature du droit, le droit casuistique, évolutif et le droit apodictique, immuable, des métanormes, d'inspiration divine. Une seule finalité, la protection du pauvre et de l'orphelin.

---

71 Fait référence à la consigne de « tirer dans le tas » donnée par le général Poncet lors de l'incident de Vavoua

72 Chef d'état-major des armées.

73 Chef d'état-major de l'armée de terre.

74 C'est pour cela que je n'ai pu joindre le général de Malaussène pour traiter avec lui des suites à donner à l'arrestation de Mahé.

75 Guitrozon.

La salle, bien que comble, est silencieuse. Elle est tout entière attentive et impressionnée par le témoignage sage, humble et profondément humain qui s'appuie sur ces notes. Le « nous » est utilisé ; pas le « je » du général Poncet. Rien à voir avec les précédents commandeurs. Le président laisse le général de Malaussène dérouler sa déposition sans l'interrompre. À ce moment, il élève encore le débat en s'appuyant sur les écrits du cardinal Ratzinger[76].

Le cardinal Ratzinger explore la nouvelle loi annoncée par Jésus, qui s'oppose à la loi ancienne inscrite dans la Torah. Dans ce nouveau code, on peut distinguer deux sortes de droit : le droit dit casuistique et le droit apodictique. Je ne vous entraîne pas dans un débat religieux, mais plutôt dans une réflexion fondamentale sur le droit et sur la référence de votre futur jugement.

Le droit casuistique fournit des normes pour régler des questions juridiques tout à fait concrètes : les prescriptions concernant la détention d'esclaves et leur affranchissement, l'indemnisation après un vol [...] Ces normes juridiques constituent un droit qui s'est développé à partir de la pratique et qui se réfère à cette dernière, servant à la construction d'un ordre social réaliste, concret, environné historiquement et culturellement. Ce droit est susceptible d'évoluer, d'être critiqué ou corrigé.

Le droit apodictique est édicté au nom de Dieu lui-même. Il ne fait pas mention de sanctions : "Tu ne maltraiteras point l'immigré qui réside chez toi, tu ne l'opprimeras point, car vous étiez vous-mêmes des immigrés en Égypte. Vous n'accablerez pas la veuve et l'orphelin" (Ex 22, 20-21). Les dispositions du droit apodictique apparaissent comme des métanormes. Elles représentent une instance critique en regard des règles du droit casuistique. Le premier relèverait de principes immuables et supérieurs. Le second de règles humaines, changeantes, dépendantes des structures sociales auxquelles elles s'appliquent. Le premier ferait appel au cœur ; le second à la raison. Le droit apodictique est celui qui dicte de protéger les plus humbles contre ceux qui les accablent.

Conclusion

Nous avons eu tort, ce fut une erreur.

Mais le bras armé ne peut être le principal responsable. D'autant qu'il a déjà beaucoup payé.

---

[76] Le pape Benoit XVI.

On ne peut accepter que seuls les petits paient.

Je demande votre indulgence.

Je demande votre indulgence pour mes soldats qui, pour avoir commis une erreur, n'ont pour autant jamais tué d'innocents, n'ont été que le bras armé courageux d'un ordonnateur qui, de sa place confortable à Abidjan, ne risquait rien et pouvait prendre le temps de réfléchir.

Ils n'ont jamais cessé de défendre les populations livrées à la violence meurtrière de violeurs et d'assassins sans foi ni loi.

Je pense dans mon for intérieur : « Ils ont obéi et ont fait preuve de cœur, de trop de cœur peut-être, de ce cœur qui dicte de protéger les plus faibles. »

Question du président : *Entre la parole du général Poncet et celle du colonel Burgaud, vous retenez laquelle* ?

R : *Celle du colonel Burgaud.*

Avant de partir, j'avais mis en garde dans une lettre les deux commandants de GTIA contre les comportements déviants du général Poncet. Cette lettre fait partie du dossier d'instruction. Elle m'a été inspirée par mes entretiens avec des officiers généraux et par des témoignages lors de ma préparation de la mission. Je regrette que ma mise en garde se soit révélée pertinente, et qu'elle n'ait pas été, à ce moment-là, dans le référentiel du colonel Burgaud.

Le président : *Je vous remercie mon général pour votre intervention.*

La salle, comme si elle retenait jusqu'à présent son souffle pour ne rien perdre de cette audition, relâche son apnée. Chacun reprend une respiration normale. Le regard des jurés n'est pas celui des auditions de Neviaski ou de Poncet. Il est respectueux. Sur un registre inattendu, le général de Malaussène a éclairé la vérité. Non pas tant celle des faits, battus et rebattus depuis une semaine, mais celle du cadre de la justice. Il porte un regard droit sur les faits et sur les hommes. Il qualifie la mort de Mahé d'erreur. Depuis sept ans, j'hésite pour ma part entre erreur et faute, sans aller jamais jusqu'au crime que dénonce la justice. Il cherche à guider les jurés vers une justice juste. Il s'adresse surtout aux jurés. Le président et ses deux assesseurs sont les défenseurs de la justice casuistique.

Son témoignage sur le général Poncet est factuel et précis. Il sait comme moi ce qui a pu prévaloir à son non-lieu. Le mensonge du général Cuche y a contribué. Mensonge par omission diraient les bons pères. Il a juste oublié d'inscrire, dans son rapport d'enquête, ce que le général de Malaussène et moi lui avions dit : que l'ordre venait du général Poncet. La justice a justifié sa décision par l'absence de preuves. C'est un alibi. Il n'y en avait pas plus pour moi. Un article paru dans la presse peu de temps avant que la chambre de l'instruction rende ses décisions a probablement plus compté. Cet article revenait sur le bombardement de Bouaké, sur la destruction de l'aviation ivoirienne qui a suivi et sur les événements d'Abidjan. C'était comme un avertissement. Le général Poncet en savait beaucoup. Son appel à la plus grande sagesse à son encontre a été entendu. Il a été blanchi.

L'affaire de Bouaké rôde de plus en plus en arrière-plan de notre procès, comme une ombre. Elle semble lier deux personnages : le général Poncet, qui vient d'intervenir, et la ministre de la Défense qui est attendue pour être auditionnée à son tour.

Audition de Madame la ministre de la Défense

Au retour d'une brève suspension de séance, les gendarmes s'agitent de plus en plus. Ils sont plus nombreux que d'habitude et leur colonel est là, à faire les cent pas, nerveusement, comme si sa vie dépendait de sa prestation. Sur un petit signe de tête de cet officier de gendarmerie zélé, le président invite à faire entrer l'ex-ministre de la Défense.

Michèle Alliot-Marie s'avance, droite dans son tailleur strict. Elle porte sa tête haute. Ses lèvres sont serrées dans un rictus sévère et maîtrisé. Elle a pour chacun un petit signe assorti d'un très léger sourire. Elle veille à cibler chaque direction : le public, les parties civiles, l'avocate générale et la cour. Il n'est pas difficile de sentir qu'elle se retient de serrer des mains. Son regard est très discret pour nous, les accusés et leurs défenseurs. Même appelée à témoigner devant une cour d'assises, elle est en représentation. Elle dit, par son port et son comportement, toute l'autorité politique qu'elle représente. Par personnes délégataires, deux pouvoirs vont se confronter dans quelques secondes. Ils n'ont, cette fois, rien à redouter de cette confrontation. Ce n'est pas toujours le cas.

Michèle Alliot-Marie arrive à la barre. Elle prête serment et donne immédiatement le ton.

Ce qui est arrivé est parfaitement contraire à la loi. Non seulement à la loi, mais aussi à l'éthique et à la morale. Les faits sont intolérables, inacceptables et d'une extrême gravité. Voilà pourquoi, dès que j'en ai eu connaissance, je les ai dénoncés à la justice. Parallèlement, j'ai diligenté une enquête de commandement. Il s'agissait d'éclaircir deux niveaux de responsabilités :

celui de la circulation de l'information et de la remontée des comptes-rendus jusqu'à moi. Il y a eu un défaut grave sur ce plan. Il m'a amené à suspendre les fautifs – en l'occurrence un colonel et deux généraux. Et celui de l'homicide proprement dit. L'enquête n'a pas permis d'en détecter la mécanique.

Ces paroles liminaires de l'ex-ministre font écho à la « réunion de crise » que j'ai eue avec quelques parlementaires au tout début de l'affaire. Dans ces circonstances, les autorités politiques pourraient être comparées à un oncologue qui coupe la jambe de son patient dont il vient de découvrir une tumeur au genou. Ses premiers mots balayent les registres du droit, de la morale et de l'éthique. Trois qualificatifs nous crucifient d'entrée et sans appel : « inacceptables, intolérables, extrême gravité ». En deux phrases, son diagnostic est posé. Elle a oublié qu'elle est une témoin. En quelques mots, elle est devenue un juge.

Le président n'est pas dupe. Après avoir laissé passer cette séquence de pilotage automatique politique, il amorce par ses questions un retour à la normale.

Q : *Peut-être pouvez-vous éclairer la cour sur votre perception de l'environnement de ces faits à l'époque ?*

R : *Il est vrai que le contexte avait créé des circonstances exceptionnelles. La zone de confiance était désertée par la justice et la police. Énormément d'exactions s'y déroulaient dans un total sentiment d'impunité.*

Q : *Madame la ministre, vous saviez cet état de fait. Si mes souvenirs sont bons, c'était vous qui, au sein du gouvernement, suiviez ce dossier de la Côte d'Ivoire. Je crois que vous aviez diligenté une mission d'audit que le colonel Burgaud a accueillie et véhiculée, qui a passé une journée à Bangolo, auprès de l'adjudant-chef Raugel. Qu'avez-vous fait pour normaliser la situation de la zone de confiance ?*

R : *J'ai téléphoné au moins une fois à la représentante de l'ONU pour lui en faire part.*

Q : *Avec quel résultat ?*

R : *Aucun.*

Q : *Et... ?*

R : *C'est un des problèmes des forces de maintien de la paix. J'ai demandé trois ou quatre fois la modification et le durcissement du mandat de l'ONU. Sans aboutir. Il n'était pas adapté à la situation. La force Licorne devenait garante de la sécurité par défaut des troupes de l'ONUCI.*

Q : *N'est-ce pas une responsabilité politique de mettre en place, pour les militaires, les conditions de la bonne exécution de leur mission ? En plus de leur donner cette mission. Considérez-vous qu'en l'espèce, les conditions étaient réunies ?*

R : *C'est en effet le rôle du pouvoir politique. En Côte d'Ivoire, par le fait d'un mandat inadapté dont je n'étais pas responsable, la mission des militaires était rendue extrêmement difficile à remplir.*

Il n'empêche. Les faits qui sont devant la justice m'apparaissent relever d'une autre logique. Quel que soit le mandat de l'ONU, la vengeance et la toute-puissance des armes ne font pas partie des modalités d'exécution. La règle veut qu'en toutes choses, le droit soit respecté.

Q : *Dans le cas qui nous intéresse, la mission qui était celle des militaires était une mission d'ordre public. De police. Est-ce pertinent de la confier à des militaires ?*

R : *C'est une dérive. J'en conviens. Mais encore une fois, cela n'excuse pas la mort du coupeur de route.*

Q : *Dans vos propos liminaires, vous avez fait référence à la morale. Qu'elle est pour vous la place de la morale ?*

R : *J'ai fait référence à la morale parce qu'elle s'applique, comme l'éthique, à tous les militaires comme à chacun. Elle a été bafouée. Quoi qu'il en soit, le droit est au-dessus de la morale et c'est en droit que cette affaire doit être jugée.*

Q : *Je vous remercie, madame la ministre. Mesdames et messieurs les jurés ?... pas de question. Madame l'avocate générale ?... pas de question non plus. Messieurs les avocats de la défense ?*

Maître Gublin : *Madame la ministre. Vos services ont sans doute été saisis pour enquêter sur les conditions du tir du matin qui a blessé Firmin Mahé. Comment s'est faite l'enquête sur ce tir ?*

R : *Parfaitement. Une étude rapide a été menée ; je dis rapide car si vous imaginez qu'on doive enquêter sur chaque tir ! l'instruction a été classée sans suite.*

Q : *Vous nous parlez d'une mission dont vous n'étiez pas responsable. Pouvez-vous développer ?*

R : *C'est l'ONU qui a décidé de cette mission et de l'articulation entre l'ONUCI et la force Licorne. Ensuite, les accords de Marcoussis ont été signés sous l'égide de Dominique de Villepin, alors ministre des Affaires étrangères.*

Maître Trémolet de Villers : *Je note que l'adjudant-chef Raugel n'a fait l'objet d'aucune sanction disciplinaire. Quel en est le sens ?*

R : *C'est tout à fait simple : la procédure judiciaire a mis un terme à la procédure disciplinaire.*

Maître Balan. En le voyant, l'ex-ministre ne parvient pas à cacher un léger signe de surprise. Elle se doute que maître Balan, avocat des victimes du bombardement de Bouaké, va faire le parallèle entre les deux affaires. Il va d'autant plus le faire qu'une des deux assesseurs du président de la cour d'assises n'est autre que la juge d'instruction du dossier Bouaké.

« *Madame, sept ans et demi après les faits, ce qui est déjà long, la mort de Firmin Mahé est jugée par la justice. Huit ans après les faits, la mort et les blessures des soldats français (à Bouaké) n'ont toujours pas fait l'objet des conclusions de la chambre de l'instruction. Que faites-vous ou que ne faites-vous pas pour qu'il en soit ainsi ?*

R : *Quand il y a des soldats qui sont assassinés, cela mérite une enquête rigoureuse. Elle est menée. Je la laisse se dérouler. Quand je pense que certains* (son regard se fixe sur l'avocat Balan) *veulent des autopsies de soldats morts au combat…*

Q : *Madame, je suis totalement d'accord avec vous, mais, dans le cas d'espèce, il s'agit de soldats assassinés. Vous saisissez la différence*[77] *? Quant à l'enquête, elle est bloquée, vous le savez, par une opposition à déclassifier un certain nombre de documents. Après que les pilotes mercenaires responsables du bombardement ont été libérés par deux fois – deux fois de suite plutôt…*

Le président l'interrompt : *Maître : nous examinons ici les circonstances de la mort de Firmin Mahé. Le bombardement de Bouaké est une autre procédure*[78].

Madame la ministre, je vous remercie de votre témoignage. L'audience est levée. Reprise des débats demain matin à 9 heures.

Le président Leurent a voulu faire de cette concentration d'auditions un moment fort du procès. Il l'a été dans la variété des sincérités, dans la profondeur de réflexion pour le général de Malaussène, dans la force d'engagement et la proximité avec les faits pour madame Dito. L'équilibre qu'elle a posé entre l'ensemble des victimes de Mahé et sa seule disparition a rejoint le dilemme qui a été le nôtre.

Une unique question demeure pour moi sans réponse. Les auditions ont parfaitement explicité – aussi bien dans les faits que par l'environnement – ce qui m'a et nous a amenés à provoquer la mort de Firmin Mahé. C'est le premier volet du « ~~comment~~ pourquoi en est-on arrivé là ? » Le second volet, c'est pourquoi cette mort est-elle devant la justice, alors que tant d'autres

[77] Propos rapportés page 89 par Jean Balan dans son livre : *Crimes sans châtiment*.

[78] Le procès se déroulera en avril 2021, 16 ans et 5 mois après les faits – voir chapitre suivant.

similaires n'y sont pas, notamment parce que la justice et la guerre sont deux univers en partie disjoints. D'ailleurs, il a régulièrement été plus question de légitimité, de morale et de conscience que de droit dans les débats.

Je pose, cette question à ma cousine. Nous sommes tous les deux assis sur l'un des bancs du public tandis que la salle d'audience s'est vidée et que les gendarmes, respectueux, attendent la fin de notre discussion pour fermer la lourde porte jusqu'à demain matin.

Bien sûr que le boutefeu s'appelle Neviaski. C'est lui qui a dénoncé l'affaire, pour les raisons qui sont clairement apparues aux oreilles de tous. Peut-être que sans lui, la mort provoquée de Firmin Mahé aurait été connue. Mais avec lui, elle l'a été, de façon certaine, avec suffisamment de proximité envers le pouvoir pour devoir faire l'objet d'une suite, celle que l'on connaît.

Pour elle, cette suite a répondu à plusieurs mécaniques, certaines politiques, d'autres militaires. Politiquement, la ministre avait ses intérêts à judiciariser l'affaire. Elle affirmait son autorité sur la hiérarchie militaire via un fait que l'état-major lui aurait caché. Elle marquait ainsi tout son pouvoir de première femme ministre de la Défense sur les généraux.

Le moment politique s'invite autant. Novembre 2005, c'est un an et demi avant les élections présidentielles. Michèle Alliot-Marie a des ambitions personnelles. Elle se pressent autant qu'elle est pressentie comme une possible candidate. Montrer qu'elle est une femme d'autorité inflexible renforce sa stature présidentiable.

Un autre levier a pu interférer. Il n'est bien sûr pas évoqué par l'ex-ministre lors de son audition. Il relève de l'arrière-cuisine du pouvoir. Le gouvernement n'était pas d'accord sur la ligne politique à adopter pour la Côte d'Ivoire : deux positions fracturaient le gouvernement, qui pouvaient se résumer à : soutien ou non à Laurent Gbagbo. Cette division a d'autant pu jouer que la ligne défendue par Michèle Alliot-Marie, après Bouaké, était fragilisée. Certes, la ministre pilotait ce dossier sensible qui lui apportait une épaisseur supplémentaire : avec la Côte d'Ivoire, elle traitait un dossier diplomatique. Elle prenait ainsi l'ascendant sur le Quai d'Orsay et sur un concurrent possible. Son autorité[79] s'en trouve renforcée.

Je coupe ma cousine pour lui rappeler la conduite à tenir que nous avions reçue début mai 2005, en Côte d'Ivoire, de la ministre : « Ne rien faire sur le terrain de la Côte d'Ivoire qui puisse déranger la bonne tenue du référendum de Maastricht prévu le 29 mai 2005 ». Nous avions reçu cette consigne avec

---

[79]Article *Le Monde Afrique* du 16 janvier 2006.

la plus grande incompréhension. De quoi nous parle-t-elle ? C'est quoi « ne rien faire » ? Elle nous l'adressait à nous qui étions sur un théâtre d'opération. Elle mélangeait les genres.

Dans ce panorama, le bombardement de Bouaké (neuf morts et trente-sept blessés chez les soldats français), puis Abidjan et l'hôtel Ivoire (une soixantaine de morts ivoiriens) en novembre 2004 peuvent trouver une place. Qui a fait quoi ? Qui a donné quels ordres ? On sait que ce n'est pas Laurent Gbagbo. Il n'est pas impossible que des ministres français aient des choses à se reprocher, notamment devant la justice puisqu'une enquête a été ouverte, et l'instruction bute régulièrement sur des cabinets ministériels, sur celui de la Défense entre autres. L'affaire Mahé peut ainsi apparaître comme un habile contre-feu pour freiner l'enquête ouverte sur Bouaké[80].

La haute hiérarchie militaire détient de manière indéniable aussi quelques réponses à ce pourquoi. Ma cousine n'est pas spécialiste de l'armée, mais plusieurs indices la dérangent. Pourquoi le général Cuche a-t-il autocensuré son rapport d'enquête de la mise en cause du général Poncet par le général de Malaussène et moi ? Pourquoi le général Irastorza a-t-il de plein gré décidé de ne pas verser au dossier d'instruction la pétition des habitants de Bouaké en notre faveur ? Il existe une règle, presque absolue : « la tête protège la tête ». Les donneurs de leçons ne sont pas toujours les plus vertueux.

Ses derniers mots de notre échange nous ramènent dans cette salle des assises : « Ne te polarise pas là-dessus. Tout ça existe chez les politiques, chez les militaires et dans la justice aussi, mais ce n'est pas ton sujet. C'est malheureux et injuste, mais je suis sûre d'une chose : le président de ton procès est le meilleur pour faire passer une justice juste. Les débats sont parfaitement conduits et d'un super niveau. Les jurés ne sont pas dupes : vous aviez une mission impossible à remplir. Vous êtes des hommes. On ne peut pas vous demander l'impossible. Je suis confiante. » Je crois qu'on s'embrasse.

Florence m'attend à l'extérieur, en grande conversation elle aussi, avec l'une de ses cousines. Nous repartons, bras dessus, bras dessous. Il est déjà tard.

---

80 Blog de Mediapart du 26 novembre 2012.

Nos discussions du soir sont plutôt enjouées. Il faut dire que l'audience nous donne l'occasion de pouvoir casser du sucre sur le dos de trois témoins, ce qui libère. Tout en discourant, sans retenue ni scrupule, avec éventuellement un soupçon de jubilation, nous nous arrêtons sur la crédibilité des témoins. Les plus sérieux ne le sont pas, les plus humbles font un tabac. L'illusion des illusionnistes tombe vite, alors que les modestes et les sans-noms font preuve d'une telle authenticité qu'ils sont aussitôt entendus. Être témoin, c'est l'épreuve de vérité de sa crédibilité. L'exercice est cruel pour ceux qui se montent du col. Ils repartent satisfaits sans doute. C'est leur force. Ils ne comprennent pas qu'ils ont été publiquement démasqués. Ils font accroire le contraire de ce qu'ils disent.

De cette journée, nous mettons à part l'audition du général de Malaussène, d'une telle hauteur de vue intellectuelle et morale qu'elle a satisfait les plus exigeants. Je ne sais pas ce qui restera de son message. Je voudrais que ce soit le mot « indulgence » qui portait sa conclusion. Mais mon destin ne m'appartient plus.

11°/ l'affaire Bouaké

L'affaire du bombardement de Bouaké rôde au-dessus de l'affaire Mahé comme un vautour plane au-dessus d'une proie blessée. Il en a plusieurs fois été question durant les jours précédents, plus particulièrement hier avec les témoignages du général Poncet et de l'ex-ministre de la Défense, puis de l'Intérieur et de la Justice Alliot-Marie. À l'inverse de l'affaire Mahé qui appréhende des militaires comme des accusés, Bouaké les établit comme les victimes. La justice a été saisie dans les deux cas. Le pouvoir politique a joué un rôle dans chacune des affaires. Les acteurs sont donc les mêmes. Le lieu, l'environnement et le cadre juridique sont identiques On pourrait donc imaginer que le traitement judiciaire soit similaire, et il n'en est rien. Il serait normal que la justice et le pouvoir politique soient égalitairement diligents. Ce serait logique et juste, si le militaire est un citoyen comme les autres, qu'il soit également traité comme victime et comme mis en cause.

Deux représentants de la justice connaissent devant moi les deux affaires pour constater que ce n'est pas la réalité : maître Balan, avocat du brigadier-chef Johannes Schnier, l'est aussi de plusieurs familles de victimes du bombardement de Bouaké ; l'une des deux assesseurs du juge Leurent, la magistrate Sabine Khéris, est également l'actuelle juge d'instruction pour cette affaire Bouaké. Ils sont tous les deux, là, dans cette salle d'assises, pour constater une singulière différence de traitement.

Deux témoins d'hier sont en première ligne de l'affaire Bouaké : madame Alliot-Marie et le général Poncet.

« Pourquoi en est-on arrivé là ? » trouve vraisemblablement l'une de ses raisons principales avec Bouaké. Une raison qui n'excuse en rien la mort de Mahé, mais qui explique le traitement qui lui a été donné. Le pouvoir politique a joué deux partitions bien différentes. Le comment est connu et documenté. C'est le pourquoi qui est le plus intéressant[81].

Bouaké est situé à une centaine de kilomètres au nord de Yamoussoukro, à près de trois cent cinquante kilomètres au nord d'Abidjan. C'est une ville carrefour. Elle a été conquise par la rébellion en septembre 2002. La force Licorne occupe l'emprise du lycée français qui a été désaffecté depuis cette date. Le 6 novembre 2004, le camp français de Bouaké subit une attaque aérienne perpétrée par deux chasseurs-bombardiers de l'armée de l'air ivoirienne, des Soukhoï Su-25 d'origine russe, pilotés par des équipages

[81] Ce qui suit est tiré du livre de Jean Balan : *Crimes sans châtiment*.

mixtes (pilotes biélorusses et co-pilotes ivoiriens). Le bilan est lourd : neuf soldats français et un civil américain tués ; trente-neuf soldats français blessés.

Le contexte diplomatico-légal est celui des accords de Marcoussis, que Laurent Gbagbo ne reconnait pas (pour n'y avoir pas été invité), et qui font du général Poncet et de la force Licorne qu'il commande les garants du cessez-le-feu. Le général Poncet est informé d'une volonté d'offensive aérienne de Laurent Gbagbo pour préparer une reconquête du territoire perdu. Il ne fait rien d'autre – avec l'ambassadeur de France – que d'adresser au président une mise en garde.

Le 4 novembre, des positions rebelles sont bombardées dans Bouaké et Korhogo. Les avions décollent de Yamoussoukro où stationne également un contingent français de la force Licorne. Ce contingent a parfaitement l'occasion et le droit de rendre la piste impraticable en plaçant de simples obstacles. Il ne le fait pas. Pendant deux jours, les avions bombardent les positions rebelles dans Bouaké avec toute la précision nécessaire pour ne pas atteindre la population civile.

Le 6 novembre, en rentrant d'un bombardement, les avions survolent le camp français, s'éloignent, puis reviennent et font usage de leur armement contre un bâtiment d'habitude vide à cette heure, mais dans lequel les soldats français se réfugient en voyant les avions les attaquer. Il ne peut s'agir d'une erreur : reconnaissance a été faite lors du premier passage ; un seul et unique bâtiment est visé ; les avions ont gardé de l'armement pour cette dernière attaque qu'il faut bien qualifier de délibérée. La question est : qui a donné l'ordre de ce bombardement ? Intuitivement, le président Gbagbo est considéré comme l'unique commanditaire.

Les avions atterrissent normalement sur leur base de Yamoussoukro. Sur ordre du président Chirac, le général Poncet ordonne aussitôt leur destruction en représailles[82]. Les hélicoptères de l'armée ivoirienne sont également détruits pour empêcher toute fuite de Laurent Gbagbo. S'ensuivent des manifestations monstres à Abidjan contre l'armée française. Celle-ci doit intervenir pour empêcher la foule de s'approcher de son casernement situé au sud d'Abidjan. Elle ouvre le feu en plusieurs occasions, en particulier sur les ponts.

---

82 « *Je veux des morts ivoiriens* » réplique du général Poncet au colonel de Revel intervenant sur l'aéroport (*In* mémoire sur l'exécution des ordres par le chef de corps du 43e BIMA pendant les opérations de novembre 2004 à Abidjan).

Parallèlement, les militaires français s'assurent du contrôle de l'aéroport international d'Abidjan. C'est en s'emparant de la partie militaire ivoirienne de l'aéroport que les Français interpellent des techniciens slaves qui entretiennent et arment l'aviation ivoirienne. Ils sont considérés comme des complices. La quinzaine d'hommes est détenue et gardée ; les pièces d'identité sont relevées, des photos prises. Le tout est transmis à la gendarmerie prévôtale. À aucun moment, des interrogatoires sont menés. Ils seront libérés le 11 novembre sur ordre de Paris et remis à l'ambassadeur de Russie « sans autre forme de procès ».

Extrait de l'interrogatoire du général Poncet par la juge d'instruction lors de l'enquête.

La juge : *Avez-vous eu une réponse sur la raison pour laquelle on vous demandait de relâcher les mercenaires slaves* ?

Le général Poncet : *Non, on m'a répondu : tu exécutes*[83].

La juge : *Vu les raisons invoquées pour expliquer l'absence d'interrogatoire et celle d'un cadre juridique approprié, qu'en pensez-vous ?*

Le général : *Selon moi, le cadre juridique ne posait pas de problème. Je vous renvoie à la loi Pelchat sur le mercenariat qui date de 2003. Il me semble qu'il suffisait de porter plainte contre ces gens-là pour qu'un juge français soit saisi. Moi, je ne demande pas mieux qu'on les mette dans un avion pour les envoyer en France. Je préfère donc ne pas faire trop de commentaires quant à l'absence de cadre juridique.*

Lors d'un autre interrogatoire durant l'instruction, un colonel indique que « c'est le ministère de la Défense ou le quai d'Orsay qui a décidé de remettre les mercenaires aux Russes. »

De la même façon, un gendarme – officier de liaison répond face à l'anormalité de la situation : « Il a fait comme moi, il a exécuté l'ordre donné. »

La ministre de la Défense affirme à la presse quant à elle n'avoir pas de base légale pour pouvoir interroger ces mercenaires. Mais elle dit aussi le contraire en réponse écrite aux questions de deux députés. Que cachent ces atermoiements qui ont coûté neuf vies pour en blesser près de quarante autres ?

Le 7 novembre, une colonne de plus de cinquante chars et blindés français fait route vers la résidence présidentielle. Pour quoi faire ? Pour démettre et remplacer Laurent Gbagbo ? Le colonel français qui commande ce

---

[83] Un ordre du chef d'état-major des armées : « c'est un ordre, vous exécutez. »

détachement dira plus tard qu'il s'est trompé d'itinéraire[84], sans pouvoir dire quelle était la destination réelle de sa colonne blindée. Quoi qu'il en soit, cette colonne de blindés français finit par faire demi-tour.

Le 8 novembre, les cercueils des soldats morts dans le bombardement arrivent en France au Val-de-Grâce. Les familles ne sont pas autorisées à voir les corps de leurs proches. Les cercueils ont été et sont fermés.

Le 9 novembre, des incidents très graves ont lieu entre la colonne blindée qui a rejoint l'hôtel Ivoire et une foule vindicative. Les échanges de tirs font une soixantaine de morts et plusieurs centaines de blessés ivoiriens[85].

Le 10 novembre, une cérémonie nationale se tient aux Invalides. Le président de la République, Jacques Chirac rend ainsi hommage aux victimes du bombardement :

Vous êtes tombés le 6 novembre à Bouaké, dans l'exercice de votre mission, une mission difficile et exigeante que vous remplissiez avec ardeur, avec générosité, avec abnégation. Vous êtes venus en Côte d'Ivoire pour protéger les populations déchirées de ce pays ami et les aider à retrouver le chemin de la paix et de l'unité. Déployés sur le terrain depuis un mois, vous vous donniez sans compter et vous avez été lâchement frappés, victimes d'une agression que rien ne pouvait justifier.

C'est le destin et l'honneur du soldat que d'accomplir son devoir souvent loin des siens, toujours au risque de sa vie, avec courage, dignité et maîtrise de soi. Tel est le vrai visage, l'exigence et la noblesse du métier des armes. Et telle est la grandeur de la mission des treize mille soldats français engagés aujourd'hui sur les cinq continents.

Neuf soldats sont tombés au champ d'honneur. Ils sont tombés loin de leur patrie, loin des leurs, alors qu'ils s'interposaient pour défendre le droit et assurer la sécurité d'un pays ami. Ce qu'ils ont fait mérite notre admiration et notre reconnaissance. Nous leur devons respect et gratitude.

Au nom des Françaises et des Français, je veux rendre l'hommage solennel de la Nation. Je m'incline avec émotion devant la douleur de leurs parents et de leurs proches. Je sais ce qu'ils ressentent et je leur dis simplement : dans ce jour d'immense chagrin, vous pouvez être fiers d'eux, comme nous le

---

84 Excuse peu réaliste : il était guidé par un sous-officier des forces spéciales ; l'hôtel Ivoire est un immeuble de plus de 12 étages quand le palais présidentiel en fait 3 ou 4 ; les deux sont distants de plus de 2 kilomètres à vol d'oiseau, de près de 6 kilomètres par la route.

85 À l'issue de ces événements près de 7 000 ressortissants français rentreront en France.

sommes tous. J'associe à cet hommage nos blessés. Je pense à leurs familles et à leurs proches. Je leur souhaite un très rapide et complet rétablissement.

À toutes celles et à tous ceux qui poursuivent en Côte d'Ivoire leur mission de paix et qui assurent aujourd'hui la sécurité de nos concitoyens, je veux dire ma totale confiance. Je sais qu'ils sauront être dignes de leurs camarades.

Adjudant-chef Thierry Barathieu, Adjudant-chef Philippe Capdeville, Sergent-chef Francis Delon, Sergent Laurent Derambure, caporal-chef Patélisé Falevalu, Brigadier-chef Franck Duval, Caporal Benoît Marzais, caporal Emmanuel Tilloy, marsouin de 1re classe David Decuypère, vous méritez la reconnaissance de la Nation tout entière. Ici, dans ce haut lieu nimbé de gloire militaire, je veux dire, au nom du peuple français, que nous ne vous oublierons pas.

L'hommage est digne. Neuf cercueils et neuf cadavres recouverts de linceuls tricolores immaculés reçoivent ce panégyrique des qualités d'engagement des soldats. Aucun mot ne vient expliquer ce bombardement ni promettre d'en rechercher les causes pour éventuellement en punir les commanditaires.

Le 16 novembre, les Togolais arrêtent à la frontière avec le Ghana un groupe de personnes d'origine slave exfiltré de Côte d'Ivoire par un ex-gendarme français bien connu pour sa reconversion de vendeur d'armes : Robert Montoya. Les Slaves se présentent comme des ouvriers agricoles fuyant la Côte d'Ivoire à cause de la situation tendue. Leur attitude est suspecte. Ils sont auditionnés. La France est prévenue via les canaux diplomatiques habituels. Les services secrets, le ministère de l'Intérieur et des Affaires étrangères sont informés que le Togo maintient ces prisonniers à sa disposition. Les enquêteurs français sont étonnamment tenus à l'écart alors que des mandats d'amener auraient pu être émis instantanément puisqu'une enquête était ouverte. La France ne répond pas[86] à l'offre du gouvernement togolais. Le 23 novembre un arrêté d'expulsion est pris contre les Biélorusses alors que l'enquête interne du Togo démontre bien leur implication lors du bombardement et confirme la présence des deux pilotes, par ailleurs identifiés par les forces françaises (chacun a pu être photographié lorsque ce détachement œuvrait sur la base de Yamoussoukro).

Michèle Alliot-Marie répondra plus tard à des journalistes : « À l'époque, nous n'avions aucun élément de preuve, les photos notamment n'étaient pas

[86] Lors de l'instruction, certains acteurs de terrain précisent qu'ordre leur a été donné de ne rien faire.

déterminantes. On n'a jamais identifié les pilotes. » Puis : « Si à l'époque nous avions interrogé ces individus, nous serions probablement traduits aujourd'hui devant un tribunal international. C'est très frustrant d'être empêché d'agir, mais c'est l'honneur des démocraties de respecter le droit. » *(sic)*

Une instruction judiciaire – qui va durer quinze ans, d'abord sous l'autorité du Tribunal aux armées de Paris et de quatre juges d'instruction successifs – s'ouvre rapidement après le bombardement du camp français. Elle va aboutir au renvoi en cour d'assises des pilotes. Ils seront jugés par contumace en mars 2020 pour assassinat. L'instruction va surtout être marquée par une série d'erreurs et par une stratégie d'empêchement de la part du pouvoir politique.

Une première entorse à la procédure d'une enquête pour crime voit refuser au gendarme enquêteur l'autopsie des militaires tués. Peu de temps après, lors d'une audition dans le bureau de la juge d'instruction, la mère d'un militaire tué ne reconnaît pas son fils sur la photo que lui tend la magistrate. Il apparaît qu'une inversion entre deux cadavres a eu lieu. Les cercueils sont exhumés. La ministre de la Défense qui reçoit les familles évoque « que les dossiers des décédés auraient pu glisser durant le transport ». *(sic)* Elle propose aux deux familles une compensation financière dérisoire en contrepartie d'un engagement à ne pas attaquer l'État[87]. Les autorités militaires expliquent quant à elles naïvement que « les deux victimes auraient échangé leur veste » avant le bombardement.

En mai 2005, suite à un remaniement ministériel, Nicolas Sarkozy nouveau ministre de l'Intérieur décide que la brigade criminelle va reprendre l'enquête et il autorise des déclassifications impossibles jusqu'alors. Il fait en cela suite aux plaintes de la juge d'instruction de ne pas être aidée dans ses investigations, notamment pour ce qui concerne la levée du « secret défense ». C'est par symétrie que l'affaire Mahé sera enquêtée par la même brigade criminelle

Au refus de lever le « secret défense » s'ajoutent les années suivantes des rejets de demandes d'auditions adressées par la juge d'instruction à la directrice des affaires juridiques du ministère de la défense. Malgré tout, la détermination de la justice permet de gagner, avec le temps, du terrain. En

[87] Ni leur avocat, ni la juge d'instruction ne sont avisés de ce rendez-vous, donc de cette proposition.

2008, Dominique de Villepin (à l'époque des faits ministre des affaires étrangères et autorité tutélaire des accords de Marcoussis) déclare lors d'une audition : « je n'ai jamais été informé ni saisi de cette affaire dans le cadre de mes fonctions, ni en dehors de mes fonctions. » *(sic).*

Deux ans plus tard, Michèle Alliot-Marie répond à une question de la juge d'instruction : « Pourquoi dans cette affaire, n'avez-vous pas dénoncé vous-même les faits au procureur de la République ? » Réponse : « Là aussi, on m'a dit que ce n'était pas de ma compétence[88]. »

Le 31 décembre 2011, le tribunal militaire aux Armées de Paris est fermé par décision de Michèle Alliot-Marie et *De facto*, la procédure « Bouaké » est interrompue pendant deux ans. Michèle Alliot-Marie : « Il est temps de mettre fin à une juridiction d'exception telle que le TAP qui n'a plus sa place dans notre République. Avec la suppression du Tribunal aux Armées, les militaires rentrent dans le rang[89]. »

Entre 2012 et 2016, les parties civiles d'abord, puis la juge d'instruction Khéris adressent une saisine de la commission des requêtes de la Cour de justice de la République. « Au cœur du dossier, les anciens ministres de l'Intérieur, de la Défense et des Affaires étrangères de Jacques Chirac sont formellement accusés d'avoir sciemment entravé l'enquête sur le bombardement[90]. »

Le procureur transmet la demande de la juge avec ce commentaire : « Quatorze années d'instruction, ainsi que le travail minutieux et opiniâtre de certains magistrats instructeurs et conseils des parties civiles ont permis de reconstituer certains rouages, sans toujours bénéficier de la célérité et de la spontanéité, notamment dans la remise de la déclassification de certaines pièces de procédure, que les victimes, au service de leur patrie, auraient pu légitimement espérer des institutions nationales. » « ...Ce qui permet de penser à l'existence d'une concertation à un haut niveau de l'État et non au fait que des services subalternes ou techniques aient géré la situation. » Dans les faits surprenants, il est remarqué « que la plus grave crise militaire depuis l'affaire du Drakkar au Liban n'a fait l'objet d'aucun conseil restreint de défense ».

Les deux saisines sont rejetées, sur avis défavorable de la commission des requêtes qui note néanmoins « qu'il est cependant apparu tout au long du dossier que tout avait été orchestré afin qu'il ne soit pas possible d'arrêter, d'interroger ou de juger les auteurs biélorusses du bombardement. » C'était justement là le motif de saisine de la CJR.

---

[88] Page 129 du livre cité *supra*.

[89] *Le Monde* – janvier 2010.

[90] Mediapart le 23 février 2016.

En juin 2020, les trois pilotes qui ont participé au raid aérien sur le lycée Descartes sont condamnés à la prison à perpétuité pour assassinat. La vérité n'est pas faite sur les commanditaires de ce bombardement.

Les comptes-rendus de ce procès font état d'un « sabotage organisé, institutionnel de l'enquête judiciaire ». Tout a en effet été mis en œuvre « de façon méprisable » pour que la vérité judiciaire ne puisse jamais éclater.

Le dernier procureur de la République en charge de l'affaire constate avec amertume et diplomatie que : « l'État n'a rien fait pour aider l'instruction et les victimes qui méritaient une tout autre considération. » Il ne cite pas les deux ou trois visages qui tiennent lieu de l'État dans cette affaire.

Le procès, à la suite de l'instruction, confirme une déposition du général Poncet qui parle de l'affaire Bouaké comme d'une « bavure manipulée ». Les militaires et la justice sont les manipulés dans son esprit. Ils le sont par le pouvoir politique. Cette manipulation explique sans doute son refus d'assumer la responsabilité de l'ordre qu'il a donné pour Mahé de « rouler doucement, vous me comprenez ». C'eut été faire un trop beau cadeau à ceux qui l'avaient 'sacrifié', comme nous. Si c'est le cas, je peux le comprendre.

En contrechamp, pour reprendre les mots du général de Malaussène : « Le retentissement et l'acharnement qui ont caractérisé l'affaire Mahé, le caractère exceptionnel des sanctions prises avaient pour but de masquer une affaire beaucoup plus grave. » « Je pense qu'il y avait un projet politique qui était celui de mettre Ouattara en place et de dégommer *(sic)* Gbagbo. » « La principale responsable a dit qu'elle ne se souvenait pas. Quand on en arrive à mentir à ce point... Le fait d'avoir libéré les pilotes conforte l'idée d'un dessein politique caché dans lequel les militaires et Gbagbo sont tombés. »

La dissolution du Tribunal militaire aux Armées de Paris a pu découler de la même logique. L'enquête menée par cette juridiction, malgré les embûches posées, se rapprochait par trop d'une vérité gênante et des ministres qui cherchaient à la cacher.

Quelle vérité ? Maître Balan avance l'hypothèse d'une manœuvre politique ratée. L'intention la plus crédible, qui transparaît en creux de plusieurs dépositions et de l'ensemble du dossier d'enquête, consiste à considérer Bouaké comme un prétexte afin de se débarrasser de Laurent Gbagbo. Il pourrait donc s'agir d'une tentative de coup d'État, d'une affaire de type Greenpeace qui aurait mal tourné.

Pour remplacer Gbagbo, hors élections, il fallait un prétexte. Le bombardement du casernement français, initialement sans vouloir des morts français, peut constituer ce prétexte. Les militaires reçoivent l'ordre de laisser se dérouler les bombardements prévus par Laurent Gbagbo. C'est contraire à leur mission, mais c'est un ordre. En sous-main, des contacts sont pris avec des intermédiaires ivoiriens et/ou biélorusses pour l'attaque du lycée Descartes. Malheureusement, le plan ne se déroule pas comme prévu : il y a des morts et des blessés. Le bâtiment qui se devait d'être vide sert de refuge aux soldats attaqués. Il convient dès lors de masquer l'intention politique, de retarder et freiner l'enquête… d'empêcher la justice de remonter jusqu'aux donneurs d'ordre.

Les soldats morts et blessés ne sont plus que des dommages collatéraux d'une machination politique. Ils ont été tués par leur propre camp – qui ne le reconnaît pas.

Qui de la Patrie ou de ses ministres le militaire sert-il ? Pour quoi ou pour qui risque-t-il sa vie ? Pour qui ou pour quoi ai-je risqué la mienne et celle des hommes que je commandais ? Quels intérêts supérieurs lorsqu'ils semblent se réduire à des intérêts personnels ? Quel est ce droit qui, sous influence politique, dénonce le militaire comme coupable mais ne le reconnait pas comme victime ?

Rappelons-nous juste l'ex-ministre de la Défense entendue comme témoin : « Ce qui est arrivé est parfaitement contraire à la loi. Non seulement à la loi, mais aussi à l'éthique et à la morale. Les faits sont intolérables, inacceptables et d'une extrême gravité. »

Là est tout mon trouble dans la parallélisation des deux affaires. Deux symétries sont rompues.

Celle de la loyauté d'abord, qui s'entend dans les deux sens du militaire envers le politique et inversement – ou plutôt réciproquement.

Celle de la mort donnée et de la mort reçue ensuite. Le soldat est prêt à donner sa vie pour les exactes mêmes raisons qu'il peut la donner. Il n'y a pas deux réponses à « pourquoi suis-je prêt à mourir et à tuer ? » Là est la légitimité de l'usage de la force concédé aux militaires. Mahé est mort – la façon inappropriée dont nul ne disconvient n'enlève en rien sa cause – pour les mêmes raisons que neuf soldats français ont perdu la vie, sans compter les blessés. Pour la mission qu'ils avaient reçue : défendre la paix

Il m'apparait nécessairement encore plus injuste de constater que la mort de Mahé a été dénoncée par celle qui a freiné l'instruction de Bouaké. Et dès lors que la justice est saisie, cette mort devient un crime, implacablement et légitimement …. qui connaitra son verdict dans trois jours.

12°/ septième jour d'audience

L'échéance du verdict approche. Encore deux jours et l'ensemble des débats se traduira par une sentence. Verdict, sentence, peine – les mots disent bien le registre. Le réveil est difficile.

Nous n'avons pas vu passer la soirée, partagée entre quelques coups de téléphone envoyés et reçus, un dîner en tête à tête et un peu de télévision. Les échanges téléphoniques nous ont apporté tout le soutien de notre réseau familial et amical. La télévision parlait un peu du procès de l'Arche de Zoé. Nos discussions se sont rapidement concentrées sur Neviaski. Rien ne nous a jamais vraiment lié. Sûrement pas la semaine passée entre les deux mamans et leurs enfants, au ski, la semaine suivant le départ des deux papas et maris pour la Côte d'Ivoire. Florence m'a avoué avoir pleuré chaque jour de cette longue semaine. Valentin et Louis cherchaient à la réconforter en vain du haut de leurs cinq et quatre ans.

Nous purgeons avec Florence, ensemble, toute cette séquence. C'est sans doute notre forme d'exorcisme à nous. Cet exercice nous permet de ne pas trop regarder devant. L'échéance est moins présente. On l'occulte juste. En tout cas pour moi.

Le programme de la journée est sans enjeu. Le matin doit voir se succéder les experts psychologues et psychiatres, ainsi que les témoins de l'adjudant-chef Raugel. L'après-midi est dévolu à l'audition de mes « témoins de moralité ». Ils sont cinq. L'exercice n'est pas aisé de demander, à ceux qui m'ont côtoyé sur le plan professionnel, de venir parler de moi – de préférence en bien – devant un jury de cour d'assises. C'est beaucoup demander. Tous ont répondu favorablement, en plus de ceux qui se sont proposés spontanément, au point de devoir en limiter le nombre ; l'abus devenant suspect et nocif.

Nous gagnons avec Florence le Palais de justice comme les jours précédents, sous pilotage automatique. D'autres SMS et d'autres cousins, cousines, amis de toutes sortes continuent de nous porter.

De nouveaux témoignages viennent enrichir le site. Ils béquillent notre moral. L'un de ceux du jour est un post-scriptum à l'audition de l'ex-ministre de la Défense :

« P-A Lacoste

J'ai croisé Éric Burgaud, le colonel et l'homme, lors de son affectation à l'état-major de la région terre Île-de-France, où je servais moi-même comme adjoint à la division affaires civiles. Il se trouve que nos destins mutuels se sont croisés après et à la suite de l'épreuve. Ayant apprécié l'homme, sa rectitude dans tous les moments de travail commun et bien au-delà, je voudrais en partager le poids, d'autant plus lourd qu'il est incompréhensible.

Quelle est cette urgence qu'éprouvent certains politiques à refuser d'assumer les conséquences de décisions qui sont exclusivement les leurs, surtout dans leurs effets les plus tragiques ?

Dans ces moments, leur refus de regarder les choses en face n'a d'égal que l'urgence avec laquelle ils s'exonèrent de tout, sans aucune décence. »

La séance s'ouvre, ordinairement.

Auditions des experts de l'adjudant-chef Raugel

La première à prendre la parole que lui cède le juge Leurent est l'experte psychologue de l'adjudant-chef Raugel. Sa déposition est inattendue.

La femme qui s'avance est un visage connu. Elle est présente dans le public depuis l'ouverture du procès. Elle explique à la barre avoir tenu à assister à tous les débats pour confronter ses analyses à la réalité du cadre militaire, notamment pour ce qui touche à l'obéissance. Elle en a demandé l'autorisation au président qui l'a accepté. Elle confie avoir mené, avec l'adjudant-chef, la plus longue expertise d'une carrière de plus de vingt années : six heures d'entretien. Elle fait de lui un portrait louangeur. Elle est pour ainsi dire maternelle dans ses paroles, choisissant les qualificatifs avec soin et délicatesse, nuançant avec douceur ses analyses, les assortissant de regards vers celui qu'elle devrait dépeindre médicalement ou techniquement, qu'elle révèle en réalité avec affectivité et respect, presque avec affection. Elle décortique ses mécanismes psychiques avec justesse et humilité. Geneviève Fassin dévoile une personne à la dignité perdue, qui a eu le sentiment d'avoir été lâchée par sa hiérarchie – je le prends pour moi lorsque ma défense n'était pas celle d'aujourd'hui. Le portrait qu'elle dessine est celui d'un homme, d'un militaire de grande qualité, de celui que je connais et apprécie. Il est là juste derrière moi, par mon fait d'un ordre transmis. En effet, elle fonde son expertise sur le devoir d'obéissance qui structure l'adjudant-chef Raugel comme tout bon militaire. Ses paroles sont nettes : *Ce qu'il a fait, c'est un acte de respect de la parole supérieure, et de reconnaissance de sa position subalterne. Cet homme s'est déjà condamné lui-même. Son procès, il l'a déjà fait. Pour lui, la prison serait un arrêt de mort, le condamner au conflit perpétuel de sa conscience, à la folie.* Elle attend des jurés la même netteté et la même compréhension dans leur jugement.

L'experte psychologue n'en reste pas là. À la surprise générale, elle fait aussi part de son désarroi. Elle affirme n'avoir jamais entendu parler du

« décrochage du sens moral » présenté hier par le général Poncet. Ce concept, totalement inexistant pour sa profession, constitue même une « ineptie » pour celui qui l'énonce, qui n'a d'ailleurs aucune expertise sur le sujet. Elle s'explique : *L'affectivité est un moteur aussi fort que l'est la connaissance. La nier revient à nier l'homme, à ne pas reconnaître ses émotions et sa sensibilité.*

Elle termine en avouant son étonnement : que le général Poncet et les deux autres grands généraux Cuche et Dary manifestent aussi peu d'intérêt pour des soldats sensibles est une énigme, voire un non-sens. Ces généraux ont dénié une dimension essentielle du soldat, celle qui les rend justement humains, qui peut aussi leur faire commettre des erreurs – nous en sommes les témoins. Nous nous rejoignons sur cette interrogation fondamentale.

L'expert psychiatre atteste de l'absence de toute pathologie psychiatrique. Il témoigne de la blessure qu'ont constituée la judiciarisation et l'incarcération pour celui qu'il a été chargé d'examiner.

Audition des témoins de l'adjudant-chef Raugel

L'adjoint de l'adjudant-chef Raugel au moment des faits revient sur l'autonomie du peloton, seul dans son emprise de Bangolo. Lui était chargé en particulier de la logistique. Celle du PRIAC au cœur de la zone de confiance n'était pas de tout repos. C'est lui qui assurait les rotations pour les repas, l'eau, les malades et blessés, les réparations des véhicules, des transmissions, de l'armement, de l'optique... Celles aussi qui permettaient aux soldats de revenir à Man pour bénéficier d'une vacation avec leurs familles. Il donne de son chef une image louangeuse.

L'auxiliaire de santé du PRIAC prend le relais. Il est celui qui a été mordu par Firmin Mahé tandis qu'il lui administrait les premiers soins. Auparavant, il ramassait les cadavres laissés dans les fossés par les coupeurs de route et soignait ceux qu'ils n'avaient que blessés. Les victimes arrivaient souvent le soir, discrètement, pour ne pas être vues et reprises par ceux qui ne les avaient pas tués. Même en connaissant Mahé par défaut, par ses victimes, il l'a soigné – et lui l'a mordu. À la question qui lui est posée par le président sur les méthodes de cow-boy du peloton, il répond par les soins qu'il a prodigués, par le nombre d'Ivoiriens et d'Ivoiriennes qu'il a pu modestement soigner. Tout le contraire. Il témoigne même avoir pu obtenir spontanément via ces soins des informations précieuses, rarement nominatives, mais souvent bien localisées. Ces renseignements permettaient aux patrouilles du peloton de notablement diminuer les kilomètres à rouler sur des pistes improbables pour pouvoir intervenir avec efficacité.

Enfin, c'est au tour du colonel commandant le régiment auquel appartenait l'adjudant-chef Raugel d'intervenir. Il était chef de corps du 4e régiment de chasseurs de Gap lorsque l'escadron du capitaine Le Segrétain, qui renforçait le 13e BCA pour former le GTIA 2, est rentré. Sa préoccupation première a été de gérer la cohésion du régiment lorsque l'affaire a mis en cause trois de ses soldats. Il insiste sur le fait qu'il n'y a jamais eu aucune hostilité à l'encontre de ces trois hommes. L'exécution d'un ordre, qui est l'un des fondamentaux de l'armée, a facilité la compréhension de tous. Chaque soldat est susceptible de se retrouver dans une telle situation.

La suspension de séance pour le déjeuner intervient sur ces entrefaites. La matinée a été réservée à l'adjudant-chef Raugel. L'après-midi sera pour moi. Le rythme est pris, nous rejoignons assez vite l'une des brasseries de l'autre côté du Palais de justice. Chacun sent que le terme du procès arrive : les débats tournent maintenant en rond. Les mêmes turpitudes de Mahé sont systématiquement rappelées. J'espère que ces répétitions ne les banalisent pas. C'est un risque. Banaliser, c'est rendre ordinaire. Il n'y a plus grand-chose à apprendre du côté factuel. Ce sont maintenant les protagonistes qui sont désossés devant la cour à travers les interventions de leurs témoins de moralité.

Témoignage du chasseur de première classe Guyot

Il était l'un des mille deux cents chasseurs du 13e BCA que je commandais. Il faisait partie du GTIA 2. Il a pris contact avec mon avocat assez vite après le début de l'affaire en demandant plusieurs fois à pouvoir témoigner en ma faveur. Comme si cela ne suffisait pas, l'un des témoignages sur le site de soutien est le sien. Il donne le ton. L'orthographe hésitante traduit sa spontanéité et toute sa sincérité. Il m'émeut infiniment :

« 1re classe Guyot

Mon colonel,

7 ans déjà et le sentiment de ne pas avoir fini ma mission qui ma étais confier sous vos ordres, ces a dire arborer fierement nos trois couleur.

Il y a 7 ans vous m'aviez reçu dans votre bureau pour me laisser rentrer près des miens pour l'accouchement de mon épouse. Vous m'avez offert ce jour la plus belle chose qui m'étais jamais arrivée mon colonel, mais avec le sentiment de vous laisser vous et nos frère d'arme en laissant ma mission derrière moi. Aujourd'hui je tiens mon colonel a finir ma mission en vous apportant mon soutiens et a dire a toutes ces personnes dans leur bureau que votre travail étais a la hauteur de votre prestence. Vous êtes un soldat de valeur qui savais menez vos hommes dans la paix comme dans la guerre. Vous êtes un homme droit comme la France a besoin.

« Ils » les bureaucrate ne peuvent pas imaginer ce qui se passer là bas avec les attaques de Bangolo fait par cet homme qui avez étais arrêter a plusieurs reprise il me semble (les coupeurs de route) sur une zone de cessez le feu. Facile a critiquer... Ils veulent quoi ? des médailles pour avoir fait tomber des hommes de valeurs tel que vous-même Mon colonel ? Je leur donne volontiers les miennes de médaille. Cet une honte a l'institution que d'avoir a condamner des hommes qui n'ont fait que protéger un peuple désabuser par des hommes (Firmin MAHE) sans aucune moralité et qui joue de la machette comme on joue au poker.

Sans peur et sans reproche[91]

Ne jamais laisser un compagnon de cordée »

Le première classe Guyot s'avance vers la barre, intimidé, mais mû par une force indéfinissable : l'engagement. Il veut parler. Il me regarde. Ses yeux sont décidés. Sa détermination m'impressionne. Il m'offre un cadeau : que l'un des chasseurs que je commandais m'apporte spontanément son soutien donne du sens au commandement que j'exerçais. Au-delà de l'allégorie, c'est pour moi une reconnaissance que je ne me suis pas trop trompé dans ma manière de commander.

Je veux dire le grand sentiment d'injustice que je ressens. Les coupeurs de route étaient sous l'emprise de l'alcool et de la drogue. Tuer était un jeu pour eux, une occupation. C'était pour nous juste insupportable.

Nous étions impuissants. On arrivait toujours trop tard. On ramassait des corps. C'était injuste. On ne pouvait rien faire.

Je surveillais le travail d'un Ivoirien dans le camp du GTIA 2 à Man. Il craignait pour sa vie à cause de Mahé. Il avait peur, comme tous ceux qui vivaient dans la zone de confiance.

Je suis reconnaissant au colonel Burgaud : il m'a fait rentrer en France pour l'accouchement de ma femme. J'ai demandé à le voir, moi le première classe. Il m'a reçu. On a parlé. Et il m'a fait rentrer, alors qu'il avait besoin de moi à Man. Mais il disait que ma place était auprès de ma femme. Comme la place des victimes de Mahé était auprès de leurs proches, pas sous dix centimètres de terre.

Voilà ce que je voulais dire.

---

[91] Devise du 13e BCA après avoir été celle du chevalier Bayard au XVIe siècle.

Je suis très impressionné par cette simplicité des sentiments. Nous nous regardons. J'ai en face de moi un homme de cœur, de ce cœur que réfutent les grands généraux. Je me permets de penser qu'ils n'ont vraiment rien compris et que leur place serait ici à écouter ce témoignage. Les oreilles du ministère, des deux officiers espions, n'ont pas non plus fait le déplacement aujourd'hui. Quel dommage.

Témoignage de Patricia Allémonière

À sa suite, tandis qu'il repart aussi humblement qu'il est arrivé, le témoin suivant est appelé. C'est une femme, une journaliste grande reporter de guerre pour TF1. Elle est venue jusqu'à Man lorsque j'y étais. Les rotations d'avions ont fait que nous avons passé quatre-vingt-seize heures ensemble. Son arrivée a été singulière. D'autres journalistes débarquaient avec des sujets de reportages et des angles de traitement préconçus, faux, voire déviants et dangereux pour nous. Certains nous ont mis en danger, avec arrogance. Beaucoup racontaient des salades. Tandis qu'ils repartaient satisfaits, ils nous laissaient assumer les conséquences des faussetés qu'ils avaient écrites. Sitôt arrivée, Patricia Allémonière m'a plutôt demandé de lui faire une présentation de la zone et de notre mission. C'était une première. Elle établirait son plan de reportage sur cette base, avec moi. Elle a tenu à vivre quatre jours de notre quotidien. Elle est passée à Bangolo comme sur les autres emprises. Elle nous a suivis pendant nos patrouilles. Elle connaît les guerres de l'intérieur, comme un soldat. C'est pour cette intimité non militaire que je l'ai sollicitée pour témoigner.

Au déclenchement de l'affaire, je me souviens encore en la revoyant maintenant que c'est elle qui m'a appelé. J'étais sur un quai de gare à attendre un train. Elle me faisait part de son soutien et de son amitié. Il y a trois mois, pour le procès, je l'ai à mon tour contactée pour lui demander de venir témoigner. Elle m'a immédiatement dit oui, sous la seule réserve d'une autorisation de sa rédaction et de la direction de TF1. Elles ont été obtenues. Il est très rare qu'une journaliste vienne ainsi à la barre d'un tribunal. Elle aussi me fait cet honneur.

Je m'appelle Patricia Allémonière. Je suis journaliste grand reporter de guerre pour le groupe TF1.

Fin avril 2005, j'étais en reportage à Man, au sein du GTIA 2. Je peux témoigner de la tension que faisaient régner les coupeurs de routes. Lorsqu'ils étaient attrapés, ils étaient relâchés par les autorités à qui la force Licorne se devait de les remettre. J'ai participé avec le GTIA à des missions de nuit destinées à dissuader ces bandits de commettre leurs exactions. On m'a emmenée sur les points de passage frontaliers, où des mercenaires libériens s'infiltraient pour ensuite rejoindre des milices et commettre des crimes. La mission et la période étaient très difficiles. La paix a souvent beaucoup d'ennemis. Dans l'Ouest de la Côte d'Ivoire, à ce moment-là, ils y étaient tous.

Je ne connaissais pas spécialement Mahé, mais les coupeurs de routes, oui. C'est un phénomène africain qu'on retrouve partout, surtout lorsque les États s'effondrent. Dès que je descendais vers le sud de la zone de confiance, je sentais bien que peu de gens osaient parler du phénomène, et de Mahé aussi. Ils avaient peur, mais pas uniquement. J'ai fait un reportage à Duékoué. J'ai ressenti l'hostilité vis-à-vis de Licorne ; c'était flagrant. De là à dire que Mahé les arrangeait, il n'y a qu'un pas qui, dans ces conditions de guerre civile, peut être franchi.

En même temps, je voyais l'impuissance des soldats. Ils ne pouvaient rien faire que dissuader. Mais dissuader, ça n'arrête pas la guerre, ni les exactions. Là, tout le monde avait le sentiment que tous les ingrédients étaient réunis pour une répétition du Rwanda. Je peux vous en parler, j'ai couvert ce conflit, comme celui du Congo. La situation était celle d'un pré-Rwanda. On parle là, je vous le rappelle, de huit cent mille morts.

Je suis repassée quelques mois plus tard à Man. Une partie du reportage que je voulais tourner cherchait à mesurer l'évolution de la situation après la mort de Mahé. Les gens m'ont tous dit que ça allait beaucoup mieux depuis cette mort.

Ses paroles sont écoutées avec considération et crédit. Les quelques questions qui lui sont posées lui permettent de parler des réalités concrètes des guerres. Ses morts, ses blessés, la violence aveugle, l'arbitraire, les massacres. Elle apporte la guerre dans le prétoire comme une pièce à conviction. Elle fait son travail de journaliste, mais sans les reportages qu'elle a l'habitude de tourner et de présenter. Ses mots suffisent néanmoins à faire apparaître quelques images singulièrement insupportables. J'estime les grandes qualités de cette journaliste. Ce sont les mêmes que celles des soldats. Elle s'exige le même engagement, la même rigueur et la même conscience. La même neutralité aussi lorsqu'il s'agit de comparer une reporter de guerre aux soldats de la paix. Comme beaucoup de soldats, elle a été blessée, en Afghanistan. J'ai vu Patricia travailler. Je l'ai observée, lorsque nous étions ensemble, monter un reportage et l'envoyer presque en direct pour qu'il passe au journal de 20 heures du dimanche soir. J'ai entendu les questions éthiques qu'elle se posait. Je sais son rapport à la réalité et à la vérité. J'ai assisté à ses questionnements pour, d'une phrase, synthétiser un enjeu ou une problématique sans dénaturer cette vérité. Patricia incarne toutes ces qualités d'engagement au profit d'une rigueur sans faille. J'ai vécu tant de situations plus cruelles pour les journalistes qui ne les ont pas et qui se montent du col en brandissant leur carte de presse comme un passeport à leur médiocrité.

Cette grande journaliste repart de manière aussi discrète qu'elle est arrivée. Ce n'est pas tant sa notoriété qui l'intéresse. Elle s'applique simplement, comme beaucoup de soldats, j'en suis un, cette belle idée selon laquelle la vie ne vaut pas grand-chose si l'on n'est pas fidèle à sa conscience comme à ses convictions.

Témoignage de Corinne Baclet

Corinne Baclet a été ma collègue de bureau, puis ma collaboratrice, lorsque nous travaillions au sein de la direction du personnel de l'armée de terre. Nous avions en charge la politique de gestion collective de la population de cinquante mille sous-officiers. Elle était la seule civile dans notre petite équipe de militaires. C'était amusant (incompréhensible) de voir un grand nombre d'officiers rentrer dans le bureau et, la prenant pour une assistante (qu'elle n'était pas), ne même pas lui dire bonjour. Ça me mettait hors de moi. Je leur faisais systématiquement la réflexion, quel que soit leur grade.

Je lui ai demandé en septembre de m'accorder son témoignage. Son œil féminin que je savais juste trancherait avec la masculinité du monde militaire. Jusqu'à présent, les témoins avaient été à une écrasante majorité des hommes. Les jurés étaient majoritairement des femmes.

Elle aussi m'a fait l'amitié d'accepter immédiatement. Elle aussi est une femme d'exigence qui se pose mille questions pour ne pas y déroger. Nous avons traité ensemble des dossiers sensibles pour lesquels cette exigence, qui demandait de rejeter le politiquement correct et le convenu, a été décisive. Concevoir et proposer le non-conformisme nous apparaissait comme jubilatoire, en plus d'imposer une excellence stimulante. Je l'ai encouragée à s'inscrire au concours de l'ENA qu'elle a réussi. Nous partageons cette certitude que la rigueur, l'engagement et surtout le cœur sont nécessaires et compatibles au profit de l'exigence. Ce devrait être cela que les jurés vont entendre.

Je la vois s'avancer. Nous échangeons un regard. Je perçois dans son attitude tout l'inconfort auquel ma demande la confronte maintenant. Elle a revêtu un masque de sérieux et d'austérité. Je la sens mal à l'aise. Je n'ai pas de mal à me convaincre que ce doit être le code vestimentaire du témoin. On n'imagine pas plus la frivolité que l'excentricité à la barre. Dame Justice en serait marrie. Sa féminité et sa coquetterie la démarquent cependant de la majorité des témoins masculins. Je me rends compte que je m'apprête à être aussi mal à l'aise qu'elle à écouter le portrait qu'elle va dresser de moi. En tant que son supérieur, j'ai eu à la noter. Je me rappelle lui avoir dit, maladroitement : « vous me donnez l'occasion exceptionnelle de pouvoir piloter une Ferrari », tant j'appréciais son travail et les qualités qu'elle y mettait. C'est maintenant à elle de faire l'exercice, mais cette fois, ce n'est pas une moindre différence, en public, et quel public, et devant moi. L'inconfort est partagé.

Elle se lance. Son timbre n'est pas celui que je lui connais lorsqu'elle parle de ma finesse d'analyse. Il traduit son embarras et sa recherche du ton et du mot juste. Je suis surpris ensuite de l'entendre dire que j'amenais toute mon équipe, elle la première, à se poser de nombreuses questions. Elles portaient sur le sens de notre travail, sur notre mission, sur l'intérêt général que nous ne devions jamais perdre de vue. Ils exigeaient que nous nous mettions en arrière-plan des solutions que nous devions promouvoir. Elle insiste sur les deux qualités qu'elle m'attribue : le sens de l'intérêt général et le courage intellectuel. L'entendre dire par une brillante énarque qui partage ces valeurs n'est pas anodin. Je ne suis pas exemplaire (la preuve en est ma situation actuelle). Mais d'avoir pu incarner et promouvoir ces qualités m'apporte un brin de réconfort.

Elle poursuit et termine, après avoir factualisé ses premiers propos, en rappelant comment sous mon impulsion, chacun ressentait l'envie d'apporter le meilleur de lui. Ses derniers mots me touchent : pour elle, je tirais mes collaborateurs vers le haut. Ma modestie en prend un coup. Je n'aime pas les exercices de congratulation. Je vois encore mes yeux s'embuer. Je n'ai jamais rien fait pour tirer personnellement profit de mon travail et je sais que la reconnaissance est une denrée de plus en plus rare et de moins en moins dite. Entendre d'elle ces paroles me déstabilise : dans ma situation, avec tout ce que j'ai pu écouter des débats, ce retour de reconnaissance est presque violent. Notre pudeur à tous les deux a été dépassée. Je ne pouvais imaginer qu'un jour, trois ans de travail en commun auraient cette suite. Elle m'est humainement très précieuse.

Les témoins de moralité sont assez peu interrogés. Ils repartent souvent comme ils sont venus après avoir portraitisé l'un ou l'autre des accusés. Corinne Baclet s'en va. J'ai pu lui dire par la suite combien son témoignage m'avait ému.

Témoignage de Benjamin de Diesbach

Comme le chasseur de première classe Guyot, Benjamin de Diesbach est l'un des chasseurs qu'il m'a été donné de commander. C'est aussi lui qui a fait le premier pas pour prendre contact avec moi. Il m'a simplement demandé de pouvoir venir témoigner. Il le fait maintenant. Il commence par resituer notre rencontre : il était appelé du contingent. Il effectuait son service militaire au sein du 13e BCA, en 1992-1993. J'étais alors capitaine et commandant de compagnie. Il était dans ma compagnie. J'étais « son capitaine ». Nous avons passé, en commun, une année exceptionnelle : participation aux Jeux olympiques d'hiver d'Albertville ; trois semaines d'exercices en complète autonomie au profit de l'École d'application de l'infanterie autour de Rieutort-de-Randon, puis en suivant deux semaines de terrain libre en Aubrac avant de rejoindre le bataillon pour deux semaines de camp à côté de Cahors ; compagnie désignée pour l'armée de terre pour commémorer le bicentenaire de la Marseillaise lors du 14 juillet à Paris. Pour les plus grosses activités. Nous n'avons pas arrêté.

Nous partageons l'intensité de ces souvenirs. Benjamin de Diesbach avoue ou reconnaît que cette année a été un moment important de sa vie et que je n'en suis pas étranger. L'ambiance de la compagnie était exceptionnelle. La confiance et le niveau d'exigence constituaient un socle partagé. Ils me permettaient de commander comme je l'imaginais : sans autoritarisme ni pouvoir, mais en donnant la priorité à l'humain, à l'exigence, l'exemplarité et la reconnaissance. C'est cette dernière, la sienne, qui s'exprime en retour en ce moment. Il retient mon approche humaine respectueuse de chacun. Il se souvient de rapports hiérarchiques sains. Il conclut après avoir concrétisé ses paroles par quelques anecdotes : « Le capitaine Burgaud, un officier exceptionnel dans un bataillon exceptionnel. »

J'en viens subrepticement à me demander ce que les jurés vont avoir à condamner. Un fait, certes ? Un homme ? Un officier ? Le colonel commandant le GTIA 2 dans des circonstances particulières ? Une compassion mal traduite ? Un choix éthique décadré ? Les précédents témoignages, émouvants pour moi, me réhabilitent ou me confortent comme homme et comme officier. Comment les jurés peuvent-ils corroborer mon impression, subjective évidemment, dans leur jugement ?

Témoignage du général Sublet – souvenirs kosovars

Je n'ai pas le temps de répondre à ces questions, pour autant que je sache le faire. Je ne suis pas le mieux placé. Déjà Benjamin quitte la barre pour céder la place au dernier témoin de la journée.

J'ai aussi partagé avec lui des moments inoubliables, quoique très différents. En 2000, Il était mon chef au Kosovo et c'est à ce titre que je lui ai demandé d'intervenir et qu'il a accepté. C'était alors la seconde fois que nous nous croisions professionnellement. Nos relations avaient plutôt mal commencé. Mes frasques de jeune lieutenant ne lui avaient pas plu. Pour le Kosovo, il pensait malgré tout à moi pour être son conseiller militaire et son plus proche collaborateur. Il se préparait à commander pour quatre mois la brigade multinationale nord sous l'autorité de l'OTAN. La KFOR[92] était une force de rétablissement de la paix. Elle procédait comme bras armé des Nations unies dans un pays fracturé. Il s'agissait de mettre fin à la guerre du Kosovo et de revenir à des conditions de paix et de cohabitation entre les entités serbes et albanophones qui s'affrontaient dans une quasi-guerre civile. Il m'a reçu pour valider son option. Je lui ai dit que s'il souhaitait avoir à ses côtés quelqu'un qui, tout en respectant ses décisions, lui apporte contradictions et approches alternatives, alors j'étais son homme. Il m'a retenu comme chef du bureau planification de son état-major.

J'étais à la tête d'une petite équipe de cinq Français et trois Belges. Un bureau planification envisage toutes les menaces pour les étudier, imaginer les solutions possibles afin de les prévenir ou de les faire cesser, et amorcer un processus d'élaboration des ordres. Cette préparation de l'action se traduit par des plans. Ce bureau, le G5 dans le jargon militaire, pourrait être comparé aux feux de brouillard ou aux phares pour une voiture. Il cherche à détecter les risques au plus loin pour limiter leur effet de surprise. C'est intrinsèquement passionnant. Le Kosovo présentait de surcroît les menaces les plus diverses.

Au-delà de cette responsabilité, le général m'avait demandé d'être le point d'accroche des organisations humanitaires pour la brigade, de le représenter auprès de l'administrateur régional de l'ONU, et d'être le confident du colonel russe chargé de faire la liaison entre le bataillon russe parachuté dans notre zone d'action et la brigade. J'oubliais : j'ai aussi été le négociateur pour la brigade du transfert de la « police primacy[93] ». Les

[92] Kosovo Force.

[93] Des pouvoirs de police.

militaires de la KFOR qui détenaient jusqu'alors les compétences de police devaient les céder à une police onusienne. Ces différents mandats m'amenaient à rencontrer au moins une fois par semaine, souvent plus, une jeune femme algérienne cadre de l'UNHCR[94], un ancien général américain – Bill Nash – administrateur de l'UNMIK[95], sorte de préfet de Bernard Kouchner lui-même haut représentant du secrétaire général de l'ONU pour le Kosovo, un colonel russe tout juste débarqué de Tchétchénie (pour lui, le Kosovo était la Côte d'Azur) et un policier américain hawaïen, ancien négociateur de prise d'otages pour son île.

Avec ces différents interlocuteurs, je vivais la crise kosovare au plus près du terrain et sous ses facettes les plus variées. Mon métier de planificateur m'apportait de son côté du recul et une plus grande hauteur de vue. Je ne soupçonnais pas, avant d'y être, des dossiers que j'aurais à traiter. L'arrivée à la barre du général Sublet ouvre brutalement une vanne. Tous les plans que j'ai produits rejaillissent comme un geyser tandis qu'il prend la parole. Je ne l'écoute que d'une oreille. Ses mots, même s'il parle de moi, ne me sont pas directement destinés. Mes souvenirs prennent le dessus.

D'ordinaire, un bureau planification travaille plutôt dans le vide. Peu des risques qu'il instruit surviennent en réalité et peu des dossiers traités sont mis en œuvre. Lorsque dix pour cent des travaux se concrétisent, c'est déjà satisfaisant. C'est là le côté frustrant de l'exercice. Il faut le prendre comme on regarde une assurance. Anticiper, étudier et prévenir le pire pour qu'il n'arrive pas est la raison d'être qui réunit ces deux fonctions.

Au Kosovo, nous avons dû travailler sur plus d'une vingtaine de risques. Une large moitié a connu une suite opérationnelle, avec, en bouquet final, l'opération Vulcain. En termes d'efficacité, le résultat est peu commun.

Le premier gros risque que nous avons tout de suite identifié était de nature humanitaire. Il consistait, pour les autorités de la Serbie, à renvoyer au Kosovo un nombre suffisant de réfugiés serbes pour déborder les capacités d'accueil de l'ONU. Quelques équipes de télévisions pourraient filmer ces pauvres réfugiés rentrant au pays. Elles témoigneraient de l'incapacité des ONG à les accueillir, les soigner, les nourrir et les héberger temporairement. Ce serait insupportable et dévastateur pour l'ONU et l'OTAN. Avec l'UNHCR et le Comité international de la Croix-Rouge (avec qui

---

[94] Haut-Commissariat des Nations unies pour les réfugiés, au Kosovo, organisation leader pour toutes les ONG sur les questions de sécurité et de protection.

[95] Mission d'administration intérimaire des Nations unies au Kosovo (MINUK, en anglais UNMIK).

l'identification de ce risque était apparue), nous avions établi qu'au-delà de deux mille réfugiés, nous serions incapables de faire face. Nous avons donc défini un plan, identifié les possibles implantations de camps, établi les actions à conduire et les décisions à prendre, fait venir et prépositionné le matériel nécessaire, donné des ordres pour que ceux dont c'est le métier puissent nous renseigner en amont sur d'éventuels préparatifs en Serbie. Ce risque ne s'est heureusement pas réalisé.

Puis nous avons travaillé sur la remise en route, en toute sécurité, d'un train qui permettait de relier la zone albanaise au sud et la zone serbe au nord. Ce plan a été mis en œuvre. Le train a circulé sans incident durant tout le mandat. Il rétablissait une certaine liberté de circulation.

Un autre dossier consistait à sécuriser le Palais de justice de Mitrovica pour que puissent reprendre – et se tenir – les procès pénaux[96]. Un juge international pour Mitrovica avait été nommé « pour s'occuper des affaires trop dangereuses à suivre pour des raisons ethniques ou politiques par les juges locaux ». Il arrivait d'Albanie pour épauler une équipe de juges, tous Albanais du fait du refus des Serbes de siéger. Le cocktail était explosif : juger des accusés principalement serbes, en zone serbe, par des Albanais n'était juste pas concevable. C'était pourtant ma mission de rendre cela possible, sécuritairement parlant. Côté justice, tous les feux étaient au rouge, tous les fondamentaux faisant défaut : accusés en liberté provisoire, témoins et plaignants menacés qui se rétractaient ou disparaissaient, archives détruites, Code pénal et traduction décriés… Pour rajouter à ces difficultés, le juge avait une vie particulièrement dissolue. Ses nuits alcoolisées (dans un bâtiment construit pour lui dans l'enceinte de notre brigade, à quelques mètres de nos chambres spartiates) voyaient notamment défiler ses maîtresses. Il avait exigé qu'un hélicoptère de la KFOR l'emmène le week-end sur la côte en retrouver d'autres. Ses gardes du corps n'en pouvaient plus. Les procès ont débuté. Ils ont été laborieux, pour ne pas parler de fiasco.

Sous la pression d'une mémoire libérée par l'évocation du Kosovo, deux autres souvenirs ayant trait à la justice s'invitent alors. Il y a douze ans, je les vivais en spectateur, sans me douter un instant ce qui m'arriverait.

D'abord, mes fonctions m'ont amené à rencontrer Carla Del Ponte, procureur pour le tribunal pénal international pour l'ex-Yougoslavie. La KFOR

[96] Article de *Libération* du 22 mars 2000 par Marc Semo – https://www.liberation.fr/cahier-special/2000/03/22/kosovo-justice-economie-education-la-guerre-et-le-depart-des-serbes-ont-laisse-toutes-les-institutio_320409/

avait découvert des charniers. Les victimes étaient pour cette fois serbes, ce qui plaçait les Albanais en position de bourreaux. Ce n'était pas dans l'air du temps politique, où les Serbes paraissaient comme les seuls et uniques tourmenteurs. J'ai accompagné la procureur sur ces charniers. Sous couvert du secret de l'instruction, elle nous a demandé d'en garder la confidentialité, argumentant qu'elle s'en servirait pour faire pression sur les leaders albanais de l'UÇK[97] au cas où ils s'approcheraient du pouvoir. Il n'en a rien été. Les principaux leaders de l'UÇK sont arrivés au pouvoir, bien aidés par la communauté internationale. Le secret de l'instruction s'est transformé en secret tout court. Une vraie suspicion en est née. La justice internationale devenait sélective, voire politique. Je crois pouvoir dire que j'en ai été un témoin. Dans les faits, Ramush Haradinaj[98], ancien commandant de l'UÇK et plusieurs fois Premier ministre du Kosovo, accusé de crimes de guerre et de crimes contre l'humanité, a été acquitté à plusieurs reprises par le TPI. Les preuves manquaient semble-t-il. Celles que j'ai pu montrer à Carla Del Ponte ont-elles seulement été produites ? Tandis qu'il était intercepté sur l'aéroport de Mulhouse sous le coup d'un mandat d'arrêt, il a aussi été relâché par la justice française en 2017. Hashim Thaçi[99] a connu le même traitement favorable tandis qu'il était suspecté de meurtres (une centaine), de disparitions, de tortures, de trafic d'armes, de drogue et d'organes prélevés sur des prisonniers serbes... Arrêté en 2003 à Budapest, il est libéré sur intervention du ministère des Affaires étrangères français. Les accusations ne provoquent finalement son arrestation pour jugement qu'en 2020. Il plaide non-coupable. Tous ceux qui sont allés au Kosovo savent qu'il ne l'est pas, pas plus qu'Haradinaj.

Parallèlement, en France, le prédécesseur du général Sublet à la tête de la brigade multinationale nord, le général de Saqui de Sannes, était accusé par la justice militaire française d'avoir donné l'ordre à l'un de ses soldats de simuler une blessure[100]. Le soldat avait ouvert le feu sur une voiture qui venait de foncer sur le check point qu'il tenait. Elle avait blessé deux de ses camarades. Le général croyait le tireur blessé lorsqu'il s'est entretenu, immédiatement après l'incident avec le leader serbe de Mitrovica pour dépassionner l'incident. Les comptes-rendus des faits ne lui étaient pas ou mal parvenus. En réalité, le tireur n'était pas l'un des deux blessés. Pour ne

---

97 Armée de libération du Kosovo (pro-albanaise).

98 https://fr.wikipedia.org/wiki/Ramush_Haradinaj

99 Premier ministre, puis président de la République du Kosovo entre 2016 et 2020, https://fr.wikipedia.org/wiki/Hashim_Tha%C3%A7i

100 https://www.liberation.fr/societe/2003/03/06/cinq-grades-devant-la-justice-militaire-pour-un-faux-platre_457783/

pas compromettre ses fragiles relations de confiance avec ce leader serbe, et pour ne pas lui laisser penser que les Français lui mentaient, le général a donné l'ordre de monter une fausse évacuation sanitaire du soldat tireur transformé en faux soldat blessé. Un capitaine de gendarmerie désœuvré et zélé, bien qu'il ne soit pas territorialement compétent, reprend l'affaire et décide d'enquêter comme s'il était en France. Il convoque pour les interroger une quinzaine d'hommes. La hiérarchie militaire s'y oppose. Durant les trois mois précédents, cinquante-sept soldats ont été blessés dans des affrontements. Le devoir du commandement est de maximiser la présence des soldats sur le terrain, d'autant que la tension est culminante après cet incident. Le gendarme alerte la procureure du parquet militaire qui commence par retenir les motifs de crime pour le tireur et de non-dénonciation et modification de scène de crime pour le général. À l'issue de l'instruction, les motifs sont ramenés à un simple délit pour le soldat et à la seule non-dénonciation de crime pour son supérieur. Un procès finit par se tenir en mars 2003 au sein du tribunal aux armées. Le général a toujours affirmé que si une personne devait être condamnée, c'était lui en tant que chef. Mon avocat assistait maître Metzner qui le défendait. C'est sur son exemple qu'en tout début de l'affaire Mahé, il m'avait recommandé d'assumer. Pour deux raisons, le jugement de cette affaire kosovare a été clément. D'un côté, mon avocat a plaidé que le motif de non-dénonciation de crime n'est pas cohérent avec l'accusation de simple délit pour le tireur. D'autre part, cette juridiction spécialisée dans les affaires militaires comprend finalement la situation. Elle est résumée par deux paroles :

Le président du tribunal : *Mon sentiment, c'est qu'avec un peu de diplomatie, on aurait peut-être évité que cette affaire ne vienne devant un tribunal.*

Les avocats (maître Metzner) : *Il est temps de mettre un terme à ce gâchis ; de renvoyer ces hommes à leurs lieux de commandement et le parquet aux textes.*

De simples amendes sont requises. Trois ans pour rien, sauf pour les accusés qui ont vécu très péniblement et dans leur carrière cette séquence judiciaire. Le tribunal aux armées, dissous depuis, a su faire la part des choses. Il a arbitré entre les nécessités de la guerre et le pointillisme juridique d'un gendarme scrupuleux pour les autres, mais peu respectueux des limites de ses propres prérogatives. Il aurait sans doute été juste qu'il ne soit pas saisi. Un certain parallélisme des formes pourrait être plaidé par mon avocat. Une chose est sûre : quelle différence de traitement entre le cas des leaders albanais accusés de crimes lourds et celui du général de Saqui pour une babiole.

D'autres plans ont été élaborés et mis en œuvre. Nous en menions souvent trois ou quatre en parallèle. Une fois réalisés, ils étaient ensuite transmis au G3 – le bureau conduite – qui finissait de les transformer en ordres et pilotait leur mise en œuvre. Ils ont permis la protection des lieux de culte serbes, la protection des moissons dans les villages enclavés, le transfert des pouvoirs de police ou la déclinaison au niveau régional de plans OTAN. Ceux qui ne connaissaient pas d'application étaient soigneusement archivés pour pouvoir servir plus tard.

Le général Sublet, qui poursuit son témoignage en insistant sur mon action, a déjà commencé de parler de l'opération Vulcain. Je le rattrape par la pensée.

Un risque tout à fait particulier et précurseur de ce que nous connaissons aujourd'hui[101], s'est assez vite imposé. Un incendie l'a révélé. L'incendie en question a touché le transformateur électrique d'une usine à batteries situé à quelques centaines de mètres de notre casernement. C'était un modèle au pyralène, de ces transformateurs qui contiennent des PCB[102] et dégagent en brûlant des dioxines et des furannes extrêmement toxiques pour l'homme[103]. L'avis des experts en risques bactériologiques et chimiques – que nous avons consultés en toute urgence dès l'apparition des premières fumées – exigeait que le Kosovo jusqu'à Pristina compris soit confiné. C'était simplement impossible. Nous avons porté un masque à gaz toute la journée, sans rien pouvoir faire de plus. Bien sûr, les moyens pour éteindre l'incendie manquaient. Il risquait de s'étendre aux nombreuses cuves d'acides mal entretenues et fuyardes qui l'entouraient. Nous ne sommes pas passés loin d'une vraie catastrophe. Cela m'a questionné. Cet accident industriel matérialisait tous les dangers qui vont de pair avec l'industrie du plomb. Le risque environnemental s'invitait dans le catalogue des risques militaires. Une autre usine, une fonderie située en amont de l'usine à batteries, m'inquiétait.

La région de Mitrovica est intimement liée à l'exploitation et à la transformation du plomb et du zinc. Une cascade d'activités s'y est développée sous la forme d'un consortium d'industries. Ce conglomérat fournissait l'immense majorité du travail pour les Serbes de la région nord du Kosovo. Le plomb extrait dans les mines était ensuite fondu et laminé pour être ensuite intégré dans des batteries automobiles. Il me semblait, à la seule vue des usines et sans être un spécialiste, qu'il y a difficilement plus polluant.

---

101 L'écologie, l'environnement et la lutte contre la pollution.

102 Polychlorobiphényles.

103 https://www.aria.developpement-durable.gouv.fr/fiche_detaillee/20493/

Nos pays maintiennent avec prudence à distance de leur territoire ces industries dangereuses. Il faut néanmoins qu'elles soient quelque part : elles sont nécessaires. Nous les avions sous nos fenêtres à Mitrovica.

L'incendie m'a poussé à orienter le travail de mon équipe sur la fonderie Trepča de Zvečan, le maillon central de la cascade industrielle. Elle s'apparente à l'image qu'un lecteur peut se faire à la lecture de *Germinal* : une usine immense, hors d'âge, rouillée et sordide, des bâtiments vétustes, des sols boueux et pollués, des kilomètres de tuyaux plus ou moins percés et de câbles aériens. Il était évident que les filtres de l'immense cheminée de plus de deux cents mètres ne fonctionnaient pas : la fumée s'échappait à sa base. En plus de l'aspect environnemental, je pensais à la protection de la force : nous pouvions être soumis aux effets du plomb sur notre santé et devoir quitter le territoire pour cause de plombémie. J'ai d'abord dû batailler pour que des dosimètres soient installés. Ils seraient à même de valider mes doutes. Ils ont bien montré que les seuils fixés étaient vite atteints. J'ai encore eu plus de mal à faire prévaloir ce risque. Il a fallu que je m'appuie sur mon papa en métropole pour qu'il alerte quelques politiques de sa connaissance. Il avait été le conseiller scientifique d'un ministre de la Recherche dans sa carrière. Parallèlement, au sein de la brigade, le bataillon danois commençait à s'inquiéter, entre autres pour le risque d'infertilité que ces doses de plomb faisaient courir sur les femmes de son contingent. C'est la menace de leur retour programmé vers le Danemark avant le retrait total de leur bataillon qui a décidé qu'une action devait être conduite.

Fin juin, les états-majors de la KFOR et de l'UNMIK à Pristina décident qu'il faut envisager la fermeture de cette usine, sans doute par la force. Mon bureau a déjà bien avancé ses investigations. Nous allons pouvoir intégrer ces premiers travaux dans un plan. Je suis désigné pour travailler dessus, en étroite liaison avec les adjoints de Bernard Kouchner, au premier rang desquels son premier adjoint, l'Américain Jock Covey.

D'abord, il convient de lui trouver un nom. Il doit pouvoir être commun à toutes les langues de l'OTAN. Je propose Vulcain[104] en référence au dieu romain du Feu, des Volcans et de la Forge. C'est adapté. C'est accepté.

Ensuite, il faut tracer le cadre. Quelles contraintes la France impose-t-elle pour une éventuelle opération ? Quels pays sont prêts à y participer et sous quelle forme ? Quelle peut être la composition de la force ? Avec quelle

---

[104] https://www.liberation.fr/planete/2000/10/26/mitrovica-sous-un-ciel-moins-plombe_342095/

répartition des missions ? Qui commandera et sous quelle organisation du commandement ?...

Les politiques rendent leur verdict. La France exige qu'une *task force* internationale soit montée : il est hors de question, quand bien même Zvečan est en zone française, que les Français soient les seuls à opérer. Il faut donc contacter les autres pays, via leur ambassadeur au sein de l'OTAN, pour tester leur coopération et identifier leurs éventuelles limites d'emploi. L'entourage de Bernard Kouchner s'y attelle. Le secrétaire général de l'OTAN et quelques ambassadeurs viennent jusqu'à Mitrovica. Certains pays traînent des pieds ou laissent le temps fatiguer notre résolution. Il faut les relancer pour limiter les incertitudes.

L'objectif s'affine. L'usine doit être fermée proprement. Ce simple énoncé signifie qu'il nous faut trouver les experts industriels et constituer une équipe susceptible d'arrêter les machines pour qu'elles puissent le cas échéant redémarrer. Fermer une fonderie est un processus délicat, rarement réalisé. Il faut un petit mois aux adjoints du patron de l'UNMIK pour identifier et rassembler une douzaine de spécialistes qui viennent du monde entier.

Petit à petit, le plan se monte. Je vais d'abord un jour sur deux à Pristina, puis tous les jours, pour incrémenter le travail des politiques de l'UNMIK avec les premières grandes lignes et options militaires que mon équipe commence à construire. Je deviens presque un intime du général Sublet. Nous nous entendons parfaitement. La plus grande confiance nous unit.

D'une oreille pendant que mon cerveau bouillonne de ces souvenirs intenses, je l'entends parler avec la même passion du même sujet.

Le plan est une construction de Lego. Les briques se combinent. Lorsque ce n'est pas le cas, il faut refaire le travail. Les détails pratiques s'invitent progressivement. Ils introduisent des contraintes qu'il faut élargir pour ne pas étouffer l'opération avant même qu'elle n'ait vu le jour. Au bout d'une semaine, nous rentrons dans le dur : l'identification des options militaires. Le bureau renseignement, le G2, ne me fournit pas les informations suffisantes. Je lui ai demandé de connaître le nombre d'ouvriers, le rythme et l'organisation du travail, l'implantation physique des différentes parties de l'usine, son îlotage électrique, l'état des stocks... Tous les quinze jours, nous entendons des explosions dans l'usine. Nous savons que les ouvriers décalaminent les extractions de fumée à l'explosif. Où est cet explosif ? De quel type ? En quelle quantité ? Les experts internationaux présentent des demandes encore plus pointues. C'est nouveau pour nos spécialistes du renseignement. Ils savent travailler sur des sujets militaires et humains. Pas sur des usines. Je m'énerve. Je suis bloqué. Le général me suit. Nous mettons la pression sur le G2, avec peu d'efficacité.

Nous serons encore beaucoup plus énervés lorsque, lors de la grande réunion décisionnelle à Pristina, en présence des plus hautes autorités, un lieutenant-colonel anglais fournira tous ces renseignements avec la plus grande précision. Un incident me revient alors : une dizaine de jours plus tôt, nos soldats ont intercepté et contrôlé un 4x4 militaire français. Il n'avait rien à faire là et ses occupants étaient bizarres. Ils avaient certes des tenues militaires françaises, mais ils peinaient à répondre aux questions. Je fais le lien. À l'encontre de toutes les règles militaires élémentaires, cet officier anglais des forces spéciales, conseiller d'un général de la KFOR, avait infiltré un commando de SAS dans l'usine, commando qui l'avait parfaitement renseigné. Le véhicule français était un véhicule volé... par les Anglais ! Ce n'était là que l'apéritif de nos amis britanniques. Ils allaient nous faire un festival.

Malgré l'insuffisance d'informations précises, mon bureau dégage trois grandes options. Avant de les présenter au général Sublet, que je vois maintenant tous les jours, je lui demande au détour d'une conversation, quelle pourrait être son intention. L'intention du chef est la clé de voûte de toute opération militaire. Elle traduit son objectif, sa volonté et sa ligne de conduite. Je l'entends encore me répondre spontanément : « Je veux noyer Mitrovica sous la troupe. » Je comprends de ses paroles la crainte qui l'anime et son état d'esprit. Je sens son appréhension, légitime. Il précise ensuite sa pensée. Je le questionne. Au niveau de la brigade, c'est lui qui devra décider, puis commander. Il retiendra forcément l'option qui se conformera le plus à son analyse et à sa personnalité. Au moins une des idées de manœuvre que nous avions imaginées va dans son sens. Les autres, plus alternatives, pourront l'enrichir. Sans surprise, il préfère celle que j'imaginais. Elle consiste à engager la fermeture de l'usine avec le plus bas niveau de force possible, et d'avoir la capacité de renforcer le dispositif et de monter d'intensité très rapidement pour répondre à une augmentation des menaces et des risques. Au cours de cet échange, j'entends de ses questions et de ses remarques qu'il identifie sans cesse des dangers périphériques qui légitiment des troupes supplémentaires. Sa première idée n'a pas disparu. Elle doit me guider.

Je fais maintenant tous les jours le trajet pour Pristina. J'y rencontre Jock Covey et les adjoints de Bernard Kouchner d'une part, l'état-major de la KFOR d'autre part. Nous identifions un obstacle : le général italien qui dirige la KFOR ne sait pas décider. Dans les cas extrêmes, il bafouille quelques mots incompréhensibles qui valent sa décision que personne ne comprend sans oser lui demander de répéter. L'exécution n'en devient que plus aléatoire. Or, l'issue lui revient. Pour la réunion décisionnelle, nous mettons en place une alliance avec un général américain et un général allemand. Il s'agit de peser pour obtenir une décision claire qui engagera toute la communauté militaire.

Cette réunion advient dans la troisième semaine de juillet. Une quinzaine d'officiers supérieurs et d'officiers généraux sont autour de la table. C'est une opération majeure pour la KFOR. Je présente les trois idées de manœuvre que nous avons élaborées. C'est à ce moment que le lieutenant-colonel anglais, sur la base de ses excellents renseignements, sournoisement, en propose une quatrième : le blocus de l'usine. Il créerait pour la brigade commandée par la France un abcès qui rendrait fous les Serbes et nous emboliserait pour au moins un mois. Cette option est inacceptable. Nous la taillons en pièces.

Il faut maintenant décider. Le général italien me demande d'évaluer le nombre de morts pour chaque hypothèse. Lui aussi, comme les politiques, cède à cette lâcheté. Il commence à tergiverser. Cette seule question fait aussi de nous des assassins qui, pour leurs familles, auraient prémédité la mort de nos soldats et de leurs fils. Je m'entends encore, le général Sublet à mes côtés, dire « option A : entre zéro et cinquante morts, B entre cinquante et cent, C au-dessus de cent morts ». Le silence déjà pesant s'alourdit un peu plus. Les mots et les chiffres ont un sens. On parle de morts. Il faut trancher. Le général italien atermoie. Ses premiers borborygmes apparaissent. Ses deux adjoints, américain et allemand, interviennent comme nous l'avions anticipé : « puisque les Français dirigeront l'opération, nous suggérons qu'ils décident ». Ouf ! Le général italien respire. Nous aussi. Le général Sublet choisit l'option A pour laquelle nous estimons qu'elle pourrait se traduire par le moins de morts, entre zéro et cinquante tout de même – pour notre seul camp. Je me rends vraiment compte du poids des responsabilités d'un chef militaire. Et de la singularité de notre métier.

Les dix jours suivants sont consacrés à finaliser le plan avec la KFOR. Nous définissons avec précision les moyens, les missions, le tempo. La manœuvre décidée requiert des gendarmes pour le maintien de l'ordre, des forces spéciales et des troupes conventionnelles. La France nous a imposé l'internationalisation. Les forces de l'ordre seront françaises et italiennes. Les forces spéciales seront françaises, anglaises, espagnoles et portugaises. Les forces plus conventionnelles seront fournies par les Anglais, les Polonais et les Turcs en plus des Danois, des Belges, des Luxembourgeois, des Émiriens et des Marocains qui composent avec les Français la brigade multinationale nord. L'équipe d'experts industriels internationaux est constituée. Ses membres viennent du monde entier. Elle rejoindra bientôt le Kosovo. Une campagne d'influence (d'action psychologique) est décidée en amont de l'opération. Elle a pour objectif de subtilement présenter à l'opinion publique serbe la dangerosité environnementale et sanitaire de la fonderie pour faire germer la nécessité de sa fermeture. La surprise constitue un élément fondamental de l'opération. Aucune date de déclenchement n'est fixée. Seul le général Sublet en décidera dans un *time-block* d'une quinzaine de jours. La fenêtre s'ouvrira le 5 août.

Jock Covey continue de s'occuper du volet politico-militaire. Un jour que je le rencontre, il m'annonce que les États-Unis sont prêts à nous renforcer de Commando Solo. Je ne sais pas ce dont il s'agit. Il m'explique : un avion gros-porteur militaire bourré d'électronique capable de détourner une émission de télévision (et plusieurs de radio) pour faire dire ce qu'on veut aux intervenants en modifiant les mouvements de leurs lèvres. L'avion absorbe le signal, modifie les images et les paroles, et renvoie le tout avec quelques secondes de décalage sur un rayon d'une cinquantaine de kilomètres. J'éclate de rire en l'écoutant, sans m'apercevoir qu'il ne comprend pas ma réaction et prend la mouche. Le soir, en rentrant à Pristina, j'en parle au général réuni avec son état-major. Nous rions beaucoup de cette proposition qui nous semble hors de proportion pour cette opération. Le soldat français n'a pas ces moyens. Il est nécessairement plus rustique. Le lendemain, alors que d'habitude mes horaires prévalent, c'est Jock Covey qui me donne l'heure de notre rendez-vous. À peine commençons-nous de discuter qu'il reçoit un coup de téléphone. Il s'éloigne pour que je n'entende pas, puis revient et me tend l'appareil : « Mr. President ». Bill Clinton est à l'autre bout de la ligne ! Je l'entends me redire que son pays prête à la France Commando Solo en plus des deux drones Predator déjà accordés. L'avion et la centaine d'hommes nécessaires pour sa mise en œuvre sont en cours de préparation. Le vote du Sénat est prévu ce soir ou demain. Le plan de vol est déposé : Groenland, puis Skopje. Il sera opérationnel en Macédoine sous trois ou quatre jours. Je n'en reviens pas. Hier, j'ai à ce point vexé Jock Covey qu'il fait confirmer la proposition par le Président lui-même. Commando Solo arrivera effectivement quelques jours plus tard, comme prévu.

Le *time-block* de quinze jours a commencé de courir. Le plan de manœuvre est maintenant entre les mains du 'bureau conduite' chargé d'en commander la mise en œuvre. Tous les ingrédients sont réunis. Commando Solo et les deux Predator sont à Skopje avec leurs équipes de mise en œuvre. Les renforts étrangers sont prêts. Paris a exigé qu'une caméra soit installée dans le poste de commandement pour suivre en direct l'opération (elle tombera « bêtement » en panne juste après son déclenchement). Il faut faire de la place aux écrans pour les images des drones américains et établir les liaisons pour pouvoir recevoir leurs images. Les experts civils et les forces spéciales sont arrivés. Pour la France, j'ai l'immense chance de retrouver mon ami gendarme blessé à Ouvéa. Il commande une équipe du COS[105]. J'ai passé le plan au bureau conduite afin qu'il se l'approprie et finalise les ordres. Mon bureau travaille désormais sur les cas non conformes qui pourraient intervenir durant l'opération.

Le général me demande de jouer le rôle de « la chèvre » : au déclenchement du plan, je devrai me présenter devant les bureaux de la direction pour parlementer avec le management de nuit de l'usine pendant que nos troupes investissent les lieux. Je suis à moitié rassuré. Le Serbe est d'un naturel querelleur. Je suis papa d'un garçon et Florence attend notre deuxième bébé pour le mois de septembre. Le général me prête bien ses gardes du corps, mais... Je demande un petit service à mon camarade : quelques éléments du COS ne seraient pas de trop pour renforcer ma sécurité et me tranquilliser. C'est d'accord. Deux ou trois de ses hommes seront dissimulés à proximité de l'endroit où je rencontrerai l'encadrement de Trepča, prêts à intervenir. Un après-midi, son équipe me fait une démonstration des tasers qu'ils utiliseront en première intention. Quelques vaches sont les cibles de cette répétition. Les électrodes sont d'abord tirées pour se planter dans leurs flancs à une vingtaine de mètres. Un minuscule fil de cuivre, gros comme un cheveu, les relie aux sortes de pistolets dans les mains des soldats. Rien ne se passe tant que personne n'appuie sur la gâchette. À ce moment-là, l'ambiance change d'un coup : les vaches décollent, battent des pattes, mugissent... deviennent folles. Cette séance, pour rassurante qu'elle est, sera une erreur. Le jour J, il me sera très difficile de discuter avec l'équipe d'encadrement du quart de nuit de l'usine sans penser qu'au moindre mouvement d'une main vers leur poche, mes interlocuteurs se transformeront en pantins hystériquement désarticulés.

C'est pour demain soir. Dimanche 13 août. Le général a décidé de profiter de la relève de l'escadron de gendarmerie : pendant quarante-huit heures, l'escadron montant et le descendant sont à Mitrovica. Il en a deux sous la main. Les derniers ordres sont envoyés confidentiellement aux unités participantes. La discrétion de leurs préparatifs et de leur mise en place est essentielle. Les différents éléments se prépositionnent. L'équipe d'experts civils arrive à Mitrovica. Chacun perçoit un treillis pour ne pas dénoter avec

[105] Commandement des Opérations Spéciales

les soldats et constituer une cible particulière. Chaque membre de l'opération sait où il doit aller et ce qu'on attend de lui. Des photos aériennes de l'usine ont été distribuées. Un baptême terrain a été réalisé. Les forces spéciales rentreront en premier pour sécuriser trois objectifs : le transformateur et le dépôt d'explosifs au cœur de l'usine, et l'hôtel dans lequel réside et dort le directeur du complexe, un proche de Milošević. Le bataillon mécanisé anglais est responsable de la périphérie du périmètre de la fonderie. Les Polonais et les Turcs sont en renfort. Un bataillon français – trois cents hommes environ – doit investir l'usine et accompagner les experts industriels. Les autres troupes de la brigade seront dans les villes de Zvečan et de Mitrovica pour interdire que la population ne converge vers l'usine. Les liaisons radio sont testées. Tout est prêt.

L'opération est déclenchée le 13 août à 21 heures. Les Anglais ont déjà dérapé. Alors que leur bataillon mécanisé est attendu sur son point de rendez-vous à 21 heures 30, il a fait mouvement avec 4 heures d'avance. Heureusement, nous avions mis en place des hommes qui les ont arrêtés bien avant ce point pour ne pas qu'ils compromettent la manœuvre. Nous comprenons qu'ils sont prêts à tout pour faire échouer l'opération. À 22 heures, les forces spéciales s'infiltrent vers leur objectif. À 22 heures 30, je me présente à l'entrée de l'usine en demandant à voir les responsables de l'encadrement de nuit. Le bataillon français rentre dans l'usine à l'opposé de ma position. Il escorte les experts qui se répartissent sur les points clés pour engager la procédure d'arrêt qui s'étalera sur plusieurs heures.

Les premiers comptes-rendus tombent. Dans l'usine, le dépôt d'explosif est contrôlé. Il y a plusieurs tonnes d'un explosif civil. L'énorme transformateur au pyralène est investi et protégé pour ne pas pouvoir être saboté. Le bataillon français tombe sur une équipe de nuit en train de couler des lingots. Notre surprise est grande lorsque nous constatons qu'il ne s'agit pas de plomb… mais d'argent. L'UNMIK nous envoie précipitamment des camions blindés pour exfiltrer cette dernière coulée devenue une précieuse cargaison initialement destinée, nous le saurons plus tard, à Milosevic.

Je continue de distraire les cadres de permanence sous tous les prétextes que j'ai préparés. Je suis accompagné d'un légionnaire serbe qui me sert de traducteur. Sa carrure impressionnante lui permet de s'intégrer à l'équipe des trois gardes du corps du général. Je sais mes interlocuteurs avec chacun deux électrodes plantées dans leur dos sans qu'ils se soient aperçus de rien. La simple humidité du corps et des vêtements suffit à conduire l'électricité. Pourvu qu'ils n'aient pas besoin de leur mouchoir.

À l'extérieur de l'usine, les choses ne se passent pas aussi bien. La population a été alertée. Déjà, derrière la passerelle qui enjambe les voies ferrées dans mon dos, plus de deux cents personnes sont rassemblées. La foule grossit très rapidement. Nos gendarmes interviennent. Leur manœuvre de contrôle de foule est étonnante de calme et de non-violence. Ils évacuent un sit-in de protestation sans qu'il y paraisse, et sans opposition. Mais le nombre de manifestants augmente et les deux escadrons ne suffisent bientôt pas. Les Anglais viennent les renforcer. Malheur. Leurs traducteurs sont Albanais. C'est un casus belli pour les Serbes qui en viennent à penser que les Albanais sont à l'origine de cette manœuvre de fermeture de l'usine. Bientôt, une section anglaise est encerclée par une foule excitée et vindicative prête à lyncher la trentaine de soldats britanniques. Une négociation tendue s'engage. Nous obtenons le départ de cette section prête à ouvrir le feu pour se protéger des coups qui commencent à pleuvoir, entre deux rangs de gendarmes français. Nous avons là failli avoir plusieurs morts.

Les cadres de permanence avec qui je parle comprennent ce qui se passe. Je leur confirme que la communauté internationale a décidé de fermer l'usine pour le risque de pollution qu'elle fait courir. Ils semblent résignés en voyant des soldats partout. J'abats ma dernière carte. Les ouvriers seront indemnisés : demain, une équipe de l'UNMIK ouvrira ici un bureau pour payer un mois de salaire à tous les ouvriers. Ils sont estimés à plus de dix mille. Il n'y a pas de résistance dans l'usine. C'est à l'extérieur que cela se passe plutôt mal, mais la situation reste sous contrôle. La communication que nous avons préparée semble efficace. La foule ne se radicalise pas.

Les Anglais n'ont pas terminé leur festival. Leur commando de forces spéciales avait pour objectif d'arrêter le directeur de l'usine dans son hôtel, à quelques centaines de mètres de l'usine. Ils avaient les plans du bâtiment ; nous savions jusqu'au numéro de sa chambre. Les Anglais, pourtant capables de la plus grande discrétion (légendaire), détruisent l'hôtel pour l'arrêter. Ils créent un nouveau point chaud qu'il faut renforcer pour que la situation ne dégénère pas.

Mitrovica est quadrillée. L'usine est encerclée et contrôlée. Les experts ont commencé à faire descendre la température du seul four allumé pour l'éteindre en douceur. L'opération a atteint son objectif sans aucun mort. Les lingots d'argent ont rejoint la chambre forte d'une banque internationale à Pristina.

Le lendemain, Bernard Kouchner nous rejoint pour se satisfaire de cette bonne exécution et transmettre un message aux Serbes. Outre le paiement d'un premier mois de salaire aux ouvriers, un audit de l'usine va être lancé pour qu'elle puisse reprendre son activité dans de bonnes conditions, après d'éventuelles mises aux normes. En attendant, les dix à vingt mille ouvriers qui dépendent directement ou indirectement de cette partie du combinat serbe seront indemnisés.

L'après-midi du 14 août, le général anglais qui commande les troupes britanniques au Kosovo vient rencontrer le général Sublet. Il veut le féliciter pour cette opération, et aussi lui présenter des excuses pour l'attitude de ses troupes. Elles ne sont que formelles. Il reconnaît que les différents incidents étaient délibérés et plus ou moins diligentés par les Américains. Quelques jours plus tard, plusieurs articles de la presse anglo-saxonne qui relatent l'opération confirment cette intention. Ils sont excessivement négatifs et critiques. Ils confirment que les Anglo-Saxons souhaitaient l'échec de l'opération. Je n'en sais pas la raison, mais nous touchons ici du doigt combien cela rend plus complexes encore les opérations extérieures multinationales.

La pression redescend. Les troupes retournent dans leurs casernements. L'escadron de gendarmerie, qui a été maintenu sur place pour créer le surnombre, repart en métropole. Par un étrange clin d'œil, la communauté internationale et l'UNMIK organisent la garde de l'usine en la confiant à deux bataillons : l'un indien, l'autre pakistanais – deux pays en guerre l'un contre l'autre sont contraints de collaborer. Le symbole est beau. Il n'est hélas que le paravent d'une institution incapable de faire prévaloir la paix par son autorité. Plusieurs organisations environnementales nous adressent leur satisfaction. Je reçois par courrier un titre d'honneur de l'une d'entre elles. Je deviens, en 2000, un « héros écologique ».

Je ne peux m'empêcher de penser qu'aussi, j'ai peut-être contribué à promouvoir une politique partisane et cynique dans ce pays. Cette opération a concouru à affaiblir les Serbes au profit des Albanais, les Chrétiens orthodoxes au profit des Musulmans. Un ou deux mandats après le mien, certaines des enclaves serbes que nous protégions disparaissent, leurs habitants étant obligés de fuir faute d'une protection suffisante. Les autres sont mises sous une pression insupportable. La chapelle orthodoxe de Mitrovica, comme quelques monastères, sont pillés ou détruits sous le regard de troupes chargées de les défendre. L'un des principaux lieux patriotiques des Serbes, le Champ des Merles[106], devient une cible pour les mouvements albanais d'indépendance d'un Kosovo musulman. Les leaders politiques ne sont plus que des anciens cadres de l'UCK. Ma neutralité politique de militaire devrait m'interdire ces états d'âme. Si j'en juge par les

---

[106] Lieu de la bataille de Kosovo Polje en 1389 – une défaite des Serbes qui ouvre la voie à la conquête turque. Un lieu considéré comme le berceau de la nation serbe.

débats et les interventions de trois commandeurs les jours précédents ici dans cette cour d'assises, les soldats ne devraient pas plus avoir d'âme que de sentiments. Je ne me résous pas à n'être que le mercenaire d'une politique qui contrevient à une éthique et une morale. Le Liban m'a échaudé. Le Kosovo confirme mes craintes.

Le général Sublet termine lui aussi l'évocation de ces quatre mois ensemble et de cette opération singulière. Il a, comme moi, été marqué par la réunion de prise de décision à Pristina. Ici, devant ce tribunal, elle serait une preuve accablante pour un motif d'assassinat : nous avions imaginé et anticipé la mort de soldats. Nous mettions leur vie en danger – réellement et volontairement. Pour quoi ? Je ne parle même pas de celle des opposants à notre action. C'est le sujet le plus important de son témoignage. Les qualités qu'il m'attribue sont dérisoires par rapport à ce point. Qu'est-ce qui fait qu'un militaire n'est pas un assassin lorsqu'il tue ou qu'il est à l'origine de la mort d'un de ses soldats ? Pourquoi, et non pas comment pour reprendre les mots de l'avocate générale (qui s'exprimera réellement demain), un militaire n'est pas un criminel devant la justice, quand bien même il l'est « en puissance » ? Ce n'est pas l'objet des débats de la cour d'assises, mais c'est bien le sujet de fond.

Ici, la digue a été rompue. La protection qui pourrait ou devrait être attribuée au militaire dans l'exercice de ses fonctions a clairement sauté. Est-elle celle d'un silence habituellement construit sur la confidentialité des faits militaires, celle procurée par l'ordre donné ou la mission reçue, celle encore du devoir (ou du courage) du pouvoir politique à soutenir ses soldats ou à établir cette protection, par exemple avec des tribunaux particuliers comme cela a pu être le cas avec le TAAP ? La singularité du militaire s'incarne dans son abnégation à exécuter les ordres qu'il reçoit. En cela, sa loyauté établit une complicité : le soldat est autant complice de ses supérieurs par les ordres qu'il reçoit et exécute que le donneur d'ordre – politique et militaire – est complice de l'exécutant. Cette complicité – dont le défaut se nomme désertion ou trahison pour le militaire et qui est le plus lourdement puni (en cas de guerre de la peine de mort) – n'a pas ici trouvé sa symétrie. Les plus hautes autorités s'en sont exonéré.

J'ai commis une erreur, bien sûr. Mais je n'arrive toujours pas à me penser en criminel, même après sept jours de procès. Au plus je me sais coupable d'avoir mal agi face à une menace réelle et mortelle, en même temps que la preuve a été faite que nous n'avions pas les moyens de bien agir. Bien agir en droit était déroger à la mission que nous avions reçue : protéger les populations et la paix, en faisant respecter les règles établies pour la zone de confiance. Peut-on seulement demander aux militaires de respecter les règles du temps de paix, quand leur métier s'exerce généralement en temps de crise ou de guerre, donc au-delà de l'état de paix qui légitime les règles du droit ordinaire ? Depuis quand gagner une guerre, circonscrire une crise ou rétablir un état pacifié c'est respecter les règles du temps de paix – la légitime défense notamment ? J'aurais pu être légitimement mis en cause pour n'avoir pas respecté le devoir de protection des prisonniers prescrit par le droit de la guerre, pour tant est que cette notion ne relève pas de l'oxymore. Où commence et où s'arrête le droit de tuer sur un théâtre d'opération ? Mais cela n'a pas été le cas. Ma tête s'égare sans doute. Mon corps n'en est pas moins exposé ici et maintenant à la justice commune, ordinaire, du temps de paix.

Comme à Mitrovica après l'opération Vulcain, la tension retombe après l'intervention de ce dernier témoin. La vérité judiciaire est établie. Une cohérence d'ensemble s'est construite et affinée. Les faits et les hommes ont été scrutés avec toute la rigueur possible. Les débats ont été d'une bonne tenue et parfois d'une grande exigence – les interventions du général de Malaussène et des experts psychologues relèvent de cette hauteur de vue. La justice a jusque-là satisfait à ses devoirs. Le juge Leurent doit en être crédité.

Demain ouvrira une nouvelle séquence. Le réquisitoire et les plaidoiries raconteront chacun une histoire différente. Les faits et les auteurs seront les mêmes, mais le récit établi, sous le prisme des avocats et de l'avocate générale, diffractera.

En quittant la salle d'audience avec Florence, je prends le temps de remercier mes « témoins de moralité » qui sont restés après leur audition. Ce procès est aussi pour moi l'incarnation de l'amitié. Toutes ces preuves d'affection m'ont ému. Réconforté aussi, mais surtout ému. Florence, nos amis et nos proches, mes témoins, aucun ne s'est posé la question du courage, de la bien-pensance ou de l'intérêt. Chacun a fait ce qu'il pensait devoir faire pour nous témoigner – je pense aussi à Florence – son attachement. Je me répète les paroles du commandant de Saint Marc : « vous allez connaître l'exercice intéressant de refaire votre carnet d'adresses. » La somme des amitiés qui nous ont entourés constitue le plus beau des carnets d'adresses. Il n'est pas un fichier. Pas plus la liste de noms d'un réseau social. Il s'exprime par de touchantes fidélités et de nombreux beaux visages. J'en suis presque fier. Non pas pour moi, égoïstement, mais pour ce qu'elle représente : l'expression de sentiments, d'un attachement et d'une confiance. Oui, je suis fier d'avoir deux familles – la mienne et celle de

Florence – des proches et des amis qui me témoignent ainsi, dans ce moment plus que délicat, tout leur engagement témoin de leur affection et de leur soutien. Je sais par des indiscrétions que les jurés ont été troublés par ces manifestations d'estime et d'attention. Elles ont été, pendant tout ce procès, « l'autre côté de la pièce » du proverbe africain. Elles ont été aussi une autre forme de ma défense, à mon corps défendant, qui m'a permis d'assumer totalement et sans plus de calcul mon rôle dans cette affaire.

Nous restons un peu plus longtemps que d'habitude dans le grand hall du Palais de justice avant de reprendre le chemin de notre refuge. Je commence à me demander si l'optimisme de Florence n'est pas légitime. Je m'étais conditionné pour ne pas céder aux émotions, et voilà que ma femme m'entraîne imperceptiblement sur le terrain que je m'interdisais. À y repenser, personne, absolument personne, n'a dépeint dans ses dépositions, témoignages ou expertises l'un ou l'autre des quatre accusés sous les traits d'un assassin. L'un a des engagements humanitaires, l'autre associatifs. J'ai le droit de m'enorgueillir d'un petit bout de prix Nobel de la paix, et d'un titre de héros pour l'environnement au Kosovo. Chacun a des amis magnifiques. Comme militaires, nous faisons tous l'objet de notations et d'avis élogieux. S'il devait y avoir un motif, ce serait celui d'une trop grande inclination à l'égard de la population que nous avions mission de protéger. Par comparaison, certains témoins, ceux censés représenter l'autorité, n'ont pu s'empêcher de vouloir donner des leçons en déniant l'une des dimensions fondamentales des hommes qu'ils commandaient : leur dimension sensible.

Vraiment, en quittant le Palais de justice avec Florence, pour la première fois, je me mets à penser que, si la justice a été indûment saisie – c'est ce que je pense – elle peut néanmoins être juste.

Je ne dis pas un mot de ce petit faisceau d'optimisme durant toute la soirée. Je tente même de l'éteindre pour qu'il ne se transforme pas en désillusion. Il reste encore deux jours. L'avocate générale intervient demain. Elle ne peut que doucher mes espoirs.

Ce soir, la télévision ne parle que de l'accord que le gouvernement vient de passer avec ArcelorMittal. Il confirme l'arrêt des hauts-fourneaux du site de Florange. Zvečan n'est pas si loin finalement. Sans aucune hiérarchisation de l'information, la contusion au genou gauche du joueur de foot du FC Barcelone Lionel Messi occupe le même temps du journal télévisé. Nous éteignons la télévision.

13°/ huitième jour d'audience

La météo ne salue pas vraiment mes pensées d'hier soir. Il n'y a aucune raison d'ailleurs. Nous sommes le jeudi 6 décembre. Lorsque nous nous réveillons, il fait encore nuit. La température est douce pour un premier mois d'hiver. Cette douceur est synonyme de pluie. Nous l'entendons tomber dehors. Dans les moments de doute, on voudrait que des signes extérieurs cautionnent l'issue à laquelle nous n'osons prétendre ; nécessairement la plus heureuse. Il n'en est rien, bien sûr. C'est par un ciel plombé et sous un vilain crachin que nous parcourons les quelques centaines de mètres qui nous séparent de la bouche de métro. La terre nous aspire pour une traversée de Paris souterraine. La même pluie nous attend pour parcourir les derniers hectomètres qui séparent la station Cité de l'entrée du Palais de justice.

Nos avocats sont déjà là. Ils discutent ou attendent l'un de nous quatre dans le hall. C'est maintenant leur moment. Maître Gublin est aux pieds des escaliers qui mènent à la grande salle des assises, toujours aussi rassurant. Il n'a pas encore revêtu sa robe. Il sera le dernier des avocats de la défense à plaider, demain matin sans doute. L'ordre des plaidoiries remonte celui des peines encourues, de la plus petite à la plus grande, et je suis celui qui risque le plus. Depuis huit jours, comme les autres, il rassemble au gré des auditions, des questions et des réponses, de ce qu'il perçoit de la sensibilité des jurés, les éléments utiles pour s'adresser à la cour. Ses cibles seront les jurés. Il doit à la fois toucher leur raison et leur cœur, leur cœur et surtout leur conscience. Nous serons jugés en droit, mais le droit n'est pas tant le langage des avocats dans leurs plaidoiries. Il reste le domaine réservé des trois juges professionnels. Les avocats cherchent, quant à eux, à dépasser le Code pénal pour interpeller la conscience des jurés. Leur intime conviction est une perception qu'il faut inspirer. Voilà l'objectif de nos quatre conseils. Ils nous l'ont formulé aussi clairement. C'est ce qu'a fait maître Gublin il y a sept ans à l'issue de ma garde à vue pour m'empêcher de partir en détention provisoire. Cet après-midi et demain, ils seront quatre pour apporter au récit établi une relecture sensible, une part de doute, d'émotion et de compassion. Ils devront éclairer les zones d'ombre, contester la version de l'avocate générale, susciter de la commisération, faire peser sur les jurés l'écrasante responsabilité de leur rôle et la gravité de leur décision pour retenir leur bras.

Je perçois imperceptiblement un maître Gublin plus concentré. Comme ses trois confrères, il commence à se replier sur lui-même. Il se sait fort dans l'exercice de la plaidoirie, ce qui ne l'empêche pas de le préparer, de l'intérioriser, d'en rassembler les composantes. Je le sens moins présent à mes questions du matin. Pour lui, ce n'est plus tant sa maîtrise du code et de la procédure qui importe. Sa mémoire et sa sensibilité ont pris les premières places. Il doit parvenir à faire partager cette fibre émotive. Elle est la clé qui va ouvrir la porte de la conscience des jurés. Je me dis que, décidément, la conscience est l'invitée de marque de ce procès. Chaque acteur de ces dix jours aura passé son examen. Même le juge Leurent, qui a pourtant recentré plusieurs fois les débats sur le droit, a montré par ses questions qu'il ne mésestimait pas la part de la morale.

Ce matin, dans le métro, un témoignage de sympathie a retenu mon attention et celle de Florence. Il a été posté par l'un de mes cadres lorsque j'étais élève officier à Saint-Cyr. Il introduit une perspective supplémentaire.

« Témoignage pour la défense des militaires.

Il faut rendre justice aux soldats qui servent les intérêts que la République leur ordonne de servir dans des conditions souvent extrêmes. Ils sont internationalement reconnus pour leurs hautes qualités professionnelles, morales et humaines.

Les armées étrangères qui côtoient les Français au combat ne comprendraient pas qu'on condamne un ancien officier de cette valeur. »

L'Armée Française maîtrise un véritable savoir-faire. Comme l'a suggéré en creux la mise à disposition de Commando Solo par les Américains, les soldats français font régulièrement des miracles avec peu de moyens. L'expression n'est pas jolie : nous parlons entre nous d'une mission menée à bien avec « la bite et le couteau », autrement dit avec rien d'autre que nous et notre courage. Nous y sommes aussi habitués que nous avons habitué les Politiques à ce niveau d'engagement et de performance. Cette double habitude n'est sans doute pas raisonnable. Elle l'est d'autant moins que nous y ajoutons des exigences morales et éthiques autrement plus développées que bien d'autres armées étrangères. L'intervention des Anglais à Zvečan en est témoin. La banalisation des dommages collatéraux par les armées russe ou américaine en atteste. Les représailles régulières sur des civils par l'armée israélienne[107] le confirment. En Côte d'Ivoire, je devais assurer ma mission avec huit cents hommes – soutiens compris – pour l'équivalent d'une grosse dizaine de départements français. D'autres armées auraient déployé deux, trois ou quatre fois plus de soldats, pour autant qu'ils se soient engagés.

---

107 Souvent à la suite d'attaques palestiniennes sur des civils.

La salle d'audience se remplit. La perspective du réquisitoire de l'avocate générale, en fin de matinée, attire du public. Le monde judiciaire est présent en nombre. Une grande partie du public se connaît visiblement. Les discussions s'installent. Magistrats et avocats s'interpellent. Ils sont venus entendre ce que l'avocate générale pourrait requérir comme peines sans disposer d'aucune référence jurisprudentielle. La page est blanche pour la justice pénale ordinaire. Avant la représentante de l'accusation, le conseil des parties civiles doit rendre sa plaidoirie.

Il a peu été question jusqu'à présent des parties civiles. Il faut dire qu'elles ont été inexistantes, sauf pour l'audition de la maire de Bangolo. Les membres de la famille de Firmin Mahé et ses proches ont suivi les audiences sans paraître les raccrocher au meurtre de celui pour lequel ils ont été retenus comme intimes. Ils parlent pourtant tous le français. Le président leur répète ou leur explique à l'envie des points de procédure. Rien n'y fait. En face des accusés que nous sommes, de l'autre côté de la barre, nous voyons ces Ivoiriens et Ivoiriennes somnoler, ou regarder avec ennui le public et les membres de l'association ADI, rarement faire preuve d'une grande attention. Leur tristesse ne se perçoit pas du tout. Même leur avocat ne parvient pas à les embarquer dans ce procès. Leur attitude renforce le malaise du cinquième jour et de leur audition, lorsque plusieurs ne reconnaissaient même pas Firmin Mahé sur les photos. Ce faisant, ils continuent d'entretenir le trouble et les questions que nous nous posions quelques jours plus tôt. Sont-ils en vérité des proches ? À moins qu'ils ne cherchent à cautionner le fait que nous ayons pu tuer le mauvais Mahé. C'est la logique que leur avocat poursuit inlassablement dans ses questions aux différents témoins.

Quoi qu'il en soit, ce comportement des parties civiles nous est favorable. Je ne cesse de penser combien plus difficile ce doit être de se trouver en face de parties civiles éplorées, ravagées d'un chagrin sincère et démonstratif qui ronge la conscience des jurés et renforce leur aversion des accusés. Dans notre cas, la victime était mille fois pire que ceux qui répondent de l'avoir tué. Ses représentants le savent, bien sûr. C'est à l'évidence là l'explication principale de leur comportement. La compagne de Firmin Mahé était elle-même sa complice pour commettre les crimes auxquels elle participait avec diligence en brandissant son bébé pour arrêter les voitures. Elle ne peut en rajouter. Elle ne peut que savoir que sa place devrait être la nôtre. Cela n'enlève rien aux faits, mais contribue à ajouter une once supplémentaire de morale dans ce procès. Les parties civiles concourent à notre défense.

Plaidoirie des parties civiles

Le président, après avoir ouvert l'audience et annoncé l'ordre des interventions de la journée, donne la parole à maître N'Doumou. L'avocat se lève. Il se rengorge. Un mouvement de sa robe noire indique l'importance du moment. Il ne s'avance pas vers la barre des témoins. Sa place est devant ses clients. Ces derniers doivent faire partie du tableau lorsqu'on le regarde. C'est aussi pour eux que justice doit être rendue. Il est ainsi face à nous et face à la cour, qu'il va interpeller.

Sa plaidoirie commence par un contrepied : il rend hommage aux soldats morts pour la France. Par ces premiers mots, il semble vouloir honorer l'Armée française. Il n'a rien contre les soldats en général. Lui ne tient pas à faire le procès de l'armée. Pas plus celui de la force Licorne. Sa fonction l'amène à plaider contre les seuls soldats qui sont devant lui. Peut-être aussi cherche-t-il à s'allier les morts de Bouaké. Ou peut-être veut-il établir un parallèle avec un Firmin Mahé mort pour la Côte d'Ivoire. C'est habile, inattendu et peut-être licencieux.

Il rappelle les faits. Ils sont le récit qu'il doit habiller. Sa relecture ne tarde pas à venir. Il sort de sa poche un sac-poubelle. C'est lui l'arme du crime. Elle n'est pas digne, mais c'est ainsi, et nous devons l'assumer. Je dois l'assumer au premier chef, par défaut d'avoir défini un mode d'action différent. Il insiste dans une gestuelle lente et théâtrale : le sort, le déplie, mime l'étouffement. Il sollicite l'émotion et l'indignation. Ce faisant, il s'installe sur le terrain qu'il cherchait à occuper.

En demandant de projeter une photo de l'arme de Firmin Mahé – un pistolet artisanal bricolé avec un vulgaire tuyau – il suggère la faible dangerosité du coupeur de route et l'obscénité de notre crime. La photo lui permet de retrouver son principal argument : le Firmin Mahé tué n'est pas le bon. Ce pistolet bricolé avec un tuyau de plomberie est l'arme d'autodéfense d'un plombier. Firmin Mahé est en réalité ce plombier tranquille que ses proches ont décrit. C'est pour cela qu'ils ne l'ont pas reconnu. Une autre photo de ce bon père de famille avec son fils dans les bras est présentée pendant sa démonstration. Dessus, il ressemble malheureusement trait pour trait aux photos qui ont été montrées aux parties civiles en début de semaine. C'est un détail qui n'arrête pas la démonstration. Maître N'Doumou multiplie les anecdotes chargées de donner de Mahé un visage respectable. Aucune n'est vérifiable. Mais l'avocat DOIT réhabiliter Mahé pour que nos actes paraissent plus criminels. Sa famille et ses amis derrière lui approuvent systématiquement. Ils ont adopté des mines de circonstance. La peine et la tristesse habillent maintenant leurs visages. C'est normal. L'association ADI, depuis le public, agit comme une caisse de résonance. Les paroles de l'avocat sont ponctuées d'acquiescements censés leur apporter toute la légitimité voulue. Leur écho factorise la crédibilité du conseil des parties civiles.

Un dernier argument vient conclure cette plaidoirie. Les exactions n'ont pas cessé du fait de la mort de Firmin Mahé, mais bien de l'arrestation de trois coupeurs de route, dont le bon Firmin Mahé, le 17 ou le 19 mai. C'est à ce moment-là que le trafic routier a repris et que la liberté de circulation a été rétablie. Ce dernier développement est censé finir d'accréditer la thèse de l'erreur. Il n'a jamais été question de ces arrestations à ces dates lors des débats. Elles sont intervenues fin avril pour se solder par trois libérations. Mais soit. Le doute peut jouer.

À part le rappel et l'instrumentalisation du sac-poubelle, qui insiste sur l'indignité du moyen à l'origine de la mort de Mahé, je ne suis pas convaincu par la démonstration de maître N'Doumou. Je crois distinguer la même réaction chez plusieurs jurés et chez l'avocate générale. Comment l'avocat peut-il ainsi nous persuader d'une erreur de personnes après la décision du président de garder des parties civiles qui ne reconnaissent pas leur parent sur une photo ? L'ADN a pourtant parlé pour les retenir. Cet ADN a été récupéré sur la dépouille exhumée (par les enquêteurs) de Mahé et vérifiée avec ses proches. Se départir de ce péché originel n'est pas aisé. Maître N'Doumou doit véritablement remonter un fleuve pour faire cohabiter ces deux faits. C'est sa décision de faire de cette erreur l'argument central de sa plaidoirie. Ses anecdotes ne sont que des mots qui pèsent peu. Il n'a qu'une seule photo de Firmin Mahé avec son fils dans ses bras pour accréditer sa thèse d'un tranquille plombier père de famille. Elle est soumise à une double concurrence : la ressemblance avec les photos du coupeur de route prises lors de son arrestation d'une part, et les nombreux clichés montrant les victimes démembrées et mutilées du coupeur de route. Ces dernières fondent la mort qui est jugée. Il ne m'étonnerait pas que ces photos soient de nouveau projetées à la demande d'un de nos quatre avocats.

Maître N'Doumou se rassoit à côté des parties civiles. Une suspension d'audience annoncée par le président interrompt quelques mots que les parties civiles adressent à leur conseil à l'issue de sa prestation.

<u>Réquisitoire de l'avocate générale.</u>

Il est 10 heures 30 lorsque l'assistance est de nouveau rassemblée. La salle est encore plus remplie qu'auparavant. Comme pour les auditions de mardi après-midi, certains n'ont pas de place sur les inconfortables bancs de bois du public. Ils doivent rester debout. Je ne suis pas sûr d'apercevoir parmi cet auditoire les espions du ministère.

L'avocate générale à qui la parole est donnée par le juge Leurent requiert depuis sa place. Elle nous surplombe. Elle est presque en face de nous. Elle parfait sa tenue, se met debout et prend la parole en ajustant le micro placé devant elle.

Cette affaire est extraordinaire, au sens premier du terme.

[...] Ainsi, je considère ces quatre militaires comme coupables et je demande :

- *pour le brigadier-chef Ben Youssouf, pour non-empêchement d'homicide, 6 mois avec sursis,*
- *pour le brigadier Schnier, pour complicité d'homicide, 2 à 3 ans avec sursis,*
- *pour l'adjudant-chef Raugel, pour homicide volontaire, 5 ans de prison dont 2 avec sursis,*
- *pour le colonel Burgaud, sans qui rien de tout cela ne se serait produit et pour complicité d'homicide, 5 ans d'emprisonnement. Je ne retiens pas la falsification des comptes-rendus.*

Je fais confiance au jury dans ses délibérés. Le ministère public ne prévoit pas de faire appel, quelles que soient les peines qui seront prononcées.

J'ai déjà évoqué le grand trouble avec lequel je reçois cet énoncé de la peine requise contre moi. Elle est certes mesurée, sans aucun doute ajustée, mais néanmoins susceptible de m'envoyer en prison. Depuis plus de sept ans, et maintenant encore, je sais avoir commis une erreur, peut-être une faute, mais pour moi pas un crime. Je ne suis rattrapé par cette qualification de criminel que malgré moi, par éclipses, lorsque je suis confronté à certains actes de procédure : ma garde à vue et la perspective d'une incarcération préventive ont bien sûr été le premier. Puis est intervenue la décision de renvoi en cour d'assises, le début du procès et maintenant cette demande de peine, lourde quand bien même elle n'a rien à voir avec les trente ans auxquels m'expose le motif de complicité par instigation de meurtre. En revanche, j'éprouve un vrai sentiment de culpabilité. Il est celui de n'avoir pas été exemplaire. C'est là la principale colonne vertébrale de ma vie. Ma mise en cause dans l'affaire Mahé, puis mon début de défense hésitante, ont par deux fois entamé cette exemplarité. Je me sens tout à fait coupable envers moi-même ; sans arriver à m'absoudre.

Ici et maintenant, je ne suis plus le criminel en puissance qu'est le militaire devant le droit ordinaire. Je suis un criminel de fait, et surtout un prisonnier en puissance. Annie Grenier a posé la question du « comment a-t-on pu en arriver là ? » sans y répondre. Les débats ont pourtant apporté toutes les réponses au « pourquoi en est-on arrivé là ? » qu'elle n'a pas souhaité reprendre, du moins en totalité, dans son réquisitoire. C'est logique. Elle n'a pas à apitoyer les jurés, mais bien à les convaincre que nous avons transgressé des règles. C'est objectivement le cas que j'admettrais avec plus de facilité si le général Poncet avait accepté la responsabilité de l'ordre donné.

Quelques-unes de ses explications me laissent aussi perplexe. Certains de ses arguments ne tiennent pas compte des débats qui se sont tenus. Elle continue de relever ma responsabilité que d'autres ont endossée sur plusieurs points. Elle s'accroche à l'image des baïonnettes intelligentes – à tout le moins légalistes – sans s'aventurer sur la dimension sensible des soldats. Elle en définit ainsi un portrait en bas-relief, nullement en ronde-bosse. Je redis cette magnifique phrase d'Hélie de Saint Marc en l'appliquant aux soldats : « Les soldats qui ont connu des horreurs ont ainsi une ombre et c'est cette ombre qui fait leur épaisseur. » Notre épaisseur a pesé. Elle était faite de colère, de frustration et d'inacceptable. Notre mission nous empêchait alors que nous nous sentions obligés. Ces ressorts psychologiques nous ont poussés à l'erreur ou à la faute plus qu'au crime. Les experts psychologues l'ont parfaitement décrit. Annie Grenier ne l'a pas retenu, pas plus qu'elle n'a retenu une mission impossible à remplir. Soit on ne la remplissait pas, ce qui s'avère impossible pour des soldats prêts à mourir pour elle, soit nous nous mettions hors-jeu. J'accepte, dans ce dilemme moral, l'erreur du hors-jeu. Pourtant, il m'est encore difficile d'en admettre toutes les conséquences.

Sa dernière démonstration sur la légitimité est factieuse. Elle avance des solutions alternatives qui ont été décrites par plusieurs témoins comme irréalistes et injouables. Ce qu'elle indique comme juste au regard du droit ne l'est pas pour les populations que nous devions protéger. De la même façon, lorsqu'elle plaide le devoir d'exemple d'une peine, pense-t-elle seulement au message transmis par les sanctions qu'elle demande aux adversaires de nos missions ? Ils savent désormais qu'un militaire français peut être traîné devant les tribunaux ordinaires pour avoir été trop loin dans l'accomplissement de sa mission, tandis que tuer un militaire français n'expose à aucun risque ainsi que le montre l'affaire Bouaké.

Madame Grenier a laissé de côté le témoignage du général de Malaussène sur le droit apodictique. C'est encore logique dans sa position. Elle défend le droit casuistique. Mais ce faisant, pour faire le pendant au modèle des baïonnettes intelligentes qu'elle soutient, elle ne s'applique pas le modèle de « la robe intelligente » qu'elle pourrait être aussi. Peut-être, sans doute même, a-t-elle mis cette intelligence de situation dans la modération des peines qu'elle requiert. Modération que je ne sais apprécier à ce moment-là.

Ces quelques approximations m'apparaissent dégrader la qualité de l'argumentation. Elles me laissent à penser qu'une grande partie du réquisitoire, à tout le moins dans le raisonnement qui mène aux peines, a été écrite avant le procès. Sans doute avait-elle un schéma à respecter, pour ne pas dire des consignes politiques. Quelques indiscrétions me permettent de le croire. L'échelle des peines aurait pu lui être suggérée, qu'elle devait accréditer par son réquisitoire.

L'avocate générale est malgré tout restée dans son rôle. Sa pondération, quoi que j'en pense, doit être constatée. Les commentaires de mon avocat[108] après ce réquisitoire sont les plus sages qui soient. Je les entends mieux que j'ai pu entendre le réquisitoire lui-même. Ma position de principal intéressé biaise mes capacités d'écoute.

La pause du midi est singulière. Je crois que je n'ai rien mangé. Je me vois incarcéré, emmené le lendemain entre deux gendarmes, embarqué dans un fourgon cellulaire jusqu'à une prison, fouillé au corps derrières de lourdes portes et de hauts murs. On m'attribue un numéro, une cellule... En quoi cela est-il juste pour reprendre les mots de l'avocate générale ? Pendant que la compagne de Firmin Mahé, la complice de ses crimes odieux, présente sur le banc des parties civiles, repart tranquillement en Côte d'Ivoire, comme sont tranquillement repartis, une fois libérés par les autorités politiques de la France, les pilotes biélorusses de Bouaké. Comme aussi le général Poncet a rejoint Carcassonne, l'esprit en paix, si ce n'est son âme et sa conscience. Ma tête est ailleurs et embuée, tandis que mes proches cherchent à me rassurer. Les avocats vont plaider. Les jurés sauront faire la part des choses. Florence est toujours aussi fondamentalement positive et confiante. Un roc.

Plaidoirie de maître Morain

Il est le premier des avocats de la défense à plaider pour le brigadier-chef Ben Youssouf, le conducteur du Véhicule Blindé Léger qui a remonté Firmin Mahé vers Man. Maître Morain a déjà fait preuve de sa grande perspicacité

[108] Revoir chapitre 1 – le réquisitoire.

lors de la reconstitution des faits, il y a quelques années. Cette reconstitution se passait au sein de l'enceinte militaire du régiment blindé de Provins. Les trois occupants du VBL répétaient les gestes ayant provoqué la mort du coupeur de route. Un mannequin figurait Mahé. Un véhicule identique à celui de la Côte d'Ivoire avait été réquisitionné. Les trois militaires étaient en treillis pour coller à la réalité. Chaque mouvement était joué et rejoué devant les enquêteurs de la brigade criminelle et devant la juge d'instruction pour définir les responsabilités précises de chacun et valider les chefs d'inculpation. Le brigadier-chef Ben Youssouf était alors accusé de complicité de meurtre. Il était censé avoir participé sans s'opposer à l'étouffement. Bien inspiré, son avocat a alors demandé que la tenue du moment de son client soit fidèlement respectée dans son intégralité. Une chasuble de combat, un gilet pare-balles et un casque ont été récupérés pour que le brigadier-chef puisse les porter. Ainsi habillé, il lui devenait impossible de se retourner pour voir ce qui se passait dans son dos, dans l'exiguïté extrême et bruyante de cet engin blindé. Il était terriblement contraint, ne serait-ce que pour tourner la tête. Il pouvait ne pas savoir ce qui se passait, concentré qu'il était sur la nuit, sur la route et ses nids-de-poule, dans cette zone la plus dangereuse de Côte d'Ivoire. Son chef d'inculpation a été ramené à non-empêchement d'homicide. De façon séditieuse : comment aurait-il pu s'opposer à quelque chose qu'il ne voyait pas ? Il y a eu un acharnement militaire et judiciaire à son encontre[109]. Maître Morain le répète à l'envi dans la salle d'audience comme au-dehors, depuis le début du procès.

C'est l'axe majeur de sa plaidoirie. Lianrifou Ben Youssouf a été désigné par son chef pour conduire l'engin blindé. Pouvait-il refuser cette mission ? A-t-il décidé d'être ce conducteur ? Deux « Non bien sûr » qui feraient de lui un coupable. Est-ce juste ?

Il a reçu un ordre, et comme en a témoigné le général Dary, ancien parachutiste célèbre, celui qui conduit d'un point A à un point B n'exécute pas un ordre illégal.

Il n'a jamais touché ou eu un geste envers Firmin Mahé. Il n'a pas pu empêcher ce qu'il ne voyait ni n'entendait. Il faisait nuit. Le blindé n'avait pas activé son éclairage intérieur. L'avocat témoigne de son incompréhension à voir son client sur le banc des accusés. La reconstitution a démontré qu'il ne pouvait pas intervenir sur ce qui se déroulait. Dans ces conditions, il demande un non-lieu. S'il fallait des preuves supplémentaires, l'exemplarité de sa vie civile comme militaire les apportent.

---

[109] À l'issue du procès, Ben Youssouf et son avocat ont fait une demande de recouvrer sa place au sein de l'armée, ce que permettait le verdict et qu'autorisait le droit. Cette demande lui a été refusée.

Il termine : *Vous avez à juger des hommes prêts à mourir pour leur chef, pour la mission. Qui est prêt à mourir pour des inconnus ? En 2012, ce sont eux.*

Lianrifou Ben Youssouf est le petit dernier de la chaîne hiérarchique. Il n'a même pas été entendu lors de l'enquête de commandement. Il avait tout misé sur l'armée et l'affaire a tout cassé : son couple, sa maison, l'avenir de ses enfants. Ce Mahorais a déjà été largement et injustement puni par l'armée qui s'est séparé de lui, comme sa femme. Une peine par la justice serait une injustice insupportable de plus.

Le président annonce une nouvelle suspension d'audience pour permettre à la cour de bien appréhender cette première plaidoirie de la défense. L'enjeu est déjà important : face à une peine minime demandée par l'avocate générale, peine qui marque néanmoins une culpabilité, son avocat demande un acquittement. Il plaide la reconnaissance de l'innocence de son client. L'accusation, pas plus que les débats, n'ont jamais démontré l'implication criminelle du conducteur. Elle a requis une peine en appliquant la logique de la charrette : tous ceux qui sont devant elle sont nécessairement coupables, puisqu'ils sont devant elle. Voilà pour les jurés un premier exercice difficile : il ne s'agit pas d'arbitrer une peine, mais de trancher courageusement entre la culpabilité et l'innocence.

Plaidoirie de maître Balan.

À la reprise, l'avocat du brigadier-chef Schnier s'avance vers la cour à l'invitation du président. Même avec sa robe, il apparaît toujours autant comme atypique. Sa pugnacité et son exigence vis-à-vis de la vérité comme de la justice sont perceptibles. On discerne chez lui une sorte d'intransigeance. Elle va se manifester par ses paroles directes, dénuées d'artifices qu'il délivre à voix forte en se tenant juste devant le jury. Nathalie Guibert en rend compte dans son article quotidien du *Monde* :

Me Balan n'a pas épargné les hauts gradés qui sont venus à la barre "répondre avec beaucoup d'aplomb mais toujours à côté de la plaque". Selon lui, le 4 décembre, "Poncet mentait avec un aplomb total." Mais l'avocat dit aussi être le seul à l'excuser. "Tout part de l'affaire de Bouaké, où neuf soldats français sont morts et trente-neuf ont été blessés." Le gouvernement français, accuse l'avocat, a couvert les assassins en laissant partir les auteurs du bombardement. Une instruction est en cours. "Les victimes, c'étaient les hommes de Poncet. Poncet s'est senti profondément trahi par le pouvoir politique dans cette affaire. Avec l'affaire Mahé, affaire qu'il a couverte au début, il a été trahi une deuxième fois quand publicité a été donnée par le ministre à ces faits." Voilà pourquoi il se tait, explique l'avocat. Le général s'est dit : "ils veulent m'avoir ? Ils ne m'auront pas".

La symétrie avec l'affaire de Bouaké est l'un des principaux axes que maître Balan alimente depuis le début de l'audience. Il faut rappeler qu'il est aussi l'avocat de familles de victimes du bombardement du poste français. Il est le mieux placé pour comparer le traitement donné à ces deux affaires.

Mais cet axe n'est pas le seul qu'il évoque. La discipline, vertu cardinale des armées, en est un autre.

Tous les témoins ont dit qu'il (le brigadier-chef Schnier) ne pouvait rien faire. Sur l'ordre de son adjudant-chef, il a redressé le blessé, alors allongé dans le blindé. Il s'est exécuté. Il ne pouvait "absolument pas évaluer le caractère manifestement illégal" qui lui aurait permis de désobéir. Il l'a compris lorsqu'il a vu le sac en plastique qui allait étouffer le coupeur de route. Une horreur qui l'a plongé depuis, dans la dépression. Pour son client aussi, une vie et un rêve ont été brisés. L'indignité qu'on lui reproche a aussi été celle de la justice qui l'a envoyé en incarcération préventive.

Il enfonce le clou : *Des hommes d'honneur, il n'y en a que quatre devant la cour d'assises. Vous avez vu toutes les catégories de l'armée française, du plus courageux au moins courageux. Et dans les courageux, il y a ceux de la dernière heure, qui ont fait montre, en venant témoigner, de l'hypocrisie la plus totale. Pour eux, tout va bien. Mais sur le terrain, qu'est-ce qui se passe sur le terrain ? Les soldats exécutent l'ordre et si ça se passe mal, qui va payer les pots cassés ? Des gens comme ça,* lance-t-il en montrant les quatre accusés.

La personnalité de l'avocat trouve alors toute sa dimension. Il s'avance encore plus vers l'estrade de la cour. Il en est à quelques centimètres. Il s'adresse d'aussi près aux jurés et aux trois magistrats pour leur demander d'une voix à la fois impérative et prévenante de penser à la personne qui leur est la plus chère. Il leur laisse le temps. Il s'approche encore. S'arrête devant chaque juré(e) et chacun des trois juges. Le ou la regarde dans les yeux, dans un silence de mort.

Ça y est ? Madame l'huissier, merci de bien vouloir nous projeter les photos des victimes de Mahé. J'ai pu observer qu'à la première projection, certain(e)s d'entre vous n'arrivaient pas à regarder. Vous allez le faire maintenant, car vous allez voir sur ces photos la personne si chère à laquelle vous pensez. Elle est là, devant vous, à ma place, dans l'état que vous pouvez voir sur ces photos, par le simple fait de Firmin Mahé.

Il fait défiler les photos qu'il ne regarde pas. Elles sont insoutenables. Il les connaît. Il fixe les jurés. Certains flanchent et baissent les yeux. Il les invite à faire l'effort de regarder – c'est important. L'émotion est immense.

Je vous remercie. Les militaires que vous devez juger ont mis fin à ces horreurs. Ils en ont empêché bien d'autres. Et la justice veut que ce soient eux les criminels. Je vous souhaite maintenant de passer la plus mauvaise nuit de toute votre vie. Durant cette nuit durant laquelle se forgera votre intime conviction, je vous demande de vous rappeler ces photos, et de vous interroger sur le caractère juste de votre jugement.

On dit que les soldats sont de la chair à canon. Si ces hommes sont condamnés, les soldats deviennent aussi de la chair à canon juridique, et vous en serez responsables !

Maître Balan regagne sa place à côté du brigadier-chef Schnier. Toute la salle d'audience est dans un état de sidération. Je suis moi-même interloqué et médusé par cette plaidoirie au ton inattendu. Sa puissance d'implication des jurés me suffoque autant qu'elle me semble parfaitement justifiée. En quelques mots et quelques images, il a transporté le jury en pleine zone de confiance. En faisant appel à leur intime, il les a propulsés à notre place, il y a un peu plus de sept ans. Il ne leur a pas demandé « et vous, qu'auriez-vous fait ? » Rien et vous auriez été en règle avec la justice / quelque chose et vous seriez devenu des hors-la-loi. Ce n'est pas la peine. Tous l'ont compris.

Le président lève l'audience.

La salle se vide.

Chacun garde en tête les photos et ses derniers mots : « je vous souhaite de passer la plus mauvaise nuit de toute votre vie. » Cette nuit commence maintenant pour les jurés.

14°/ neuvième jour d'audience

Est-ce que l'angoisse du verdict l'emporte sur l'envie que cette affaire se termine enfin ? Je ne le sais pas en me réveillant ce matin. Sans doute moitié-moitié. D'où le fait que ma nuit n'a pas été la plus horrible de ma vie, contrairement aux mots de maître Balan. Elle n'a pas été la meilleure non plus.

Ce soir, je partirai peut-être en prison. Je ne reverrai pas mes deux garçons. L'inébranlable optimisme de Florence sera déçu. Pour prévenir et matérialiser ce risque, mon avocat m'a demandé de prendre avec moi, aujourd'hui, un sac d'effets personnels ; il serait mon premier compagnon de cellule. Je l'ai fait hier soir : survêtement, sous-vêtements, trousse de toilette. Faire ce sac m'a rappelé les photos anthropométriques de ma garde à vue, Quai des Orfèvres. C'est dans ces moments-là qu'on devient un criminel. Avec ce sac, que je fais moi-même, je me fais criminel. J'assume ma condition. Peut-être cela a-t-il été libératoire : j'ai dormi le moins mal possible, par fractions entrecoupées de réveils plus ou moins longs. Mais j'ai dormi.

Nous nous retrouvons avec Florence place Dauphine, comme le premier jour du procès. Nous sommes là un peu en avance pour profiter d'un moment calme, hors les murs du Palais de justice. Nous voyons, dans le petit square en face de nous, les deux avocats qui vont plaider ce matin faire les cent pas. Ils marchent, ils pensent, organisent leurs arguments et leurs formules. Ils ne veulent rien oublier. Ils finalisent leur plaidoirie comme un sportif se prépare pour une compétition. Maître Trémolet parle parfois tout seul. Il s'arrête, fait des gestes, repart. Il est déjà dans la salle. Il répète. Maître Gublin est plus fluide. Il marche plus vite. Ses yeux ne se lèvent pas du sol dans lequel il semble trouver l'inspiration. Rien ne peut le distraire. Pour tous les deux, on pourrait croire qu'ils jouent leur vie. En réalité, ils jouent la nôtre. Ils nous l'ont dit : en plus d'honorer leur métier d'avocat, ils défendent une cause et des accusés qui leur sont chers. Leur engagement est exemplaire.

Nous montons les escaliers du Palais de justice pour y rentrer. Beaucoup de nos amis sont là. Ils sont une bonne vingtaine à être venus, parfois de loin. Ils détournent quelques secondes mon attention, qui s'est verrouillée sur l'échéance du verdict prévue en fin de journée. Le hall est bruyant. Ma cousine avocate est aussi là. Elle fait partie de ceux qui ne manqueraient pour rien au monde de nous témoigner ce signe d'affection.

Nous montons les escaliers qui mènent à la grande salle des assises. Je tiens mon sac à la main, comme mes trois autres co-accusés. Il est le signe visible de notre soumission à la justice. Dans son palais, nous sommes ses vassaux. Elle peut faire de nous ce qu'elle décidera. Nous sommes prêts. Les dés sont presque jetés. Encore deux plaidoiries avant que la cour ne se retire pour délibérer. Encore quelques heures et, quoi qu'il en soit, un terme sera posé à ce que je continue de considérer comme un fait de guerre malheureux, que la justice examine comme un crime.

Nous rentrons dans cette salle majestueuse, devenue depuis neuf jours le lieu ordinaire de nos journées. Florence s'arrête avec nos amis pour s'asseoir sur les bancs du public. Je les laisse pour m'avancer encore, vers ma place d'accusé. Avant de l'atteindre, il me faut franchir la petite balustrade qui sépare l'assistance des acteurs du procès. Deux gendarmes sont postés là, comme chaque jour, pour veiller au respect de cette barrière, au bon ordre de la journée et à l'observation de la plus grande quiétude. Ils me saluent bien que je sois en civil. C'est nouveau. Ils ne le faisaient pas les jours précédents. Je ne sais pas comment interpréter ce signe. Je le saurai plus tard. Les gendarmes, comme les policiers, ont toujours été du côté de l'ordre établi, pour le meilleur et pour le pire. Nous échangeons quelques mots entre accusés. Je dis à maître Balan combien sa plaidoirie m'a percuté. Il m'en remercie. Les deux derniers avocats nous rejoignent. Tout est en place pour cette avant-dernière scène de l'acte final.

À l'annonce de la cour, nous voyons entrer les derniers acteurs, les plus importants. Si les quatre magistrats professionnels – les trois juges et l'avocate générale – ne dérogent pas à leur physionomie habituelle, mutique, nous voyons bien que les jurés ont appliqué à la lettre les conseils de maître Balan. Ils ont l'œil lourd, la mine chiffonnée et le teint blafard de ceux qui n'ont pas ou très mal dormi. L'intérieur de leur cerveau doit ressembler à la cuvette de Diên Biên Phu dans les derniers jours, avant qu'elle tombe aux mains des troupes du Viêt Minh. À quoi doivent-ils résister, eux ? À la pureté du droit ? À la tyrannie de leur conscience ? À la nécessité de punir ou à celle de comprendre qui peut conduire à plus de clémence ? Leur combat intérieur transparaît sur leur visage. Tous s'assoient. L'audience peut être ouverte par le juge Leurent, ce qu'il fait par les paroles rituelles, avant d'inviter le troisième avocat à plaider.

Plaidoirie de maître Trémolet de Villers

L'avocat de Guy Raugel s'avance. Il est à moins d'un mètre de moi, à mi-chemin entre son client et la cour. Il fait le lien entre les deux. Il est ultra-concentré. Je peux voir, sur le revers de sa main, quelques mots écrits. Deux ou trois, pas plus. Comme ses confrères hier, il n'a pas de papier. Tout est dans sa tête. Il a répété, sans doute cette nuit et bien sûr ce matin puisque avec Florence, nous l'avons surpris. Il prend la parole d'une voix posée qui cherche à empoigner les jurés. Il ne la force pas. Pas encore. Le début de sa plaidoirie est une histoire.

Vous avez à juger d'une affaire extraordinaire, comme l'a qualifiée madame l'avocate générale. Elle l'est en effet, d'abord parce que c'est une affaire militaire. Laissez-moi d'abord vous raconter un souvenir personnel. C'était il y a quelques années déjà. J'avais vingt-deux ans. J'étais tout jeune avocat. Je venais d'intégrer un cabinet. La vie s'ouvrait devant moi. Et là : patatras. Je suis appelé sous les drapeaux pour effectuer mon service militaire. C'est une catastrophe. En arrivant dans la caserne, je découvre ce monde que je ne connais pas. Je le découvre à travers un adjudant-chef que j'ai tout de suite haï. "Debout. Couché. Debout. Courir. Cirer ses chaussures, faire son lit..." Cet adjudant-chef nous déconstruisait. Par ses ordres incessants, penser ou réfléchir devenait subalterne. En réalité, il déconstruisait les freins à l'obéissance. Il nous apprenait qu'obéir sans réfléchir, c'est l'alpha et l'oméga du bon militaire. Il m'a appris, comme à toute ma génération, comme on apprenait à tous les appelés, qu'un militaire, ça obéit. "C'est à ça qu'on le reconnaît."

Maître Trémolet s'est mis en mouvement. Il s'adresse aux jurés en déambulant tranquillement devant eux. Il a le regard bas, intériorisé plutôt. Ce qu'il raconte avec le ton d'un conteur sort de sa tête et de ses souvenirs. Ses yeux vont chercher dans sa mémoire les images qu'il verbalise. Parfois, calmement, il regarde chacun des membres du jury populaire pour les embarquer. Très peu, voire aucun, n'a dû connaître le service militaire. Il faut qu'il les attrape, qu'il les emmène dans son histoire.

Je me suis mis à aimer les adjudants-chefs ; ceux qui apprennent à obéir et qui obéissent. Aimer l'armée pour ce qu'elle nous apporte, à nous les citoyens de France, c'est aimer ses adjudants-chefs. Celui-là – il regarde Guy Raugel avec insistance – il les incarne tous. Qu'est-ce qu'on attend de lui ? Qu'il obéisse. Et c'est exactement ce qu'il a fait. Lorsqu'il a reçu un ordre, le 13 mai, il a obéi. Le lendemain, le 14 mai 2005, l'adjudant-chef Raugel a rédigé un compte-rendu détaillé de ce qu'il avait fait – "son acte d'accusation". Depuis, soit dit en passant, "les seuls à qui on n'a jamais rien demandé, ce sont ceux qui ont mis ces soldats dans ce merdier". Pour ceux-là, les choses sont depuis le début d'une simplicité dramatique. Eux savaient que la mission était impossible et ils n'ont rien fait. Et maintenant, ils viennent ici donner des leçons. Mais reprenons. L'adjudant-chef Raugel, le chef bien aimé de tous, épanoui dans la carrière militaire, "cet homme n'a pas aimé, n'aime pas et ne peut pas aimer le geste qu'il a commis. Il ne serait pas, sinon, à y penser tout le temps. Ce souvenir l'habite. Je ne veux pas que cet aveu qu'il a fait soit retenu contre lui."

Car ce soldat qui peut donner sa vie, et qui peut donner la mort pour sa mission de sauver la population, déteste donner la mort. C'est le vrai paradoxe du soldat. Ceux qui aiment la mort, ce sont des mercenaires. L'armée les écarte.

Et maître Trémolet de Villers de revenir sur Guitrozon. Pendant leur mandat, les hommes de Guy Raugel ont découvert un massacre de villageois. Ils étaient trop loin de Bangolo pour pouvoir être alertés. Mais ce carnage – semblable à Oradour-sur-Glane – a eu lieu à quelques centaines de mètres d'un poste de l'ONU, qui n'a rien vu.

Ça c'est un crime… par omission. Vous, vous avez devant vous un homme de cœur qui est intervenu pour protéger la population parce que c'était sa mission. Il l'a fait, non pas au péril de sa vie, mais contre ses principes, parce que c'était un ordre et parce qu'il était un militaire.

Pour cela, et pour cet homme, je demande toute votre indulgence. Ce qui nous menace, c'est l'armée mécanique, l'armée des soldats de plomb, l'armée qui ne pense qu'au droit. Si l'adjudant-chef Raugel n'avait pensé qu'au droit, il n'aurait rien fait. Et les morts innocents se seraient accumulés. Et un criminel, Mahé, aurait continué à terroriser, à violer et à tuer des innocents.

Madame l'avocate générale nous dit qu'il convenait de désobéir. Savez-vous mesdames et messieurs les jurés que désobéir est puni chez les militaires. Les punitions les plus lourdes le sont pour désobéissance. La peine de mort est souvent prononcée pour les cas de désertion. Les déserteurs sont souvent des soldats qui ont juste tellement peur de perdre leur vie qu'ils rebroussent chemin d'un assaut duquel ils ne reviendraient pas. Ou des officiers qui ne reconnaissent pas un pouvoir qu'ils estiment illégitime – le maréchal Pétain en quarante par exemple – et fondent ou rejoignent la France Libre. Le droit de retrait que nous connaissons tous ici s'appelle pour les militaires la désertion. Il faudrait donc que le militaire obéisse pour se faire tuer et n'obéisse pas pour tuer si l'ordre est '"manifestement illégal" ? Je vous laisse réfléchir aux questions que cela pose, à la hiérarchie des normes qu'introduit ce paradoxe pour un militaire. Au flou de cette expression parfaitement subtile "manifestement illégal".

Alors, maintenant, mesdames et messieurs les jurés, vous êtes devant votre conscience et devant vos responsabilités. Assumez-les en hommes et en femmes de cœur. À la question "l'adjudant-chef Raugel a-t-il tué volontairement Firmin Mahé ?" je vous demande de répondre "Non". Il l'a tué parce que c'était un ordre et qu'un militaire obéit aux ordres. C'est juste ce qu'on attend de lui. C'est la force de l'ordre. "Volontairement", ça marche dans la vie civile, mais dans la vie de ces hommes, ça ne marche pas. Il l'a tué parce que cet homme était un criminel, un tueur qui n'avait aucune espèce de compassion pour ses semblables, que l'ordre voulait que cela cesse et que le cadre juridique de la zone de confiance était inopérant.

Voilà. Maître Trémolet de Villers a terminé sa déambulation devant le jury. Sa voix est montée, parfois, pour dire toute sa conviction et la faire partager. Il a joué des silences, de son timbre, de la gravité et de la sensibilité de ses paroles. Il revient vers sa place, à côté de l'adjudant-chef Raugel. Ses traits sont encore tendus par l'effort de concentration que lui a demandé cette heure de plaidoyer. Les jurés, déjà affaiblis par les plaidoiries de la veille, tentent de ne rien montrer d'un quelconque désarroi. Le président se retranche derrière son rôle de grand ordonnateur pour ne rien laisser paraître, lui non plus. Il annonce une suspension d'audience. Durant tout le procès, je ne saurais jamais rien de ses impressions ou de ses émotions. Elles ne transparaissent à aucun moment, jusqu'à présent.

Pendant cette courte pause, je retrouve un maître Gublin plongé dans ses dernières pensées. Je veux lui dire toute ma confiance. C'est idiot sans doute. D'ailleurs, je n'y parviens pas. C'est plutôt lui qui me parle. Il me confesse que maître Trémolet vient de lui subtiliser le ton qu'il avait prévu pour plaider. Il va devoir en changer. Je suis impressionné par son calme alors qu'il doit revoir, en quelques minutes, la tonalité générale de son intervention.

Je ne connaissais rien avant cette histoire au monde des avocats. À son début, croyant me conseiller, des amis m'avaient dit : « Chez les avocats, il y a ceux qui maîtrisent le dossier et ceux qui plaident. » Comme maître Gublin maîtrise avec une certaine perfection le dossier, je m'étais mis dans la tête que plaider ne pouvait être qu'une qualité secondaire. Quelle erreur. Il existe bien des avocats qui dominent à la fois leur dossier et la plaidoirie, et maître

Gublin en est. Mais cette erreur se traduit, à ce moment-là pour moi, par une légère inquiétude. Le temps de l'interruption se termine. Il faut rentrer.

Plaidoirie de maître Gublin

Mon avocat s'avance. Il se positionne bizarrement, à ce que je peux en juger : il s'assied devant moi, résolument sur ma droite, sur la parclose qui marque l'extrémité du banc des avocats. Il est tout à fait de biais par rapport au jury, presque devant l'huissier, comme dans un coin. Les magistrats et les jurés doivent tourner la tête pour le voir. Il ne parle pas très fort. Tous doivent donc tendre aussi l'oreille pour l'entendre. Il me dira juste après avoir décidé d'une plaidoirie « au coin du feu » puisque ses confrères ont utilisé les autres techniques oratoires. Je l'entends moi-même comme dans un brouillard. Ce n'est ni la distance, ni le volume feutré de sa voix. Je suis déjà dans l'immense inquiétude du verdict. Je l'écoute, pourtant je ne l'entends pas vraiment.

Sa plaidoirie débute en réalité par un interminable silence, durant lequel il dévisage, en les fixant chacun longuement, les membres du jury. Il ne commence à parler que lorsque son silence est devenu insupportable. Ses premiers mots dressent les attendus de l'analyse qu'il veut accréditer. *Ce tribunal d'assises ordinaire juge des hommes, et non pas des militaires. Puisque le tribunal aux armées a été dissous, que les militaires sont ainsi redevables du droit commun, vous devez donc d'abord juger un homme. Cet homme a été placé dans les conditions très particulières que son métier d'officier imposait. Ces conditions sont autant de circonstances atténuantes. J'ajoute que l'acte que vous avez à juger, plus de sept ans après qu'il a été commis, s'est déroulé à cinq mille kilomètres d'ici, par une température de trente-cinq degrés, une hygrométrie de cent pour cent, autrement dit dans un environnement qui nous est, qui vous est parfaitement étranger. Vos références habituelles, celle du droit ordinaire notamment, doivent ainsi être dépassées pour bien juger.*

Il manque des responsables dans ce procès. "On vous demande de choisir des coupables dans une liste triée." Il ne vous a pas échappé qu'il y avait des trous dans la raquette.

Le général Poncet d'abord. Un témoin de poids, son adjoint, nous dit n'avoir aucun doute sur le fait que le donneur d'ordre est le général Poncet. Il connaît aussi bien et le colonel Burgaud que le COMANFOR. Il sait ce que chacun peut faire. Il sait ce que le général Poncet a pu faire, qui a ressemblé en quelques circonstances précédentes à cet ordre qu'il n'aurait pas donné. Rappelez-vous le "je veux des morts" et le "tirez dans le tas" dont vous a parlé le général de Malaussène. Le colonel Burgaud, auparavant, n'a jamais franchi la ligne du droit. J'ai la même intime conviction que le général de Malaussène. L'ordre vient de la tête de l'opération Licorne. Le général Poncet a donné l'ordre de neutraliser Mahé. Il n'a ensuite pas su ou voulu protéger ses hommes. Il les a laissés sombrer. Et quand bien même vous avez le droit, comme moi et comme l'avocate générale d'en douter, en raison du non-lieu qui lui a été accordé, vous savez que le doute doit profiter à l'accusé. Le colonel Burgaud a vécu ce déni du général Poncet comme "un véritable abandon", je cite les paroles de l'expert psychiatre.

Le capitaine de Larminat ensuite. N'a-t-il pas validé l'ordre de rouler doucement qui fait donc de lui un complice ? Le voyez-vous sur le banc des accusés ? Non. Pourquoi ? Pas plus du capitaine Ricard.

J'en ajoute un autre : le maréchal des logis Bonneau. C'est lui qui a tiré sur Firmin Mahé le matin du 13 mai. Tout le monde ici a compris que ce tir ne répondait pas aux conditions de la légitime défense. Et pourtant, il a été estimé conforme. Par le procureur et l'état-major des armées nous a-t-on dit. N'est-ce pas étrange ? Le maréchal des logis Bonneau n'a pas été poursuivi. C'est pour moi une énigme.

Votre jugement est truqué, manipulé. La justice vous présente les têtes qu'elle a sélectionnées selon son bon vouloir. Vous ne devez pas être complices de cette hypocrisie. Elle a notamment été portée devant vous par "ce défilé de généraux qui ont tenu devant la cour des discours de salon". Ne soyez pas dupes.

Le colonel Burgaud a vécu quant à lui "un authentique combat de valeurs". Ce sont ses paroles. Pour ce catholique convaincu que tous ont décrit comme un chef exceptionnel – au point que deux de ses soldats sont venus à leur propre demande en témoigner, je ne parle pas des autres témoins – "la vraie question s'est posée entre le mal et le pire". Faire = le mal, ne rien faire = le pire. L'encadrement juridique de la zone de confiance imposait le pire. Il ne l'a pas supporté. Il se traduisait par plus d'un mort innocent par jour. L'insupportable de cette situation a pesé pour qu'il transmette cet ordre qu'il admet "avoir été lâche de ne pas avoir refusé". "Le temps suffit à punir ceux qui portent des remords." Mon client est un homme de courage et de cœur. Vous avez pu le voir, remarquer sa femme, sa famille et ses proches à ses côtés, chaque jour. Ce n'est pas un hasard qu'il ait été ainsi entouré. Vous avez peut-être consulté le site du comité de soutien que ses amis ont spontanément monté. Vous y avez lu des témoignages plus attentionnés les uns que les autres. Je voudrais vous en lire un seul sur plus d'une centaine :

« Louis, dit Loulou[110]
Cher papa
Je pense beaucoup à toi en ce moment qui est très difficile pour nous tous.
Je t'aime très très très et on peut encore rajouter beaucoup de très fort. »

Maître Gublin se tait quelques longues secondes pour laisser à l'émotion qu'il vient de susciter le temps de percoler. Il me surprend, moi aussi. J'ai lu ce petit message attendrissant aux larmes ce matin. Ces quelques mots simples et bouleversants disent aussi tout le désarroi de mon fils. Les réentendre par la voix de mon avocat s'adressant aux jurés me transperce. Le message subliminal que maître Gublin veut faire porter par son silence : « ne punissez pas non plus les enfants de ces militaires, du colonel en l'occurrence ».

Le Tribunal des armées de Paris qui jugeait auparavant de faits commis ou subis par les militaires vient d'être dissous en ce début d'année, par décision de la ministre de la Justice, ex-ministre de la Défense, Michèle Alliot Marie. Il a eu à statuer sur des cas similaires à celui-ci, et je voudrais vous rappeler ici que les peines qu'il a infligées ont été nettement inférieures aux réquisitions de madame l'avocate générale. Et maître Gublin de citer trois cas effectivement proches de l'affaire Mahé qui n'ont pas donné lieu à de la prison ferme. *Je ne doute pas que vous saurez vous rapprocher de cette seule jurisprudence existante pour établir le quantum des peines que vous arrêterez.*

À ce moment-là, après être resté à la place qu'il avait prise pour sa plaidoirie, maître Gublin se lève pour se rapprocher de la cour, et plus particulièrement du président. Cela fait plus d'une heure qu'il parle, du même ton, avec l'autorité de celui qui maîtrise parfaitement son dossier et l'exercice. Je spécule que le fait qu'il se lève doit marquer un moment particulier. Je ne suis pas déçu. Il m'avait dit ne rien pouvoir faire de l'information selon laquelle le propre père du président avait écrit ses mémoires pour expliquer à ses enfants sa guerre d'Algérie. Il se rapproche du juge Leurent, un peu comme maître Balan a pu le faire hier.

Monsieur le président. Tous ceux qui ont été des militaires pendant une opération ou une guerre ne sont pas nécessairement des salauds, quoi qu'ils aient fait. La guerre les a enveloppés de sa logique. Elle n'est pas la nôtre. Cette année, l'un de mes parents qui a fait la guerre d'Algérie est décédé.

[110] Louis avait douze ans à ce moment. Il a posté ce message en cachette.

Nous avons retrouvé ses mémoires qu'il avait écrites pour nous, ses descendants. Il y expliquait cette vilaine guerre et les raisons de certains de ses actes. Je vous le redis, tous les militaires impliqués dans des guerres ne sont pas des salauds ou des criminels, pas plus mon oncle, que le colonel Burgaud, que je ne sais qui d'autre.

Le président a très bien compris. Pour la toute première fois, sans un mot, il tapote nerveusement la table avec son crayon. Le message est passé. Je comprends aussi que l'heure doit être grave pour que mon avocat utilise ainsi cette information. Il termine sa plaidoirie en s'éloignant de devant le président pour adresser à l'ensemble du jury un message de clémence. Il rappelle que la jurisprudence du tribunal aux armées de Paris était plus indulgente que les réquisitions d'Annie Grenier.

Il vient se rasseoir à côté de moi. Nous nous regardons. Les dés sont presque jetés. Avant de sortir délibérer, je sais d'un échange avec lui que le président va demander à chacun des accusés s'il a quelque chose à rajouter. Il m'a suggéré de préparer un petit mot que j'ai écrit hier soir.

Pendant la pause qui suit, je lui montre les quelques lignes qui traduisent mon état d'esprit.

L'officier que j'étais est mort. Avant d'être enterré, il s'est présenté en vérité et en responsabilité devant vous. L'homme que je suis reste encore vivant. Il est malgré tout blessé par cette affaire qui a bouleversé ma vie autant qu'elle a entraîné et brisé mes subordonnés.

Il n'est pas une seconde sans que je revive ce cas de conscience épouvantable : la vie d'un criminel contre les vies d'innocents. Entre les deux, des exactions abominables que certains d'entre vous ne pouvaient pas regarder en photo alors qu'elles étaient notre quotidien. Notre mission était de les arrêter. Nous étions aux portes d'un génocide.

Face à ce risque, j'assume avoir transmis et non donné un ordre illégal. Il était à mes yeux, au regard du pire, un mal nécessaire pour assurer notre mission de protection de la population. Je regrette la mort de Mahé, fusse-t-il un criminel.

J'ai mis mon cœur dans cette mission, comme au Liban qu'un prix Nobel de la paix est venu récompenser, comme au Kosovo et au Tchad. J'ai fait ce choix du cœur. C'est à vous de dire si ce choix était criminel.

Il me dissuade d'une prise de parole aussi longue. Je ne sais plus ce que j'ai pu dire lorsque le juge Leurent m'a donné la parole. J'ai sans doute repris en une phrase une petite partie de ce mot que je retrouve dans mes notes.

La lucidité m'avait temporairement abandonné. L'inquiétude me submergeait.

La cour se retire juste après pour délibérer. En sortant, les jurés nous regardent longuement, pour l'avant-dernière fois. Que voient-ils ? des dangereux criminels, des hommes de devoir qui sont allés trop loin, des victimes de la basse politique, les fusibles d'un général protégé par ses pairs ? C'est de cela qu'ils vont débattre en répondant aux questions que le président a posé pour encadrer leur délibéré :

- Chacun des accusés est-il coupable des actes pour lesquels il est accusé ?
  - Le colonel Burgaud a-t-il donné un ordre qui conduisait à ce que Mahé n'arrive pas vivant à Man ?
  - A-t-il falsifié les comptes-rendus ?
  - L'adjudant-chef Raugel a-t-il volontairement étouffé Mahé ?
  - Les brigadiers-chefs Schnier et Ben Youssouf sont-ils complices de cet acte ?
- Les accusés font-ils l'objet de circonstances aggravantes ou bénéficient-ils de circonstances atténuantes ?
- Quelle peine méritent-ils ?

Attente du jugement

D'habitude, dans l'attente du jugement, les accusés sont consignés dans des cellules contiguës à la salle d'assises, sous la garde des gendarmes. Il convient qu'ils ne puissent s'enfuir. Une fois que le public a quitté le lieu, que nos avocats nous ont rassurés, plutôt satisfaits de la somme de leurs quatre plaidoiries, complémentaires selon eux, les gendarmes viennent nous trouver. Ils sont accompagnés de leur officier. C'est à ce moment-là que je comprends leur salut du matin. Leur supérieur, un capitaine, nous dit tout son dépit et son émotion de nous voir accusés et de ce qu'il a pu entendre. Il nous avoue même ne pas trop savoir sa réaction au cas où nous serions gravement sanctionnés.

Pour l'instant, il est inconcevable pour lui qu'il nous enferme dans les cellules prévues pour de plus dangereux criminels. Il nous propose que nous soyons rejoints par nos épouses ou compagnes ou proches afin d'attendre ensemble le verdict. Nous ne serons ainsi pas seuls dans la salle des assises qu'il fermera pour nous laisser tranquilles.

C'est ce qui se passe. Pour respecter l'esprit de leur mission, ce sont les gendarmes qui vont demander à nos conjointes de nous rejoindre, tandis que nous restons dans la salle d'assises. Elles nous retrouvent ainsi. Chacun doublement accompagné, par nos moitiés ou un proche et par son sac de possible futur prisonnier, nous commençons à pique-niquer sur les bancs du public. Ces moments de grands dangers sont aussi des moments de grande tendresse. Je suis heureux d'avoir Florence à mes côtés. Elle me porte depuis sept ans. Elle m'a suivi lorsque, quittant l'armée, j'ai rejoint une vie professionnelle dans le privé, d'abord à La Rochelle, puis à Chantilly. Mes choix ont été les siens. Elle continue de me rassurer. En ce moment, elle raisonne à ma place. Je lui fais des recommandations au cas où... Nous parlons peu, mais chaque mot a tellement plus de poids. Nous nous sommes mariés « pour le meilleur et pour le pire, en nous promettant fidélité dans le bonheur et dans les épreuves... ». Nous habitons en ce moment le second registre. Elle honore son engagement et sa promesse.

Nous ne savons pas la durée normale d'un délibéré. Ni ce que signifie le temps court ou long que la cour met à décider. Toute interprétation est inutile. Pourtant, je ne peux m'en empêcher. Mais long, ça veut dire quoi ? C'est le type même de réflexion qui ne mène à rien et qui pourtant occupe le cerveau de l'accusé que je suis, en attente du verdict du jury qui le juge. Viennent s'ajouter les tentatives de projection, elles aussi vaines, mais impossibles à évacuer. Si je suis emprisonné ?... Si la peine me permet de rentrer à la maison ?... Tout n'est que conjecture et incertitude. Je ne peux me raccrocher à rien de connu. À la fois ce monde de la justice m'est étranger, et il n'y a aucune jurisprudence, sauf celles du TAAP rappelées par maître Gublin. Je m'y raccroche parce que ces décisions me seraient plutôt favorables. Mais la juridiction qui me juge est tellement différente...

Le temps passe. On a beau faire traîner les deux sandwichs que Florence a précipitamment achetés lorsqu'elle a été invitée par les gendarmes à me rejoindre, il arrive un moment où ils sont mangés. Alors nous discutons entre accusés, de choses et d'autres, d'impressions, de banalités. Nous nous disons néanmoins tout notre respect réciproque, malgré les circonstances. Puis ces échanges s'étiolent. Je crois qu'une petite sieste a essayé de les remplacer. Deux bonnes heures sont passées. Je n'arrive pas à trouver un quelconque début de somnolence. Avec Florence, on parle des garçons. Peut-être ce soir sera-t-on avec eux. C'est pour moi comme si je devais faire un tour du monde pour les retrouver. Il y a un fossé, une crevasse, un gouffre, un décalage horaire entre maintenant et ce soir. Le temps est discontinu. Les retrouver nécessitera un exploit. Le temps s'écoule. Il doit faire partie du scénario. Il impose l'introspection, l'acceptation. Mais ce qu'il s'écoule lentement ! Mon cerveau se vide à ne trouver de réponse à rien, à échafauder des plans qui n'ont pas de consistance. Moi qui apprécie anticiper et me projeter, je suis vaincu. Je vis entre parenthèses, dans un présent sans futur, qui n'a pas de sens.

Faute de pouvoir renouveler à l'infini nos sujets de discussion, nous entamons un tour culturel de la salle d'assises. Nous détaillons les allégories des quelques tableaux, tentons de nous expliquer la présence des rares objets et de la symbolique qu'ils expriment, individualisons les caissons peints du plafond... sans vraiment d'expertise ni de conviction, juste pour « passer le temps ».

Enfin, trois heures environ après que la cour s'est retirée, les gendarmes nous préviennent que la séance va reprendre. Comme un moteur qui s'emballe, mon cœur monte dans les tours. À partir de maintenant, il est en surrégime.

Le public regagne sa place. Nos avocats nous rejoignent. Ils sont tendus. Les parties civiles sont accompagnées de maître N'Doumou pour retrouver leur banc. Il faut bien une bonne demi-heure pour rassembler tout le monde, qui s'était dispersé en attendant le signal du regroupement. L'huissier constate qu'il ne manque personne d'important. Il donne le signal, puis annonce l'entrée de la cour.

C'est évident qu'une consigne a été donnée. Les mines des jurés et des juges sont fermées. Personne ne laisse rien transparaître. Les yeux sont bas. Ils ne croisent pas les nôtres. Le ballet est lent. La file menée par le président Leurent se déroule jusqu'à ce que chaque membre du jury soit devant son siège puis s'assied. J'essaye de savoir. Comment le pourrais-je ? C'est comme pour la durée du délibéré et son éventuelle signification. Que voudrait dire qu'un juré laisse apparaître un signe de contentement, ou de contrariété ? L'exercice est vain, ou plutôt voué à l'échec. Mon cœur accélère encore. Pourtant, je ne fais pas un geste. Et puis, le président demande aux accusés de se lever et de s'avancer pour entendre le verdict. Nous nous levons ; nous nous avançons pour nous placer en rang devant la barre face à la cour. Nous sommes comme des militaires qui viennent écouter un ordre de leur supérieur.

Le président prend la parole. Je ne me rappelle aucune des formules protocolaires qui précèdent l'énoncé du jugement, si ces formules existent. Mon cerveau se reconnecte lorsqu'il commence à rendre publiques les décisions du jury :

- *À la question sur la culpabilité des mis en cause des faits qui leur sont reprochés, la cour a répondu OUI pour le colonel Burgaud, l'adjudant-chef Raugel et le brigadier-chef Schnier.*
- *Pour le colonel Burgaud, la cour a répondu NON à l'accusation de falsification de comptes-rendus.*
- *Pour le brigadier-chef Ben Youssouf, la cour a répondu NON quant à sa culpabilité.*

En conséquence, en vertu des articles... du Code pénal, compte tenu que les faits constituent les crimes et le délit connexe prévus et réprimés par les articles... du Code pénal, nous condamnons :

- *L'accusé Éric Burgaud à la peine de 5 (cinq) années d'emprisonnement pour avoir, par ordre ou instruction, provoqué le meurtre de Firmin Mahé, par la majorité de six voix au moins,*
- *L'accusé Guy Raugel à la peine de 4 (quatre) années d'emprisonnement pour avoir volontairement donné la mort à Firmin Mahé, par une majorité de six voix au moins,*
- *L'accusé Johannes Schnier à la peine de 1 (un) an d'emprisonnement pour avoir sciemment, par aide ou assistance, facilité la préparation ou la consommation du meurtre de Firmin Mahé, par la majorité de six voix au moins.*
- *Et nous acquittons le brigadier-chef Lianrifou Ben Youssouf.*

C'est le trou noir. Je regarde maître Gublin. Il est livide, comme les deux autres avocats des condamnés, comme mon voisin, l'adjudant-chef Raugel. La sentence est tombée. Mon cœur s'emballe encore un peu plus. Mon cerveau ne répond plus. J'ai l'impression que mes jambes ne vont plus me porter très longtemps encore. J'encaisse comme je le ferai d'un énorme coup en pleine figure. Je pense à Florence, à nos deux garçons. Leur mari et leur père vient de changer de statut. La société a jugé que nous étions des criminels qu'il fallait emprisonner. Ils devront venir me voir dans un parloir. Le président s'est tu. Il nous regarde. Les jurés n'osent pas lever les yeux. Nous non plus.

La cour d'assises veut que le jugement soit motivé. Le président, après un assez long silence, reprend la parole. Il précède ses explications d'attendus juridiques sans autre intérêt pour nous que le temps qu'ils nous torturent.

Les militaires ont gravement porté atteinte aux valeurs de la République française.

Éric Burgaud a clairement admis que l'ordre de rouler doucement signifiait que Firmin Mahé n'arrive pas vivant à Man. Il a indiqué à l'audience vouloir assumer avec dignité cet ordre (...) qui constitue bien l'ordre d'exécuter M. Mahé. Qu'il ait pu recevoir un ordre du général Poncet n'est pas de nature à écarter sa responsabilité pénale. Le colonel Burgaud a pleinement adhéré à cette instruction au motif qu'elle lui paraissait légitime au regard de la situation. Il a maintenu à l'audience la légitimité de cette solution radicale. En dépit des difficultés réelles rencontrées par les militaires français, la cour d'assises considère que rien ne pouvait justifier qu'un homme blessé soit étouffé avec un sac-poubelle, même au nom des populations civiles.

Tout cela est entendable et je l'entends. Les peines sont proches des réquisitions. Le brigadier-chef Ben Youssouf est acquitté, ce qui est justice. J'écope de la plus lourde peine, ce qui est juste. Même si je m'y étais préparé, l'addition est très lourde.

L'adjudant-chef Raugel a toujours reconnu, avec une indéniable franchise, avoir volontairement étouffé Firmin Mahé, alors menotté dans le dos et gravement blessé à la jambe. L'ordre, manifestement illégal, ne saurait constituer une contrainte irrésistible au sens de l'article 122-2 du Code pénal. L'adjudant-chef était un sous-officier expérimenté, parfaitement entraîné et préparé à affronter les situations de crise. Son acte a été réfléchi et délibéré. Le respect de la hiérarchie militaire ne peut justifier qu'un militaire supprime un homme blessé et ligoté.

Le brigadier-chef Johannes Schnier a toujours admis avoir, à la demande de l'adjudant-chef Raugel, tenu Mahé par les épaules (...). S'il n'avait pas d'information sur l'objectif poursuivi, il n'a pas contesté qu'il avait parfaitement compris l'intention d'homicide de son supérieur. Il a eu le temps de réfléchir car cette assistance dans le meurtre de Firmin Mahé a duré plusieurs minutes. La cour ne retient pas la contrainte. Le brigadier-chef Schnier était également expérimenté et nullement en situation de stress ou de danger.

Le brigadier-chef Lianrifou Ben Youssouf a toujours contesté avoir pu se rendre compte de ce qui advenait tandis qu'il conduisait. Il portait un casque, il faisait nuit, le bruit régnait dans le véhicule.

Les minutes que durent ces motivations sont interminables. Ma vie était entre parenthèses pendant l'attente du jugement. C'est, depuis que nous sommes debout devant la cour, le moment d'une longue, très longue apnée.

Mon avenir est sombre. Je pense à la déception de Florence. Je croyais les motivations terminées. Le juge Leurent continue.

Toutefois, la complexité de la situation dans la zone de confiance, les limites imposées à l'action de la force Licorne, l'impuissance de l'ONUCI et de ses forces de police, les scènes de crimes auxquelles étaient confrontés les soldats constituent des circonstances exceptionnelles qui, au regard de leur engagement sans faille dans leur mission, sont de nature à atténuer leur responsabilité.

En vertu de quoi, les peines prononcées sont toutes assorties de sursis.

Ce tout dernier mot change tout. J'en veux au juge Leurent d'avoir ainsi présenté le verdict. Il nous a torturés, à sa façon, volontairement. Que nous a-t-il ainsi fait payer ? L'insolence de mon avocat dans la dernière partie de sa plaidoirie ? Je crois plutôt que les jurés populaires ont pesé sur cette décision qui n'était pas celle des magistrats professionnels. C'est mon intuition. Elle renforce ma conviction que la justice doit intégrer des jurés populaires qui apportent au droit une sensibilité et une conscience citoyennes.

L'apnée se termine par une grande bouffée d'air frais. Je regarde maître Gublin et Florence. Tous les deux passent comme moi de la tétanie à la joie. Florence avait raison de croire. La cible visée il y a sept ans par maître Gublin est atteinte. Je vais retrouver mes garçons ce soir et passer Noël avec eux. L'adjudant-chef Raugel ne retournera pas en prison. Il n'y a pas d'effusion entre nous, juste un signe de respect mutuel d'avoir combattu ensemble pour nous défendre d'une infamie. Et un immense soulagement partagé. Nous avons mal fait juridiquement parlant, mais la justice reconnaît une part des motivations de ce geste. Le mal et le pire ont été discriminés. Le légal et le légitime ont été intégrés dans ce jugement. Même le doute sur la possible responsabilité du général Poncet figure dans les justifications du verdict.

Dans la salle d'assises, après un silence de cathédrale, le verdict est accueilli très différemment. En faveur des accusés et de la justice, des applaudissements fusent sitôt l'annonce du sursis par le président. Ils viennent d'abord de nos proches, sans doute aussi d'un public moins partisan qui salue l'équilibre de la décision. Côté ADI, ce sont des vociférations, des cris d'insulte qui visent aussi bien la cour que les accusés. La reconnaissance de notre culpabilité ne suffit pas. La justice et la France sont accusées de colonialisme. Le président marque la fin de l'audience et fait évacuer la salle. J'ai le temps d'embrasser longuement Florence qui a les larmes aux yeux. Elle aussi a été suppliciée par l'interminable temps pris avant l'annonce du sursis. Je vois dans un voile – Florence m'a communiqué un flot de larmes qui m'embue la vue – le capitaine de gendarmerie qu'un sourire illumine me faire un petit signe. Le brouhaha m'emporte pour sortir de cette salle d'audience.

Quelques caméras nous attendent dehors. Je ne quitte pas d'une semelle maître Gublin. Il lui revient de prendre la parole. J'en suis incapable. Il a toute l'expérience pour répondre avec mesure aux journalistes et mettre en perspective cette décision : « La justice a entendu la détresse des militaires à qui la France a fait vivre leur mission dans des conditions abominables. » Autrement dit, la justice nous a jugés par excès pour avoir tué Firmin Mahé, mais elle a aussi jugé par défaut nos autorités politiques et militaires qui n'ont pas réuni les conditions d'exécution de la mission qu'ils nous confiaient. Ce défaut a motivé les circonstances exceptionnelles qui sont devenues des circonstances atténuantes. Un journaliste me tend un micro. Dans ce chaud et froid d'émotions vécu les quelques minutes qui précèdent, je n'arrive à sortir qu'un mot : « on n'est pas des salauds. »

De son côté, les parties civiles et l'ADI continuent de manifester leur mécontentement dans le hall. Les membres de l'ADI sortent des sacs-poubelles et, à l'instar de maître N'Doumou, miment l'étouffement du coupeur de route. Les gendarmes de l'audience ont été renforcés. Le petit détachement qu'ils forment maintenant commence par isoler les fauteurs de troubles pour progressivement les repousser à l'extérieur du Palais de justice. Ils ont toute la science d'un maintien de l'ordre ferme, mais paisible que j'ai pu observer à Zvečan !

Je n'ai pas le temps de partager le contentement de me voir libre que mon avocat me rappelle à une obligation que j'ignorais. Une audience s'ouvre maintenant pour établir l'indemnité financière à laquelle peut prétendre la famille de Firmin Mahé à titre de préjudice. C'est le jugement civil. Nous laissons tous nos amis que je n'ai pas eu le temps de remercier pour leur présence, remontons dans la même salle, reprenons nos places. Les jurés ont disparu. L'audience est courte. À l'inverse du début d'après-midi, ce n'est plus l'inquiétude qui m'empêche d'entendre ce qui se dit, mais plutôt un trop-plein de joie après trop d'angoisse. Je crois que l'avocat des parties civiles a plaidé. Je ne me rappelle pas d'avoir entendu nos avocats. Il me semble avoir identifié un nouvel acteur : l'avocat des intérêts de l'État. La décision est vite rendue par le président. Les accusés sont redevables à titre solidaire d'une indemnité de préjudice de trente mille euros. Maître Gublin me fait part de sa surprise. Jamais des militaires condamnés dans l'exercice de leur fonction n'ont été responsables pécuniairement à titre personnel. La liberté n'a pas de prix. Ce jugement passe très loin et s'efface derrière le précédent. Par honnêteté, je me dois de dire que la somme ne nous a jamais été demandée. Le ministère de la Défense s'en est acquitté.

Voilà, tout est fini. L'audience civile est levée. Ni l'État comme Annie Grenier l'avait annoncé, ni les accusés qui considèrent comme juste cette décision ne feront appel. Les parties civiles le feront. Le second jugement ne modifiera en rien la décision prise en première instance.

Les gendarmes s'approchent de moi et de Florence. Ils doivent nous exfiltrer : dehors, des Ivoiriens continuent leur chahut et nous risquons fort d'être pris à partie. Deux gendarmes nous escortent à travers des couloirs étroits et des escaliers dérobés jusqu'à une sortie discrète du Palais de justice. Ils nous proposent de nous accompagner jusqu'à la bouche du métro. Nous estimons que nous serons plus discrets seuls dans la nuit qu'escortés par eux. Nous les remercions. Nous sommes contrits de ne pouvoir partager notre soulagement avec nos amis qui nous attendent. Notre sortie ressemble à une fuite. Elle tempère notre joie. Mais nous n'avons maintenant qu'un seul et unique but : rejoindre au plus vite Chantilly et nos deux garçons. Ce qui semble normal pour tout un chacun devient exceptionnel pour nous.

Le métro n'est qu'une formalité. Jamais le trajet n'a été aussi court. Je n'en garde qu'un seul souvenir. Triste. Florence m'apprend que ma grand-mère est décédée hier. Personne ne m'en a rien dit pour ne pas ajouter de la peine à mon inquiétude. Elle est partie retrouver un grand-père que j'adorais. Elle s'est envolée avec mes turpitudes. Ma grand-mère est une partie de ce jugement.

En voiture, j'appelle mon papa qui sait déjà l'information par les radios d'information continue. Il respire. C'est une grande délivrance pour lui aussi. Mon épreuve était aussi la sienne. Il se réjouit pour moi. Florence appelle ses parents pour leur dire que nous sommes tous les deux en route vers eux et nos deux garçons. Les SMS et les appels se succèdent. La nouvelle du verdict est maintenant connue. Beaucoup veillaient un média pour l'apprendre au plus vite. Tous mes collègues de bureau m'appellent. Je comprends aux mots de mes patrons et de mes collaborateurs, à leur joie sincère, qu'ils étaient inquiets et qu'ils veulent partager avec moi leur plaisir de me retrouver. C'est comme un paquet-cadeau qui entoure cette sentence. L'homme que je suis, tout blessé qu'il est encore, peut exister dignement. J'étais en partie abîmé et déshonoré ; ils me réhabilitent. Leur empressement à partager leur joie me délivre. Certains messages de ces relations de travail me surprennent. Ils portent la discrétion et l'attention de collègues plus lointains qui osent me dire pour la première fois, avec pudeur, qu'ils ont suivi cette affaire qui les bouleversait. Cette pudeur m'a toujours affecté. Elle est pour moi le signe de la plus grande prévenance et d'une très grande élégance de cœur.

Quelques-uns de nos amis nous appellent des marches du Palais de justice. Ils y sont encore, à se repasser les images de ces dernières heures. Ils nous attendent. Nous les décevons forcément en leur racontant notre « exfiltration ». Ils comprennent bien sûr. Les Ivoiriens de l'ADI n'ont pas décroché. Nous entendons en arrière-plan des appels téléphoniques le vacarme qu'ils font encore.

Nos boîtes vocales continuent de se remplir de messages. Ils rendent le trajet vers Chantilly aussi transparent que le métro, même si les embouteillages d'une sortie de Paris un vendredi soir le rendent un peu plus visqueux que d'habitude. Rien n'a vraiment d'importance ce soir, sauf de nous retrouver ensemble.

15°/ post-scriptum

La soirée et le week-end sont joyeusement familiaux. C'est pour moi Noël avant l'heure. La vie va peu à peu reprendre son cours normal. Une synthèse brutale introduit ce retour à la normalité : à la mort de ma grand-mère répond, trois jours après le verdict, la naissance d'une petite-nièce. Elle s'appelle Victoire.

La surpression médiatique des chaînes d'information retombe vite, dès le lendemain. Elle laisse la place à ces journaux qui savent prendre le temps de l'analyse. Ils sont plus objectifs et réfléchis. Leur avis sur ce jugement est précieux.

Le Monde : « La cour d'assises de Paris adresse ainsi un message clair aux soldats : rien ne saurait justifier des actes criminels quelle que soit la contrainte des opérations de guerre. Mais, souligne l'avocat du colonel Burgaud, Me Alexis Gublin, "elle a entendu la détresse des militaires à qui la France a fait vivre leur mission dans des conditions abominables".

« Le message vaut pour l'avenir. Après l'Afghanistan, où seront demain envoyées les forces françaises que l'exécutif ne veut employer que sous le mandat de l'ONU ? En 2005, l'opération extérieure de Côte d'Ivoire était une opex impossible. La force Licorne était censée venir en appui de l'ONU ; c'est l'inverse qui s'est produit. Mais sans aucun moyen, en réalité, d'accomplir la mission fixée par la résolution 1528 de protéger les populations. [...] Ni les généraux, ni les responsables politiques n'ont répondu du meurtre de Firmin Mahé. Mais justice a été rendue aux quatre accusés, qui se sont tous sentis douloureusement lâchés dans cette affaire. »

Atlantico : « Quand vous commettez un délit ou un crime, il y a toujours un contexte, il y a une personnalité des auteurs comme de la victime, il y a des circonstances. Et au-delà même de ces circonstances, il y a ce qu'on pourrait appeler des métacirconstances, qui font que parfois même vous ne pouvez pas être condamné : l'état de nécessité, le commandement de l'ordre légitime, la contrainte. C'est la loi. C'est comme ça.

« Ça n'est pas strictement ainsi qu'a jugé la cour d'assises de Paris mais ça l'a été pourtant pour une grande partie.

« Après en avoir délibéré dans le secret de leur conscience, ces juges et jurés ont déclaré coupables trois des quatre accusés. Coupables ! Ça n'est pas rien tout de même. Ça veut dire en clair : vous n'aviez pas le droit. C'est dit et c'est important, parce qu'il n'a jamais été soutenu par quiconque tout au long de ces audiences que ce qui avait été fait par ces militaires était bien.

C'est même tout le contraire. Un vrai soldat n'aime pas donner la mort, il n'y éprouve aucun plaisir, il n'en a même pas l'envie. Ce n'est donc pas un blanc-seing à nos militaires qui a été délivré par la cour d'assises de Paris.

« Simplement, et ni plus ni moins que dans tout procès, il a été tenu compte de ce foutu contexte. Il est triple.

« Un contexte de contrainte d'abord : nous sommes à l'armée dont la structure même est la soumission aux ordres comme un conditionnement. L'ordre était illégal, l'était-il manifestement comme le demande la loi ?

« Un contexte de légitime défense ensuite : nous sommes une poignée de mois après le bombardement de Bouaké qui fit neuf morts parmi les militaires français et les massacres sont quotidiens au sein des populations civiles dont la Force Licorne a justement la mission de protéger.

« Un contexte d'état de nécessité enfin : la preuve a été rapportée qu'après la mort de Mahé les exactions terribles qui étaient commises ont cessé dans la zone de confiance. »

La Revue Internationale : « Comment expliquer le décalage entre les faits, le maximum encouru, le réquisitoire et le verdict final ?

« Il n'est pas possible de connaître les motifs exacts qui ont conduit le jury d'assises à prononcer cette décision. Cependant, plusieurs éléments ont pu se conjuguer pour conduire la cour d'assises à une relative clémence.

« Premier élément : le temps écoulé entre la date des faits et la date du procès, soit sept ans, a produit ses effets. L'émotion suscitée par cette affaire était retombée et chacun de ses acteurs a pris du recul par rapport aux faits. La Cour n'a peut-être pas voulu raviver la souffrance provoquée par cette affaire.

« Deuxième élément : les accusés ont comparu libres. Les cours d'assises ont l'habitude de voir défiler des accusés pour la plupart placés en détention préventive. Ici, les quatre anciens militaires ont tous comparu libres au cours de leur procès. Seuls l'adjudant-chef Raugel et le brigadier-chef Schnier avaient effectué quelques mois de détention provisoire. Ils avaient été vite libérés. Or, il est toujours plus difficile pour une cour d'assises d'envoyer des accusés libres en prison que d'y maintenir des accusés qui y sont déjà.

« Troisième élément : le parcours et la personnalité des accusés ont joué en leur faveur. Aucun des accusés n'a fait l'objet d'une sanction disciplinaire prononcée par l'armée de terre. Leur dossier militaire révélait pour tous une carrière exemplaire. Ils n'avaient pas été condamnés auparavant par la justice et n'avaient commis aucune nouvelle infraction depuis 2005 : on pouvait en déduire que le risque de récidive était très faible. Les accusés étaient bien insérés socialement et professionnellement, même s'ils avaient quitté l'armée. Les envoyer en prison aurait-il eu un sens ?

« Quatrième élément : les accusés ont tous collaboré avec la justice. Chose plutôt rare dans les Palais de justice, les accusés n'ont pas contesté les faits et leur responsabilité : ils ont décrit dans le détail ce qui s'était passé le 13 mai 2005. Ils ont collaboré durant toute la procédure avec la justice et n'ont pas cherché à quitter le territoire ou à échapper à leurs obligations légales.

« Cinquième élément : la partie civile a peiné à jouer son rôle traditionnel dans un procès d'assises consistant à défendre les intérêts de la victime disparue et à mettre en avant le préjudice subi par la famille de l'accusé. Firmin Mahé était décrit comme un individu dangereux présumé auteur de plusieurs crimes. Sa famille semblait désunie et son village d'origine l'avoir rejeté : il avait d'ailleurs refusé de récupérer son corps, compte tenu de son passé supposé de criminel. La personnalité de la victime n'était pas de nature à susciter l'empathie et cela a pu peser, surtout dans un procès d'assises.

« Sixième élément : l'absence de poursuites pénales contre certains des protagonistes de cette affaire. Le parquet n'avait pas estimé nécessaire le renvoi du tireur français du matin. Pourtant, ce militaire avait fait usage de son arme à feu dans des conditions contestables au regard des règles du droit pénal français et du droit international humanitaire, puisqu'il avait tiré sur un civil désarmé prenant la fuite qui ne représentait aucun danger pour les militaires français. Or, la blessure faite à la jambe du "coupeur de route" était une cause indirecte de son décès. De même, le parquet et le juge d'instruction ont estimé que les faits ne permettaient pas d'établir la responsabilité pénale du général Poncet. Pourtant, le principe hiérarchique qui préside au fonctionnement des armées laisse d'ordinaire peu de place aux initiatives purement personnelles, même des officiers. Toujours est-il que la poursuite pénale des uns et l'absence de renvoi devant la Cour des autres ont pu conduire le jury à se poser des questions qui ont pu contribuer à atténuer la responsabilité des militaires poursuivis. »

Les correspondants de ces journaux ne rentrent pas dans la dispute entre légal et légitime. Elle a été celle des débats. Le jugement a été donné au seul nom du droit. On ne peut néanmoins que lire à travers ces lignes le poids de la morale et de la conscience qui transparaît dans la décision individuelle de chacun des jurés.

De mon côté, très vite, je m'attache à rédiger mon mot de la fin. Il est destiné à tous ceux qui m'ont accompagné et à ceux qui ont suivi l'affaire via le site de mon comité de soutien. Il marque mon respect de la justice qui m'a jugée – avec justesse je le crois.

Une question reste néanmoins toujours posée : qu'est-ce qui fait qu'un militaire, dans l'exercice de ses fonctions, peut ou doit échapper à la justice ordinaire qui traduit notamment toute mort provoquée ou toute prise de risque pour la vie de ses soldats par un motif criminel ? Le soldat n'échappe-t-il pas à la normalité du droit du fait...des missions qu'il reçoit et des risques qu'elles font peser sur sa vie, celle des soldats qui l'accompagnent et celle de ses adversaires désignés ? En quoi et comment ces missions peuvent le protéger ? Il m'apparaît regrettable que les espions du ministère et de l'état-major des armées n'aient pas entendu cette partie des débats. Que les états-majors ne s'en soient pas saisis. Le combat d'un respectable général, qui n'a cessé durant sa vie militaire d'œuvrer pour le rapprochement du statut général des militaires avec celui des fonctionnaires m'apparaît aussi préjudiciable. Il n'envisageait même pas un champ d'exception. J'ai aujourd'hui encore plus de peine qu'avant à cautionner ce combat administratif. En lieu et place, l'affaire Mahé a simplement conduit à réécrire le texte sur le devoir du militaire à s'opposer à un ordre "manifestement illégal", en conservant cette écriture problématique : tuer (pour le droit commun) est « manifestement illégal », et c'est pourtant l'une des possibilités non nulles qui se présentent au soldat.

Un trouble perdure aussi. Le militaire est un justiciable comme les autres. Mais la cohabitation de l'affaire Mahé et de l'affaire Bouaké montre qu'il est plus facile de le juger comme accusé que de lui rendre la justice lorsqu'il est une victime.

Il est tout aussi fâcheux que les généraux n'aient pas voulu admettre la dimension sensible des soldats qu'ils commandent. Leur déni a fait la plus mauvaise impression sur les magistrats et sur les jurés. Mais fondamentalement, ils ont délivré un message contraire à ce que les textes sur « l'exercice du commandement » prônent pour ses jeunes officiers. Pourquoi sont-ils ainsi partis sur des chemins de traverse, alors même que je suis sûr de leur humanité ?

Enfin, je suis convaincu d'une symétrie : si, comme c'est le cas pour tout militaire, la mission est sacrée, alors l'engagement des soldats doit l'être aussi, et la loyauté des chefs – militaires et politiques – en est la juste et indispensable contrepartie.

C'est à ce titre que je salue ici l'attitude et le comportement de mes trois co-accusés. Je respecte au plus haut point les hommes qu'ils sont et leur engagement au profit de la paix. J'ai le plus grand respect pour eux, comme j'ai toujours eu la plus grande considération pour chacun des hommes et femmes qu'il m'a été donné de commander puis de diriger. Ce respect et cette considération ne sont pas de raison. Ils relèvent bien du cœur et des sentiments. Ils sont pour moi, encore plus dans ces circonstances, à l'origine de tout commandement.

Ce sacré, qui définit le sacrifice et le sacrilège, a affirmé sa présence dans le prétoire laïc et républicain de la cour d'assises. J'ai été sanctionné pour une erreur ou une faute. Notre sacrifice au profit de la mission que nous avions reçue a joué comme une circonstance atténuante. A contrario, certains ou certaines doivent se sentir sacrilèges.

Je fête Noël 2012 en famille et c'est le plus beau Noël de ma vie.

Florence organise une petite fête pour remercier tous nos amis et proches qui nous ont si amicalement soutenus. Alexis Gublin nous fait le plaisir de nous rejoindre. Depuis ce moment, nous nous tutoyons et nous utilisons nos prénoms plutôt que nos titres !

En octobre 2013, je reçois une lettre avec accusé réception de la grande chancellerie de la Légion d'Honneur. Elle m'annonce que je suis exclu des deux ordres nationaux attendu que... et que... et que... Je dois dire que cela m'affecte. Je me console en revendiquant avec tellement plus de fierté le prix Nobel de la paix reçu au Liban. À l'époque où j'écris ces lignes, attendu que... et que... et que..., Vladimir Poutine est toujours je crois grand-croix de la Légion d'honneur. L'ordre, après avoir été militaire, est devenu un outil essentiellement politique. Il est singulièrement dévoyé. Cette sanction, car c'en est une, illustre que les militaires peuvent être l'objet d'un formidable cumul de châtiments : punition militaire statutaire, condamnation pénale, sanction administrative et professionnelle et, dans le cas présent, condamnation en dignité.

J'apprends par la suite avec beaucoup de tristesse le suicide de l'un de mes trois co-accusés. De désespoir, alors que la justice n'a pas retenu contre lui comme contre nous de sanction lourde, il n'a pas supporté le poids de l'opprobre. Je le confie au Dieu tolérant que nous avions en commun et en référence, sans être de la même religion.

En janvier 2018, j'ai fêté avec Florence et nos deux garçons la fin de mon sursis dans un grand restaurant parisien prestigieux. Ils méritaient bien ce post-scriptum !

Table des matières

Préface 5

Avant-propos 13

Cartographie 15

1°/ le réquisitoire 17

2°/ premier jour d'audience 27

3°/ deuxième jour d'audience 51

4°/ nuit blanche 81

5°/ troisième jour d'audience 85

6°/ nuit noire 111

7°/ quatrième jour d'audience 115

8°/ cinquième jour d'audience 137

9°/ la guerre 163

10°/ sixième jour d'audience 177

11°/ l'affaire Bouaké 207

12°/ septième jour d'audience 217

13° huitième jour d'audience 245

14° neuvième jour d'audience 257

15°/ post-scriptum 275

Bibliographie

Jean BALAN, *Crimes sans châtiment*, Max Milo, 2023.
Dino BUZZATI, *Le Désert des Tartares*, Robert Laffont, 1949.
Albert CAMUS, *L'Étranger*, Gallimard, 1942.
Erri DE LUCA, *Impossible*, Gallimard, 2022.
Alain ETCHEGOYEN, *La Valse des éthiques*, François Bourin, 1991.
Grégoire FINIDORI, *Un formidable système répressif. Les juridictions d'exception à la fin de la guerre d'Algérie (1961 – 1963)*, Dominique Martin Morin, 2022.
Franz KAFKA, *Le Procès*, Gallimard, 1933.
Arnaud de LA GRANGE, *Le Huitième soir*, Gallimard, 2019.
Claude LE BORGNE, *La guerre est morte… mais on ne le sait pas encore*, Grasset, 1987.
Sonia MABROUK, *Reconquérir le sacré*, L'Observatoire, 2023.
Renaud de MALAUSSENE, *Une guerre juste ?*, Alisio, 2019.
Hélie de SAINT MARC, *Mémoires. Les Champs de braises,* Perrin, 1995.
Hélie de SAINT MARC, *Les Sentinelles du soir*, Les Arènes, 2000.
Hélie de SAINT MARC, *L'Aventure et l'Espérance*, Les Arènes, 2010.
Edgar MORIN, *Leçons d'un siècle de vie*, Denoël, 2021.
Didier SICARD, *L'alibi éthique*, Plon, 2006.
Francis SZPINER, *Une affaire si facile*, Cherche Midi, 2020.
Éric VUILLARD, *Une sortie honorable*, Actes Sud, 2022.

Remerciements

Cette liste de prénoms pourrait n'être qu'une liste convenue. Elle ne l'est en rien. Avec chacun, je partage une amitié – un amour pour ma femme et mes deux garçons – qu'il m'a rendue au centuple. À chacun, je suis redevable, d'abord et surtout d'avoir pu surmonter les années sombres de l'instruction et la dizaine de jours qu'a duré le procès. Cette amitié m'a été vitale. Elle a régulièrement transfiguré les moments que je vivais au point parfois de m'en faire peur. Elle était discrète et attentionnée. Chaque belle personne qui répond à l'un de ces prénoms, et d'autres que j'ai pu oublier, m'a obligé et m'oblige encore.

Florence, Valentin, Louis, Benoît
Alexis, Corinne, Jérôme, Bertrand
Hélie, Marcel, Paul, Cyrille, Axel
Georges, Patrick et Marie-Marguerite, Nathalie, Arnaud, Alban, Isabelle (comité de soutien), Bertrand et Margilie
Guy, Johannes, Lianrifou

Ceux et celles qui m'ont aidé à écrire ce livre ont repris le flambeau. Je remercie ceux et celles qui ont pris des notes scrupuleuses au cours des audiences. Elles m'ont permis, avec les articles de presse, de rester le plus fidèle à la teneur des débats, et le plus objectif possible. D'autres m'ont apporté leurs conseils avisés - Fabienne, leurs encouragements ou leur relecture patiente et respectueuse – Sylvie ; Dominique et Renaud pour le titre, Laurent pour la couverture. Qu'ils en soient remerciés tout autant. Merci enfin à Bruno pour sa préface. Il a accepté par amitié cet exercice difficile qui m'honore.

annexes

Lettre de Florence à madame la ministre de la Défense

Après plus d'un mois à vivre au quotidien les souffrances, les doutes, et le sentiment d'injustice ou de « curieuse justice » de mon mari suite à la très large médiatisation de la mort suspecte d'un dangereux criminel en Côte d'Ivoire au mois de mai, je tiens à vous faire part d'un certain désarroi.

En prenant le parti et la décision de fortement médiatiser cet événement, avant même qu'une enquête n'ait fait la lumière sur cette affaire, en décidant de citer les noms des officiers et sous-officiers présumés responsables, vous avez manqué délibérément à la présomption d'innocence et livré à la presse des soldats liés par le devoir de réserve.

La justice, comme l'action militaire, a ses règles. En dénonçant publiquement une probable entorse aux règles de l'action militaire par une entorse aux règles de la justice – le retournement des charges de la preuve – vous délivrez aux armées et plus largement à nos concitoyens un message plus que troublé.

Sans me prononcer sur le fond qui aujourd'hui est affaire de justice, je ne comprends pas non plus une attitude politique qui consiste à sacrifier à la presse avant de savoir, à jeter l'opprobre sur des hommes qui ont sans doute pris d'importants risques – y compris pour leur vie – pour assurer une mission très difficile. Ce faisant, par la manière dont vous traitez cette affaire, je crois comprendre que vous n'acceptez pas de partager cette part de risque.

Les Américains ont cru et sont largement revenus sur leur doctrine du « zéro mort ». De la même façon, le « zéro risque » militaire n'est sans doute pas réaliste, surtout dans la forme des conflits actuels qui placent parfois les soldats face à des situations moralement insupportables au nom d'une cause unanimement partagée : la Paix.

En tant que femme d'officier, je voulais vous informer du malaise qui est le mien. Certes un homme a été tué mais vous avez « éthiquement » tué mon mari et là je constate que le lien armée nation n'est encore qu'une idéologie.

Je vous prie de croire, madame la Ministre, l'expression de ma considération.

Cette lettre n'a pas fait l'objet d'une quelconque réponse.

Le code d'honneur du soldat

1. Soldat français, je m'engage à servir mon pays.
2. En toutes circonstances, je me conduis avec honneur, courage et dignité.
3. Toujours disponible et discipliné, je suis exemplaire dans mon comportement comme dans ma tenue.
4. Respectueux des lois et des règlements, je m'exprime avec la réserve qu'exige mon état militaire.
5. Loyal à mes chefs et dévoué à mes subordonnés, j'obéis avec confiance et je commande avec exigence et bienveillance.
6. Membre d'une communauté soudée par l'esprit de corps, je respecte tous mes frères d'armes.
7. Prêt à l'engagement, je m'entraîne sans relâche et recherche l'excellence.
8. Au combat, je n'abandonne ni mon arme, ni mes camarades morts ou blessés. Maître de ma force, j'agis avec humanité et respecte mon ennemi.
9. La mission est sacrée, je l'accomplis jusqu'au bout avec détermination et esprit d'initiative.
10. Le succès des armes de la France guide mon action.

Côte d'Ivoire : résolution 1528 des Nations unies

Nations Unies S/RES/1528 (2004)*

Conseil de sécurité

Distr. générale
9 mars 2004

Résolution 1528 (2004)

Adoptée par le Conseil de sécurité à sa 4918e séance, le 27 février 2004

Le Conseil de sécurité,

Rappelant ses résolutions 1464 (2003) du 4 février 2003, 1479 (2003) du 13 mai 2003, 1498 (2003) du 4 août 2003, 1514 (2003) du 13 novembre 2003 et 1527 (2004) du 4 février 2004, ainsi que les déclarations de son président sur la Côte d'Ivoire,

Réaffirmant son ferme attachement au respect de la souveraineté, de l'indépendance, de l'intégrité territoriale et de l'unité de la Côte d'Ivoire, et *rappelant* l'importance des principes de bon voisinage, de non-ingérence et de coopération régionale,

Rappelant qu'il a entériné l'accord signé par les forces politiques ivoiriennes à Linas-Marcoussis le 24 janvier 2003 (S/2003/99) (l'Accord de Linas-Marcoussis), approuvé par la Conférence des chefs d'État sur la Côte d'Ivoire qui s'est tenue à Paris les 25 et 26 janvier 2003,

Prenant note avec satisfaction des progrès récents, en particulier la réintégration des Forces nouvelles dans le Gouvernement, la conclusion de l'accord sur l'exécution du programme de désarmement, démobilisation et réinsertion et les pourparlers entre le Président de la République de Côte d'Ivoire et les Forces nouvelles,

Considérant que les parties ivoiriennes ont progressé comme l'avait demandé le Secrétaire général vers la mise en oeuvre des mesures visées au paragraphe 86 de son rapport sur la Mission des Nations Unies en Côte d'Ivoire en date du 6 janvier 2004 (S/2004/3), comme le Conseil en a reçu confirmation le 4 février 2004, et *encourageant* les parties ivoiriennes à poursuivre leurs efforts en ce sens,

Appelant les parties et le Gouvernement de réconciliation nationale à prendre toutes les mesures nécessaires pour prévenir de nouvelles violations des droits de l'homme et du droit international humanitaire et mettre un terme à l'impunité,

* Nouveau tirage pour raisons techniques.

04-25321* (F)

Réaffirmant aussi ses résolutions 1325 (2000) sur les femmes, la paix et la sécurité, 1379 (2001) et 1460 (2003) sur les enfants dans les conflits armés et 1265 (1999) et 1296 (2000) sur la protection des civils dans les conflits armés,

Accueillant avec satisfaction et *encourageant* les efforts que l'Organisation des Nations Unies déploie, dans le cadre de toutes ses opérations de maintien de la paix, pour sensibiliser le personnel de maintien de la paix à la question de l'action de prévention et de lutte contre le VIH/sida et d'autres maladies transmissibles,

Profondément préoccupé par la dégradation de la situation économique en Côte d'Ivoire, qui pèse lourdement sur l'ensemble de la sous-région,

Se félicitant que l'Union africaine se soit engagée à soutenir le processus de réconciliation nationale en Côte d'Ivoire,

Rappelant qu'il soutient sans réserve les efforts que déploient la Communauté économique des États d'Afrique de l'Ouest (CEDEAO) et la France en vue de promouvoir un règlement pacifique du conflit, et *saluant* en particulier l'efficacité de l'action menée par les forces de la CEDEAO pour stabiliser le pays,

Prenant note du message que lui a adressé le Président de la République de Côte d'Ivoire le 10 novembre 2003, tendant à ce que la Mission des Nations Unies en Côte d'Ivoire (MINUCI) soit transformée en opération de maintien de la paix,

Prenant note de la demande que lui a adressée la CEDEAO le 24 novembre 2003, tendant à ce qu'une opération de maintien de la paix soit créée en Côte d'Ivoire,

Constatant que la stabilité en Côte d'Ivoire ne pourra être assurée durablement sans que la paix règne dans la sous-région, en particulier au Libéria, et *soulignant* combien il importe que les pays de la sous-région coopèrent à cette fin, et que les efforts de consolidation de la paix et de la sécurité déployés par les missions des Nations Unies dans la sous-région soient coordonnés,

Ayant examiné le rapport du Secrétaire général sur la Mission des Nations Unies en Côte d'Ivoire en date du 6 janvier 2004 (S/2004/3 et Add.1 et 2),

Prenant note de la lettre datée du 8 janvier 2004, adressée au Président du Conseil de sécurité par le Président de l'Assemblée générale (S/2004/100),

Conscient qu'il subsiste des obstacles à la stabilité de la Côte d'Ivoire et *considérant* que la situation en Côte d'Ivoire continue de menacer la paix et la sécurité internationales dans la région,

Agissant en vertu du Chapitre VII de la Charte des Nations Unies,

1. *Décide* de créer l'Opération des Nations Unies en Côte d'Ivoire (ONUCI) pour une durée initiale de 12 mois à compter du 4 avril 2004, *prie* le Secrétaire général de transférer, à cette date, l'autorité de la MINUCI et des forces de la CEDEAO à l'ONUCI, et *décide* en conséquence de proroger le mandat de la MINUCI jusqu'au 4 avril 2004;

2. *Décide* que l'ONUCI comprendra, en sus de l'effectif civil, judiciaire et pénitentiaire approprié, une force de 6 240 militaires des Nations Unies au maximum, dont 200 observateurs militaires et 120 officiers d'état-major, et jusqu'à 350 membres de la police civile, en vue d'accomplir les tâches énoncées dans le paragraphe 6 ci-dessous;

3. *Prie* le Secrétaire général d'encourager les missions des Nations Unies en Afrique de l'Ouest à mettre en commun leurs moyens logistiques et administratifs, dans la mesure du possible, et sans préjudice de leur capacité opérationnelle d'exécution de leurs mandats respectifs, en vue d'accroître leur efficacité et de réduire leur coût;

4. *Prie* l'ONUCI d'exécuter son mandat en étroite coopération avec les missions des Nations Unies en Sierra Leone et au Libéria, en particulier en ce qui concerne la prévention des mouvements d'armes et de combattants à travers leurs frontières communes et la mise en oeuvre des programmes de désarmement et de démobilisation;

5. *Réaffirme* son appui résolu au Représentant spécial du Secrétaire général et *approuve* sa pleine autorité en matière de coordination et de conduite de toutes les activités menées par le système des Nations Unies en Côte d'Ivoire;

6. *Décide* que l'ONUCI, en coordination avec les forces françaises autorisées au paragraphe 16 ci-après, s'acquittera du mandat suivant :

Observation du cessez-le-feu et des mouvements de groupes armés

a) Observer et surveiller l'application de l'accord de cessez-le-feu global du 3 mai 2003, et enquêter sur les éventuelles violations du cessez-le-feu;

b) Assurer la liaison avec les Forces armées nationales de Côte d'Ivoire (FANCI) et les éléments militaires des Forces nouvelles afin de promouvoir, en coordination avec les forces françaises, le rétablissement de la confiance entre toutes les forces ivoiriennes en présence, comme prévu dans sa résolution 1479 (2003);

c) Aider le Gouvernement de réconciliation nationale à surveiller les frontières, en prêtant une attention particulière à la situation des réfugiés libériens et aux mouvements de combattants;

Désarmement, démobilisation, réinsertion, rapatriement et réinstallation

d) Aider le Gouvernement de réconciliation nationale à procéder au regroupement de toutes les forces ivoiriennes en présence, et à assurer la sécurité des sites de cantonnement de ces dernières;

e) Aider le Gouvernement de réconciliation nationale à exécuter le programme national de désarmement, démobilisation et réinsertion des combattants, en prêtant spécialement attention aux besoins particuliers des femmes et des enfants;

f) Coordonner étroitement avec les missions des Nations Unies en Sierra Leone et au Libéria la mise en oeuvre d'un programme de rapatriement librement consenti et de réinstallation des ex-combattants étrangers, en prêtant spécialement attention aux besoins particuliers des femmes et des enfants, pour appuyer les efforts déployés par le Gouvernement de réconciliation nationale et en coopération avec les gouvernements concernés, les institutions financières internationales compétentes, les organismes internationaux de développement et les pays donateurs;

g) Veiller à ce que les programmes visés aux alinéas e) et f) tiennent compte de la nécessité d'une démarche régionale;

h) Assurer la garde des armes, munitions et autres matériels militaires remis par les ex-combattants et mettre en sûreté, neutraliser ou détruire ces matériels;

Protection du personnel des Nations Unies, des institutions et des civils

i) Assurer la protection du personnel, des installations et du matériel des Nations Unies, assurer la sécurité et la liberté de circulation du personnel des Nations Unies et, sans préjudice de la responsabilité du Gouvernement de réconciliation nationale, protéger les civils en danger immédiat de violence physique, dans la limite de ses capacités et dans les zones de déploiement de ses unités;

j) Contribuer à assurer, en coordination avec les autorités ivoiriennes, la sécurité des membres du Gouvernement de réconciliation nationale;

Appui aux opérations humanitaires

k) Faciliter la libre circulation des personnes et des biens et le libre acheminement de l'aide humanitaire, notamment en aidant à créer les conditions de sécurité nécessaires;

Appui à la mise en oeuvre du processus de paix

l) En concertation avec la CEDEAO et les autres partenaires internationaux, aider le Gouvernement de réconciliation nationale à rétablir l'autorité de l'État partout en Côte d'Ivoire;

m) Avec le concours de la CEDEAO et des autres partenaires internationaux, offrir au Gouvernement de réconciliation nationale un encadrement, des orientations et une assistance technique en vue de préparer et faciliter la tenue de consultations électorales libres, honnêtes et transparentes dans le cadre de la mise en oeuvre de l'Accord de Linas-Marcoussis, en particulier d'élections présidentielles;

Assistance dans le domaine des droits de l'homme

n) Contribuer à la promotion et à la défense des droits de l'homme en Côte d'Ivoire en prêtant une attention particulière aux actes de violence commis contre les femmes et les filles, et aider à enquêter sur les violations des droits de l'homme pour mettre fin à l'impunité;

Information

o) Faire comprendre le processus de paix et le rôle de l'ONUCI aux collectivités locales et aux parties, grâce à un service d'information efficace et, notamment, le cas échéant, à un service de radiodiffusion des Nations Unies;

Ordre public

p) Aider le Gouvernement de réconciliation nationale, en concertation avec la CEDEAO et d'autres organisations internationales, à rétablir une présence policière civile partout en Côte d'Ivoire et conseiller le Gouvernement de réconciliation nationale pour la réorganisation des services de sécurité intérieure;

q) Aider le Gouvernement de réconciliation nationale, en concertation avec la CEDEAO et d'autres organisations internationales, à rétablir l'autorité du système judiciaire et l'état de droit partout en Côte d'Ivoire;

7. *Prie* le Secrétaire général de prêter une attention particulière, sur le plan des effectifs, aux composantes de l'ONUCI chargées des questions relatives aux femmes et à la protection des enfants;

8. *Autorise* l'ONUCI à utiliser tous les moyens nécessaires pour s'acquitter de son mandat, dans les limites de ses capacités et dans les zones de déploiement de ses unités;

9. *Prie* le Secrétaire général et le Gouvernement de réconciliation nationale de conclure un accord sur le statut des forces dans les 30 jours suivant l'adoption de la présente résolution, compte tenu de la résolution 58/82 de l'Assemblée générale sur la portée de la protection juridique offerte par la Convention sur la sécurité du personnel des Nations Unies et du personnel associé, et *note* que le modèle d'accord sur le statut des forces pour les opérations de maintien de la paix en date du 9 octobre 1990 (A/45/594) s'appliquera provisoirement en attendant la conclusion de cet accord;

10. *Souligne* qu'il importe de mettre en oeuvre intégralement et sans condition les mesures prévues par l'Accord de Linas-Marcoussis, et *exige* que les parties s'acquittent des obligations qui leur incombent en vertu de cet accord, de sorte que, notamment, les élections présidentielles prévues puissent se dérouler en 2005, conformément aux échéances prévues par la Constitution;

11. *Demande* à toutes les parties de coopérer pleinement au déploiement et aux opérations de l'ONUCI, notamment en garantissant la sécurité et la liberté de circulation du personnel des Nations Unies et du personnel associé sur tout le territoire de la Côte d'Ivoire;

12. *Réaffirme*, en particulier, qu'il est nécessaire que le Gouvernement de réconciliation nationale entreprenne immédiatement l'exécution intégrale du programme de désarmement, de démobilisation et de réinsertion, y compris le démantèlement de tous les groupes armés, en particulier les milices, la répression de toutes les formes de manifestations de rue de nature à créer des troubles, particulièrement les manifestations de groupes de jeunes, et la restructuration des forces armées et des services de sécurité intérieure;

13. *Exhorte* la communauté internationale à continuer de réfléchir à la façon dont elle pourrait contribuer au développement économique de la Côte d'Ivoire pour que ce pays et la sous-région tout entière puissent se stabiliser durablement;

14. *Prie* le Secrétaire général de le tenir régulièrement informé de la situation en Côte d'Ivoire, de l'application de l'Accord de Linas-Marcoussis et de l'exécution du mandat de l'ONUCI, et de lui présenter tous les trois mois un rapport à ce sujet, traitant notamment de la situation concernant l'effectif des troupes en vue d'une réduction progressive de cet effectif en fonction des progrès réalisés sur le terrain et des tâches restant à accomplir;

15. *Décide* de renouveler jusqu'au 4 avril 2004 l'autorisation qu'il a donnée aux forces françaises et aux forces de la CEDEAO dans sa résolution 1527 (2004);

16. *Autorise* les forces françaises, pour une durée de 12 mois à compter du 4 avril 2004, à user de tous les moyens nécessaires pour soutenir l'ONUCI, conformément à l'accord que doivent conclure l'ONUCI et les autorités françaises, et, en particulier, à :

- Contribuer à la sécurité générale de la zone d'activité des forces internationales;
- Intervenir, à la demande de l'ONUCI, pour soutenir des éléments de cette dernière dont la sécurité serait menacée;
- Intervenir en cas d'éventuelles actions belligérantes, si les conditions de sécurité l'exigent, en dehors des zones placées sous le contrôle direct de l'ONUCI;
- Aider à protéger les civils dans les zones de déploiement de leurs unités;

17. *Prie* la France de continuer à lui faire périodiquement rapport sur tous les aspects de son mandat en Côte d'Ivoire;

18. *Décide* de rester activement saisi de la question.

Structures éditoriales du groupe L'Harmattan

L'Harmattan Italie
Via degli Artisti, 15
10124 Torino
harmattan.italia@gmail.com

L'Harmattan Hongrie
Kossuth l. u. 14-16.
1053 Budapest
harmattan@harmattan.hu

L'Harmattan Sénégal
10 VDN en face Mermoz
BP 45034 Dakar-Fann
senharmattan@gmail.com

L'Harmattan Cameroun
TSINGA/FECAFOOT
BP 11486 Yaoundé
inkoukam@gmail.com

L'Harmattan Burkina Faso
Achille Somé – tengnule@hotmail.fr

L'Harmattan Guinée
Almamya, rue KA 028 OKB Agency
BP 3470 Conakry
harmattanguinee@yahoo.fr

L'Harmattan RDC
185, avenue Nyangwe
Commune de Lingwala – Kinshasa
matangilamusadila@yahoo.fr

L'Harmattan Congo
219, avenue Nelson Mandela
BP 2874 Brazzaville
harmattan.congo@yahoo.fr

L'Harmattan Mali
ACI 2000 - Immeuble Mgr Jean Marie Cisse
Bureau 10
BP 145 Bamako-Mali
mali@harmattan.fr

L'Harmattan Togo
Djidjole – Lomé
Maison Amela
face EPP BATOME
ddamela@aol.com

L'Harmattan Côte d'Ivoire
Résidence Karl – Cité des Arts
Abidjan-Cocody
03 BP 1588 Abidjan
espace_harmattan.ci@hotmail.fr

Nos librairies en France

Librairie internationale
16, rue des Écoles
75005 Paris
librairie.internationale@harmattan.fr
01 40 46 79 11
www.librairieharmattan.com

Librairie des savoirs
21, rue des Écoles
75005 Paris
librairie.sh@harmattan.fr
01 46 34 13 71
www.librairieharmattansh.com

Librairie Le Lucernaire
53, rue Notre-Dame-des-Champs
75006 Paris
librairie@lucernaire.fr
01 42 22 67 13

www.ingramcontent.com/pod-product-compliance
Lightning Source LLC
LaVergne TN
LVHW011254061026
849535LV00005B/1261
* 9 7 8 2 3 3 6 4 8 9 2 2 3 *